让 我 们 一 起 追 寻

夏月帝国

夸纳·帕克与科曼奇印第安部落的兴衰

EMPIRE OF
THE SUMMER MOON

Quanah Parker and the Rise and Fall of the Comanches,
the Most Powerful Indian Tribe in American History.

S. C. Gwynne

〔美〕S. C. 格温——著

卢树群——译

社会科学文献出版社
SOCIAL SCIENCES ACADEMIC PRESS (CHINA)

本书获誉

魅力四射……尽管这是一部关于战争的非虚构作品，但也是关于两个民族通过一切必要手段掌控自己命运的一本书。通过夸纳·帕克，格温完美地讲述了这个故事。

——《芝加哥论坛报》

《夏月帝国》令人印象深刻。对得克萨斯历史感兴趣的读者来说，这本书是必读书目；对想要更深刻理解美国历史的读者来说，这本书更是不能错过。

——《奥斯汀美国政治家报》

萨姆·格温是杰出的叙述者，是坚忍不拔的记者。在本书中，他让历史跃然纸上。每个人——不仅仅是想了解得克萨斯传奇的学生，都发现它的魅力无法阻挡。我已经不忍释手了。

——埃文·史密斯，《得克萨斯论坛报》
首席执行官兼总编辑

本书力透纸背，叙述如小说，节奏明快，历史人物形象生动……《夏月帝国》是一部技巧娴熟、极其真实的史书。

——《达拉斯晨报》

值得称道……读者可以大饱眼福……《夏月帝国》丰富了什么是美国人的内涵。荣膺本报今年最佳图书。

——《老实人报》

在《夏月帝国》中，萨姆·格温详细再现了我们历史上一个重要的时期，再现了夸纳·帕克与拉纳尔德·斯莱德尔·麦肯齐两个重要人物，他们的战斗在很大程度上定义了这个时期。

——拉里·麦克默特里

对西部历史研究的杰出补充。 ——《书目》

格温笔力深厚，研究深入。

——《基督教科学箴言报》

一段引人入胜、轮廓清晰的历史。

——《圣安东尼奥新闻快报》

S.C. 格温的《夏月帝国》是一个万花筒——它描述了19世纪激动人心的得克萨斯边疆故事，生动展现了科曼奇这个族群，形象刻画了辛西娅·安·帕克与她传奇伟大的儿子夸纳。最重要的是，它绝对值得一读。格温描述历史，节奏明快，扣人心弦。在《夏月帝国》一书中，他带给了我们史诗般的边疆，那里的男人和女人在文明的血腥边缘生活，死亡，充满希望和梦想。我已经不忍释手了。

——杰克·西尔弗斯坦，《得克萨斯月报》编辑，

《什么都没有发生，然后它发生了》的作者

坦率而言，科曼奇人是北美最凶猛、最足智多谋的战士，他们以一种超脱尘世的顽强坚守着自己的领地。在这部引人入胜的书中，S.C. 格温兴致勃勃地再现了科曼奇人失去的世界——并且不带任何个人感情。读完《夏月帝国》，得克萨斯或者大平原在你脑海里再也不是以前的样子了。

——汉普顿·塞兹，《血与雷》
《地狱猎犬的踪迹》的作者

献给凯蒂和梅茜

沙漠中的风会吹散人们的足迹
没有任何影子，没有任何记录
去告诉移居的清教徒
这里的人们如何生活，如何死去

——科马克·麦卡锡（Cormac McCarthy）

科 曼 奇 利 亚 地 图
1836~1875

普拉特河

鲁苏里河

丹佛

圣菲路线

阿肯色河

圣菲

土坯墙

羚羊山战役

加拿大河

帕洛杜罗峡谷

锡尔堡

埃斯塔卡多平原

皮斯河

红河

皮斯河战役

布兰科峡谷

达拉斯

沃思堡

佩科斯河

帕克堡

科曼奇路线

科罗拉多河

埃尔帕索

布拉索斯河

格兰德河

锡尔村

奥斯汀

沃克河

休斯敦

圣安东尼奥

瓜达卢佩河

圣安东尼奥河

墨西哥湾

0 英里 100   200

0 公里   200   400

©2010 Jeffrey L. Ward

目　录

第一章　新型战争

　　骑兵记得这样的时刻：一群骡子扬起一片灰尘，军号响彻
天空，马儿呼哧呼哧，骑兵的鞍辔在队伍中嘎吱作响，风中传
来队伍古老的歌："回家吧，约翰！不要漂泊太久。快点回家
吧，回到你的小宝宝身边！"[1]这是 1871 年 10 月 3 日。在得克萨
斯州沃思堡（Fort Worth）以西约 150 英里处，600 名士兵和 20
名通卡瓦（Tonkawa）侦察兵露宿在布拉索斯河（Brazos）支流
克利尔河（Clear Fork）的一处美丽的河湾。河流穿过连绵的草
原，草原上长满了格兰马草、冬青栎、鼠尾草和其他一些灌木。
现在他们正离开营地，一条长长的、蜿蜒的队伍穿过陡岸与溪
流。当时，他们并不知道那天上午"靴子和马鞍"的声音意味
着美洲印第安人战争开始进入尾声——这样的想法在当时似乎
也是荒谬的。从第一艘船在弗吉尼亚第一个重要的海岸登陆起，
这场长达 250 年的血腥战争几乎就开始了。距离彻底打败最后
的敌对部落还有几年时间。围捕他们，切断他们的食物来源，
饿死他们，将他们逼入浅浅的峡谷，或者直接屠杀他们，这些
都尚需时日。现在的问题是需要坚定的、真正的意愿。短暂的
官方报复行为曾发生过，例如，在 1864 年和 1868 年，J. M. 奇
文登（J. M. Chivington）和乔治·阿姆斯特朗·卡斯特
（George Armstrong Custer）曾野蛮屠杀夏安人（Cheyenne）。不
过在那时，他们还没有试图大规模地去摧毁这些部落，没有这
样的胃口。在 10 月 3 日这一天，一切都变了。出发并杀死科曼

奇人的命令，通过层层的指挥官传达给了第 4 骑兵部队和第 11
步兵部队（the Fourth Cavalry and Eleventh Infantry）。这是容忍
的终结，是最终解决方案的开端。

　　这些白人是步兵、穿蓝制服的北军士兵、骑兵和龙骑兵，其
中多数是经历过南北战争的老兵。他们正在这片有名的广袤土地
的边缘，朝着石头尖塔进发。这些尖塔就是著名的埃斯塔卡多平
原（Llano Estacado）的大门——在科罗纳多（Coronado），人们
这样称呼它，意思是西得克萨斯“被栅栏围住的平原”。生活在
这片土地上的全都是这片大陆上最具敌意的印第安人。很少有
美国士兵去过那里。埃斯塔卡多平原是一个完全与世隔绝、人
迹罕至的广阔地方，是一片平淡无奇的草原的海洋。白人曾在
这里迷路、渴死；西班牙帝国的人曾在这里信心满满地进发，
猎杀科曼奇人，却发现自己才是被猎杀、屠戮的对象。1864
年，基特·卡森（Kit Carson）曾率领一支来自圣菲（Santa Fe）
的庞大的联邦部队，在今天阿马里洛（Amarillo）北部、当时被
称作“土坯墙”（Adobe Walls）的一个贸易站袭击了科曼奇人
的营居群。他在袭击中活了下来，几乎是眼睁睁地看着他的三
队步兵和骑兵全军覆没。[2]

　　现在，部队又打回来了，因为受够了，因为格兰特总统对
剩下的印第安人鼓吹“和平政策”，由他温和的贵格会任命的
人执行，完全没能带来和平，最终，愤怒的威廉·特库姆塞·
舍曼（William Tecumseh Sherman）将军下令这么做。舍曼选择
的将领是南北战争的英雄拉纳尔德·斯莱德尔·麦肯齐
（Ranald Slidell Mackenzie）。他难以对付，喜怒无常，冷酷无
情。这位年轻人在 1862 年以班级第一名的成绩从西点军校毕
业，在南北战争中战功卓著，晋升准将。他的手在战争中受伤，

看起来令人毛骨悚然，因此被印第安人称为"无指首领（No-Finger chief）"或"坏手（Bad Hand）"。等待他的，是复杂的命运。在四年时间里，他证明了自己是美国历史上最凶残、最有效打击印第安人的斗士。几乎与此同时，乔治·阿姆斯特朗·卡斯特将军在失败与灾难中声名远扬，而麦肯齐在胜利中默默无闻。正是麦肯齐而不是卡斯特，教会了部队如何与印第安人作战。当麦肯齐上校率领部队穿越河流交错的地方，看到成群的野牛和草原犬鼠，他并不清楚自己在做什么，不清楚到底要去哪里，不清楚怎样在平原印第安人的家乡与他们作战。他更不知道，在很大程度上，打败最后的敌对的印第安人，靠的就是他。这种对印第安人的战争对他来说完全是新型的。他将在接下来的几周犯很多错误，并从这些错误中吸取教训。

现在，麦肯齐是复仇的工具。他被派往遥远的大平原去猎杀科曼奇人。南北战争结束六年后，西部边远地区是撕裂的，正在流血，到处是尸体与烧焦的烟囱，无政府状态和酷刑杀戮取代了法治，印第安人尤其是科曼奇人肆意袭击。在北美赢得战争胜利，不受外国敌人挑战，联邦政府现在却发现无力应对剩下的印第安部落，这还是历史上的第一次。这些印第安部落没有被摧毁、同化，没有被强迫乖乖地撤到保留地。在保留地，他们很快就能明白屈从与饥饿的含义。大平原上所有的原住民都成了敌人；他们能骑善射，装备精良，想要复仇，在政治上陷入绝望。他们是科曼奇人、基奥瓦人（Kiowas）、阿拉帕霍人（Arapahoes）、夏安人和西苏人（Western Sioux）。对于正在南部平原上的麦肯齐来说，科曼奇人是明显的目标：在西班牙人、法国人、墨西哥人、得克萨斯人和美国人占领这片土地的历史上，还没有哪个部落造成了这么多的破坏与死亡，没有别的部落能与之相提并论。

在这文明的险境，只要看看有多少殖民者放弃他们的土地，就知道1871年的情况有多糟。以血汗之功向西推进的边界线，如今正往回撤。伦道夫·马西（Randolph Marcy）上校曾陪同舍曼春季时在西部旅行。数十年来，马西对这个国家了如指掌。然而当他发现很多地方的人口比18年前更少时，仍然十分震惊。"如果印第安掠夺者逍遥法外，"他写道，"那么整个国家的人口似乎都将减少。"[3]这样的现象在新世界的历史上并非闻所未闻。在18世纪，科曼奇人也曾彻底阻止了西班牙帝国向北推进。在那之前，西班牙帝国在墨西哥轻而易举就消灭了数以百万计的印第安人，在这片大陆上横行无阻。如今，经过一个世纪的残酷的西进运动，文明前行的脚步再次后退，只是规模更大。成片边境地区都腾空了，人们撤到了东部安全的森林里。其中一个叫怀斯（Wise）的地方，人口由1860年的3160人锐减到1870年的1450人。在一些地方，定居点的边界后撤了100英里。[4]如果舍曼将军探究原因——像他曾经那样——他与马西的西部之行已经为他解开了谜团。那个春天，他们差点被一群来袭的印第安人杀死。这群印第安人，其中大部分是基奥瓦人，之所以没有对他们赶尽杀绝，只是因为萨满迷信，他们转而袭击了附近的一支马车队。当时所发生的，正是得克萨斯科曼奇人与基奥瓦人典型的野蛮、复仇式的袭击。不典型的是，舍曼差点没命，他感觉到自己也可能成为受害者。正因为如此，这场袭击广为人知，史上称作"盐溪大屠杀"（Salt Creek Massacre）。[5]

七人在这场袭击中丧生，不过这还不足以形容麦肯齐在现场看到的恐怖场景。据罗伯特·G. 卡特（Robert G. Carter）队长说，受害者赤身裸体，被剥掉头皮，切断手足。一些人头被砍掉，一些人脑子都被挖了出来。卡特是麦肯齐的属下，见证了袭击后的惨景。"他们的手指、脚趾和私密部位被切下来，塞进他们的嘴里，"卡特写道，"他们的躯体泡在数英尺深的水里，肿胀得无法辨认，上面插满了箭，像豪猪一样。"他们也明显遭受了折磨。"每一个裸露的肚子上都放了一大堆烧着的煤……一个叫塞缪尔·埃利奥特（Samuel Elliott）的可怜人，死得很惨，明显受过伤，被拴在马车的两个轮子之间，马车车杆被点燃，他被慢慢烤死——'被烤焦了'。"[6]

因此，定居者仓促向东撤退。尤其是在得克萨斯边界地区，这样的袭击最严重。经过漫长而胜利的征服与统治战争，盎格鲁—欧洲文明在西进途中停在了得克萨斯中部的大平原上似乎令人难以置信。还没有哪个部落能够长久地抵抗新生的美国文明的浪潮。这个文明拥有火绳枪、老式大口径短枪、滑膛枪，拥有无数贪婪、渴望土地的定居者，拥有优雅的双重道德标准，对土著利益完全置之不理。从征服大西洋沿岸部落［佩科特人（Pequots）、佩诺布斯科特人（Penobscots）、帕蒙基人（Pamunkeys）、万帕诺亚格人（Wampanoags）等］开始，数以百计的部落和家族群或者从地球上消失，或者被赶往西部，或者被迫同化。这包括易洛魁人（Iroquois）及其庞大、好战的联盟，这个联盟统治着今天的纽约地区；曾经强大的特拉华人（Delawares）被赶到西部他们敌人的土地上；易洛魁人被赶到更远的西部，面临着大平原上更残忍的敌人。从18世纪50年代开始，俄亥俄的夏安人进行了艰难的斗争。南部强大族群——契卡索人（Chicasaw）、切罗基人（Cherokee）、塞米诺尔人（Seminole）、克里克人（Creek）、乔克托人（Choctaw）——的保留地被侵占，尽管他们签订了一系列条约；他们被迫迁往西部条约中规定给他们的土地，然而很多条约尚未签订就遭到践踏；他们一路含泪被迫离开，也到达了"印第安土地"（今俄克拉荷马）。这个地方被科曼奇人、基奥瓦人、阿拉帕霍人和夏安人所控制。

更奇怪的是，科曼奇人令人瞠目的胜利正值西部经历巨大的技术与社会变革之时。1869 年，横贯大陆的铁路修建完工，将工业化的东部与开发中的西部连通起来，俄勒冈、圣菲以及支线的旧铁路立即被淘汰。伴随铁路开通而来的是牛群。得克萨斯人把牛群驱赶到铁路沿线，然后把它们运到芝加哥的市场，大挣快钱。伴随铁路开通而来的还有捕杀野牛的人。他们携带致命而精准的点 50 口径的夏普斯步枪，能够在极远的距离进行射杀——这群冷酷、充满暴力、抓住一切机会追求自己利益的人，现在既得到了东部野牛皮革市场的青睐，也得到了到达那里的运输方式。1871 年，野牛依然徜徉在大平原上：那年早些时候，人们在今天堪萨斯南部的阿肯色河附近发现了多达 400 万头的野牛群。野牛群的规模 50 英里长，25 英里宽。[7] 但是杀戮已经开始。这场杀戮很快成为人类历史上对温血动物最大规模的屠杀。仅在堪萨斯一州，1868～1881 年，就有 3100 万头野牛的骨头被卖出用作肥料。[8] 所有这些深刻的变化都在麦肯齐率领袭击者离开他们位于克利尔河的营地时发生。这个国家正在走向繁荣；一条大铁路连贯东西。现在只剩下一个障碍：居住在大平原上的好战的、未融合的印第安部落。

这其中最偏远、原始、充满敌意的是科曼奇人的一支，被称作夸哈迪（Quahadi）。和所有的平原印第安人一样，他们也是游牧民族。他们主要在高地平原最南部的地方狩猎。这个地方被西班牙人称作科曼奇利亚（Comancheria）。可怜的西班牙人被逐出了那里。埃斯塔卡多平原位于科曼奇利亚，这是一块非常平整的平原，面积比新英格兰大，最高海拔达 5000 英尺。对欧洲人来说，这个地方就像一个糟糕的幻觉。"尽管我已经在这里走了 300 多里格①，"科罗纳多在 1541 年 10 月 20 日写给西班牙国王的一封信中说，"却没有路标，我们仿佛被淹没在海洋里……没有一块石头，没有一块起伏的土地，没有一棵树，没有一片灌木，什么东西也没有。"⁹其北部边界是加拿大河（Canadian River）。东部是险峻的卡普罗克悬崖（Caprock Escarpment），它是一个海拔在 200 英尺至 1000 英尺之间的峭壁，峭壁将高平原与较低的二叠纪平原分开，相当于给了夸哈迪一个巨大的、几乎无法攻克的堡垒。与平原上绝大多数其他部落群体不同的是，夸哈迪人总是避免与盎格鲁人接触。一般来说，夸哈迪人甚至不与他们进行贸易往来，而是更喜欢与来自圣菲的墨西哥贸易者进行贸易往来，他们被称作科曼奇罗人（Comancheros）。夸哈迪人如此疏远盎格鲁人，1758 年以来的数份印第安人人种学资料记录了数个科曼奇族群（多达 13 个），却直到 1872 年才有关于夸哈迪人的记录。¹⁰正因为他们远离盎格鲁人，他们才在很大程度上免遭 1816 年和 1849 年的霍乱大流行的危害。这两场霍乱侵袭了西部各个部落，摧毁了半个科曼奇。实际上在北美所有的部落族群中，他们是唯一从未签订条约的族群。夸哈迪是最强硬、最凶猛、最不妥协的族群，长期以来一直享有这片大陆上最暴力、好战的声名；如果他们缺水，他们会去喝一头死马胃里的东西，即便是最冷酷的得克萨斯骑警也不会这么干。甚至其他的科曼奇人都怕他们。以印第安人

---

① 欧洲和拉丁美洲的旧时长度单位。

衡量财富的货币——马匹——来衡量，他们是平原上所有族群中最富有的——在南北战争后的数年里，他们管理着约 1.5 万匹马。他们还拥有"不计其数的得克萨斯牛"。[11]

1871 年一个晴朗的秋日，麦肯齐的部队正在追捕夸哈迪人。因为他们是游牧族群，所以不可能固定他们的位置。人们只知道他们一般的活动范围和他们狩猎的地方，可能也会知道他们原来的营地。人们知道他们在埃斯塔卡多平原打猎；他们喜欢在帕洛杜罗峡谷（Palo Duro Canyon）深处宿营，这是北美第二大峡谷，仅次于大峡谷（Grand Canyon）；他们经常待在皮斯河（Pease River）与麦克莱伦河（McClellan's Creek）的上游；还经常待在布兰科峡谷（Blanco Canyon）。这些地方都在今得克萨斯狭长地带（Texas Panhandle）北部阿马里洛周围约 100 英里的范围。如果你去追寻他们，正如麦肯齐所言，你需要先派出通卡瓦侦察兵，让他们呈扇形远远地走在纵队的前面。通卡瓦人属于一个偶尔会同类相食的印第安部落，该部落几乎被科曼奇灭绝，剩下的成员则渴望复仇，他们愿意寻找蛛丝马迹，沿着他们的小路，找到夸哈迪人居住的地方。如果没有通卡瓦人，麦肯齐的队伍不可能在辽阔的大平原上与这些人或任何印第安人作战。

到第二天下午，通卡瓦人已经发现了一条小路。他们向麦肯齐报告说，他们正在跟踪一支夸哈迪人的部落。该部落由一名杰出的年轻首领领导，他叫夸纳（Quanah），在科曼奇的语言中是"香味"的意思。他们的想法是找到并摧毁夸纳的部落。麦肯齐具有一定的优势，此前从没有白人敢尝试这样的事情；没有白人敢在得克萨斯狭长地带的平原上尝试这样的事情，也没有人敢针对夸哈迪人尝试这样的事情。

麦肯齐和他的队伍对夸纳知之甚少。没有人了解他。尽管在边境很容易获得信息——敌对的双方对彼此了解的详尽程度令人惊讶，虽然他们之间可能相隔很远，虽然他们试图杀死对方——夸纳只是因为太年轻了，尚不为人知。人们不知道他曾经去过哪里，不知道他做过什么，甚至很多年都没有人能够推算他出生于哪一年。他最有可能出生于1848年，这样在1871年的时候就已经23岁了，比麦肯齐小8岁。麦肯齐也很年轻，因而在得克萨斯也鲜为人知，不管是白人还是印第安人，当时都对他知之甚少。两人都因在19世纪70年代中期经历了具有决定意义的、残酷的战争而声名鹊起。夸纳担任部落首领时非常年轻。他以在战场上残忍、机智、无畏而著称。

在夸纳身上，还有一些别的东西。他是混血儿，是一名科曼奇首领与一名白人女子的儿子。得克萨斯边境的人们很快就了解到这一点，部分是因为这一事实是如此非同寻常。数世纪以来，科曼奇斗士一直抓女性俘虏——印第安人、法国人、英国人、西班牙人、墨西哥人和美国人——并将与这些女性俘虏生下的孩子当作科曼奇人去抚养。但是还没有出现过任何杰出的、有一半白人血统的科曼奇首领的记录。在1871年麦肯齐试图猎杀他时，夸纳的母亲早已广为人知。在那个时代所有被印第安人抓走的俘虏中，她是最有名的。纽约和伦敦上流社会的人们都会讨论她，称她是"白种印第安女人"，因为她在多个场合拒绝回归到她的族人那里，这挑战了以欧洲为中心的对印第安人生活方式的认定中最基本的要素：在先进的、工业化欧洲基督文化，与原始、血腥的道德上落后的印第安人生活方式的选择中，头脑清醒的人不会选择后者。像夸纳的母亲这样的少数人，却选择了后者。她的名字叫作辛西娅·安·帕克

8

（Cynthia Ann Parker）。她是早期得克萨斯最著名家族的女儿，她的家族中有得克萨斯骑兵团的队长，有政治家，有杰出的浸信会教友，建立了得克萨斯州第一座新教教堂。1836 年，在她9 岁的时候，她在帕克堡（Parker's Fort）遭到科曼奇人袭击时被俘虏。帕克堡在今达拉斯（Dallas）以南 90 英里处。她很快忘记了自己的母语，学会了印第安人的生活方式，完全成为部落的一员。她嫁给了佩塔·诺科纳（Peta Nocona），一名杰出的部落首领，并与他生下了三个孩子，夸纳是长子。1860 年，夸纳 12 岁的时候，辛西娅·安在得克萨斯骑兵袭击她的村庄时再次被俘。袭击中，除了她和她尚处在婴儿时期的女儿"草原花"（Prairie Flower）以外，其他人都被杀死。麦肯齐与他的队伍很可能知道辛西娅·安·帕克的故事——边境地区几乎每个人都知道——但是他们不知道夸纳的身体里流着她的血。他们直到 1875 年才知道这一点。现在，他们只知道，夸纳是 1865年以来规模最大的一次打击印第安人远征活动的目标。

麦肯齐的第 4 骑兵队，很快将被他打造成极其高效的移动攻击部队。当时它在很大程度上是由骑墙主义者所构成的，这些人并没有准备好去面对夸纳这样的人，去面对强悍的平原斗士。这些士兵的行动远远超出了文明的范围，超出了他们能够跟踪的路线，超出了他们可能辨认的地标。他们气馁地发现，他们主要的水源是野牛打滚留下的洞。根据卡特的描述，这些水源"是静止的、温热的，令人作呕，有难闻的气味，覆盖着绿色的烂泥，必须得把烂泥拨开"[12]。他们缺乏经验在行军途中的第一个晚上就显露出来了。大约在午夜时分，在西得克萨斯州风暴的呼啸声中，他们听到了"巨大的脚步声、清晰的呼噜声与吼叫声"[13]。他们很快发现，那声音是由受惊的野牛发出的。士兵们犯了一个可怕的错误，他们宿营的地方正好位于野牛群与水源之间。这些人惊慌失措，在黑暗中从帐篷中逃出来，尖叫着，挥舞着毯子，试图驱赶受惊的牛群。他们成功了，但是效果微乎其微。"密集的、棕色野兽群被撞散，它们迅速蜂拥至我们的左边，"卡特写道，"奔跑、拥挤、冲撞到了我们的马群的边缘……迅猛的冲撞不可避免地惊到了马群，如果我们没有及时听到声音、驱赶领头的牛群的话，我们可能压制不了这种夜间到访所带来的惊恐之感，尽管这些马被牢牢地'拴住'，'拴在桩上'，但没有什么能够让它们免受惊吓。"[14]

在奇迹般地挽回了他们自己的疏忽所造成的损失后，这些士兵聚拢起走失的马，在黎明时拔营，在起伏的长着牧豆树的草原上向西骑行。草原上有很多土拨鼠挖的洞。这些洞在得克萨斯狭长地带很常见，对马和骡子都非常危险。想象一下这样的画面，巨大的蚁穴，里面都是大个的土拨鼠，绵延数英里。部队又经过了野牛群，这些野牛群数量巨大，浑身散发着臭味，而旁边的河里的石膏水根本没法喝。他们经过了看上去令人好奇的交易站，这些交易站已经被废弃，是在悬崖边上建的洞穴，这些洞穴由一些杆子支撑，像监狱里的囚房一样。

第二天，他们遇到了更多的麻烦。麦肯齐下令夜间行军，希望突袭正在宿营的敌人。他的部队好不容易穿过了陡峭的地带、茂密的丛林和一些峡谷。根据卡特的描述，经过数小时的"艰苦跋涉与骂骂咧咧的艰难讨论"和"很多相当滑稽的场景"，他们终于来到了一条小峡谷的尽头，鼻青脸肿，狼狈不堪，只能等待天亮找路出去。数小时后，他们到达布拉索斯河支流淡水河（Brazos Freshwater Fork），这里已经是印第安人领地的深处，这里是一个宽而浅的长 30 英里的河谷，平均宽度在 1500 英尺，被较小的侧壁峡谷切割而成。这个地方被称作布兰科峡谷，在今天的拉伯克（Lubbock）东边，是夸哈迪人最喜欢的一个狩猎场。

麦肯齐期待的突袭并没有出现。第三天，通卡瓦侦察兵意识到，他们一直被四名科曼奇战士跟踪着，他们的每一个举动都被科曼奇人看在眼里，应该也包括夜间行军，在科曼奇人眼里，这一定是颇具喜剧性的一个错误。通卡瓦人去追他们，但是"敌人骑马更快，很快就将他们甩开，消失在山间"。这并不令人意外：在两百多年的敌对状态下，通卡瓦人从来比不过科曼奇人的骑术。他们总是输。结果就是，尽管骑兵不知道科曼奇人在哪里宿营，夸纳却清楚地知道麦肯齐在做什么，在什么地方。晚上，麦肯齐又犯了一个错误，他允许部队随意使用篝火，这就等于在峡谷中画了一个指向他们营地的大箭头。

午夜时分，部队被一连串惊天动地的尖叫声惊醒。随后是枪声和更多的喊叫声，很快营地里到处都是科曼奇人，他们骑着马肆意驰骋。人们很快知道了科曼奇人在做什么：在尖叫声、枪声中，科曼奇人正在摧毁他们的营地。接着是另一个声音，起初几乎听不见，很快声振如雷。人们很快惊恐地意识到那是他们的马受惊的声音。在"快抓马绳！"的叫喊声中，600 匹受惊的马在营地挣松绳子，用后腿立起来，跳起来，一路狂奔。套索发出的噼啪声与枪声此起彼伏，数分钟之前还用来拴马的尖桩现在在空中飞了起来，像空中的刺刀一样撞击着马的脖子。人们试图抓住它们，却被扔在了地上，被马拖着在地上移动，他们的手划破了，不停地流血。

当一切都结束的时候，士兵们发现，夸纳与他的部队已经带走了他们最好的 70 匹马和骡子，包括麦肯齐上校出色的灰色坐骑。在 1871 年的西得克萨斯，偷走一个人的马常常意味着给这个人判死刑。这是一种古老的印第安战术，尤其是在高原地区，仅仅偷走白人的马，就可以让他们死于干渴或饥饿。科曼奇人在 18 世纪早期就用这种方法对付西班牙人，发挥了致命的效果。无论如何，没有骑马的部队要去对付骑马的科曼奇人，胜算通常微乎其微。

这次午夜的袭击是夸纳在发出清晰的信号，即在他们的家园猎杀他和他的士兵们是一件艰难而危险的事。随后，布兰科峡谷战役开始，布兰科峡谷战役是西得克萨斯高地血腥的印第安战争的开始，持续了四年，以科曼奇种族最后的覆灭告终。美国军队在布兰科峡谷第一次见到了夸纳。卡特队长后来在布兰科峡谷作战时的英勇表现令他赢得了国会荣誉勋章（Congressional Medal of Honor）。他在这次夜间踩踏事件后这样描述这位战场上年轻的部落首领： 11

　　一名身材魁梧的首领骑着一匹黑如煤炭的小马，领导着一群人。在马上，他的身体前倾，脚跟夹紧动物的侧边，六支箭在空中蓄势待发。他似乎是原始、粗野、欢乐的化身。他的脸上涂了黑色的颜料，看起来像恶魔……他骑马的时候，长长的鹰羽头饰伸了出来，从前额垂下，盖过头部与背部，一直垂到马尾巴上，几乎拖到了地上。他的耳朵上戴着大铜环，腰部以上是赤裸的，只穿着紧身裤、鹿皮鞋，缠着腰布，脖子上挂着熊掌做的项链……他向前骑冲，发出阵阵铃声，后面紧跟着一群战士，迫切地想要超过他。这就是夸纳，夸哈迪人杰出的首领。[15]

片刻之后，夸纳骑着马冲向一名不幸的士兵，他叫塞恩德·格雷格（Seander Gregg）。卡特和他的人眼睁睁地看着他将格雷格的脑袋打开了花。

第二章 致命天堂

如此，夸纳·帕克——来自入侵文明的白人女子的儿子，开始经历复杂的命运。他很快将成为美国步兵与骑兵46支部队，共计3000人的主要目标，这是被派出的猎杀、摧毁印第安人的最大的部队。他将成为美国历史上最主要的、最具影响力的部落首领。下文便是夸纳和他家族的故事，它既源于科曼奇古老的部落传统，也源于被命运诅咒的不屈不挠的帕克家族。帕克家族对于19世纪的很多美国人来说象征着边疆的恐惧与希望。这两条线借助其母亲辛西娅·安走到了一起。辛西娅·安与科曼奇人的生活，以及她回归白人文明的宿命，构成了古老西部的伟大叙事，在其背后是科曼奇崛起与殒灭的故事。关于科曼奇的命运，北美历史上没有哪个部落拥有更多的发言权。夸纳是他们两百年来所信仰、梦想并为之奋斗的一切的最终产物。1836年，9岁的蓝眼睛的辛西娅·安被绑架，标志着白人与科曼奇人40年战争的开始。而在这场战争中，夸纳扮演了重要角色。在某种意义上，帕克家族是美国历史叙述科曼奇人的开篇与尾声。

故事必须从1836年的动荡的、正处在过渡时期的得克萨斯开始，这一年距离辛西娅·安·帕克生下夸纳还有12年。辛西娅·安在俄克拉荷马西南部威奇托山脉（Wichita Mountains）附近的麋鹿溪（Elk Creek）的一片草原花丛中生下了夸纳。[1]

那一年，安东尼奥·洛佩斯·德·圣安纳（Antonio Lopez de Santa Anna）将军犯了一个具有时代意义的错误，因而改变了得克萨斯也改变了北美大陆的命运。3 月 6 日，将军手下约 2000 人的墨西哥部队在圣安东尼奥德贝克萨尔（San Antonio de Bexar）一个被称作阿拉莫（Alamo）的地方挥舞着血红色的"格杀勿论"旗帜杀死了数百名得克萨斯人。当时，这似乎是一个巨大的胜利，但实际上是一个灾难性的错误。雪上加霜的是，三周以后，他在附近的戈利亚德镇（Goliad）下令处死已经投降的约 350 名得克萨斯士兵。这些俘虏被成排地押出去，被扫射，尸体被烧毁。受伤的人被拖到总督府所在街道枪决。这些行为造就了殉道者，创造了传说。阿拉莫士兵暴行只是接下来所发生的一切的序曲。4 月 21 日，在圣哈辛托（San Jacinto）战役中，萨姆·休斯敦（Sam Houston）将军率领一支得克萨斯部队击败了圣安纳的部队，这场胜利标志着墨西哥人在格兰德河（Rio Grande）以北的统治结束，标志着一个叫作得克萨斯共和国（Republic of Texas）的主权国家的诞生。[2]

这则消息令殖民者欢欣鼓舞。1836 年春天，在新的共和国的公民中，没有谁比信教的、富有进取精神的、从东部迁移过来的帕克家族更有理由庆祝。被自由土地的承诺所吸引，他们在 1833 年赶着 30 辆牛车从伊利诺伊来到得克萨斯。作为交换，帕克家族的人只需毫无意义地宣誓对墨西哥效忠（得克萨斯当时仍然是墨西哥的一部分），每人即可获得今天得克萨斯中部梅希亚（Mexia）附近 4600 英亩的土地，并且是永久的，十年内免税。他们把财产汇总起来，共获得了附近多达 16100 英亩的土地，以弗吉尼亚当地的标准，这相当于一个王国了（他们

自己还花了 2000 美元购买了 2300 英亩的土地）[3]。土地本身非
常棒，位于得克萨斯肥沃的黑土地大草原的边缘，长着星毛栎、
白蜡树、胡桃树和香枫，夹杂着宽阔起伏的草地。那里有一眼 14
冒着气泡的泉水（有人将其描述为"喷涌而出的喷泉"）、数条
小溪以及附近的纳瓦索塔河（Navasota River），有丰富的鱼类
和野味。1835 年，大约 24 人代表六个帕克家庭与亲戚在这片
土地上修建了占地面积 1 英亩的堡垒，其中建有四个碉堡、六
间原木小屋和一扇防弹的大门，这些周围都有由雪松木建成的
15 英尺高的围墙。到处都建有炮口，甚至碉堡二楼地板上、射
击者站的长凳上。帕克堡是一座虽然小却固若金汤的田园乌托
邦。它正是绝大多数美国先驱梦寐以求的地方。

　　帕克堡还有一个格外引人注意的地方：在得克萨斯独立那
年，它位于印第安边界的最边缘。它的西边没有盎格鲁人的定
居点，没有城镇，没有房屋，没有任何永久性的建筑物，除了
威奇托人的草屋和科曼奇人或其他印第安贸易者的简易窝棚
（在帕克堡与墨西哥的加利福尼亚之间是圣菲与少量的、零星
的新墨西哥定居点）。帕克堡距离通常的殖民定居点非常远，
也几乎没有人住在那里。1835 年得克萨斯人口不到 4 万。[5]尽管
像纳科多奇斯（Nacogdoches）与圣安东尼奥这样的少数城镇既
有历史也有繁荣的文化，它们多数的居民生活在农场、种植园
以及沿河的小定居点。几乎所有人都是自给自足的农民，多数
人得不到政府任何形式的保护。规模不大、响应不快的墨西哥
部队早已指望不上，而相较于保护坚持生活在文明以外的疯狂
的盎格鲁农民而言，脆弱的得克萨斯共和国还有其他事情要去
做。与一群零星的邻居们一样，帕克家族凭自己的设施生活在
一个无政府、完全由印第安人统治的地方。

　　但是，帕克家族在边境的生活比描述的还要孤独。如果说他们的堡垒靠近今天的达拉斯，那就意味着当时北美整个印第安的边界已沿着经线向北延伸至加拿大。但是，1836年，白人文明与敌对的平原印第安人相遇的边界地区就在得克萨斯。俄克拉荷马完全是印第安领地，南大西洋与中大西洋各州被击败的部落被迫迁移那里，经常是好战的平原部落控制着那里。印第安人控制的平原的北边——是将来的堪萨斯州、内布拉斯加州、达科他州的一部分——当时还没有任何文明

15　抵达。直到1854年，美国军队与拉科塔人（Lakota）在北部平原上才第一次交战。俄勒冈路线（Oregon Trail）当时还不存在。在充满敌意的边境，所有的城镇都在得克萨斯。你可以将帕克家族的土地想象为盎格鲁-欧罗巴文明伸向北美尚未驯服的印第安人最后的一个据点的迟钝指尖。对于文明的东部地区的绝大多数人来说，任何想要去那里拓殖的人都是难以想象的，更何况拖家带口去那里拓殖。在1836年，那里就是一个极度危险的地方。

　　这并不能解释为什么在5月19日这个天气温暖、花草芳香的春天的上午，帕克家族的行为就像他们生活在费城西部早已定居长达100年的农场。那天距离圣哈辛托战役不到一个月。那场战役令这片土地上的联邦政府的权力消失了。16名身强体壮的男子中，10人在外面的玉米地里劳作。8名女子与9名儿童在堡垒里面，不知什么原因，巨大的防弹大门敞开着。堡垒里的男子手无寸铁。尽管帕克家族是得克萨斯骑兵队最初组建时最主要的推动者[7]——成立骑兵队专门应对科曼奇的威胁[8]——但是用当地的指挥官詹姆斯·帕克（James Parker）的话说，最近"我下令解散了这支部队"，因为觉得没有什么危

险。后来他得出结论，这可能还有别的原因：用他自己的话说，"因为政府无力承担部队给养的开支"[10]——这意味着他将没有薪水。尚不清楚他和他的兄弟赛拉斯（Silas）是如何得出这个地方暂时安全的结论的。他们几乎都清楚最近科曼奇人在该地区的袭击：4月中旬，一队拓殖者遭袭击，两名女子被掳走；5月1日，希本家族（Hibbons）在瓜达卢普河（Guadalupe River）遭到袭击。两名男子被杀，希本夫人和他的两个孩子被掳走。虽然她之后逃脱了，但是浑身是伤，流着血，几乎全裸地在夜间来到了骑兵的营地，令骑兵们大为惊讶。他们从科曼奇人的营地中救走了孩子。[11]在正常情况下，帕克堡一小部分的防守者就可以抵御一大群印第安人的直接袭击。[12]尽管如此，这一次，他们被轻而易举地攻击了。

上午10点，一大群印第安人骑马来到帕克堡，在大门前停下。估计这群印第安人人数在100到600之间，100可能是更准确的数字。其中也有女人，她们骑马就像男人一样。这些人举着一面白旗，这可能令一些天真的定居者松了一口气。帕克家族刚到西部边境，对这里还不了解，不清楚这群即将攻击的人到底是谁——17岁的蕾切尔·帕克·普卢默（Rachel Parker Plummer）判断错了，也许还希望他们是"通卡瓦人、喀多人（Caddoes）、基奇人（Keechis）、韦科人（Wacos）"，或者是定居在得克萨斯中部的其他族群[13]——但是，他们以前遇到过印第安人，很快意识到他们如此毫无防备，是犯了一个致命的错误。他们无计可施，只能赌一把，六名男子中的本杰明·帕克（Benjamin Parker），当时48岁，走了出去，直面这些印第安人。

接下来发生的是美国边疆历史上最著名的事件之一，部分原因是历史学家认为，这是美国人与一个单一的印第安部落最漫长、最残暴的战争的开端。[14]大多数针对美国土著的战争，不管是东部、南部还是中西部，都仅持续数年。敌对部落制造了一段时间的麻烦，但很快就被追踪到他们的部落，住的地方和庄稼都被烧毁，居民被屠杀或者被迫投降。例如，针对肖尼人（Shawnees）的漫长"战争"实际上是多年来针对印第安人的一系列战争（并且因为有了法国和英国的同盟而更复杂）。针对苏人（Sioux）等北部平原地区印第安人的战争则开始得更晚，并且也没有持续这么长时间。

当本杰明·帕克独自一人、赤手空拳地来到这群印第安人面前时，他们对他说，他们想要屠宰一头牛，并问寻水源的方向。帕克告诉他们不能给一头牛，但提供了其他的食物。他通过开着的大门回到帕克堡，并将印第安人的话转给他 32 岁的弟弟赛拉斯，并指出他们寻找水源的做法很荒唐，因为他们的马仍然是湿的。然后，他拿着几份主食勇敢地往外走，尽管赛拉斯警告他别去。与此同时，78 岁的家族大家长约翰·帕克、他的老伴萨莉（Sallie）和蕾切尔·普卢默的姐妹萨拉·帕克·尼克松（Sarah Parker Nixon）从后门往外逃——后门太矮，马匹不能通行——那里通向泉水。[15]帕克家的女婿 G. E. 德怀特（G. E. Dwight）也与家人一起逃。这被赛拉斯鄙视了，他说："上帝啊，德怀特，你不会跑了吧？站住，像个男人一样去战斗，如果我们必须得死，也一定不能死得太贱了。"这不是好主意。德怀特没理会。赛拉斯虽然勇敢，但是他之前将枪袋放在了阁楼上。而且，他还犯了一个错误，那就是没能让他的侄女蕾切尔跟其他人一起，带着她 14 个月大的孩子詹姆斯·普拉特·普卢默（James Pratt Plummer）一起跑。"你就站在这里"，他反而这样对她说，"盯着印第安人的行动，我去屋里拿我的枪袋。"

但是事情发展得比赛拉斯·帕克想象的快得多。蕾切尔惊恐地盯着这一切的时候，印第安人包围了她的叔叔本杰明，并用长矛刺住了他。他被人用棍棒打，近距离箭射，然后，在可能还活着的时候被剥了头皮。这一切发生得非常快。丢下本杰明之后，印第安人转过来，冲进帕克堡。蕾切尔已经抱着孩子往后门跑了，但是很快被抓住。按照她自己的叙述，"一个大个子的、愤怒的印第安人拿起一把锄头，将我打倒了。"[16]她昏了过去，等醒来的时候，发现自己被人拖着她红色的长发，血从头部的伤口涌出。"我试了好几次，想要站起来，但都没能成功。"她写道。蕾切尔被带到一大群印第安人中间，她近距离看到了叔叔残缺不全的脸和身子，看到了自己的儿子被一名骑着马的印第安人抱着。两名科曼奇女子开始用鞭子打她，"我想，"她回忆说，"那应该是让我别哭。"[17]

与此同时，印第安人袭击了留在堡垒里的人，杀了赛拉斯和他的亲戚塞缪尔（Samuel）以及罗伯特·弗罗斯特（Robert Frost）。这三人都被剥了头皮。接着，印第安人去追那些逃跑的、正在尖叫的受害者，骑马的平原印第安人长于此道。约翰·帕克、他老伴萨莉和她女儿——年轻的寡妇伊丽莎白·凯洛格（Elizabeth Kellogg）已经跑了 0.75 英里，但还是被追上了。三人被围了起来，全被扒光了衣服。可以想象他们的恐惧，在开阔的平原上，一丝不挂地在折磨他们的人面前瑟瑟发抖。印第安人开始折磨他们，用斧头砍这个老头，并逼着帕克老奶奶看着他们这么对他，尽管老奶奶一直想将目光移开。[18]他们剥了他的头皮，割了他的生殖器并杀了他，没有人知道先后顺序。然后，他们将注意力转移到老奶奶身上，用长矛把她钉在地上，强奸了她，并将一把刀深深地刺入她的一只乳房，将她丢在那里等死。[19]他们将伊丽莎白·凯洛格丢到马背上掳走了。

混乱中，赛拉斯·帕克的妻子露西与她的四个孩子也从后门跑出，往玉米地里跑。印第安人也将他们抓住了，强迫露西交出她的两个孩子，然后将她拖走了。剩下的两个孩子，还有一名回到堡垒的男子——L. D. 尼克松（L. D. Nixon），被从玉米地赶来的三名带着枪的男子救了下来。被掳走的两个孩子在西部边境很快家喻户晓：赛拉斯与露西·帕克的 9 岁的蓝眼睛女儿辛西娅·安，她的 7 岁的弟弟约翰·理查德（John Richard）。

主要战役就这样结束了。时间不到半小时，五人死亡：本杰明·帕克、赛拉斯·帕克、塞缪尔·罗伯特·弗罗斯特和老人家约翰·帕克。两人受伤，辛西娅·安的母亲露西和帕克奶奶——她奇迹般地活下来了。印第安人掳走了两名妇女和三个孩子：蕾切尔·帕克·普卢默和她蹒跚学步的儿子（在帕克堡出生的第一个孩子）[20]，伊丽莎白·凯洛格，还有两个小孩。在离开之前，印第安人还杀了一些牛，抢走了一些东西，并放火烧屋。他们打碎了一些瓶瓶罐罐，砍开了厚厚的床垫，将羽毛乱扔在空中，并拿走了"我父亲很多书籍和药品"。蕾切尔描述了发生在一些抢劫者身上的故事：

> 在（我父亲的药）中有一瓶磨成粉的砒霜，印第安人错以为是一种白色的颜料，他们将脸上、身上涂得到处都是，用唾液将它们融化。他们把瓶子拿到我面前问我这是什么。我说我不知道，尽管我知道，因为那上面贴着标签。[21]

　　四名印第安人在脸上涂了砒霜。蕾切尔说，他们都死了，死得很惨。

　　在袭击后，两拨人幸存，他们彼此都不知道对方的存在。蕾切尔的父亲詹姆斯·帕克领着一拨，18 个人，其中 6 名成人，12 名儿童。他们沿着纳瓦索塔河穿过荒凉的树丛、灌木、荆棘与黑莓藤，一路都在恐惧中，害怕印第安人会找到他们。帕克写道："每走几步，我就看到荆棘划破孩子们的腿，让他们停下，以免滴血让别人发现我们。"[22] 每次到达河底部有沙子的地方，帕克让他们倒着过河，以迷惑前来追赶的人。不幸的是，这样的做法也骗到了另一拨幸存者，他们一直没有找到帕克这拨人，尽管双方都前往同一地点：远在 65 英里外的休斯敦堡。[23] 詹姆斯这拨人曾 36 个小时没有东西吃，直到他设法抓到并淹死一只臭鼬才吃上东西。他们走了五天，最后放弃了，筋疲力尽，无法继续前行。詹姆斯独自一人前去寻找帮助，而且，令人惊讶的是他在一天之内走完了剩下的 36 英里。四天后，第二批幸存者到达同一个地方。直到袭击发生的一个月以后，即 7 月 19 日，幸存者才返回埋葬死者。

　　前面的描述可能过于详细而血腥，似乎不必要。然而这正是那个时代典型的科曼奇人的袭击。这就是边疆地区的现实，而且往往很严峻。这里没有粉饰，尽管当时多数关于印第安人的"猎物"（报纸最喜欢用的委婉语）的报道不承认女性遭到虐待，但是大家心里都明白。帕克家族所遭遇的，是任何在边疆地区定居的人都应预料到并感到害怕的。这次袭击正是西班牙人和他们的继任者墨西哥人从 17 世纪末期以来在得克萨斯南部、新墨西哥和墨西哥北部所经历的，也是阿帕奇人

（Apaches）、奥色治人（Osages）、通卡瓦人和其他部落数个世纪以来所遭受的。得克萨斯早期劫掠大都是为了抢夺马匹或可以带走的战利品。之后，尤其是在印第安战争的末期，复仇成为袭击的主要动机，如1871年的盐溪大屠杀。这些袭击的惨烈程度，让帕克堡所遭受的袭击相形见绌，似乎帕克堡所受的袭击是温和的、缺乏想象力的。

科曼奇袭击的逻辑非常直接：杀死所有男人，活捉的男人会被折磨至死，有些人所受折磨长一些，死得慢一些；捉到的女人被轮奸。一些女人被杀死，一些被折磨。但是其中一小部分，尤其是年轻的，会免受一死（尽管复仇永远是杀死人质的动机）。婴儿总被杀死，而青春期前的儿童往往被科曼奇或其他部落收养。这样的待遇，白人与墨西哥人享受不到；它主要针对敌对的印第安部落。虽然没抢走几匹马，但对帕克堡的袭击一定被认为是成功的：印第安人没有伤亡，他们活捉了五人，可以让白人用马匹、武器或食物赎回。

20 袭击的惨烈也凸显了帕克家族的勇敢。尽管他们为自己修建了坚固的堡垒，很明显他们不能在围墙内务农、打猎、取水。他们必须经常到围墙外，经常面临袭击的风险，且对好战的印第安人的存在或他们会如何对待俘虏不抱幻想。他们并没有自欺欺人。他们坚持不懈，生儿育女，耕种田地，信仰上帝。这一切都发生在一个几乎醒着的每一刻都有致命威胁的地方。

他们对平原印第安人来说是完全陌生的。当西班牙帝国在17世纪、18世纪无情地从墨西哥城向北进发，沿途统治、杀戮、征服土著部落时，它以一种非常有组织的、中央控制的方式进行。军事要塞与基督教堂先建好，并派驻人员；士兵抵达；拓殖者跟着过来，并处在这些设施的掩护之下。美国人的西进则完全是另一种路径。守护他们的不是联邦部队，也没有联邦堡垒，而是淳朴的农民，他们坚守加尔文派的伦理道德，非常乐观，富有进取精神，即便面临极度险境也不妥协。据说，他们因太过畏惧上帝而不再畏惧其他的任何人或物。[24]他们习惯了不履行政府与美洲原住民的政府条约，内心坚信这片土地就是属于他们的。他们尤其憎恨印第安人，认为印第安人不是完全意义上的人类，因此没有任何权利。各种形式的政府都落后于这些边疆农民，它们往往很晚出现且极不情愿。帕克一家就是这样的边疆农民。老约翰与他的儿子们从东部湿润、绿色的森林来到这个国家的腹地，这片没有树木的大草原上。他们是激进的命定论者浸信会教徒，坚信自己的宗教信仰，无法容忍别人的信仰与他们不一样。约翰的长子丹尼尔（Daniel）是这个家族的精神领袖，是他那一代人中浸信会的主要传教者之一，他的一生都在与其他教会人士争论教义。他创建了得克萨斯第一座新教教堂。帕克家族也有政治关系。詹姆斯与丹尼尔都是1835年政治集会的代表，这个政治集会被称作"磋商"，其目的是组建得克萨斯临时政府。

尽管此次遇袭后他们暂时放弃了这片土地，然而帕克家族的一部分成员很快就再次向西进发了。正是他们征服了印第安人，而不是灰头土脸穿蓝制服的北军士兵。从这个意义上说，夸纳自己的基因中就包含了其部落最终消亡的种子。他母亲家族提供了一个近乎完美的例子，那就是公正、节俭的农民居住在地板脏、阁楼破的房子里弹老掉牙的曲子，带着肯塔基步枪下地干活，并将美国文明一路带到西部。

帕克堡袭击的幸存者一路跌跌撞撞在纳瓦索塔河尽头的荆

棘中蹒跚前行。而他们所恐惧的印第安人带着五名俘虏，正坚定地往北狂奔。他们快马加鞭，直到午夜之后才最终在一片开阔的草原扎营。这样的狂奔是草原上古老的做法。这正是科曼奇人在袭击波尼人（Pawnee）、尤特人（Ute）或奥色治人的村庄后所做的：假定会有追赶，只有跑远了才安全。袭击上午10点开始；如果印第安人骑行12小时，中途几乎不休息，他们可能已经跑了60英里，应该到了今天的沃思堡（Fort Worth）南部，已经远在最后的白人定居点以外了。

在正常情况下，人们可能只能猜测被掳走的人质的命运，因为他们消失在边疆漆黑的夜色中。但是我们知道发生了什么，知道接下来发生了什么。这是因为蕾切尔·帕克·普卢默记录下了一切。在两份相似的叙述中，她详尽记录了自己被囚禁13个月的痛苦生活。这些记录在当时被广为阅读，部分是因为它们表现出惊人的坦诚和暴露了大量的细节，部分是因为其他美国人非常想听听在被科曼奇人抓走的第一个美国成年女性身上发生了什么。这些记录是1836年的这次袭击广为人知主要的原因。

蕾切尔是个有趣的、令人信服的人。袭击发生时，她17岁。她有一个14个月大的儿子，据此推测，她与丈夫L.T.M.普卢默（L. T. M. Plummer）结婚时是15岁。这在边疆是很常见的。正如记录所呈现的，她很聪明，有敏锐的洞察力，与帕克家族很多人一样，能说会写。考虑到她所经历的，可以看出，她理智，头脑清醒，非常谨慎。尽管她没有详细描写所遭受的性虐待，但也痛苦地说出了事情的真相。（"承诺讲述他们的野蛮对待，"她写道，"只会加剧我现在的痛苦，只要想起它，就会给我带来最深的耻辱感，更别提去说起或写下它……"[25]）

印第安人停下来过夜，他们将马拴起来，点起一团火，开始跳胜利的舞蹈，重现白天时的情景，展示五名受害者血淋淋的头皮。舞蹈包括用弓箭打俘虏，并踢他们。蕾切尔与伊丽莎白·凯洛格一起被剥光了衣服。蕾切尔描述了她们的经历："他们现在将一条编织的带子绑在我的胳膊上，将我的手反绑在后面。他们绑得非常紧，直到今天还能看到留下的伤痕。他们又用一条类似的带子绑在我的脚踝上，将我的手脚绑在一起。然后他们转到我面前……当他们用弓打我的头时，我费了很大的劲才不被自己的血液窒息……"[26]与大人们一起，辛西娅·安与约翰也被踢，被踩，被棒击，就连14个月大的詹姆斯·普卢默也没逃过。"孩子们经常哭，"蕾切尔写道，"但是很快就被打得没了声音，我不知道他们能否活下来。"[27]两名成年女子在被绑的孩子面前遭多次强奸。我们不可能知道这一切给9岁的辛西娅·安造成了什么样的影响——一路长途狂奔，遭殴打、割伤擦伤，现在被迫看着自己的堂姐受辱。蕾切尔没有妄加猜测：她只是假设她们的折磨与痛苦。

第二天，印第安人带着俘虏继续向北进发，速度还是和之前一样。

第三章　冲突的世界

　　帕克堡遇袭标志着历史上的重要时刻，即新生的美利坚帝国最西部的卷须触及科曼奇印第安人统治的辽阔的、原始的而致命的内陆帝国的最东部边缘。当时没有人理解这一点。当然，帕克一家人对于他们正在经历的事情也没有概念。面对原始的边界，无论美国人还是印第安人都对对方地理面积大小或军事力量一无所知。事实证明在过去的两个世纪，二者都忙于扩大地盘，造成北美土著部落几乎灭绝。区别在于，科曼奇人对他们所取得的胜利感到满足，而盎格鲁—美国人，天命论的子民却并不满足。在纳瓦索塔河这个偏僻的地方，美国人不断向西推进令他们相遇了。他们相遇的意义以及那个时刻本身只有在后来才变得清晰起来。

　　在 1836 年 5 月的那个早晨，骑着马来到帕克堡门前的科曼奇人代表了一个军事与贸易帝国，这个帝国幅员 24 万平方英里[1]，主要控制南部平原，尽管这样的想法令得克萨斯的定居者感到震惊。他们的土地包括今天的五个州的大片地方：得克萨斯州、新墨西哥州、科罗拉多州、堪萨斯州与俄克拉荷马州。9条大河由北向南纵贯 600 英里的高平原和草原。它们分别是阿肯色河、锡马龙河（Cimarron）、加拿大河、沃希托河（Washita）、红河（Red）、皮斯河（Pease）、布拉索斯河、科罗拉多河与佩科斯河（Pecos）。如果你将科曼奇的全部力量都算上，则它的疆域比墨西哥大得多，向北至内布拉斯加。它不是一个传统意义上的帝国，科曼奇人对于将欧洲帝国整合起来的政治结构一无所知。但是，他们绝对统治这个地方，他们对约 20 个不同的部落有影响力，这些部落或者被他们征服，或者被驱赶，或者被削弱至附属地位。在北美，就控制的土地面积而言，唯一能与他们相提并论的是西部苏人，他们控制着北部平原。

这种帝国般的主导地位不是地理上的偶然，它是为了这块拥有整个国家最大的野牛群的土地，与一系列敌人进行 150 年深思熟虑、持续战斗的结果。他们的敌人包括西班牙殖民者——1598 年向北进入新墨西哥，后来进入得克萨斯，以及西班牙的继承者墨西哥人。还包括许多土著部落以及为争夺野牛领地的统治权而争斗的十几个部落，包括阿帕奇人、尤特人、奥色治人、波尼人、通卡瓦人、纳瓦霍人（Navajos）、夏安人与阿拉帕霍人。这个帝国的维持并非仅仅基于军事优势。科曼奇人在外交方面也非常聪明，适时签订条约，总是确保自己在贸易中的优势，尤其是在平原上最容易交易的物品马上，他们拥有的马比其他部落都多。他们主导地位的一个标志是，他们的语言——一种肖松尼语，成为南部平原的通用语言，类似于拉丁语成为罗马帝国的商业语言。

考虑到这些，在 1836 年，盎格鲁—美国人对科曼奇人知之甚少也就不足为奇了。西班牙人与他们的斗争持续了一个多世纪[2]，对他们非常了解，也不清楚这个帝国的完整范围。迟至 1786 年，西班牙驻新墨西哥的总督仍然认为科曼奇人的据点在科罗拉多，而实际上，他们已经在远在 500 英里外的得克萨斯的圣萨巴取得了主导地位。[3]这部分是因为欧洲人无法理解科曼奇人平均所能到达的距离。他们的游牧范围约为 800 英里。他们的打击范围达 400 英里，这令人们多少感到困惑。[4]这意味着　25

在圣安东尼奥的西班牙定居者或士兵面临着严峻的、近在眼前的危险，科曼奇人就坐在今天的俄克拉荷马城的一团篝火前。几年后，人们才明白袭击墨西哥杜兰戈（Durango）平原的人与活动在今天的堪萨斯的阿肯色河上的人是同一个部落。但是到1836年，西班牙人早已离开，取而代之的是墨西哥人，后者与科曼奇人打交道就更不成功了，科曼奇人轻蔑地称墨西哥人是"仓库管理员"。[5]这是历史上最大的讽刺，墨西哥人在19世纪二三十年代鼓励美国人在得克萨斯定居是因为他们想要一个对抗科曼奇人的缓冲，保护自己的边境。从这个意义上说，阿拉莫（Alamo）、戈利亚德（Goliad）、圣哈辛托（San Jacinto）与得克萨斯共和国的诞生都是阻挡科曼奇人的被误导的计划的产物。没有人知道这一点。显然像帕克家族这样的定居者实际上就是喂给科曼奇袭击者的一块肉。

不过，当时白人与科曼奇人的相遇次数不多。刘易斯（Lewis）与克拉克（Clark）只是听说过这个部落。刘易斯写道，"伟大的帕多卡人"（帕多卡被认为是科曼奇的另一个名字）"占领着普拉特河（River Platte）上游地区（今内布拉斯加）与堪萨斯河（River Kansas）之间的地方"，他说，"帕多卡甚至连名字都不存在"。[6]它们只是一个传说，甚至连传说都不是。1724年，法国贸易者艾蒂安·文雅德·布尔格蒙特（Étienne Véniard de Bourgmont）拜访了帕多卡人的居住地，将他们描述为"不是完全地游荡——（他们）部分是定居的——因为他们有村庄，有大房子，也种植一些东西"。[7]因为以前从来没有过定居的、居住在村庄的科曼奇人，帕多卡人很可能并不是科曼奇人（很可能是居住在平原上的阿帕奇人，当然，这无法证明）。

19 世纪 20 年代，斯蒂芬·F. 奥斯汀（Stephen F. Austin）与他的第一批盎格鲁得克萨斯定居者遭遇了科曼奇人，奥斯汀甚至一度被他们俘虏。除此以外，他们看上去相当友好。1821 年，第一批驮队沿着连接密苏里与新墨西哥的圣菲路而下，穿过堪萨斯州、科罗拉多州与俄克拉荷马州。全年的贸易量平均只有 80 辆马车。一些车队被印第安人袭击，但是在当时，赶路的白人不能与真正想要拥有土地的定居者混为一谈。这条交通线不过是一条单薄的商业纽带，没有危及狩猎场，也没有危及传统的土地，关于科曼奇人袭击的报告很可能被夸大了。[8]由于接触非常少，无论任何，贸易者都很难区分印第安人。

1832 年，与切罗基人做生意的萨姆·休斯敦曾前往得克萨斯，试图与科曼奇人、奥色治人与波尼人（Pawnees）实现和平，但没有成功。[9]1834 年，一支由理查德·道奇（Richard Dodge）上校带领的 250 龙骑兵部队在红河与科曼奇人接触。据与道奇上校同行的画家、编年史家乔治·卡特林（George Catlin）的描述，科曼奇人的骑术、他们在马背上使用弓箭的威猛以及驯化野马的能力令美国人赞叹不已。卡特林甚至愉快地猜测——回想起来很滑稽——"在接下来的几天，我们很可能将痛击他们"[10]。他根本不知道自己在说什么。在战场上，科曼奇人很可能将这些全副武装的龙骑兵撕成碎片。〔W.S. 奈（W.S. Nye）写道，这些士兵的穿着打扮似乎更适合去演喜剧，而不是在夏季的俄克拉荷马野外执勤。[11]〕但是这些接触并没有提供多少关于这个部落真实特质的信息。"他们的历史、人数、缺点，仍然一无所知"，卡特林当时写道，"关于他们，没有什么确切的消息。"[12]直到 1852 年，他们仍鲜为人知，这一点在伦

26

道夫·马西船长 1853 年出版的对红河上游的探险的记述中可以明显看出来，他将这个地方描述为完全未开发的地方，"没有白人踏足过"[13]，对于美国人来说，这个地方仿佛就是未被开发的非洲地区。这个地方当时是科曼奇帝国的核心地区，而当时距离帕克堡遇袭已经过去了整整 16 年。

值得注意的是，袭击帕克堡的科曼奇人与基奥瓦人是骑马的。在我们今天看来，骑着马的印第安人是很常见的，但是，对于 19 世纪初的美国人来说，这是新现象。尽管插着羽毛在马背上狂奔的野蛮人给人留下了不可磨灭的印象，但美洲大多数印第安人是步行。美洲大陆一直没有马，直到 16 世纪西班牙人引入。印第安人流行骑马完全是因为西方人。他们曾被限制在平原上，限制在西南部。骑马给这些地区的原住民带来了好处。这意味着，密西西比河东部的士兵或定居者（远到第一批定居者）未曾遇到过骑马的印第安战士，因为根本没有。当然，随着时间流逝，东部的印第安人学会了骑马，但那是在他们投降之后很久的事情，从没有东部、中西部或南部的美国原住民骑马上过战场。

最先见到骑着马的印第安人的定居者是得克萨斯人，因为定居者最先抵达的大平原边缘的地方就是得克萨斯。他们遇到的印第安人是原始的游牧部落，是出色的骑手，一点儿也不像相对开化、以农耕为主、定居村落的东部部落。东部部落徒步行进和打仗，相对很容易成为白人民兵或军队的目标。这些骑着马的印第安人居住在一望无垠、人迹罕至、波状起伏的草原上，那里大多数地方没有水，这本身就令白人感到恐惧。他们更像历史上伟大而富有传奇色彩的弓箭手：蒙古人、帕提亚人（Parthians）、马扎尔人（Magyars），他们不像阿尔冈昆人

（Algonquins）或乔克托人（Choctaws）。

　　他们来自地势较高的地方，那个地方如今被称作怀俄明，在阿肯色河上游。他们称自己"内默努"（Nermernuh），在肖松尼语中意思是"人"。他们来自山区：个子矮，皮肤黑，胸部发达。他们的祖先是在公元前11000年至公元前5000年之间穿过大陆桥，从亚洲不断向美洲移民的原始的狩猎者，在那之后的几千年里，他们几乎没有再扩展自己的生活区域。他们用石制武器与工具劳作、打猎，捕获啮齿动物和其他的小动物，并通过在草原上放火、让牛群发生踩踏、逼牛群到悬崖或深坑来捕猎野牛。他们出行使用狗拉雪橇，并将他们的兽皮帐篷拖在后面。他们可能有5000人，分散为多个部落。他们围着火蹲着，大口嚼着血淋淋的烤肉。他们战斗，繁衍，受苦，死去。

　　他们在大多方面是典型的狩猎采集者。即便是在各部族中，科曼奇人的文化也是非常简单的。他们没有农耕，从不砍树，也不编织篮子，不烧制陶器，不建造房屋。除了狩猎，他们几乎没有社会组织。[14]他们的文化没有武士团体，也没有固定的祭司阶层。他们没有"太阳舞"（Sun Dance）。在社会发展方面，他们远远落后于令人惊讶的、居住在城邦的阿兹特克人（Aztecs），也落后于分阶层的、高度组织化的、基于氏族的易洛魁人（Iroquois）。他们在各个方面都完全不同于美国东南部的部落，后者在公元700年至1700年间围绕玉米种植发展出了先进的文化，以大城镇、祭司、族长、母系社会为特征。[15]紧挨着他们的东边的部落，包括密苏里人（Missouris）、奥马哈人（Omahas）、波尼人和威奇托人，都善于制陶、编织，从事密集

28

型农业，修建半固定的房屋，用草、树皮或土做房顶。[16]这些技能，内默努人都不会。从我们所掌握的少量证据来看，他们被当作一个不太重要的部落。[17]他们被其他部落驱逐到洛基山东坡这片条件恶劣的土地上——这意味着，除了不擅长上面那些技能，他们也不擅长战争。

大约在 1625 年到 1750 年之间，这个部落身上所发生的，是历史上一次伟大的社会与军事变革。很少有民族以这样惊人的速度由偷偷摸摸的、受鄙视的角色转变为主导性的力量。这样的巨变是彻底的、不可扭转的，随之而来的则是美国平原上一次彻底的力量重组。曾经将科曼奇人驱逐到怀俄明山区的部落很快要么成为模糊的记忆［堪萨斯人（Kansas）、奥马哈人、密苏里人］，要么，像阿帕奇人、尤特人和奥色治人，撤退以避免遭遇种族灭绝。内默努人就像在初中被人欺负的小男孩，很快成长为高大、强壮、复仇的高中生。他们善于复仇，并且对于所遭受的痛苦有着很长久的记忆。值得一提的是，这个笨小孩还突然变聪明了，从最笨的变成了最聪明的。

促进这一巨变的，正是马。或者更准确地说是这个落后的石器时代的狩猎者用马所做的事情。这项惊人的革命性技术对大平原的影响不亚于蒸汽机和电对其他文明的影响。[18]

科曼奇人令人难以置信的崛起始于 16 世纪早期第一批征服者到达墨西哥。这批征服者从西班牙带来了马。这种动物吓坏了当地居民，但军事优势明显，给西班牙人带来了轻松的机动能力，这是新世界的居民从未见识过的。非常巧合的是，西班牙马也非常适合墨西哥与美国西部干旱、半干旱的草原与方山。西班牙野马与欧洲北部更大的以谷物为食的近亲品种完全不同，它是一种荒漠上的马，其远祖曾活跃于平坦、干旱的中亚草原。
自古以来，它们取道中东迁至北非，一路上与其他荒漠杂种马　29
混血。摩尔人（Moorish）入侵时，将它们带到了西班牙，[19] 后来
就被带到了美国：体态轻盈，健壮，个头不高，只有十四手掌
高，一张阿拉伯凹脸，口鼻尖细。这种马看起来不神骏，但是
小而快，容易训练，可以在炎热的西班牙草原上生存，并且能
够在水源之间长途跋涉。它具有极强的忍耐力，甚至能在冬天
寻找食物。[20]

因此，野马很快就在墨西哥繁盛起来，墨西哥城附近庄园
里的西班牙人大规模养马。约在科尔特斯（Cortés）踏足美洲
二十年后，科罗纳多能够集结 1500 匹马和骡子向北远征。[21] 随着
西班牙征服的扩大，他们的马的征服也扩大了。他们非常清楚
如果当地居民学会骑马将会发生什么，因此，他们通过的最早
的法令之一就是禁止当地居民骑任何马。当然，他们无法执行
这样的法律。毕竟他们需要印第安人和西班牙人与印第安人的
混血儿打理他们的牧场。这意味着养马、装马鞍、套笼头、驯
马的技能逐渐从西班牙人手里传播到当地人手里。西班牙马文
化的传播于 16 世纪在墨西哥开始，随着西班牙人在 17 世纪向
新墨西哥北部扩张，马文化继续稳步扩散。

这是马带来的变革的第一部分。第二部分则是马自身的扩
散。扩散最开始很慢。北美第一批真正的马群是在 1598 年随着
堂胡安·德·奥纳特（Don Juan de Oñate）征服新墨西哥到来
的。他带来了 700 匹马。西班牙人击败了当地的普韦布洛人
（Pueblo Indians），令他们皈依并成为奴隶，为西班牙人修建堡
垒与教堂。印第安人也照料这些马，除了吃以外他们从未表现
出利用马匹的兴趣。

但是普韦布洛人并不是新墨西哥唯一的印第安人。西班牙人给他们提供了庇护和帮助，这激怒了当地阿萨帕斯坎（Athapaskan）部落——阿帕奇人——他们几乎从一开始就袭击定居点。现在，在西班牙的美洲史上发生了一些有趣的事情。阿帕奇人开始适应马匹。没有人清楚这到底是怎么发生的，也不知道他们是如何做到像西班牙人那样懂马的。但这是一项快30 得令人震惊的技术转移。印第安人先偷走了马，然后学会了骑马。马文化是完全从西班牙人那里复制而来的。印第安人从右侧上马，这是西班牙人跟摩尔人学的。他们使用西班牙人的嚼头、马鞍和马鞭的粗糙复制品。[22]

马匹给他们的打猎带来了巨大的优势，也让他们的袭击变得更加有效，主要是让他们能够迅速逃跑。根据西班牙人的记载，骑马的阿帕奇人早在 17 世纪 50 年代就对新墨西哥定居点进行袭击。尽管开局有利，但阿帕奇人本不是伟大的马背上的部落：他们并不在马背上作战，也从未学过如何繁育马匹，甚至没有想过要去学。他们使用西班牙马主要是为了满足基本的出行需求，他们非常喜欢吃马肉，他们将拥有的大部分马吃掉，仅留下最好的供骑行。[23]他们也一直是半农耕的部落，这意味着他们对马的利用有限，这后来完全为他们最可怕的敌人科曼奇人所用。但是在当时，他们拥有美洲其他部落所没有的东西。

他们制造了巨大的麻烦。他们开始向和平的普韦布洛人发起无情的、致命的袭击。普韦布洛人散居在陶斯（Taos）到圣菲以及格兰德河南部地区。阿帕奇人袭击后会迅速消失在西部，西班牙人既不能阻止他们，又不能追捕他们。每一次袭击都让他们收获更多马匹。在 1659 年的一次袭击中，他们夺走了 300匹马。[24]最终，普韦布洛人清楚地意识到，西班牙人保护不了他们。这很可能是 1680 年普韦布洛起义的主要原因。当然也有其他原因，比如强迫劳动，强加基督教信仰，对普韦布洛文化与传统的压制。不管是什么原因，普韦布洛崛起了，在可怕、血腥的起义中，他们将西班牙人从新墨西哥赶出。这样的状态维持了十年。他们的大敌已去，重新回到了旧时的印第安人生活，包括制作陶器和农耕，但是他们不使用马。西班牙人丢下的数以千计的野马就在这广阔的草原上自由奔跑，这片草原与它们祖先所在的伊比利亚的土地十分相似。它们完全适应了这片新土地，在这片土地上繁衍不息。它们构成西南部野马群的基础。这一事件被称为"马匹大扩散"（Great Horse Dispersal）。如此众多的马匹散布在三十个草原部落之间，永久地改变了北美中心地区的权力结构。阿帕奇人最先认识到狩猎者与袭击者可以用马做什么；其他部落很快也学会了。

马与用马的知识以惊人的速度在大陆中部传播开来。1630年，没有部落骑马。[25] 到 1700 年，得克萨斯所有部落都有马；到 1750 年，加拿大平原上的部落已经骑马捕猎野牛了。马给他们带来的一定是新的、神奇的机动性。这让他们第一次完全主宰了野牛。他们现在可以带上这些牲畜迁徙。他们现在跑得比飞奔的野牛都快，并很快学会了在广阔的草原上骑着马将 14 英尺长的长矛投向野牛的肋骨之间，或者用弓箭射杀它们。狩猎技巧很快成为军事技巧。学会在马背上打猎的部落立刻获得了对没有马的部落的军事优势，并在一段时间内击败了所有敢挑战他们的人。他们于是成为扩张的贸易者，马既给了他们能够交易的东西，又赋予他们进入新市场的机动性。

马并没有改变他们基本的特性。马到来之前，他们的生活主要以野牛为基础。马并没有改变这一点。他们只是更擅

31

长以前所做的事情了。马出现之前，没有真正的平原部落会捕鱼或耕种，马出现之后仍旧没有。甚至他们有限地采摘野果或植物的根茎的做法也没有变。[26] 他们仍然是相对原始的、好战的狩猎部落；马实际上保证了他们不会进化到更加文明的农耕社会。尽管如此，马所带来的改变仍然令人叹为观止。战争现在可以在相距很远的双方之间发生。马——草原上主要的财富形式——可以被大量聚集、拥有。动物本身所具有的简单、基本的力量，把这些可怜的印第安人变成耀眼的骑兵。这种新的技术让曾经在文化与社会组织上落后的部落成为新兴的、主导的力量。这些部落很快将在这个国家家喻户晓：苏人、夏安人、阿拉帕霍人、黑脚邦联、克罗人和科曼奇人。

没有人确切地知道怀俄明东部的科曼奇人什么时候、如何遇上的马，但这一事件可能发生在 17 世纪中期的某地。生活在我们现在称为内布拉斯加的波尼人据悉在 1680 年前就已经骑马了，几乎可以肯定科曼奇人也是那时拥有马匹的。没有人见证石器时代这群猎人与马的伟大相遇，没有人记录下他们相遇时发生了什么，也没有人记录下比其他任何人都更懂马的科曼奇人的内心想法。他们不管是什么，不管是什么样的偶然灵光，不管战士与马之间有什么特殊的、潜意识的联系，他们的相遇一定令这些来自风河（Wind River）地区的深色皮肤的人们激动不已。科曼奇人比大平原上其他任何部落都更早地、更彻底地适应了马。他们被无可争辩地认为是北美骑马部落原型。没有人能够骑得比他们好，也没有人能够在马背上射得比他们准。在其他骑马的部落中，只有基奥瓦人像科曼奇人一样骑马战斗。波尼人、克罗人，甚至达科他人（Dakotas）主要把马当作交通运输工具。他们会骑马到达战场，然后下马战斗。（只有在电影里，阿帕奇人才骑马战斗。[27]）只有科曼奇人学会了繁育马——这是一门要求高、需要知识的技术，它帮助这个部落创造了巨大的财富。他们在阉割马时非常仔细，几乎所有坐骑都被阉割过。其他的部落都为此感到困扰。一名科曼奇战士拥有一两百匹马，或者一名科曼奇首领拥有一千五百匹马，是很常见的事（相比之下，苏人首领可能仅拥有四十匹马[28]）。单以马的数量计，他们不仅是所有部落中最富有的，而且其他部落的坐骑也多是从他们这里获得的。[29]

最早见识到科曼奇人骑马的欧洲人和美洲人都注意到了这一点。一名叫阿塔纳斯·德·梅齐埃（Athanase de Mézières）的法裔西班牙印第安人官员这样描述：

> 他们人数众多，非常傲慢。问他们有多少人，他们会毫不犹豫地将自己比作天上的星星。他们骑马的技术无与伦比；他们非常勇敢，从不请求或同意停火；他们拥有广阔的领地，这片领地为马和数量惊人的野牛提供了充足的草场，也为他们提供了衣服、食物和住所，他们离拥有地球所有的便利仅差一点点。[30]

其他观察者也这么认为。早就因为远征而与科曼奇人打过交道的理查德·道奇上校认为，他们是世界上最优秀的轻骑兵，比欧洲或美国的任何骑兵都优秀。卡特林认为他们是无可比拟的骑手。正如他所描写的，美国士兵被看到的景象惊呆了。"站在地上，他们是我所见过的最不吸引人的、最邋遢的印第安人之一，但是一旦他们上了马，他们仿佛立刻变身，"卡特

33

林写道，"我会毫不犹豫地说，科曼奇人是我在所有旅行中见过的最杰出的骑手。"他继续写道：

> 他们的骑马技艺中有一项比我这一生中所见过或期望看到的都令我震惊，那就是战争战略，部落中的每一名年轻男子都要学习并实践；通过练习，他们能够将身体吊在坐骑的一侧，有效地躲过敌人的武器，因为他们将脚挂在马背上，身体平躺在马的后边……在这种奇特的姿势下，他还能背着弓箭、盾牌与 14 英尺的长矛骑马全速奔驰。[31]

在这样的姿势下，科曼奇战士射出 20 支箭所用的时间同一名士兵给滑膛枪装一次药、开一枪所用的时间相当；而每一支箭可以射中 30 码外的人。其他观察者则对科曼奇人驯马的技术叹为观止。科曼奇人会用套索套住马，然后收紧套索，将马勒倒在地。当马看起来奄奄一息的时候，套马索会松开。马终于站起来，紧张地颤抖着。套马人轻轻地抚摸它的鼻子、耳朵和前额，然后将自己的嘴放在马的鼻孔上，对着它的鼻子吹气。然后，科曼奇人会用皮带缠在已被驯服的这匹马的下巴上，骑上马扬长而去。[32]科曼奇人擅长一切与马有关的事：繁育马，驯马，卖马，骑马。他们甚至擅长盗马。道奇上校写道，科曼奇人可以走进"有十多个人正在睡觉的营地，每一个人的手腕上都用套索拴着一匹马，科曼奇人能够在离睡着的人不足六英尺的地方切断绳子，将马偷走，而不惊醒任何一个人"[33]。

大概除了基奥瓦人，没有其他部落能够完全生活在马背上。孩子们在四五岁的时候就会拥有自己的马。很快，这些男孩子们就学会这些技能，包括在骑行中捡起地上的东西。年轻的骑手会从轻的东西开始，逐渐捡起重的东西，直到最后，能够无须帮助，在骑行中抓举一名男子。拯救跌倒的同胞被视为科曼奇战士最基本的一项义务。他们都在很小的年纪就学会了这些技能。女子通常可以骑得像男子一样好。一名观察者注意到两名科曼奇女子带着套索骑马出去，第一次扔套索便套住了羚羊回来。[34]女子拥有自己的马，以及用于驮东西的骡子和温顺的马。

当他们不偷马或繁育马的时候，他们会在野外抓马。托马斯·詹姆斯将军讲述了他在 1823 年见到的一幕。当时，他作为购马者去拜访科曼奇人。他看到很多骑手将野马群驱赶到一个深深的峡谷，一百名男子骑着马，带着盘成圈的绳子等在那里。当"受惊的野马落入埋伏"时，地上扬起了很多灰尘，一片混乱，骑手们用绳子套住马的脖子或前脚。每一名骑手都抓到了一匹马，只有一匹马逃了。科曼奇人去追，两小时后，这匹马回来了，"非常驯服、温顺"。在 24 小时以内，一百多匹野马"在狂野的兴奋状态下"被抓住，并且就像"农场里的马对它们的主人那样温顺"。[35]他们会追一群野马好几天，直到它们筋疲力尽，这样更容易抓住它们。科曼奇人会在水边等口渴的马，然后去抓它们。这些马大口喝水，很少会跑。尽管科曼奇人描述多数事物的词语有限——原始部落常见的特点——他们与马有关的词语却非常丰富，并且描述得非常精确。仅以颜色来说，科曼奇有自己的词语描述棕色、浅红棕色、红棕色、黑色、白色、蓝色、暗褐色、栗色、杂色、红色、黄色、带有黑色鬃毛和尾巴的黄马；红色、栗色、黑色交杂的马。他们甚至有专门的词语来描述长有红色、黄色和黑色耳朵的马。[36]

科曼奇人骑马的技术也在他们另一项娱乐活动中扮演着重

要角色：赌博。科曼奇赌马的故事很多。比较有名的一个故事发生在得克萨斯边境。一小群科曼奇人出现在查德伯恩堡（Fort Chadbourne），军官们要求与他们赛马。科曼奇头领似乎对此不感兴趣，但军官们坚持要赛马，他最后同意了。比赛赛程定为400码。很快，一名身材魁梧、懒散但勇敢的男子出现了，他坐在长着长毛、"非常温顺的绵羊一般的小马驹上"。他拿着一根棍子当马鞭使。军官们不以为意，快步牵出了他们的三等马，用面粉、糖与咖啡赌科曼奇人的牛皮袍子。科曼奇人"夸张地"挥舞着棍子，赢了。接下来的比赛，士兵们拉出了他们的二等马。他们同样输了。现在，他们坚持要比第三场，并最终牵出了他们最好的马，一匹极好的肯塔基母马。赌注变成了两倍、三倍。科曼奇人赢走了士兵们的所有赌注。比赛开始的信号一发出，这名科曼奇士兵叫喊着，挥舞着他的棍子，"像风一样疾驰"。在离终点还有50码的地方，他就回转过身来，扮出一副"你来追我呀"的"可怕鬼脸"。输了的士兵后来才知道，正是这匹毛发蓬松的马刚刚从基卡普人（Kickapoo）那里赢得了600匹马。[37]

17世纪末，科曼奇人对马匹的运用让他们从严酷、寒冷的风河地区迁徙到了南部气候更宜人的地方。迁徙的意图非常简单：他们为了赢得这片大陆上最丰富的猎物——南部平原上的野牛群的支配权而挑战其他部落。

1706年，他们第一次进入历史记载。那年的7月，一位名叫胡安·德·乌利瓦里（Juan De Ulibarri）的西班牙军士长在新墨西哥北部向普韦布洛人传教的途中报告称，科曼奇人与尤特人正在准备袭击陶斯的普韦布洛人。[38]他后来听说了科曼奇人的袭击情况。[39]这是西班牙人或者白人第一次听说这些印第安人。他们有很多名字，其中一个名字是尤特人称呼他们的，叫科曼茨（Koh-mats），有时候叫科曼契亚（Komantcia），意思是"一直与我敌对的人"。新墨西哥当局对他们的名字有多个译法（库曼切、科曼奇），最后定为"科曼奇"。[40]西班牙人花了好几年时间才彻底弄清楚这些新的入侵者到底是谁。

第四章　极度孤独

　　　　写到这里，我将下面的纸页公之于众，放心，在这些
纸页出版之前，书写这些纸页的人已经不在了。[1]

这几句话很可能是 20 岁的蕾切尔·普卢默在 1839 年早些
时候写的。她指的是她被俘虏的回忆录，并预言了自己的死期。
她的预言是正确的。她死于当年的 3 月 19 日。作为科曼奇人的
俘虏，她被拖拽了大半个大平原，之后又走了 2000 英里的路，
这是最艰辛的逃亡之路。对那个时代的读者而言，她的回忆录
令人瞠目结舌，在今天依然如此。记录美国 19 世纪边疆的纯粹
的、血腥的、紧张的文字很少有文献能与之相提并论。

在悲惨的第一晚之后的早晨，帕克家被抓的五人——蕾切
尔和她 14 个月大的儿子詹姆斯、她的姑姑伊丽莎白·凯洛格
（很可能 30 多岁）、9 岁的辛西娅·安·帕克和她 7 岁的弟弟约
翰，再次被绑在科曼奇人的马上，向北走。在接下来的五天，
科曼奇人快马加鞭，经过交叉林带，这是今天达拉斯西部开阔
平原上的一片 40 英里宽的森林。正如蕾切尔所描述的，这是个
"美丽的地方"，"有很多泉水"。但是科曼奇人不允许她在那喝
水。那时，印第安人根本不给俘虏食物，只有少量的水。每天
晚上，他们都被皮绳紧紧绑着，手腕和脚踝都被勒出了血；跟
以前一样，他们的手和脚被绑在一起，脸朝下趴在地上。

蕾切尔没有告诉我们在辛西娅身上发生了什么——除了第

一天晚上的殴打、流血、捆绑——但是猜也猜得到她经历了什么。尽管科曼奇人在这些事情上反复无常，但他们对待9岁的小女孩的态度通常与对待成年女子的态度不一样。辛西娅·安被抓的头几个日夜毫无疑问是恐怖的。印第安人袭击时的尖叫与惊恐，母亲露西将她放在马背上时令人难以理解的恐惧，她父亲的血腥之死，她表姐和姑妈被强奸和虐待历历在目（尽管她成长在严格的浸信会教友家庭，但作为一个农场上的女孩，她应该已经知道性和生育；但她到底经历了什么，人们仍然知之甚少）。她一路艰难地穿过得克萨斯北部黑暗的大草原到达营地，她被绑在那里，随后五天没有吃东西。

然而，考虑她后来的经历，殴打和虐待很可能就停下来了。尽管有很多儿童被科曼奇人杀死的记录，有女孩被强奸，但通常情况下，她们的处境比成年人要好得多。一方面，她们还小，能够被同化，而同化她们的这个社会生育率又非常低（部分是因为他们生活在马背上，容易导致怀孕初期的流产），需要俘虏来增加他们的成员数量。[2]她们还可能带来赎金，是有价值的。在其他数起科曼奇人暴力袭击中，年轻的女性俘虏明显活了下来，并很快成为部落的成员。不管怎么说，相比成年男性，女孩子们有活下来的机会，而成年男性俘虏则被杀掉或者折磨至死。辛西娅受到人道待遇的一个证据就是，帕克堡袭击中的一名男子佩塔·诺科纳后来成为她的丈夫和首领。佩塔可能领导了那次袭击，而露西·帕克将尖叫的辛西娅放在马上，那匹马可能就是佩塔的。[3]

第六天，印第安人将俘虏分开：伊丽莎白·凯洛格被交换或送给了一群济柴人（Kichai），他们是来自得克萨斯北部的部落，种植庄稼，满足于做科曼奇人的附属；辛西娅·安和约翰

38 来到一群地处中部的科曼奇人中间，很可能是诺科尼人（Nokonis）；蕾切尔和詹姆斯则到了另一群科曼奇人中间。蕾切尔认为他们会让她和儿子待在一起，尽管她儿子遍体鳞伤、鲜血淋漓，但好歹还活着。她错了。"孩子一断奶，"她写道，"尽管我阻拦，他们还是强硬地从我怀里将孩子夺走。孩子向我伸手，手上全是血，他哭喊着，'妈妈，妈妈，哦，妈妈！'我看着自己的骨肉，放声痛哭。这是我最后一次听到我的小普拉特的声音。"[4]

蕾切尔那一拨人继续向北部更冷的高地行进，很可能是到了今天的科罗拉多东部。她发现自己处在地势高且荒无人烟的平原上。"现在看不到森林，"蕾切尔写道，"我们会一连数周地行进。牛粪就是所有的燃料。牛粪堆成一堆，点上火以后用来烧饭很好，火能够保持好几天。"[5]他们处在科曼奇利亚腹地，这是一片完全陌生的土地，被当时的地图制作人称为美洲大沙漠（Great American Desert）。对习惯于生活在长着树木的土地上的人们来说（1840年以前的几乎所有美国人），这片平原与他们所见到的任何地方都不一样。从某种程度上来说，它是令人无法理解的，就像一个一辈子生活在高山上的人第一次见到大海一样。"密西西比东部的文明有三大支柱——土地、水与树木，"沃尔特·普雷斯科特·韦布（Walter Prescott Webb）在他的经典著作《大平原》（The Great Plains）中写道，"而密西西比西部文明没有水和树木，只有僻壤。难怪它会在暂时的失败中倾覆了。"[6]

如果说对西班牙人、法国人和美国人的前进带来人为阻碍的是平原印第安人，那么，实际上还存在物理阻碍。对于生活在21世纪的人们来说，这是很难想象的，因为今天的土地与

19 世纪的土地完全不一样。今天，几乎所有的美国土地都被用来耕种、放牧、砍伐或者以某种方式开发。在这个国家的很多地方，森林与草原的原始区别已经消失。但是，在原始的状态下，几乎整个北美洲，从东部海岸到 98°经线——这条经线由南向北大致穿过今天的圣安东尼奥（San Antonio）、俄克拉荷马城（Oklahoma City）和威奇托——都是茂密的森林，东部茂密的林地与西部"大天空"地区的差别非常明显。旅行者向西旅行，直到到达 98°经线才能看到开阔的草原，因此，在很多地方，旅行者是在从《格林兄弟》描述的黑暗森林望向没有树木的平原。在那里，森林拓荒者们所知的一切生存技能——包括盖房子、生火和取水——都不再有效。这就是为什么大平原是这个国家最后定居的地区。

39

主要原因是降雨，或者说是缺乏降雨。在 98°经线以西，年均降水量在 20 英寸以下；在这种情况下，树木很难存活，河流稀少。此外，草原的生态是火的生态——持续的燃烧或者说是印第安人引发的大火将大平原的广阔土地割裂开来，并毁掉了草原上大片的树木，除了生长在河边或溪边的树木幼苗。一位从气候湿润、布满沼泽、淫雨霏霏、松树林立、河网密布的路易斯安那来的旅行者，可能会在今天的达拉斯南部的某个地方遇到第一片草原，距离帕克堡不太远。事实上，帕克堡标志着 1836 年定居边界线的原因之一是它离大草原的边缘已经很近了。那片土地由起伏不平的平原组成，有稀稀疏疏的树木；纳瓦索塔河边洼地树木更茂密一些（在帕克家族看来，这是有意为之；毕竟，他们用雪松建了堡垒）。但是那以西 100 英里就没有任何树木了。当旅行者到达今天的拉伯克和阿马里洛时，他只会看到一马平川、一望无垠的格兰马草和野牛草，河流流经其中，很少能看到地界标。当时的旅行者将它描述成"海洋"，这不是一个美丽的词。他们感到它空旷，令人感到恐惧。他们还将其描述为"无痕"，字面上确实如此：所有穿过平坦草原的马车留下的车轮印记，都会在几天内完全消失，就像沙滩上的脚印在潮水涌来时消失一样。

高平原（High Plains）不仅没有树木和水，而且是北美气候最恶劣的地区之一。夏季热浪滚滚，狂风大作，气温经常在100华氏度甚至更热，这可能会在几天内毁掉庄稼。风使眼睛灼伤，嘴唇干裂，身体以危险的速度脱水。秋冬常有酷寒北风，风力强劲，伴随着漫天黑云、黄沙。一场北风可以令气温在1小时内骤降50华氏度。强冷北风会带来冻雨。这是大平原上常见的天气。

40　　最恶劣的天气是暴雪。美国东西部海岸的人们可能认为他们见识过暴雪，但很可能他们见识的并不是暴雪。它几乎是大平原上特有的气象。狂风暴雪，温度极低，在这片没有遮风避雨的平原上如果在这样的天气里迷失，怕是只有一死。到大平原定居的最初几年里，人们在从谷仓走到房屋的路上迷路或死亡是很平常的事。狂风咆哮长达数日。四五十英尺的雪堆如寻常之物，就像极地的乳白天空一样，让人不辨天地。大平原上的暴雪会吞噬掉整个军队、定居点和印第安人的村庄。这里是科曼奇利亚，是科曼奇人选择的美丽而气候恶劣的地方，是美国最南端野牛群密集分布的地方。这是这片大陆上最后被美国军队征服、占领的地方。这是人们都想要的地方，是最后被文明照亮的地方。仅这片土地本身就可以令人葬身。居住在那里的科曼奇人与其他马上印第安人，让死亡成了必然。

这里正是蕾切尔·普卢默现在所处的地方，距离最近的定居点可能有 500 英里，很少有白人来到这里。站在定居者的角度，这里只是一片空白的领地，是通过 1803 年路易斯安那购地案（Louisiana Purchase）取得的美国领土，只是没有堡垒，没有士兵，人迹罕至罢了，除了零星的猎人与探险者，或者偶尔沿着圣菲路线经过的骡队。第一批大篷车穿过俄勒冈小道用时四年。这里是印第安人的土地；印第安人在这里生活、狩猎、争夺土地。根据蕾切尔的描述，她 13 个月的俘虏生活大多时候是在高平原上，尽管她还描述了穿过洛基山脉的一次旅行，在那里"我这辈子从未遇到过那么冷的天气。我脚上穿的东西很少，身上穿的也很少"[7]。

她是一名奴隶，被当作奴隶对待。她的工作就是在晚间照料马匹，在白天加工牛皮，并且每个月圆时必须完成一定的数量。这个过程包括她必须用一根锐利的骨头费力地将皮肉分开，然后用石灰吸收油脂，然后用牛脑摩擦使其变软。[8]只有完成规定数量才免于挨打，她经常在照料马匹的时候也将牛皮带上。她被交给了一个老头，并成为他妻子与女儿的用人，她们都虐待她。

蕾切尔被抓看起来不过是对得克萨斯的一个定居点的随机袭击的副产品。事实上，她所经历的事情有重要的原因，所有这些都与大平原上高度专业化的野牛经济有关。牛皮和长袍一直是有用的交易物品（科曼奇人的交易依赖于马匹、牛皮和俘虏）。牛皮的价格上涨得厉害，一名科曼奇人可能一年只吃 6 头牛，但为了获取牛皮平均一年可能宰杀 44 头牛，并且这个数字每年都在上升。当然，女性就去做所有的增值工作：处理牛皮，装饰袍子。平原上的男人们很快意识到，他们拥有的妻子越多，能加工出的牛皮数量就越多，因此他们可以交易的制成品也就越多。[9]这一简单的商业事实产生了两个重要的结果：一是印第安男子的一夫多妻现象增加；二是获取女俘虏的欲望加强。对科曼奇人而言，这些变化可能更多是本能而不是有意为之。但这意味着蕾切尔的日子漫长而艰苦，她总要完成她的配额。

不幸的是，她有孕在身。在帕克堡遇袭的时候，她已经怀孕四个月，并遭受了早产的所有痛苦。1836年10月，她生下了第二个儿子。她很快就意识到这个孩子有危险。她的科曼奇语说得很好，正如她所说，她可以"直谏女主人，让她告诉我应该怎么做才能救我的孩子"[10]。但是没有用。她的主人认为这个婴儿是个累赘，喂养孩子意味着蕾切尔不能全职工作。一天早晨，6名男子来了，那时她的孩子七周大。一些男子按住她，一名男子去勒死婴儿，然后将婴儿递交给她。当发现孩子还有生命迹象时，他们又将婴儿夺走，这次，用一根绳子系在婴儿的脖子上，拖着他穿过多刺的仙人掌，最后拖在马后面绕了一百码。"我那可怜的小孩子不仅死了，还被撕成了碎片。"蕾切尔写道。

这个部落继续前进。尽管经历了这些，蕾切尔还是保持着日常的劳作。她努力记住她看到的植物、动物和地理特征。她写到了草原狐，写到了类似于海市蜃楼的冷冷的、蓝色的湖仿佛就在她面前，写到了开阔的平原上的贝壳化石。她还描写了科曼奇社会的一些细节，这些被视为关于科曼奇人的第一份人种学文献。这个部落每三四天就会迁移；男人们每晚都跳舞；有些人会对宠物乌鸦或鹿皮祭拜；上战场前，男人们每天早晨都喝水，直到呕吐为止；绝不允许人的影子投到正在做的食物上，这是他们的一个禁忌。她有空的时候会爬上山顶，甚至会探寻一些洞穴。由于她逐渐掌握了科曼奇语，她能够偷听在阿肯色河源头附近举行的印第安议事大会。因为女子不允许参加部落议事会议，"我被打了好几次，"她写道，"但是为了继续听他们的会议我甘愿挨打。"[12] 她无意中听到了一个大规模的、涉及多个部落的入侵得克萨斯的计划。占领得克萨斯并赶走当地居民后，他们将袭击墨西哥。袭击计划于 1838 年或 1839 年实施。

尽管蕾切尔有着顽强的适应能力，但是她开始失去希望。她认为，她儿子詹姆斯很可能已经死了，她的丈夫、父亲和母亲很可能在帕克堡的袭击中已经死去。她几乎不再奢望逃跑，也不想改变自己在部落中的地位。失望，沮丧，想自杀但又不能，她决定激怒印第安人，让他们杀死自己。她主人的女儿（"我的年轻的女主人"）命令从临时小屋拿件挖植物根的工具时，她拒绝了。这名年轻女子对她尖叫，扑向她。蕾切尔将她摔倒在地，将她摁住，"厮打尖叫起来"，并用一根野牛骨头打她的头，期待"印第安人中有人会拿一根矛刺入自己的心脏"。[13] 如果他们要杀了她，她下定决心至少要弄残一个人。在厮打中，她发现一大群科曼奇男人围在她们周围。他们都在呐喊，但是没人碰她。她赢得了这场厮打。"我让她无法伤到我，甚至让她无法呼吸，直到她求饶。"蕾切尔写道。她放开正在流血的敌人，然后将她扶起，送回住处，帮她洗脸。这时候，这名女子才看起来友好了些，这是第一次她变得友好。

不过，她的养母并没有变得友好，她扬言要烧死蕾切尔（她之前用火和余烬烫过蕾切尔）。现在蕾切尔与这名年长的妇女在大火边厮打了起来。两人都被烧伤，伤得还挺重；蕾切尔两次将对方逼到火里，并将她摁在那里。在打斗中，她们冲破了帐篷的一侧。一群印第安男子又一次围观她们，而他们还是没有干预。蕾切尔再一次赢得了打斗。第二天早晨，12 名部落首领在"议事间"（council house）开会听取这一案件。三名女子都出来作证。判决如下：蕾切尔将她弄坏的帐篷柱子换上一根好的。她同意了，但要求那名年轻的女子帮助她。从那以后，蕾切尔说，"一切都恢复了平静"。

在读蕾切尔的回忆录时，不对科曼奇人进行道德上的评判是不可能的。根据委员会的决定，虐杀毫无防御能力的七周大的婴儿，以任何现代的标准来看，这都是一种邪恶的不道德行为。轮奸女俘虏如果不算是非常严重的恶的话，似乎也已经接近性变态犯罪。美国西部定居点的大多数益格鲁－欧罗巴人（Anglo-European）都同意这样的评判。对他们而言，科曼奇人就是暴徒，就是杀手，没有基本的体面、同情或者怜悯。他们不仅让别人遭受可怕的痛苦，而且从所有证据来看，他们引以为乐。这可能是最糟糕的部分，当然也是最可怕的部分。让人们在痛苦中尖叫对他们而言是有趣的、值得的，就像今天美国的男孩折磨青蛙或者扯下蚱蜢的腿一样。男孩子们大概就是那样长大的；对印第安人来说，这是他们成人文化重要的一部分，他们毫不质疑地接受了。

19 世纪 70 年代早期的一个故事更能说明这个问题。赫尔曼·莱曼（Herman Lehmann）在孩童时期就被抓走，后来成为一名战士。根据莱曼的描述，一群科曼奇人袭击了通卡瓦人的营帐。他们杀死了一些人，并赶走了剩下的人。在被丢弃的营帐里，他们发现火上正烤着一些肉。后来发现这肉是科曼奇人的腿。以食人闻名的通卡瓦人正在准备一场盛宴。这令科曼奇人异常愤怒，他们展开报复，追赶通卡瓦人。随后发生了激烈的战斗，科曼奇人有 8 人死亡，40 人受伤。但他们是胜利者，

在战斗结束以后，他们开始处理敌方的死伤者。在场的莱曼写道，

> 很多人还在喘气，想要喝水，但是我们没有理会他们的祈求。我们剥下他们的头皮，砍断他们的胳膊，砍断他们的腿，割掉他们的舌头，并将他们的残躯和四肢扔到他们自己生的火里，然后再添些柴火，将活着的、奄奄一息的和死了的通卡瓦人都丢进火里。一些人还能够退缩，像蠕虫一样动，一些人还能说话求饶。我们将他们堆起，添了更多柴火，在大火边跳起舞，高兴地看着他们的油和血从身体里流出，看着他们的身体膨胀，听着胀裂的声音。[14]

在关于美国印第安人的记载中，这种残忍描述存在一个问题，因为美国人倾向于认为他们的土著居民在某种意义上是英雄或高尚的。事实上，印第安人在很多方面确实是英雄是高尚的，尤其是在保卫家庭方面。但是按西部的道德标准——尽管我们有自己丰富的酷刑传统，包括欧洲反宗教改革时期官方认可的酷刑，俄罗斯彼得大帝时的酷刑——一个人折磨或强暴另一个人，或将他人的孩子偷走并卖掉则另当别论。毫无疑问，"疯马"酋长（Crazy Horse）在战场上是英雄，在生活中非常仁慈。但是作为奥格拉苏人（Oglala Sioux），他同时是一名掠夺者，掠夺当然意味着一些具体的事情，包括虐待俘虏。他受人欢迎——人们正在南达科他（South Dakota）的山上雕刻他的巨大石像——在很大程度上可能是因为人们对他的早期生活知之甚少。[15]他自然可以成为我们想要的英雄。

因此，一些编年史家忽视了印第安人生活残忍的一面；另

一些人，尤其是认为在白人到来之前印第安人之间的战争相对来说是不流血的事件的历史学家，直接否认了这一点。[16]但是确定的事实是无法回避的：美洲印第安人天生好战，在哥伦布偶然发现他们之前，他们已经好战了数世纪。他们为狩猎场而战，他们也发动了很多完全不必要的残忍而血腥的战争。科曼奇人对倒霉的通卡瓦人的残忍、持续的追杀，就是一个典型例子；另一个例子是阿帕奇人在被逐出野牛地很久后依然受到骚扰。

这样的行为在美洲所有的印第安人中都是常见的。事实上，东部更文明的农耕部落比科曼奇人或者其他平原部落更擅长设计熬人且痛苦的酷刑。[17]区别在于平原印第安人对待女性俘虏和受害者的方式。强奸、虐待女性，包括使其身体伤残，这些做法在 17、18 世纪东部部落出售俘虏时就存在。但是这样的做法很早就已经被抛弃了。一些部落，包括庞大的易洛魁人联盟，从来不那样对待女性俘虏。[18]女性可能被杀死、被剥头皮。帕克家族被抓的成员所遭受的只可能发生在密西西比以西。如果科曼奇人因为残忍和暴力而为人所知，那是因为，作为历史上最强大的战斗部落之一，他们所处的位置令他们造成的痛苦远远多于他们所遭受的。

最重要的是，印第安人自己完全不认为这些行为有何不对。对大多数到西部的定居者来说，他们相信绝对的善恶，相信普世的道德行为标准，因而对此几乎无法理解。部分原因是科曼奇人关于宇宙性质的理论，这与文明的西部的理念是完全不同的。科曼奇人没有主要的、统一的宗教，没有任何一神的东西。尽管他们在被打败后接受采访时似乎经常提到"伟大的精神"，但科曼奇民族志学者欧内斯特·华莱士（Ernest Wallace）和 E. 亚当森·霍贝尔（E. Adamson Hoebel）对于任何包含单一的精灵或"恶魔"的神话创作都持极度质疑的态度。[19]"我们从不考虑任何创作",一位名叫波斯特·奥克·吉姆（Post Oak Jim）的科曼奇老人在20世纪30年代的一次采访中说,"我们只知道,我们在这里,我们的思想主要是理解这些精灵。"[20]

科曼奇人生活在魔法与禁忌的世界中；精灵存在于任何地方——石头上、树上、动物身上。他们宗教的主旨就是想办法利用这些精灵。这样的力量会变成"puha"或者说变成"药"。他们没有教义,没有教堂来施加系统的宗教,没有世界观,只是将世界视为一组孤立的片段,没有更深层次的意义。当然,他们有一些行为准则——例如,一名男子不能偷走另一名男子的妻子却免于惩罚,但是没有终极的善恶：只有行为与后果,损害与赔偿。

同时,敌人就是敌人,对付敌人的准则已经传承了一千年。一名科曼奇勇士会将抓住的尤特人折磨至死,这是毫无疑问的。每一个人都这么做,苏人这样对阿西尼博因人（Assiniboine）,克罗人这样对黑脚邦联。科曼奇人被尤特人抓住后,也知道会遭受折磨（这让他一直支持这样的黄金法则）,这也是印第安人在战场上总是战斗到最后一口气的原因,没有例外,这令欧洲人和美国人感到非常惊异。当然,印第安人也同样深信血债血偿。一名被折磨至死的战士的生命将会由另一名战士被折磨至死而偿还,其死法甚至比前者更恐怖。这也被美洲所有的印第安人视为公平的游戏。

如何解释科曼奇人与他们所面对的白人在道德上的巨大差异？部分原因是美洲相对世界其他地区的文明进程。农业在亚洲和中东出现的时间大致是一样的,约在公元前6500年,这让人类社会得以从狩猎、采摘的游牧社会向更高的文明过渡。但

46

是在美洲，农业直到公元前 2500 年才出现，比亚洲和中东晚了整整 4000 年，远远晚于先进文化在埃及和美索不达米亚萌芽的时间。这是一个巨大的差距。当印第安人懂得如何播种、种植的时候，北美和南美文明的进步大体上与旧世界同步。人们兴建了城市、演化出高度组织化的社会结构，设计出了金字塔。帝国开始集中出现，其中阿兹特克与印加是最后的帝国（如同旧世界一样，游牧文化、狩猎采摘文明与更先进的文化同时存在）。但是与世隔绝的美洲如果没有马或者牛带来的利益，可能永远不会消除差距。他们比欧洲和亚洲的文明落后三四千年，哥伦布 1492 年来到新大陆，则证明了他们将永远落后下去。当然，非农耕文明的平原印第安人就更落后了。

因此，来自亚里士多德、圣保罗、达·芬奇、路德、牛顿文化的移居者与野牛遍地的大草原上的土著骑马人之间的冲突仿佛就发生在被扭曲的时间里——就像前者在回顾数千年前尚未懂得道德、尚未接受基督教、尚处野蛮蒙昧状态下的自己。凯尔特人就是一个很好的例子。他们是 19 世纪移民美国的很多人的祖先。公元前 5 世纪的凯尔特人被希罗多德描述为"勇猛的战士，战斗起来不要命"[21]。像科曼奇人一样，他们野蛮、肮脏，留着一头长发，在战场上会发出恐怖的哀号。他们是杰出的骑手，嗜酒如命，对敌人与俘虏能做出可怕的事情，包括砍头。砍头这种做法令文明的希腊人和罗马人非常害怕。[22]凯尔特人是苏格兰—爱尔兰人（Scots-Irish）的祖先，而苏格兰—爱尔兰人是美国西部移民的先驱。凯尔特人不会认为科曼奇人的折磨行为有任何道德问题。

对于他们的敌人来说，科曼奇人就是残忍的野牛角杀手，黑暗与毁灭的使徒。然而，在他们的营帐内，他们完全不是这

47

样。蕾切尔·帕克·普卢默、辛西娅·安·帕克现在就生活在他们的营帐内。最早近距离观察科曼奇人的美国人理查德·欧文·道奇上校写道，科曼奇人"热闹、欢快，爱玩耍，爱搞恶作剧，爱吹牛，有很多玩笑，有各种乐趣，在夜里载歌载舞，回荡着叫喊声"[23]。科曼奇人非常喜欢打赌，赌注可以是任何东西，尤其是马。他们喜欢碰运气取胜的游戏，会高兴地押上自己最后一块鹿皮做赌注。他们喜欢唱歌，尤其喜欢唱自己的歌，一名药师经常专门为他写歌。他们起床的时候唱歌，睡觉之前也唱歌。他们喜欢各种游戏，但最喜欢赛马。他们爱炫耀自己的头发——经常将妻子剪下的长发编织到自己的头发里，就像现代女性编假辫子一样。他们会用海狸皮或水獭皮卷起这些接发。他们爱说长道短，据道奇说，"总是想知道身边正在发生什么"[24]。

他们会连续数小时甚至数天跳舞。他们会和家人待在一起，尤其是和男孩儿们待在一起，冬天的时候，懒散地偎依在一起，裹着厚厚的牛皮袍子，围在营帐里的火旁边。他们的营帐设计巧妙，只需要一小堆火，就能够在酷寒、凛冽的冬天的大平原上保暖。他们喜欢说话。"他们说话的时候非常兴奋，"道奇写道，"会吹嘘自己在爱情、战争、追逐中的英勇事迹，并且滔滔不绝。"[25]他们部落的成员有一些名字，如"绊倒摔了一大跤""老脸皱巴巴""成为中年男人""总是在一个差的地方坐下"和"她邀请她的亲戚"。[26]对于其他人而言，他们是死亡的化身。对他们自己而言，这些就是"人"。

他们在很多方面都是典型的平原印第安人。平原部落的文化都离不开野牛，野牛为他们提供了生活的必需品：食物、住所（牛皮做的营帐）、燃料（干牛粪）、工具（骨制工具、牛肚做的水囊）、马具（牛皮做的笼头、皮鞭和马鞍）、绳子（用牛毛纺织）、衣服（皮裤、皮鞋和皮袍子）和武器（牛筋做的弓弦）。在 19 世纪 70 年代捕杀野牛者到来之前，这些体型庞大、行动迅速的动物数不胜数。它们大部分生活在南部平原——科曼奇利亚。它们正是新崛起的部落争夺那片土地的原因。

48　　　捕猎野牛非常危险。一头健康的野牛几乎可以和马跑得一样快，并能持续跑两英里。印第安人习惯从后面追赶野牛，射或刺它，受伤的野牛就会对捕猎者构成直接的威胁。正如得克萨斯骑兵里普·福特（Rip Ford）写道的，危险是"被这匹巨兽的角戳到，连人带马被举起，就像羽毛被抛在空中，然后和四足伙伴一同重重摔下"。[27]印第安人的马驹被训练得听到弓弦一响就立马从野牛身边跑开。

野牛是科曼奇人最喜欢的食物。他们将牛排放在火上烤着吃或者用铜壶煮着吃。他们将牛肉切细、晾干，储存起来用于越冬和长途旅行。他们吃牛肾和牛肚。孩子们会围着刚杀的牛，讨要牛肝和牛胆。他们会将咸的胆汁喷到还滴着鲜血的牛肝上趁热吃。如果被杀的母牛还有奶水，科曼奇人会切开母牛乳房，和着热血喝下牛奶。尚在吃奶的小牛胃里热的凝乳是一种美味。[28]如果战士正在追踪野牛，缺少饮用水，他们就直接从牛的血管里喝热血。他们有时吃牛的内脏，经常是用两根手指将其剥离。（如果遇到追赶者，科曼奇人会一直骑着他的马，直到马倒毙，然后将它肚子切开，掏出肠子，将肠子绕在自己的脖子上，换上一匹马，稍后再吃肠子。[29]）没有野牛的时候，手头有什么科曼奇人就吃什么：龟，将它活活扔进火里，用牛角匙从龟壳里舀着吃[30]；所有的小动物，他们都吃，甚至是马，虽然他们不爱吃马。除非饿了，否则他们不吃鱼或鸟。他们从不吃野牛的心脏。

科曼奇社会结构也具有平原印第安人的典型特征。科曼奇人是一群一群地生活在一起的，对于这一点白人并不理解。他们坚持认为科曼奇是一个部落，这意味着是一个单一的政治单位，有一名首领，并且想当然地认为，还有民事、军事方面次一级的首领来协助首领的工作。但事实从来不是这样的。夏安人、阿拉帕霍人或者大平原上的任何其他族人，都不是这样的。科曼奇人都说同一种语言，穿着打扮基本上都一样，有共同的宗教信仰与习俗，有共同的生活方式，这些将他们与其他部落，也与世界其他人种区分开来。然而，民族志学者华莱士和霍贝尔称，科曼奇人的生活"并不包括部落那样的政治体制或社会机制"[31]。他们没有大首领，没有临管会，没有确切位置的科曼奇"国家"能够谈判或者用战争去征服。当然，对于白人来说，这些完全说不通。它不像他们所认知的统治体系。在大平原上，白人总是坚持与头人们签订协议——错误地认为这些头人代表整个部落。他们将一再犯这样的错误。

外人总是很难理解科曼奇人。外人很难区分他们，甚至不知道科曼奇人到底有多少群体。他们占据着科曼奇利亚不同的、界线模糊的领地，不同群体之间在文化上有细微的差别，外人不容易注意到：有的可能喜欢某种舞蹈，有的可能喜欢某种衣服，有的可能喜欢吃干肉饼，有的可能说话比其他群体慢。西班牙人从科曼奇利亚遥远的东部观察他们，认为科曼奇人有三个群体。他们错了，他们很可能只与其中三个群体接触过。得克萨斯印第安事务官员罗伯特·内博斯（Robert Neighbors）是最热衷于观察科曼奇人的，他在1860年说，有八个科曼奇群体。其他的观察人士则认为有多达13个群体，其中一些最终消失了，要么被融合了，要么灭绝了。[32]

历史学家基本上一致认为在 19 世纪初科曼奇人有五个主要的群体。本书大部分的讨论集中在这五个群体。每个群体有1000 多人。一些群体可能多达 5000 人（在鼎盛时期，整个科曼奇估计有 2 万人）。他们是：延帕里伽（Yamparika）——"食根者"（Yap Eaters），最北边的群体，生活在阿肯色河以南地区；科措台伽（Kotsoteka）——"吃野牛的人"（Buffalo Eaters），主要生活在今天的俄克拉荷马和得克萨斯狭长地带的加拿大河地区；盆纳台伽（Penateka）——"食蜜者"（Honey Eaters），最大的、最南边的群体，他们的土地延伸到得克萨斯腹地；诺科尼（Nokoni）——"流浪者"（Wanderers），"中部"科曼奇人，他们占领着得克萨斯北部和今天的俄克拉荷马，处在盆纳台伽和北部的群体之间；最后，就是夸哈迪——"羚羊"（Antelopes），夸纳的群体，他们生活在得克萨斯遥远的西北，即科罗拉多河、布拉索斯河与红河的源头地区。每一个群体在历史上都扮演了不同的角色。盆纳台伽是将利潘阿帕奇人（Lipan Apache）赶到墨西哥边境地区的主要力量，与墨西哥人的早期战斗也大多是由他们进行的；科措台伽是新墨西哥西班牙人定居点的主要袭击者；延帕里伽在科曼奇利亚北部与夏安人、阿拉帕霍人战斗。诺科尼袭击了帕克堡；与美国军队最后的战争是由夸哈迪进行的。他们彼此之间友好合作。他们在内心深处拥有共同利益。他们以非正式的、随意的方式一起打猎，发动袭击，经常交换成员。他们之间从不打仗。[33]他们拥有共同的利益，共同的敌人，尽管他们很分散，但是在对外事务与贸易方面，他们表现出明显的一致性。[其他群体的内部结构对白人来说更难理解。例如，"坐牛"（Sitting Bull）是苏人，但他隶属拉科塔人，他们属于西部被称作提顿人（Teton）的分支，他部族的名字则叫作胡克帕帕（Hunkpapa）。]

作为一个部落，科曼奇并没有一个中心。即使在他们内部，政治结构也明显不具等级性，他们的首领只有有限的权力。一个群体通常有两名首领，一名负责和平或者民事，一名负责战争。前者通常比后者更高一级，他对于个体成员不存在绝对的控制，关于他们的权力，也并没有制度约定。的确有一些非常强大的科曼奇首领要求成员对其效忠，但是他们的权力只有在人们愿意追随他的时候才拥有。民事首领相当于宿营官——告诉大家什么时候该走，要去哪里。[34] 他出席类似于审判的会议，对偷盗、通奸、凶杀或任何其他的罪行作出判决。但是他们没有统一的传统法律体系，没有警察，也没有法官。实际上，他们有一套私法。如果有人犯错，受损的一方决定是否"对簿公堂"。他们通常用马进行赔偿。[35]

战争首领通常是伟大而光荣的战士，但实际上并不负责战争的全部事务，并不领导外出袭击的多支队伍，也不能决定谁可以加入他们，不能决定他们要去哪儿。这些事情通常由战士们聚集在一起决定。在科曼奇社会，任何人都可能成为首领；这意味着你得有个袭击的主意，比如说去袭击科阿韦拉（Coahuila）的墨西哥骑兵，并能够召集足够的战士去做这件事。战争首领能够做到这一点，是因为他们善于召集战士。很自然地，他们领导最重要的战事，并领导重要的、征服劲敌的行动。但他们并不，也不想控制战士个体的作战计划。

由于部落与族群层面都不存在纪律与权威，人们可能会认为家庭、家族会对此予以弥补。但是科曼奇人不受任何束缚。虽然家庭明显是群体的基础单位，但群体从未以家庭为中心而组织，家庭甚至不是调节婚姻的主要力量。他们没有任何宗族组织。家庭无法阻止子女与群体以外的人结婚，甚至不能阻止成员离开这个群体。[36]他们没有领导权力世袭的原则，权力更替完全依赖美德。

科曼奇男人自由得令人惊讶、羡慕。他们不隶属于任何教堂，不隶属于有组织的宗教，不隶属于牧师阶级，不隶属于军事社团，不受国家、警察、公共法律的约束，没有主导性的氏族或强大的家族，没有严格的个人行为规范，没有任何东西告诉他们不能离开自己所处的群体或加入其他群体，甚至没有任何东西告诉他不能带着朋友的妻子逃走，即使他被抓，只需为自己的放荡不羁赔偿 1 至 10 匹马。他可以自由组织自己的军事袭击；他来去自由，随心所欲。这被很多人，尤其是詹姆斯·费尼莫尔·库珀（James Fenimore Cooper）以后的作家和诗人视为美国特有的一种自由。人们大肆宣扬原始美国的自由生活。的确，它是那种自由的一个版本，尤其是那种摆脱了繁重的社会机制的自由吸引了很多移居者来到原始的边境地区。

这正是蕾切尔·普卢默所处的文化。如果对男人而言有很多乐趣、欢歌笑语和游戏，那么留给她的则是沉默寡欢。作为女人，她是二等公民。在这个群体中，她应该做的就是重活累活，包括照料牲口、剥皮、屠宰、晒牛肉、做衣服、收拾和修理营帐，当然，还包括照料孩子与所有的家务。作为一名被俘虏的女性，她的权利更少，同时又被当作成年女性，她不可能比现在得到的更多了。她身上还有最初被抓时的伤疤，同时忍受着各种惩罚（那些后来见到她的人说她明显

被惊吓到了）。她是她主人的性奴，也是她主人让他人分享的 52
性奴，包括他的家庭成员。她还要忍受其他的痛苦，包括一个
孩子被折磨，另一个被杀，这一部分可能是她最不愿回忆的。
如我们所看到的，她也是她主人的女人的奴仆，饱受虐待。

蕾切尔在其他方面已经完全变成了科曼奇人。她脱下了西
部先驱们的服装，穿上了印第安人的皮衣。尽管她没有对此作
出什么评论，她已经与任何科曼奇人一样，身上很脏，甚至有
虱子。科曼奇人即使在印第安人中间也是很容易辨认的，因为
他们不讲卫生。她剪断了漂亮的红色长发。除了喜欢吃牛肉外，
她还喜欢吃草原土拨鼠（"肥，好吃"）、河狸（"只有尾巴"）
和熊（"很肥，美味"）。她是否还沾染了科曼奇人的捉了虱子
后用牙咬虱子的习惯尚不清楚。这种习惯令白人感到恶心。与
其他女性一样，她可能在男性娱乐时为他们服务，在他们跳舞
时为他们取水。她没有提到过参与女性和儿童玩的任何游戏。
她知道自己不再处于危险之中。她也知道，如果她待在部落里，
她的生活永远不会改变。

由于没能激怒印第安人将她杀死，她决心让别人把她从主
人那里买走。在高平原上，她遇到了一群墨西哥人。"我试着
让他们当中的一个人来买我，"她写道，"我告诉他即使我的父
亲与丈夫死了，我在得克萨斯还有足够的土地能够补偿他；但
是他没有买我，虽然他同意这么做。"[37]她并没有因此而放弃希
望。后来，她在照料马匹的时候遇到了被她称作"墨西哥交易
者"的人——几乎可以肯定他们就是来自新墨西哥的科曼奇
人。他们让她带着去见她的主人，她照办了。当着她的面，他
们问她的主人是否愿意卖掉她。她的主人给了一个令人震惊的
回答："是的，先生。"

第五章 狼嚎

　　科曼奇骑士1706年对新墨西哥西班牙人的袭击，标志着他们对白人的第一场漫长战争的开始。战争完全按照印第安人的打法进行。科曼奇人并没有在开阔的战场上以一场决战的形式击败西班牙军队，也没有让这些皇家军队狼狈地溃散、撤退到格兰德河另一侧。大批部队以仪式般的阵形在开阔的战场上进行激烈的战斗，这不是美国西部的打法。这里只有袭击战与反袭击战，贝都因人（bedouin）的战争，人们后来称之为游击战，由少量、机动的部队在广阔的土地上进行。气吞八荒的广袤无垠让人类渺小得仿佛不曾存在过。西班牙人在科曼奇人手上所遭受的不是传统的军事失败，而是长达一个半世纪的激烈的、碾磨般的侵犯，这令他们的北部边境血流成河，最终令他们的帝国变得空无意义。他们曾作为征服者来到新世界，强大无比，以自己独特的军事化天主教风范获得胜利。在北部，他们最终成为自己城堡与要塞中的囚徒，陷入了失败的体系中，既不能吸引定居者，又不能令印第安人皈依，更不能保护二者免受马背上的部落的伤害。科曼奇人并没有彻底击溃西班牙人，只是令其成为北美大陆争夺中无关紧要的旁观者，不再扮演至

关重要的角色了。

　　这种力量平衡的变化，改变了美国西部的历史，也改变了北美大陆的命运。西班牙人对美洲的征服从16世纪初就开始了，他们对强大的阿兹特克（墨西哥）与印加（今天的秘鲁）

的战事势如破竹，易如反掌。拉丁美洲大部分的原住民要么被军队要么被疾病或二者的合力消灭。用印第安人的话说代价惨重。1520 年，即埃尔南·科尔特斯（Hernán Cortés）乘坐大帆船来到这里的第二年，墨西哥中部印第安人的人口有 1100 万；到 1650 年，这一数字锐减到 100 万。存活下来的印第安人被赐封制度所奴役。在赐封制度下，征服者有权占领印第安人的土地，对其征税，并强迫他们劳动。领主提供天主教的教育与服务，教他们西班牙的语言、食品与防卫。简言之，这就是制度，印第安人是奴隶。西班牙人控制的大片南美地区都施行这一制度。作为殖民、征服、强迫同化的前提，这种制度残忍地运行在美洲大陆上。

但是，随着西班牙人将他们的边界从墨西哥城向北部推进，以便征服整个北美，他们精心设计的制度开始崩溃。他们的殖民风格最适合先进的、中央集权的部落，例如阿兹特克与印加。而对于更野蛮、更蒙昧、非农耕的墨西哥北部的部落，这套殖民办法根本不起作用。16、17 世纪对奇奇梅克人（Chichimec）和塔拉胡马拉人（Tarahumare）的旷日持久血腥战争证明了他们不愿承认的一点，即为了完全同化这些印第安人，他们实际上只能消灭他们。16 世纪晚期，在断断续续的战争持续了 50 年后，奇奇梅克人从地球上消失了。[1]其他不太暴力的部落则对穿棕袍的牧师所承诺的不感兴趣，也不接受。牧师要求他们在土地上劳作，严格遵守天主教的道德，作为交换，他们将得到食物与庇护。

天主教的道德包括令印第安人费解的性习惯方面的奇特变化（一夫一妻制通常不是印第安人的观念）。可怜的印第安人经常逃跑。他们会被抓回并受到惩罚，有时会被牧师鞭打，这

55　反过来又会激起他们的反抗。轻松征服的日子一去不复返，更艰难的日子还在后头。虽然奇奇梅克人野蛮、强硬，但与西班牙人将在格兰德河以北遇到的印第安人相比，他们根本不算什么。那里的印第安人也是野蛮、蒙昧，大多不从事农耕，同样不肯臣服于天主教的国王。但是这些印第安人都身怀一项绝技。征服者从未与骑过马的印第安人交过手。

　　当一小群科曼奇人 1706 年 7 月出现在陶斯时，新墨西哥还是西班牙帝国北部的一个地方。它最大的城镇与地区中心是圣菲，建立于 1610 年。当时，西班牙人实际上跳过了数千英里未征服的土地，将他们的旗帜插到了北部。（很久以后，他们的实际边界才到达那里。）其他的人口——数千名西班牙人与梅斯蒂索人（mestizos）（西班牙人与印第安人混血人）以及他们征服的普韦布洛印第安人——生活在格兰德河流域如珠子般散落在溪流、峡谷中的定居点。西班牙人从他们对墨西哥北部不愉快的征服中学到了一些东西：堡垒必须建起高高的围墙；赐封制度必须被废弃。他们在这里的帝国体系构成如下：全副武装的士兵坚守堡垒，天主教牧师掌管教堂，他们期待的印第安异教徒皈依，以及由北部来的定居者——大多是梅斯蒂索人——照料牧场。帝国体系的成功取决于令印第安人皈依以及吸引定居者的能力；缺乏士气的士兵守着的堡垒什么都不是。

　　这样的计划看起来不错，而西班牙人在这片广袤的大陆上几乎没有真正的对手，那么，这样的计划就堪称完美了。但是在美国西部，它失败得一塌糊涂。麻烦在 1650 年前后开始。阿帕奇部落的几个群体刚刚骑上西班牙人的马，他们脸上写满敌意，开始袭击新墨西哥的居民点。西班牙人在墨西哥从未有过这样的经历，顿时措手不及。这倒不是因为他们毫无防御之力。

他们的士兵拥有马车，装备着铁盾，拥有大口径、前膛装填的火绳枪，长矛和明晃晃的佩刀。尽管以我们今天的眼光来看，这有些滑稽，但他们实际上装备精良，非常适合在欧洲战场上与同样装备的对手作战。在激烈的战斗中，这样的部队是致命的。

但是，印第安人并不这样打仗，反正也不是他们自愿的。 56 他们不会大规模地在开阔的地方前进。他们从不直接进攻，一遇到进攻，他们就分散开来，消失不见了。他们从不袭击装备精良的堡垒。他们喜欢搞突袭，充分利用战术优势。他们会袭击、烧毁整个村庄，强奸、折磨、杀死村民，将年轻女性的内脏挖出来，将男子活活烧死；他们会刺死婴儿，将男童和女童当作俘虏掳走。然后，他们骑上西班牙马扬长而去，精心装置的马车在他们身后笨重地前行。这种战争打法后来被更能征善战的平原部落改进，他们的骑术更高超。在长达50年的时间里，袭击总在持续。虽然西班牙人杀掉了一些阿帕奇人，但局面并没有改变。还是跟以前一样，定居点在印第安人的袭击面前十分脆弱。

之后，一些不同寻常的事情发生了。大约从1706年开始，圣菲的西班牙当局注意到他们痛恨的敌人发生了显著的变化。[2] 他们似乎正在消失，至少正在离开，通常是去南部或西部。袭击几乎没有了，仿佛签订了和平协议一样，但实际上并没有签订。西班牙人开始意识到，阿帕奇人遭受了某种灾难，至于灾难严重到什么程度，他们几年后才知道。1719年，在一次向圣菲东北部前进的军事行动中，西班牙人发现数个人口众多、过去对他们构成威胁的阿帕奇群体——吉卡里拉人（Jicarillas）、卡拉纳人（Carlanes）、夸特莱霍人（Cuartelejo）——似乎完全撤离了他们原来生活的地方。[3]

正在发生什么？西班牙人并非完全不知道地缘政治上的现实。他们知道科曼奇人与阿帕奇人正在交战。但是他们区分不出印第安人之间的差别，更无从知晓部落战争的状态。这些部落战争发生在数百平方英里的土地上，他们看不到战争，也不知道结果。他们能确定的就是他们的敌人正在消失。

他们从远处感受到阿帕奇整个部落正遭毁灭。这不是一件小事。阿帕奇在当时——不管是人口，还是地理上——都是一个庞大的主体。它可能由六个主要的群体组成，他们的生活范围从新墨西哥的山区延伸到今天的堪萨斯与俄克拉荷马的平原地区，延伸到得克萨斯南部的纽埃西斯河（Nueces River）。[4]这是另一次南迁的产物——15世纪阿萨帕斯坎人从加拿大沿洛基山脉南下，消灭或同化其他的狩猎采集部落。[5]这次很可能不是要消灭整个部落，也不是简单地将阿帕奇人从他们的狩猎场赶走。科曼奇人对阿帕奇人恨之入骨，他们对阿帕奇人展开的报复，堪称血债血偿。不管怎样，科曼奇人正在不可阻挡地大规模南迁，阿帕奇人挡道了。

所有这样的暴力活动在历史上几乎都没有记载。暴力的形式通常是对阿萨帕斯坎人村庄的袭击，他们喜欢农业——讽刺的是，这是一种比科曼奇更高级的文明——但这毁灭了他们。种植农作物意味着要住在固定的地点以及临时的村庄，这意味着阿帕奇人可能被猎杀。完全游牧的科曼奇人没有这样的弱点。这些袭击的细节一定非常恐怖。徒步作战的阿帕奇人成为骑马的科曼奇人轻易就能打倒的靶子。科曼奇人打仗时缠着腰布，身上涂着黑色的颜料。（他们的穿着打扮是黑色的，因为黑色是死亡的颜色，因为这符合他们极简主义的装扮。后来他们戴着羽毛头饰，涂彩色的颜料，并且采用其他部落的文身，尤其是北部平原部落的文身；在当时，他们不加修饰，很原始；他们就是不花哨的战争机器。[6]）他们很少关押囚徒，通常烧毁整个村庄，掳走儿童。折磨幸存者是常态，整个大平原上都是如此。

西班牙人只是偶尔看到了这些。1723 年，他们记录了一次对阿帕奇村庄的血腥袭击。1724 年，科曼奇人残忍地袭击了吉卡里拉人，掳走了一半的女性，杀死了 69 人。[7]吉卡里拉人迅速寻求并得到了西班牙人的保护。另一些阿帕奇人，包括梅斯卡莱罗人（Mescaleros），则向西部撤退，躲避科曼奇人的屠杀。据得克萨斯总督多明戈·卡韦略（Domingo Cabello）称，1724 年，利潘阿帕奇人在南部平原上经过 9 天的浴血苦战，被彻底击败。战场在西班牙人称为"大铁山"（Great Mountain of Iron）的地方，据称是在今天的俄克拉荷马西南部的威奇托河（Wichita River）地区。[8]到 18 世纪 20 年代末，科曼奇人对阿帕奇人的残忍袭击非常突出、普遍，一些阿帕奇人甚至到佩科斯（Pecos）的西班牙普韦布洛人村落寻求庇护。佩科斯离圣菲不远。科曼奇人的回应是袭击普韦布洛人。

西班牙人实际上曾试图救助活下来的阿帕奇人——并不完全是为了保护他们自己的利益。1726 年，他们将陶斯附近的部落土地让出，希望这能够成为针对科曼奇人的缓冲地带。1733 年，他们在特拉帕斯河（Rio Trampas）为吉卡里拉阿帕奇人建立了堡垒。这些做法都不奏效。到 1748 年，科曼奇人的扫荡已经非常彻底。吉卡里拉人被逐出他们土生土长的地方，曾经占领西得克萨斯，今天的堪萨斯西部、俄克拉荷马西部以及科罗拉多东部野牛场的其他群体也被赶走；甚至陶斯堡垒也被抛弃。

58

几乎所有的阿帕奇群体都被赶出南部平原，西班牙人记录的所有阿帕奇群体都往西南部迁移，到达了他们的新家：亚利桑那（Arizona）、新墨西哥和墨西哥边境地区的沙漠与平顶山。［被迫迁移的群体还包括奇里卡瓦人（Chiricahua），他们的首领是杰罗尼莫（Geronimo）和科奇斯（Cochise）；这两位首领在19世纪下半叶的边境战争中声名大振。］包括利潘人在内的没有被赶往西部的群体，最终待在得克萨斯佩科斯（Texas Trans-Pecos）极其干燥的灌木丛林地。很多阿帕奇的群体从历史上消失，包括居住在平原上的法劳内人（Faraones）、卡拉纳人、帕洛马人（Palomas）。[9]18世纪60年代，科曼奇人将阿帕奇人赶到了格兰德河对面的墨西哥。

阿帕奇人并不是唯一的受害者。科曼奇人对骑马作战的理解不断深入。他们利用高超的骑术穿过阿肯色河向南征战。在这一过程中，他们发现了自己的一些潜能：他们仅凭自然地标就能够进行长距离的移动。他们甚至可以在夜间这么做。在这方面，没有人能够超过他们。出发前，参加战争的一群人集合起来，听取年长者的线路指点。他们在沙子上画地图，标出山峰、峡谷、水坑与河流。行军的每一天都计划好，新手会记住这些。道奇说，一个年龄不超过19岁的群体，都没有去过墨西哥，却能够从今天的得克萨斯圣安吉洛（San Angelo）附近的布雷迪溪（Brady's Creek）行军到墨西哥的蒙特雷（Monterrey）——距离长达350多英里——且没有走错一点儿路，仅仅凭借他们所得到的线路指点。[10]

因此，科曼奇人可以在平原上或他们的腹地的任何地方、在任何时候、向任何方向发动攻击。他们攻击了堪萨斯的波尼人、科罗拉多东部与新墨西哥东部的尤特人、俄克拉荷马的奥色治人、怀俄明的黑脚人、堪萨斯与科罗拉多的基奥瓦人与基奥瓦阿帕奇人（Kiowa Apaches）以及得克萨斯的通卡瓦人。到1750年，没有科曼奇人的允许，几乎没有哪个部落敢踏入南部平原，包括夏安人在内的北部强大的部落则待在阿肯色北部（该界线在19世纪30年代再次引发激烈争夺）。对于科曼奇人来说，外交总是与战争连在一起的：他们与基奥瓦人在1790年签订了一份重要的和平协议，使基奥瓦人成为科曼奇人强大的盟友，并分享科曼奇人的狩猎场。与威奇托人的和平带来了与路易斯安那法国人贸易的巨大机遇。像得克萨斯中部的韦科人、塔瓦科尼人（Tawakonis）等设法与科曼奇人和平相处，他们无论如何也不会与科曼奇人发生战争。当然，就像与通卡瓦人、阿帕奇人与尤特人之间的敌意似乎永远也不会消失。这样不可阻挡的迁移在北美以前也发生过——强大的易洛魁人在17世纪不可阻挡地向西部迁移，摧毁了休伦（Huron）与伊利（Erie）部落，赶走了阿尔冈昆人，并占领了俄亥俄河谷。[11]

18世纪中后期的人们对于这些军事力量发生的重要改变并不清楚。（即使一个世纪后，人们依然没有完全搞清楚。）在19世纪以前，西班牙人实际上是科曼奇人唯一的记录者。但他们通常只看到了科曼奇人的影响[12]，却无法将他们的北部省份画成一张连贯的军事地图。到1750年，科曼奇人实际上已经建立了军事上、外交上统一的国家，边界非常清晰。他们在边界巡逻，强硬地维护着边界。他们用极端的暴力做着这些，这种暴力永久地改变了他们的文化。此后数十年，科曼奇人再也不满足于捕猎野牛。像古代的斯巴达人一样，他们迅速形成围绕战争组织起来的一个社会，部落的地位完全由战场上的实力决定。而战场上的实力不可避免地用头皮、俘虏与抓获的马匹数量来衡量。佩德罗·德·里韦拉－比利亚隆（Pedro de Rivera y Villalon）准将1726年对新西班牙北部省份的巡视报告完整地总结了西班牙人所理解的科曼奇人的性格。

60　　　　　每年的某个时候，印第安的某个野蛮、好战的部落都会来这个省。这个部落的名字是科曼奇。他们每次来的人数都不少于1500人。他们的起源尚不清楚，因为他们总是以作战阵形移动，他们对所有民族都发动战争……他们来到这里就是为了做买卖，买卖的物品包括鞣制的皮革、水牛皮以及他们抓获的年轻印第安人（年龄大一点的都被他们杀了）。他们每次完成交易后就离开，继续移动，直到下一次交易再来。[13]

科曼奇利亚——西班牙人长期以来都以为它是阿帕奇利亚——公开为自己立名，科曼奇人在数十年中，成为墨西哥北部与得克萨斯西班牙人政权新的大敌。（阿帕奇人继续在边境地区制造麻烦，但不再是主要的威胁。）西班牙当局最先意识到"科曼奇阻碍"的存在及其作用。西班牙人仍然抱有领土野心，非常担心法国人从路易斯安那向西扩张，同样担心英国人不断地向西涌入。

从这个意义上来说，科曼奇利亚，美国平原上巨大的存在，对西班牙人来说，比他们在格兰德河北部的所有部队都更加宝贵。[14]如果科曼奇人能够成为西班牙人扩张路上无法越过的障碍，那么他们同样能阻挡法国人与英国人。法国人奉行完全不同的殖民政策，避免直接的征服，更喜欢追求影响力、结盟与商业外交——最重要的是包括武器与其他商品的交易——这些政策由国家支持的商人去执行，效果很好。1720 年，法国人在幕后借助波尼人的手消灭了一支西班牙人远征队，而法国人没有开一枪。[15] 现在，他们渴望为路易斯安那的贸易公司打开市场，他们的商人早在 1718 年就沿着红河向西进发了。不幸的是，他们为科曼奇人的敌人即阿帕奇人与朱马诺人（Jumanos）提供武装，实际上下错了赌注。[16] 他们因此很快在科曼奇人的土地上不受欢迎。这意味着法国在得克萨斯的图谋实际上已终结。英国人直到约 1820 年才来到得克萨斯；即使在那时，他们要突破科曼奇人的屏障，仍然需要花费半个世纪的时间。科曼奇对外关系的另一个重要组成部分是贸易。他们不仅能征善战，做生意也很在行。他们比平原上的任何其他部落都富有，他们拥有更多的马、兽皮、肉与俘虏。以货易货的买卖持续了很多年，1748 年科曼奇人甚至正式参加陶斯商品博览会。

但是贸易关系并不意味着战争停止。18 世纪 20 年代，西班牙人与科曼奇人的战争才刚刚开始。战争的模式千篇一律：持续的袭击导致西班牙人进行报复性的还击。这些士兵经常迷路，尤其是当他们朝东部走得太远，深入科曼奇利亚，进入没有踪迹、没有树木的高平原时。一些士兵没能回来。很多时候，科曼奇人只是简单地赶走他们的马，让他们渴死或饿死。大多时候，这些士兵跑出堡垒，杀死他们遇到的第一批印第安人，然后就返回。很多士兵无法区分印第安人不同的部落，很多时候他们也不在乎。他们记录了很多这样的袭击，包括 1720 年的一次袭击，科曼奇人在袭击中偷走了 1500 匹马。1746 年，他们对陶斯印第安人村庄发动了一次大规模袭击；1747 年，他们袭击了阿比丘（Abiquiu）；1748 年，他们袭击了更大的佩科斯的印第安人村庄，杀死 150 人。[17] 西班牙人分别在 1716 年[18]、

1717 年、1719 年、1723 年、1726 年和 1742 年进行反击。[19]

并不是每一次都铩羽而归。1751 年，在 300 名科曼奇人骑马袭击了新墨西哥加利斯特（Galisteo）印第安人村庄后，省督贝莱斯·卡丘平（Vélez Cachupin）派兵追击，沿着阿肯色河可能追到了今天的堪萨斯。他们在一片树林中追上了科曼奇人，放火烧了树林，杀死 101 人，并俘获了剩下的人。西班牙人的得克萨斯从 18 世纪 50 年代开始就遭受科曼奇人的袭击，他们的战争模式也是如此，只是西班牙人较少取胜。印第安人的袭击仍然持续。西班牙人继续进行征服战争。科曼奇人则变得更加强大。衡量他们实力增强的一个标志是 18 世纪西班牙人从圣菲到圣安东尼奥的行军路线。他们穿过得克萨斯边界，深入墨西哥，然后再向北前进。值得注意的是：西班牙人不敢穿过科曼奇利亚，即使与士兵一起也不敢。他们要经过科曼奇人的土地只能绕行，仿佛那里有科曼奇人的主权一样。这种状况一直未变。到 1821 年，西班牙将新世界完全交给墨西哥，科曼奇人仍牢牢地控制着这片土地。他们的帝国强盛起来了，他们的印第安敌人被驱赶至西班牙人的领土深处。得克萨斯大部分的堡垒与新墨西哥的很多堡垒都关闭了；曾经耀武扬威的士兵乖乖地待在家附近。[20]

62　　西班牙人在他们的北部省份犯了很多错误。他们是"惯犯"，整个殖民时期都在犯错，长达两个世纪。尽管他们并不总是残忍、无能，但他们在足够长的时间里残忍、无能，给自己带来了很多麻烦。他们欧洲式的军事与民事官僚机构试图在原始的、荒芜的平原与无垠的地平线上运转，只会令他们自己无能无为。整个北部扩张——实际上就是轻率地、盲目乐观地深入印第安人控制的土地存在致命的缺点，因为这些印第安人文化原始、能骑善射、充满敌意。这是个严重误判的年代，最严重的误判发生在 1758 年。它发生在得克萨斯一条美丽清澈的河边，旁边的山上长满了野花，位于圣安东尼奥东北约 120 英里。它导致了恐怖的、代表了一个时代的事件，即圣萨巴大屠杀（San Saba Massacre）。大屠杀反过来使西班牙人在新世界陷入了最严重的军事失利。二者都掌握在科曼奇人的手中。这一切发生的原因有很多，很多西班牙官员都在其中扮演了自己的角色，但是历史将责任记在了堂迭戈·奥尔蒂斯·德·帕里利亚（Don Diego Ortiz de Parrilla）身上。这名军官运气差，他本不必背负这一切责任。帕里利亚的故事是一扇清晰的窗口，让人们得以了解 18 世纪战争不断、遭受科曼奇人折磨的新西班牙是什么样子。

故事开始于 1749 年。那一年，数个阿帕奇群体，包括很多利潘人，骑马来到圣安东尼奥签订和平协议。他们还声称非常渴望教会生活，渴望成为西班牙国王卑微而义不容辞的臣民，这令牧师们大吃一惊。[21] 这的确是个奇迹，是个令人震惊的消息。这些人正是自 1718 年圣安东尼奥建城以来不断疯狂侵袭得克萨斯定居点的杀手，他们曾想出种种办法折磨西班牙人，砍手断足，开膛破肚。他们这次似乎是真诚的。随后几年，他们继续追随"穿棕袍的牧师"，怀抱同样的令人信服的想法：他们想要和平；他们想要自己的教堂与堡垒；他们想让教堂与堡垒建在自己的家园。他们说他们的家园在圣萨巴河附近，在今天的得克萨斯默纳德（Menard）附近。

这个想法由来已久。尽管一方面，士兵与迁居者怀疑阿帕奇人的动机，但牧师对他们的好运兴奋不已，决定促成这件事。大家都渴望与阿帕奇人实现和平。何况阿帕奇人皈依天主教，

63

是一种神秘的梦想。阿帕奇人从未接受传教。成功的传教将代表帝国的双重胜利：罕见的精神胜利，以及西班牙殖民政策在北部深得人心的世俗铁证。尽管这件事引起了很多争论，但它还是在 18 世纪的新西班牙隐伏政治与宗教危机的情形下慢慢推进。西班牙人在 1753 年和 1755 年派人去勘查选址。[22]政治起了作用；人们对忧郁的、不合作的阿帕奇人提出怀疑，阿帕奇人只是偶尔出现，而每次出现都索要礼物。举棋不定的民事当局被慢慢争取过来，部分是因为他们听说山区发现丰富的金银矿藏。[23]这些都没有开采，因为有敌对的印第安人的存在。牧师也一再强调，如果没有教堂，狡猾、阴险的法国人将会试图在得克萨斯扩大他们的利益。拿法国人来说事总能奏效。1756 年，这件事甚至得到了一位富可敌国的慈善家的支持——来自墨西哥的唐佩德罗·罗梅罗·德·特雷罗斯（Don Pedro Romero de Terreros）愿意承担阿帕奇人两座教堂三年里的所有开支。他的条件是：教堂必须建在阿帕奇人的土地上，必须由他的堂兄来运营。他的堂兄是擅长讨好人的、盲目乐观的阿隆索·希拉尔多·德·特雷罗斯（Alonso Giraldo de Terreos）。[24]手里攥着特雷罗斯的合同，心里想着金矿与温顺的翩翩起舞的阿帕奇人，总督批准了这个项目。

负责监督该项目的是帕里利亚上校。任何人都能看出，他是理想人选：与这些年来从西班牙派过来监视印第安人的新手和贵族相比，他有更为丰富的经验与边境管理技能。帕里利亚具有非凡的能力。他曾是索诺拉（Sonora）与科阿韦拉（Coahuila）的省督，并在新墨西哥西部的吉拉（Gila）领导过对阿帕奇人的战争，并打了胜仗。他了解边境的状况，对印第安人的作战风格不会有错觉。将他这样的人放在这样的位置，足以证明该项目本身的重要意义。另一个证据是，帕里利亚不向得克萨斯或新墨西哥的省督报告，而是直接向驻墨西哥城的总督报告。[25]他很快就证明了自己的能力，监督建设教堂与堡垒，安排运输 1400 头牛与 700 头羊，种植农作物，还安排将特拉斯卡拉人（Tlascaltecan）从墨西哥北部运来，帮助他们期待中的阿帕奇人的皈依。

尽管如此，帕里利亚对整个项目都非常怀疑。随着时间流逝，他的怀疑愈加严重。甚至在他前往圣萨巴之前，他就给总督写信，他认为阿帕奇人与过去一样容易背叛，他们并没有证明他们能够履行承诺。即使一些利潘人经常到圣安东尼奥重申他们愿意成为国王忠诚的子民的决心，并索要慷慨的礼物，他仍然不放心。他们索要的礼物包括牛、马、豆、盐、糖、烟草、帽子、毯子、刀子、缰绳、水壶、绸带和玻璃珠。[26]大多时候，印第安人并不出现。在教堂启用前夕，他们本应为信奉耶稣、宣誓效忠西班牙国王激动不已，但是，一个阿帕奇人都不见。帕里利亚尽力推迟项目运转，但最后不得不屈从于热情洋溢的特雷罗斯牧师。他随后阻止教堂的施工，但不得不再次屈从于政治压力。1757 年 4 月 18 日，四名牧师在圣萨巴河南岸的教堂报到入职。河对岸数英里远的地方，100 名士兵驻守着一个有围栏的要塞。

最后，总算一切就绪，只有一个问题：还是找不到阿帕奇人。一名牧师被派去野外寻找，但是一个也没找到。到 6 月，抱有希望的牧师们认为，奇迹的时刻终于到来了。那个月，他们发现约 3000 名印第安人在教堂附近扎营。这远远超过他们的想象。但是，当他们准备欢迎新的皈依者时，才发现这群印第安人聚集的真正原因：一年一度的捕猎野牛活动。他们还提到要去北方同其他印第安人打仗，但都没有提要来教堂。这群印第安人很快就消失了。

帕里利亚现在确定自己被愚弄了，他给总督写信道："阁下将看到为异教徒阿帕奇人传教是何等艰辛，将看到呈送您关于此事的有利报告都是不可信的。得克萨斯的牧师与居民确实都是不可信的。"[27]与此同时，四名牧师中三人也对该项目失去信心，特雷罗斯牧师成为唯一的支持者。持异议的牧师写道："我们找不到继续跟进该项目的理由，我们认为该项目从一开始就是个错误，没有依据……完全了解了印第安人的愿望后，我们发现他们除了想要获得礼物，没有别的（友好）动机了。"[28]帕里利亚试图放弃整个项目，建议将堡垒移至北部以保护矿产，但没有如愿。尽管他很受挫，对于驻守离边境这么远的哨所感到紧张，但他只能执行总督的命令。

不管怎么样，一切都太迟了。那年秋天，一些从这里经过的阿帕奇人告诉牧师，一支北方人入侵军队正在路上，要与他们作战，这支队伍非常强大，阿帕奇人甚至不指望西班牙人能够保护他们。（"北方人"是阿帕奇人用来称呼科曼奇人的，因为他们总是从北方过来攻击阿帕奇人。）这在帕里利亚听起来，就跟他们之前所说的、所承诺的一样，是不着边的话。但是这一次，他们说的是真的。这才是阿帕奇人一系列古怪行为的真正原因。

正如帕里利亚所担心的，圣萨巴教堂计划就是一个骗局。利潘人与其他的群体从来没有打算皈依天主教。但是帕里利亚和其他西班牙官员都不知道设计这个骗局的原因，也不知道他们遭受了多严重的背叛。当牧师们正忙着擦亮圣礼器具时，科曼奇帝国——它的面积远比那些年西班牙人所认为的大——已经抵达了他们家门口。[29]西班牙人被引诱到阿帕奇人土地的实际边界以外。圣萨巴根本不是他们的家园：它是科曼奇利亚的财产，而西班牙人在那里建起堡垒，就等于是在向科曼奇人宣战。这正是阿帕奇人想要的：他们想让可怕的敌人被消灭，或者至少不再无情地向南扫荡。

　　总之这是一个完美的计划，但是它并没有成功。1758 年的春天给圣萨巴带来了冷雨和丰富的野花。如阿帕奇人所期待的，它也带来了科曼奇人，科曼奇人在满月下奋力骑行。（太多的袭击都是在月光下进行的，因此，在得克萨斯春天或夏天，明亮的圆月仍然被称作科曼奇月亮。）3 月 2 日的早晨，教堂里的牧师们注意到阿帕奇人消失了。随后传来了教堂外的呼喊声。一群马背上的印第安人已经偷走了他们所有的 62 匹马。帕里利亚认为只是在对付盗马贼，只派出 15 名士兵去追赶他们。这些士兵很快意识到麻烦比他们所想象的要大得多，所以都非常恐惧地回到了堡垒。他们报告说整个山上都是敌人。

　　帕里利亚骑马来到传教处，在那里有三名牧师与一群印第安人和奴仆，由五名士兵保护着。他乞求特雷罗斯离开教堂前往更安全的堡垒。特雷罗斯拒绝了，他坚持认为印第安人不会伤害他。他错了。1758 年 3 月 16 日上午，弥撒被印第安人的嘈杂的吼叫声打断。牧师们跑到墙边，眼前情景令他们大吃一惊：教堂四周围着约 2000 名战士，很多人身上涂着黑色与深红色，这是平原印第安人进入战争的标记。他们大多是科曼奇人。科曼奇人在突袭时通常有一些护卫。这一次，他们的护卫是威奇托人，科曼奇人刚与他们实现和平。（后来，他们的护卫通常是基奥瓦人；不管是谁，他们都受科曼奇人领导。）他们有弓箭、长矛和滑膛枪。他们一开始假装友好，坚称他们来向西班

66

牙人宣誓效忠；身材高大、表情冷漠的科曼奇首领甚至接受了礼物，尽管他非常鄙视这么做，好像赠予者并不值得他敬重。后来，抢劫与杀戮就开始了。

首先被杀的是特雷罗斯牧师，遭枪击身亡。接着被杀的是保卫他的一名士兵。其他人要么被枪杀，要么被砍死。印第安人放火去烧教堂。死去的牧师被剥皮、断肢。其中，帕德雷·桑铁斯特万（Padre Santiesteban）牧师被砍头。与此同时，袭击者忙着洗劫满满的储藏室，宰杀牛群，极尽各种破坏之能事。当帕里利亚在两英里外的堡垒听到袭击的消息后，他派出一支由 9 名士兵组成的小分队去保卫教堂。因为堡垒里有 300 多人，大多是妇女和儿童（士兵的家人），他不敢派出更多士兵。但是，他派出的士兵还没到达教堂就遭到了袭击，不是遭枪击就是被刺伤。其中两人死亡，其余士兵拖着伤痕累累的身体仓皇逃回堡垒。这是帕里利亚最后一次试图营救。不听他的命令而67 选择待在教堂的牧师只能自生自灭了。教堂里的人，只有少数幸存下来，他们躲在没有被烧毁的建筑物里面。与此同时，印第安人开始了长达三天的狂欢，教堂里的补给足够他们狂欢了。帕里利亚与他的士兵只能胆怯而无奈地待在木墙拱卫的堡垒里，印第安人从未袭击过堡垒。第四天，帕里利亚认为调查损失是安全的了。几乎整个教堂都被毁掉了，十人（包括三名牧师）被杀。

之后发生的，就是新西班牙北部边境集体恐慌，人们恐慌西班牙的堡垒与教堂现在容易受到科曼奇人的袭击，这在以前是不可思议的。圣安东尼奥的人们尤其恐慌，他们认为印第安人正朝着省府前进，于是将自己封闭起来，尽管他们只有一周的补给。他们太恐慌了，甚至放弃了他们所拥有的牛群——一共约 2000 头——因为他们找不到足够勇敢的人去保护它们。其他定居点也是这样。在大屠杀后，帕里利亚请求其他堡垒给予支援，然而，一个都没有。他向总督抗议，总督命令在墨西哥的西班牙堡垒给予支援，但仍然毫无反应。总督的三道命令几乎都不起作用。帕里利亚只有一些士兵。那时候袭击者早已远去。

圣萨巴教堂遇袭，牧师遭杀戮和残害的消息在西班牙人的定居点迅速传播。如果一开始的反应是盲目的恐惧的话，那么它很快就被冷冷的愤怒，以及血债血偿的意愿所取代。墨西哥城总督办公室的反应尤其如此。曾拒绝派兵解救圣萨巴的得克萨斯兵营被勒令派出全副武装的士兵进行报复性的征服行动，行动由帕里利亚指挥。很快，约 600 人被动员起来，包括西班牙正规军与一些印第安人附属力量，包括科阿维尔特克人（Coahuiltecan）和 134 名阿帕奇人。这是西班牙的财力可以支付的最大规模的一次行动。从未有过这么多士兵被派去惩罚印第安人。他们在 1759 年 8 月向北进发，寻找科曼奇人。像之前的多数西班牙军官一样，尤其是那些知道自己在做什么的军官一样，帕里利亚不愿深入大平原上科曼奇人土地的腹地，尽管他的印第安人侦察兵向他保证这里就是科曼奇人的所在地。他转而向东前进，来到大草原边缘上有树木生长的地方。他们行进了很多天，终于找到了一个印第安人的营地。

他们是通卡瓦人。尽管借助于他的印第安人侦察兵，帕里利亚几乎非常确定地知道这一点——他还是做了很多他的前任们所做的事情。他袭击了他们。复仇就是复仇，从某种意义上说，印第安人就是印第安人。所以，他包围了通卡瓦人的村庄，命令他的 600 名士兵攻击他们，杀死了 25 人，并将 150 名妇女和儿童掳走，带到圣安东尼奥，令其皈依基督教并强迫其同化。他可能知道，也可能不知道，通卡瓦人是科曼奇人的死敌。（在 19 世纪他们被利用起来对付科曼奇人，尤其是作为追踪者，他们的效果是致命的。）帕里利亚的部队继续向北前进。

1759 年 10 月，帕里利亚的部队到达今天沃思堡西北约 80 英里处，邻近红河，红河是得克萨斯北部的边界。在那里，在今天的林戈尔德（Ringgold）附近，他们遇到了另一大群印第安人。尽管多疑的西班牙人怀疑法国人参与了对圣萨巴教堂的袭击，但是他们并没有证据。而这一群可怕的印第安人，则几乎肯定有法国密谋者的帮助。这一群印第安人是由数千名科曼奇人、威奇托人、奥色治人、红河喀多人（Red River Caddoan）和其他部落组成的联盟。他们正在研究敌人的临时防御工事。科曼奇人在该地区占据主导力量，但并不意味着他们不会在方便的时候与其他部落结盟，尤其是在针对阿帕奇人与西班牙人的时候。他们与奥色治人仍处在战争中，但非常乐意与他们一起骑着马去攻击帕里利亚的部队。

接下来发生的原本可能是美国西部历史上最严重的屠杀之一，好在帕里利亚的部队立马掉头就跑了。尽管他的西班牙人正规部队奉命进攻，但是部队里的其他人则显得懦弱无能，大部分溃散了。撤退变成了恐慌，恐慌变成了仓皇逃跑。因为某些原因——也许是因为他们满足于获得了西班牙人大部队的大批补给车辆——印第安人没有追击帕里利亚仓皇逃跑的部队。69 因此，他的部队伤亡并不严重。这一点，在他回到圣安东尼奥以及后来回到墨西哥城时，他不得不向对此怀疑的上级一再解释。

这是一次令人震惊的惨败，是西班牙人在新世界遭遇的最严重的一次失利。西班牙人孤注一掷，对科曼奇人与他们的盟友发起进攻，却惨遭羞辱。自此，得克萨斯再无对科曼奇人的征服行动；科曼奇利亚再也没有建立起教堂。更重要的是，印第安人与西班牙人都对这样的局面感到满足。在战争的迷雾中，这是清晰的共识。西班牙人城堡之战标志着力量平衡的重大转变，标志着针对得克萨斯与北墨西哥的长期暴力的开端。在短短几年内，科曼奇人在得克萨斯的实力几乎无人可以挑战。尽管西班牙人在接下来的 60 年里继续维持着一些教堂与堡垒，但他们除了自卫，什么也做不了。帕里利亚被送到墨西哥接受军事法庭审判。他在法庭上撒谎了。他说他当时面对的是 6000 名印第安人，由法国军官指挥，举着法国国旗。法庭没有找到法国武装力量或领导力量的证据。帕里利亚名誉扫地。

新西班牙的领导人在处理科曼奇人问题时，并不总是无能的。多名省督与将军精明老练，足智多谋，至少有一位天才省督做到了两个世纪里很多省督以及后来的很多政治家、印第安事务官员与美国军队无法做到的事：与科曼奇人实现真正的和平。他就是堂胡安·鲍蒂斯塔·德·安萨（Don Juan Bautista de Anza）。他于 1777 年至 1787 年担任新墨西哥省督，他可能是所有面临敌对印第安人问题的省督中最聪明的一位。如果革命后的得克萨斯人或墨西哥战争后管理印第安人事务的联邦当局研究过安萨，那么美国西部开发的历史将会完全不同。

安萨是一名抗击印第安人的强硬斗士，他在加利福尼亚与索诺拉的边境取得胜利，面临每一位省督都会遇到的棘手的印第安人问题。科曼奇人占据优势，阿帕奇人在内地潜行，仍然是心腹之患，西部的纳瓦霍人与尤特人桀骜不驯。所有这些都是麻烦，而那些年最臭名昭著的印第安人是名叫绿角（Green Horn）的科曼奇首领。他是科措台伽的首领。他的父亲在与西班牙人的战斗中死去。他的复仇行动是一个传奇。[30] 如安萨在写给新西班牙内部省份的总指挥官的信中所言，他是"王国的灾难，杀死了很多普韦布洛人，并杀死了很多俘虏"[31]。安萨担任省督不久，就提出了一项大胆的、以前无法想象的打击科曼奇人的战略：在科曼奇人自己的土地上，在科曼奇人袭击新墨西哥人的同时，袭击他们。西班牙人以前一直坚持防御性的思维，至少体现在惩罚性的征服行动中。安萨瞄准问题的根源。

　　1779 年 8 月 15 日，这名新省督召集了 600 人，包括 259 名印第安人，开始寻找绿角。为了避免被发现，他选择了一条不同的、山路更多的路线——而不是此前西班牙人征服所走的路线[32]——穿过南方公园（South Park）附近洛基山脉。他最后向北方和东方进发，来到今天的科罗拉多东部的地势较高的平原上。在那里，他发现了印第安人的营地。尽管营地首领与多数战士都不在，安萨还是袭击了该营地；印第安人开始逃跑。西班牙人追了他们 9 英里才追上，又追了 3 英里才将他们制服。他们杀死了 18 人——主要是老人、男孩与妇女——并俘虏了 30 名妇女和 32 名儿童。他们夺走了全部的 500 匹马。从俘虏口中，安萨得知，绿角不在营地，去袭击新墨西哥了，很快就会回来举行盛大的狂欢、庆祝活动。

　　安萨等着他，在科罗拉多的路上埋伏，那个地方仍然被叫作绿角峰（Greenhorn Peak）。在那里，他取得了在北美最大的一次胜利。他深入科曼奇利亚深处，来到了科曼奇人的家园。很多人在那里丧命，科曼奇人未曾遭受重创，但是安萨取得了胜利。安萨在后来写道，他认为胜利的部分原因是绿角的傲慢。绿角带着他的 50 名战士袭击了约 600 人的西班牙战线后，安萨总结说："他的死是因为他想展现给我们他的无畏与蔑视，他总是出奇制胜，屡次受到人们的称赞……"由此可以推出，这个野蛮的家伙特别狂妄自大，在生命的最后时刻还是这么狂，甚至不屑给自己的毛瑟枪上子弹……[33] 只有少数人逃脱了。西班牙人只有一人伤亡。安萨与他的轻骑兵在科曼奇利亚还发动了其他的袭击，尽管不像针对绿角的袭击那么激烈，但他很快引起了科曼奇人的注意。

安萨接下来所做的同样非同寻常。其他的省督如果取得了这样的胜利，很可能会试图消灭其他的科曼奇人，尽管平原上有两万多科曼奇人（或者，根据安萨的估计，有三万人）。[34] 安萨并不打算彻底击败科曼奇人，只是对他们保持足够震慑，从而能够做出外交上的安排。考虑到新墨西哥曾发生的以及甚至现在在得克萨斯还在发生的事情，他的目标听起来是不可能的：他想与他们成为朋友、盟友。

他就这么做了。他召集科曼奇人的首领们进行和平谈判，坚持要求与大平原所有的部落对话，最后还坚持要求指定一名首领代表所有的部落参加谈判，以前从没有这样的情况。安萨平等对待科曼奇人，没有威胁他们的狩猎场，拒绝对它们宣示主权。他向他们提供贸易。他们喜欢他，并尊重他。安萨针对所有问题提出了一个过于自信的解决方案，这是边境上从未有过的杰出的外交安排。他不仅让科曼奇人签订了和平条约，还让他们与他们的敌人尤特人联合起来，与西班牙人结盟，一起打击他们最厉害的对手阿帕奇人。然后，为了致命一击，他率领西班牙人、尤特人与科曼奇人，迫使纳瓦霍人也签订了和平条约。

71

更令人惊异的是，安萨的和平条约发挥作用了。在美国西部历史上，白人与印第安人的条约很少能够维持数年。大多条约刚一签订就无效了。历史上有数以百计的印第安条约，政府负责制定却不负责履行。安萨的条约是个罕见的例外。其中，只有与新墨西哥的条约发挥了作用，它很可能也解救了新墨西哥。新墨西哥曾长期处在科曼奇人的袭击所造成的恐慌中。科曼奇人甚至袭击得克萨斯与墨西哥北部。与尤特人的和平条约很快就被撕毁，但是与新墨西哥的条约却一直生效，其部分原因是它符合科曼奇人自己的利益。新墨西哥是贸易大动脉，科曼奇人在那里出售马匹与俘虏。安萨实现的和平带来了西部科曼奇人与新墨西哥的一种新的、特殊形式的商业关系。没有恐慌，只有贸易。维持这种贸易的，就是欧洲人与印第安人的混血儿，他们以科曼奇人的名义做着这一切。

第六章　血与烟

米拉波·波拿巴·拉马尔（Mirabeua Buonaparte Lamar）是 一位诗人。他最著名的作品——它们在 19 世纪美国某些文学领域显然非常受欢迎——是《你是我灵魂的偶像》与《查塔胡契河岸一夜》。他还是一名杰出的击剑手、一流的骑手、业余的历史学家，同时是一名小有成就的油画家。当他在 1838 年当选为得克萨斯共和国总统时，他的批评者嘲笑他做诗人比做总统做得好。

这有可能是真的，也有可能不是真的。但是大家都一致认为，在那动荡的、充满暴力的一年，即使以前卫的标准来衡量，他都是一个不畏艰险的、不屈不挠的硬汉。他在 19 世纪 40 年代照了一张相，非常有名。在那张照片中，他不像一名诗人，而更像一名匪徒。他双手交叉，一副挑衅、防御的样子，这令他原本就皱巴巴的呢大衣皱得更厉害了。他的头发从前额向后梳，看起来好像需要洗头了。他薄薄的嘴唇微微向后卷曲，似乎马上就要吼叫。人们不知道，野蛮的印第安人毁灭者与将来的帝国缔造者如何同时又是一名诗人与画家。[1]

他认为他之所以能当选为总统，一方面是因为他在圣哈辛托战场上的英勇表现——他营救了两名士兵，非常勇敢，甚至 赢得了敌人的敬意；另一方面是因为他的前任在解决印第安人"问题"时的彻底失败。他的前任萨姆·休斯敦是嗜酒如命、酒名远扬的政治家。在哈辛托战役与帕克堡遇袭后的几年里，数以千计的白人涌入得克萨斯，急切地闯进科曼奇利亚东部边境，结果边境地区暴力事件频发，这些事件多数是由科曼奇人引发的。休斯敦采取怀柔政策。他拒绝执行议会对部队的授权行动。他拒绝授权建设边境城堡。他花时间与印第安人打交道，既做他们的官员，又做切罗基人在华盛顿的代言人。他喜欢他们，他理解他们。他经常站在他们那一边，保护他们对领土的权利。当一名科曼奇首领请求他明确白人定居点的界线，他很沮丧地回答："如果我能够从红河到格兰德河建立一座高墙，让印第安人无法攀登，那么白人会疯狂地想出办法越过高墙。"[2]他与科曼奇人举行过和平谈判，无疾而终。

　　与此同时，迁居者如潮水般从东部涌来，"偷走土地"。得克萨斯议会将所有印第安人的土地向白人放开（尽管休斯敦投票反对），起了推波助澜的作用。随着白人的家园慢慢建立到科罗拉多、瓜达卢普与布拉索斯河的峡谷，科曼奇人的袭击剧增。仅在休斯敦当政的前两年，就有一百多人被掳走。很多人，就像9岁的辛西娅·安·帕克一样，只是令人悲伤地消失了。没有请愿，没有补偿，只有痛苦，数以百计的家庭承受着悲伤，全然不知他们的家人在那高高的、狂风肆虐的科曼奇利亚平原上的命运。帕克堡遇袭后，辛西娅·安的叔叔——蕾切尔的父亲——詹姆斯曾两次请求萨姆·休斯敦资助营救行动，解救这五名被掳走的人。[3]休斯敦断然拒绝了。在如此偏远的、滴着血的边境地区，到处都有暴力致死案例——远远多于历史学家过去所记载的——休斯敦无法将他十分有限的资源投入到对一起袭击所造成的掠夺的营救当中去，不管他们的故事多么感人。

　　到1838年晚些时候，这个新共和国已经到达了沸点。此时，米拉波·波拿巴·拉马尔当选总统。强硬的拉马尔正是慎重的、讲究外交努力的休斯敦的反面，拉马尔鄙视休斯敦，正如他讨厌在得克萨斯东部一个河湾上以他的名字命名的新城一样。拉马尔首先就将首都由得克萨斯东部的沼泽之地向西搬迁150 英里，来到新城奥斯汀（Austin），就在巴尔科内斯断层（Balcones Escarpment）的山脚下——换句话说，就在科曼奇部落的边缘。[4]向西搬迁与这位赞成奴隶制的好斗者的想法是一致的，他并不想并入美国。他的梦想是将这个年轻的共和国的边境一直向西推进，一直到达太平洋的海岸。奥斯汀将会成为西部贸易路线的重要交汇处，类似于原始西方的君士坦丁堡，成为名为得克萨斯的帝国的首都，它将与东部各州名为美利坚合众国的联合体争夺大陆主导权。尽管得克萨斯的大多数人都期待他们能够在圣哈辛托战役胜利后立刻被并入美国，但还是有相当数量的得克萨斯人与拉马尔怀抱着同样的梦想。其中一位就是詹姆斯·帕克，他向议会建议由他率领 4000 人堂而皇之地夺取圣菲与新墨西哥，作为奖赏，每人将获得 360 英亩的土地。议会拒绝了这一计划。[5]

尽管国库空虚，货币也几乎一文不值[6]，但拉马尔找不到他不建立西部帝国的理由。第一步，当然就是消灭印第安人。他认为印第安人要么被驱逐，要么被直接杀掉。这包括所有印第安人，从西部的科曼奇人，到中部的韦科人，到东部的肖尼人、特拉华人与切罗基人。在他的就职演说中，他简洁明了地说出了这样的梦想，以免有任何人不知道他的立场。援引印第安人残忍的案例，他呼吁发起针对印第安人的"灭绝战争"，"绝不妥协，如果不将他们完全消灭或完全驱逐，绝不停息"。[7]得克萨斯共和国的议会完全同意。当月，他们投票决定成立 840 人的团，分为 50 个营，服役期为 3 年；他们还投票通过了 100 万美元的拨款。

　　到此，拉马尔的口号叫响了：要么消灭，要么驱逐。这听起来就像是公共呼吁种族灭绝，这在现代历史上是非常少见的。尽管听起来令人震惊，但拉马尔在对待印第安人权利的问题上非常坦诚，不像其他多数白人那样。他在佐治亚（Georgia）有与克里克印第安人（Creek Indians）打交道的经验。他的政策就是赤裸裸的入侵，不存在谎言和误读。他要求印第安人完全接受得克萨斯人的条款，不会没完没了地反复协商毫无意义的边界问题，并且明确告诉他们如果不同意会发生的后果。“他所提议的，所实施的，都是盎格鲁美国人有先例的”，历史学家 T. R. 费伦巴赫（T. R. Fehrenbach）写道，“他们认为，白人与红色人种之间真正的和平是不可能实现的，除非印第安人放弃他们的世界，或者美国人放弃他们决心要在这片大陆上建立起的国家。”[8] 两百年的欺骗与流血证明，这两种情况都不会发生，拉马尔只是挑明事实而已。

　　他做了邻国美利坚合众国的高级官员从未做过的事，他公开否认得克萨斯印第安人的领土权。以前签订的条约都承认印第安人至少获得了一些土地。事实也是这样，1825 年，美国政府创立了一个印第安国（Indian Country，今天的俄克拉荷马），用战争部部长詹姆斯·巴伯（James Barbour）的话说，这是用来保证“这些人的住所将永远不会被打扰”[9]。拉马尔及其得克萨斯共和国的大多数人都反对这一准则。从某种意义上来说，他的提议比东部部落遭受零星破坏要好。从另一层意义上说，这就是对土著居民的直接屠杀。得克萨斯议会喜欢这一项新的印第安政策。1839 年，2000 名激进的、爱国又渴望冒险的得克萨斯人报名从军，参与打击印第安人。[10]

　　他们就这样打击着印第安人。拉马尔当选总统的结果几乎就是场针对得克萨斯所有印第安人的战争。1839 年夏天见证了针对美洲印第安人最野蛮的暴力行动。第一个目标是切罗基人，几十年来，他们从卡罗来纳的家园被一路无情地向西驱赶。很多人来到了得克萨斯东部的松树林与沙质河岸地区，在路易斯安那边境附近。他们在那里与白人大体上和平相处了近二十年。他们是五个"文明部落"之一，很快吸收了白人的文化，像白人那样穿着打扮，耕种或者做生意，说英语。消灭他们的理由是一个捏造的指控，即他们参与了墨西哥人撑腰的将白人驱逐出得克萨斯的阴谋。这当然是假的，但这正是拉马尔与他的战争部部长想要的。

　　切罗基首领鲍尔斯（Bowles）被要求立即离开得克萨斯，他同意离开，条件是政府对他的部落做出补偿，因为他们改善了土地。得克萨斯人原则上同意了，但实际上补偿很少，谈判很快破裂。然后，共计 900 名士兵闯入。1839 年 7 月 15 日，他们袭击了切罗基人的一个村庄。[11]7 月 16 日，他们将 500 名切罗基人围困在浓密的草丛与沼泽之中，并杀死了大多数男子，包括首领鲍尔斯。两天后，士兵们烧毁了他们的村庄、家园和土地。

　　战争只是刚刚开始。在取得了对切罗基人的胜利后，得克萨斯指挥官凯尔西·道格拉斯（Kelsey Douglass）请求批准他们消灭得克萨斯东部其他和平部落的"鼠窝"。之后便是更多的杀戮、更多的火光。到 7 月底，得克萨斯东部所有切罗基人、特拉华人、肖尼人、喀多人、基卡普人、克里克人、马斯科吉人（Muskogee）和塞米诺尔人的玉米地与村庄都被烧毁。他们的无辜是无关紧要的。对得克萨斯人来说，是基奥瓦人、喀多人、威奇托人或克里克人犯了谋杀罪似乎没有区别。多数被驱逐的印第安人带着衣衫褴褛、忍饥挨饿的家人来到北部指定的印第安人土地。在那里，约两万名被官方重新安置的印第安人[12]彼此争抢，并与当地的平原部落争抢——这是后来称为"血泪之路"的最后一程。一些切罗基人，包括鲍尔斯的儿子，试图逃往墨西哥。仿佛是要确保新的印第安政策没有被误解一样，得克萨斯人追逐他们数百英里，射杀他们，将妇女和儿童掳走。[13]只有两个部落，即阿拉巴马人（Alabama）与库沙塔人（Coushatta）被获准留下来——尽管他们从自己肥沃的土地上迁出，来到了更贫瘠的土地。这样，得克萨斯东部数以万计公顷的良田就向白人农民放开了。他们马上开心地迁移至此而毫无良心上的不安。

不管怎样，这就是在得克萨斯东部定居的、达到某种文明程度的、相对不好战的、被击败的、重新安置的、不骑马的、农耕的印第安人的归宿。另一些定居的部落，他们住在边界以外，因此暂时还是安全的，没有被清洗。他们是威奇托人、韦科人、塔瓦科尼人、济柴人、通卡瓦人和其他的部落。尽管杀戮或放逐相对不会造成伤害，不过已经被击溃的马斯科吉人与塞米诺尔人是有趣的并且是值得的，但真正的麻烦是，多数的"掠夺"并不是来自东部，而是来自西部。大家都知道这一点。尽管他们谈起作战时大吹大擂、对新领土贪得无厌，但得克萨斯人在这片巨大的土地上所做的十分有限，这片土地的大部分还被科曼奇人所主导。

要理解他们的尴尬境地，看看今天的得克萨斯地图就知道了。从圣安东尼奥画一条线，穿过奥斯汀和韦科，在特里尼蒂河（Trinity River）分叉处的达拉斯结束。这大体上就是 19 世纪 30 年代末的西部边界，这条线以西就是科曼奇人占领的地区了，尽管在今天的达拉斯附近定居点很少。定居点主要分布在奥斯汀与圣安东尼奥。这条线也几乎与西经 98 度经线重合——这意味着树木在这里开始变得稀疏；而到西经 100 度经线，在今天的阿比林（Abilene）附近，树木就消失了。在奥斯汀与圣安东尼奥，它标志着巴尔科内斯断裂带的边界。这是一个断层带，从肥沃的沿海平原上升起巨大的、起伏的、生长着树木的石灰岩山丘。[这些石山如此陡峭，让西班牙人想起了剧院里的阳台，因此将其命名为巴尔科内斯。]布拉索斯河、科罗拉多河与瓜达卢普河穿过这条线。将它们想象成袭击者的路线，从西北部扫荡下来，直指得克萨斯边境的中心。

这些河流当然也是进入科曼奇利亚的路线，如果有人足够勇敢或者足够愚蠢沿着这些路线上去的话。问题是，从白人的观点来看，这条线的西部是一个巨大的、神秘的、恐怖的、极度干燥的世界，生活着一群充满暴力的原始人，他们的骑术、射击、跟踪能力都超过白人，他们可以轻松地进行长距离的移动。这群印第安人还能够在马背上作战，这让西方人处于巨大的劣势。西方人骑马比不上他们，习惯于步行作战，步枪前膛装填显得笨重。这些印第安人没有固定的村庄，找到他们通常是不可能的；如果你找到了他们，倒不如没找到他们。

这一切都没有阻止得克萨斯人这么做。在得克萨斯共和国成立初期，民兵、骑兵、志愿者和军队组成的联合体在被科曼奇人袭击后，会定期外出寻找他们。有时候幸运，他们杀死了一些科曼奇人；但多数时候并不幸运。多数时候，他们在平原战争中被厉害的印第安人教训了，很多人死得很惨，惨得令得克萨斯人不敢接受。

早期冲突的一个典型的例子是 1839 年 2 月发生在科曼奇人

79 和约翰·穆尔（John Moore）上校率领的州义勇军之间。穆尔
具有那些想要在这个国家最荒芜、最危险地区定居的先驱者们
的共同品质：马大哈以及盲目乐观。他们的家人可能会在那里
被强奸，被开膛破肚。穆尔将印第安人视为次等人，认为必须
消灭他们。在教堂牧师布道时，他站在牧师旁边，瞪大眼睛盯
着人群，确保没有人会在下面睡觉。他因此而为人所知。[14] 科曼
奇人的宿敌利潘阿帕奇人曾告诉他，一群科曼奇人在奥斯汀北
部的草原上扎营。利潘人几乎被科曼奇人杀光了，白人指望利
潘人向旧时的仇人复仇，去寻找科曼奇人，并向当局报告。不
愿单独与科曼奇人斗争，利潘人花了很多时间煽动白人去对付
他们的敌人。他们也自愿加入了针对科曼奇人的征服行动。穆
尔并不知道如何在得克萨斯山地的橡树丛与石灰岩台地寻找科
曼奇人并将他们都收入麾下。应当指出的是，除了极少数例外，
白人士兵如果不借助科曼奇人的旧敌（通常是通卡瓦人或利潘
阿帕奇人），几乎不可能找到他们。在与科曼奇人的冲突中，
这种情况一直没有改变。穆尔的行动是首次使用印第安人侦察
兵的军事行动之一。之后，这成为得克萨斯的政策，也成为所
有白人士兵的惯例。〔卡斯特犯的错误就是在小比格霍恩河
（Little Bighorn）没有在意印第安人跟踪者发出的警告。〕白人
当中也有一些有能力的跟踪者，例如骑兵本·麦卡洛克（Ben
McCulloch）和基特·卡森（Kit Carson）。但是，一般来说白人
士兵无法在野外有效辨识标记，即使他们获得过指点。正是印
第安人跟踪者以及著名将领乔治·克鲁克（George Crook）、纳
尔逊·迈尔斯（Nelson Miles）和拉纳尔德·麦肯齐（Ranald
Mackenzie）等率领的白人士兵消灭了平原印第安人。电影中从

堡垒里一骑绝尘的骑兵画面常常缺失一个关键因素：印第安人侦察兵。

　　穆尔上校就这样出发了，带领 63 名仓促招募的志愿者，以及 14 名利潘阿帕奇人，后者由他们的首领卡斯特（Castro）率领，前往奥斯汀北部的圣加布里埃尔河（San Gabriel River），很可能在今天的乔治敦（Georgetown）附近。[15] 当他们抵达营地时，科曼奇人已经离开了，只留下线索表明他们去了河流上游。还没来得及追，草原风暴从北部呼啸而来。他们躲在栎树林中，忍受着刺骨的寒冷，等待冰雪过去。他们等待了三天。"一些马被冻死"，此次行动中的一名队长诺厄·史密斯威克（Noah Smithwick）写道，"印第安人不愿看到这么多好的肉浪费掉，就吃这些马肉。"[16] 当天气好起来的时候，他们向西北继续追逐科曼奇人，追到科罗拉多河与圣萨巴河交汇处，即今天的圣萨巴镇附近，位于边境内大约 75 英里。按照 1839 年的标准，这已经是科曼奇人的腹地。利潘侦察兵发现了火。史密斯威克描述了白人在科曼奇利亚腹地寻找印第安人的情景：

　　　　骑行途中，天黑的时候，我们听到了身后传来一声狼嚎。我的（利潘人）向导停了下来，仔细地听。不一会儿，右边又传来一声狼嚎。向导仍然仔细地听，身体仿佛僵硬了。之后，我们的左边又传来一声狼嚎。向导松了一口气。我不能说我在任何时候都喜欢狼的声调，但是没有比当时更不合调子的声音了。当我注意到甚至连印第安人的耳朵都不能确认那是狼还是科曼奇人时，我浑身打了个冷战。[17]

他们找到了一个有五百多人的村庄。这些人是盆纳台伽人——食蜜者——南部的科曼奇人，他们对自己古老土地的安全太自信了，不设岗哨，完全没有注意到外面的威胁。因此，在 2 月 15 日那个寒冷的早晨，他们都在营帐内熟睡，暖暖地裹着牛皮袍子。志愿者们——他们开始称自己为"骑兵"——在冰冷的黑暗中打战，为旧式的、单刺刀的、前膛装填的滑膛枪上火药，等待天亮。

接下来一个小时发生的事情令人震惊。白人在尚不清楚如何与平原印第安人作战时，就面对着一个部落，而这个部落丝毫不会想到，白人会在他们的土地深处袭击他们。他们的相遇开启了数年的边境拉锯战。站在白人的立场来看，接下来的战斗就是一系列明显的、致命的错误。

第一个错误是无药可救的乐观主义者穆尔下令在距离科曼奇营地一英里的地方下马，悄悄地步行接近他们。这是完美的突袭战术，如果是 100 年前在肯塔基阿巴拉契亚山实施的话。他丢下马匹，无人照料——这可能是一名指挥官在大平原上犯下的最具毁灭性的错误。

81　　他很快就为此付出了代价。天亮时，士兵冲向营地，直接冲进营帐内，对着里面的人一通乱射。和平的冬天景象很快消失，取而代之的是彻底的混乱，妇女和儿童在尖叫，得克萨斯人"撞开帐篷的门，或者直接拖倒帐篷，将敌人杀死在床上"，狗在吠，男人在吼叫，枪乱响。一名叫安德鲁·洛克哈特（Andrew Lockhart）的骑兵认为自己的女儿马蒂尔达（Matilda）被抓到了这里，冲到前面，大喊"马蒂尔达，如果你在这里，快跑过来！"他没有找到她。（后来人们才知道，她当时的确在那里，但是她的叫声完全被噪声与枪战淹没。[18]）

没有像白人期待的那样，科曼奇人并没有站起来立刻投入战斗，而是像鹌鹑一样散开，冲向他们的马。这是穆尔的第二个错误，在突袭平原印第安人时这样的错误是难以想象的：他忽视了科曼奇人的马匹数量。他忘了冲散它们。这意味着很多科曼奇人几乎立即就骑上了马。然后，他们做了平原印第安人抓住机会就会做的事：他们绕到这些士兵身后，将得克萨斯人的马冲散。这样，整个战场的局势就改变了。

穆尔与他的骑兵以及印第安人现在就在空荡荡的营帐附近游荡，找不到射击的目标，随即意识到他们这一方几乎所有人都在野外步行，而科曼奇人这一方却都骑着马，人数远远超过他们。现在，穆尔害怕了。用得克萨斯骑警历史学家迈克·考克斯（Mike Cox）的话说，他"意识到他切下来的烟丝比他咀嚼的要多"[19]。科曼奇人现在召集起来了，开始冲杀，但是数次被精准的、致命的滑膛枪火力压制下去。尽管他在峡谷的石头与树木中找到了有效的阵地，但穆尔出色的突袭却突然变成了绝望的防守。科曼奇人占据人数优势，本可以消灭这些士兵。[21]但是美国历史上的印第安人作战计划中从来不会牺牲大量的生命去夺取某个地点。那是白人做的，后来在小圆顶（Little Round Top）、硫黄岛（Iwo Jima）、加利波利（Gallipoli）等地的袭击就是例证。从技术的角度来说，平原印第安人几乎不会果断地利用优势，这是他们最大的一个弱点。这令无数白人侥幸活了下来。

因此，印第安人最终撤退了。卡斯特厌恶穆尔错误的策略，厌恶他奇怪的、懦弱的撤退命令，厌恶他没能摧毁科曼奇人的村庄，因此与他率领的利潘人离开了。现在，穆尔不得不进行漫长而耻辱的撤退，并且是步行撤退，从科罗拉多撤退150英里到奥斯汀，带着六名伤员，一路上都担心遭到印第安人袭击。[22]他以抑制不住的乐观自信地认为，他赢得了这场战斗。他现在所做的一切只是避开灾难。被他袭击的科曼奇人立即展开报复，血洗了科罗拉多的定居点。

如果科曼奇人从圣萨巴所发生的事中吸取教训——显然他们没有——那么，游戏的性质就完全变了。得克萨斯人不是西班牙人，也不是墨西哥人。他们更强硬，更卑鄙，几乎不可能气馁，愿意冒着荒唐的风险来保护自己的土地，而且性格上非常适合无情地打击土著部落。他们不依赖笨重的、重骑兵的、过度官僚化的、由国家支持的军队；他们倾向于自己解决问题，他们的志愿者不仅不怕印第安人，实际上还喜欢猎杀印第安人。他们的总统不像以前大多数政府官员那样单调、低沉地说沉闷的、过于技术性的条款，给予印第安人边境与家园，以换取他们归还俘虏或不再伤害白人的承诺。拉马尔一直在谈论灭绝。灭绝，这正是穆尔袭击的意义，尽管袭击本身是不适当的。这也正是 1840 年的春天和夏天在圣安东尼奥与得克萨斯南部所发生的不同寻常的事件的意义。这是向西推进的得克萨斯人与南部平原霸主之间第一场巨大的、激烈的冲突。

1840 年 1 月 9 日，圣安东尼奥的圣费尔南多（San Fernando）教堂的钟声宣示着三名科曼奇首领的到来。圣费尔南多教堂是北美最宏大的西班牙教堂之一。它的钟是过去美国西部典型的传教钟。它为西班牙牧师，后来为墨西哥牧师敲响晨祷的钟声，它宣布阿帕奇人与科曼奇人的袭击可以追溯到 1749 年。墨西哥将军圣安纳就是在这座石灰岩塔上悬挂了他的著名的"格杀勿论"的红旗，标志着阿拉莫战役的开端。在得克萨斯时代，它的钟声向民兵发出号令去抗击墨西哥人与印第安人。

1月9日的早晨，天气晴好，没有明显的威胁，一切都与往常一样。科曼奇人来讨论和平。他们旧有的土地被侵占令他们警觉，他们希望停止这样的情况。以前。他们从没与得克萨斯人签订条约，但是在萨姆·休斯敦担任总统期间，他一直纠缠他们签订条约。现在，他们认为这可能不是一个糟糕的主意。他们尤其担心土地勘测人员，这些人意志坚定，实施一种黑暗、令人无法理解的魔法，意图剥夺印第安人的土地。更糟糕的是，这种黑暗魔法似乎很奏效。只要一有机会，科曼奇人就以恐怖的方法杀死他们。

他们受到当地部队指挥官亨利·W. 卡恩斯（Henry W. Karnes）的礼貌接待。在1838年夏天的一场与科曼奇人的战斗中，卡恩斯臀部被射中，当时仍在恢复中。[23]他直截了当地告诉他们，除非他们归还所有俘虏，否则不会与他们讨论和平。这些首领显然明白他所说的，点头同意，离开，并承诺将归还俘虏。与此同时，卡恩斯收到一组特别的命令，这在得克萨斯甚至很可能在美国历史上都是没有先例的。命令来自战争部部长艾伯特·西德尼·约翰斯顿（Albert Sidney Johnston）。他是一名高大帅气、鼻子轮廓分明的军人，后来率领起义部队在1862年的夏洛战役（Battle of Shiloh）与格兰特的军队作战时牺牲了。[24]约翰斯顿明确地告诉卡恩斯，"政府掌握所有与印第安部落有关的权利……决定他们居住的条件"。这是直接来自拉马尔的措辞。他接着以同样的口吻断言："我们的公民有权利占据空置的土地，不得受到科曼奇人干涉。"[25]这意味着印第安人的土地权力丧失了，彻底丧失了。约翰斯顿还说，如果印第安人不归还俘虏，他们将被当成人质——根据大多数文明的标准，这都是对待应邀来讨论和平的敌人的一种骇人听闻的方式。

科曼奇人于 3 月 19 日抵达。他们有 35 名战士。他们的心情是愉悦的，仿佛过节一样。他们带着 32 名妇女、儿童和老人。他们并不是来找麻烦的。他们可能还像过去那么想。过去，胆小谨慎的西班牙人以及后来的墨西哥人都允许他们在城镇里自由活动。男女老少都精心打扮，戴着他们最好的珍珠、羽饰，穿着最好的皮衣。他们还带来了大量的毛皮和一小群马，显然是期待好好做一场买卖。这些用来交易的物品表明，他们可能完全误解了卡恩斯对他们说的话。他们蹲在街上，等待着。印第安小男孩在玩玩具弓箭，白人将硬币放到树上让他们去射。[26] 镇上有一群人聚在一起看他们。他们没有敌意，只是好奇。

不过，他们注意到印第安人只带来了一名俘虏，即马蒂尔达·洛克哈特（Matilda Lockhart）。这正是一年前穆尔上校袭击圣萨巴时，她的父亲召唤的那个女孩。她和妹妹在 1838 年的一次袭击中被掳走，其他家人则在袭击中被杀。她 15 岁，她出现在圣安东尼奥的广场上，令看到她的人感到震惊。一名观察者——玛丽·马弗里克（Mary Maverick），当地一名著名商人的妻子——描述道，马蒂尔达的"头、脸和胳膊上伤痕累累，她的鼻子已经被烧得脱离了骨头——鼻尖上的肉已经脱落，只剩骨头——两个鼻孔大开，没有肉"[27]。她说她受到了科曼奇女人的折磨。不仅是她的脸被毁，她的全身都被火烧伤。私下里，马蒂尔达告诉白人女子，她所遭受的，比她们所看到的还要悲惨。她"受尽屈辱"，她说，这指的是被强奸，"无法再抬起头来"。

科曼奇人完全没有意识到这给得克萨斯人带来了什么样的影响。很多得克萨斯人都知道乔克托、切罗基等东部部落是如何折磨俘虏的。但是这些折磨手段大多用在男子身上。这些部落很少掳走、强奸、折磨白人女子，不像平原部落那样。[28]即使对印第安人的暴力活动司空见惯的人，见到马蒂尔达也感到震惊。更糟的是，马蒂尔达很聪明，很快学会了科曼奇人的语言，因此她知道在印第安人的营帐里还有其他的俘虏。她估计有15名。她将这个消息告诉了得克萨斯人。

这一切都发生在双方见面之前。双方见面的地方是一层楼的市政厅，在历史上被称作议会楼（Council House）。它由石灰石建成，屋顶是木头的，很平，地板很脏。[29]12名印第安人，都是盆纳台伽人，被称作首领或头人，坐在了三名得克萨斯人代表的对面。他们的发言人是穆克乌鲁，又叫灵魂谈话者（Spirit Talker）。他脾气很好，一看就知道人很温和，他喜欢喝威士忌。他最近在营帐接待了一名骑兵，名叫诺厄·史密斯威克，让后者在营帐里待了三个月——一群韦科人要杀死史密斯威克。[30]史密斯威克喜欢他，发现他睿智、真诚，与他有过"很多次推心置腹的长谈"。他曾滔滔不绝地谈到白人对他的狩猎场的毁坏，他说：

> 白人来到这里，将树砍掉，建造房子与栅栏，野牛被惊吓到，离开，不再回来，印第安人只能挨饿，如果我们去追逐野牛，就会进入其他部落的狩猎场，战争就会发生……如果白人能够画一条线，明确他们的主张，并待在线的另一边，印第安人就不会去骚扰他们。[31]

如果这番话听起来让人觉得他是印第安人中间的白人的话，那么必须注意到，他担任头人的群体袭击了洛克哈特的家，杀死了她的家人，将她与她妹妹抓走，折磨她，强奸她。穆尔上校在圣萨巴袭击的正是穆克乌鲁的村庄。

在市政厅内，得克萨斯人直接进入正题。他们问为什么科曼奇人只带来了一名俘虏？穆克乌鲁回答说的确还有俘虏，但是被关在其他营帐，不归他们管控。他然后解释说他认为所有的俘虏都可以赎回。当然，他接着补充说，他们会索要很高的赎金，包括商品、子弹、毯子和朱砂，但是这些问题都能解决。然后，他很快看了一眼他们，做总结，问他们："你们觉得我的答复怎么样？"

他可能认为自己很聪明，或者说得合理、平实，或许他被误译了。不管怎么样，他严重误解了他的听众。他和他的人认为自己是值得尊敬的战士。对他们而言，获得战俘是很光荣的战争行为，苛刻地对待俘虏也是这样。对于穆克乌鲁来说，马蒂尔达只是一件战利品，并不完全是人，而是一种可以用来讨价还价的东西。而得克萨斯人认为印第安人是邪恶的、没有良心的杀手。他们是如何对待这个可怜的、没有鼻子的女孩的，就是可怕的、无可争议的证据。不管穆克乌鲁想的是什么或者想说什么，这都成为他的遗言了。

在座的得克萨斯人代表之一威廉·费希尔（William Fisher）上校尖锐地回应说："我不喜欢你的答复。我告诉过你，如果不带俘虏，就不要过来。你已经违背了我的命令。你们的妇女和儿童可以平安离开……当我们的俘虏回来的时候，你们这些首领才能离开。在那之前，我们将你们扣为人质。"[32] 在他说话的同时，一队士兵进入房间，将前后都把守住。当感到震惊的科曼奇人通过被吓坏了的翻译终于搞明白是怎么回事的时候，他们仓皇地跑向门口。

士兵迅速聚集行动起来。穆克乌鲁最先跑到门口，掏出自己的刀子，刺向一名士兵。士兵们随即开火，穆克乌鲁和其他一些印第安人纷纷倒地。他们再次开火。房间充满噪声、烟、血和弹起的子弹。一名叫马修的士兵腿部中弹。他步履蹒跚，从一名印第安首领手中夺走一把滑膛枪，并用它殴打另一名印第安人，将他打死。打斗蔓延开来，一场全景的、好莱坞式的混战在广场上爆发。等在外面的印第安人——男子、女子与儿童——转向旁观者，很多旁观者也随身带着武器，战斗由此扩大了。看到这一幕的人们说，印第安女子和儿童像男子一样作战英勇。[33]一名印第安小男孩用玩具弓箭射穿了一名地区法官的心脏，导致其死亡。但印第安人并没有胜算。尽管这一开始像是街头打斗，但很快就演变为一场屠杀，类似狩猎火鸡，科曼奇人扮演惊慌失措的、逃跑的受害者。

不到半小时，"战斗"就结束了。现在，只有一群庞大的、嗜血的、复仇的暴徒在圣安东尼奥的街头猎杀科曼奇人。一群跑到了河边的印第安人，在过河的时候被一一射杀。[34]每一名印第安人都被找到了。挨家挨户搜寻是残忍无情的。一些印第安人躲到石头房子里，将门锁了起来。[35]根据玛丽·马弗里克现场的描述，数名白人男子爬上屋顶，用"泡过松节油的烛芯"放火。两名科曼奇男子很快从烟火中跑出来，一名被斧头劈开脑袋，另一名被射杀。

当一切都结束的时候，30 名科曼奇战士、3 名女子与 2 名儿童死亡。32 人被俘，很多人伤势严重。7 名得克萨斯人死亡，10 人受伤。（镇上唯一的一名外科医生，德国移民，通宵工作拯救白人；印第安人则无人照料。）[36]士兵们将 32 名印第安俘虏关在市政厅后面肮脏的监狱里。第二天，他们给一名受伤的女子一匹马和一些口粮，让她回去报信。她还要去传达最后通牒：如果科曼奇人不归还马蒂尔达·洛克哈特所说的那 15 名俘虏，这些幸存者都将被处死。如果这名女子在 12 天内没有回来，"这些人质将被处死，想必你们已经杀死了我们被抓走的亲朋好友"[37]。这 12 天将是完全的停火期。如果说得克萨斯人对他们在谈判中所处的位置感觉良好，那么，他们很快就会知道实际上不是这么回事。

一般情况下，我们无从知晓科曼奇人的村庄是如何接受这个消息的。但是这一次，一位名叫布克·韦伯斯特（Booker Webster）的年轻俘虏留下了令人悲痛的记载。他后来被释放了。当那名科曼奇女子带回这个消息时，科曼奇人的反应是害怕、绝望和横眉冷对的愤怒。他们的反应大体是如此。女人们在早晨尖叫痛哭。她们鞭打自己的胳膊、脸和胸，砍掉自己的手指。一些人甚至将自己弄成重伤。男人们呻吟，来回跳动，一些人剪断自己的头发。死去的首领们的马群太庞大，他们花了两天时间才将这些马杀死、烧掉（一种科曼奇习俗）。

借助烧掉这些马肉的烟，他们表达了深切的悲伤，也表达了对这些俘虏的愤怒。根据布克·韦伯斯特的描述，"他们带走这些美国俘虏，一共 13 人，将他们放在火上烤，残忍地将他们杀死了"[38]。人们只能想象当时恐怖的场景。这些俘虏包括儿童，其中一位是马蒂尔达·洛克哈特 6 岁的妹妹。

印第安人从未对最后通牒作出回应。他们实际上士气非常低落，没有领袖，不确定该做什么。在科曼奇人微妙的世界里，这样的事件是沉重的精神上的打击。在他们的世界，标识、精灵、魔法与药是重要的决策工具。如果按照白人的思维，他们可能会一把火烧毁圣安东尼奥或者至少对其造成巨大伤害。他们没有那么做。几天以后，由伊斯曼尼卡（Isimanica）率领的300名战士骑马来到城镇南部的圣何塞教堂（San Jose Mission），要求归还人质，并向得克萨斯人发起了挑战。得克萨斯人拒绝交出人质，令人费解的是他们未能应战，因为12天的休战仍然有效。或者可能是因为指挥官不敢离开教堂，很多白人士兵都这么认为。这是很奇怪的场景，在平原上几乎没有这样的情况出现过：一群印第安人要求白人作战，白人偏不出来迎战。一位名叫莱桑德·韦尔斯（Lysander Wells）的军官指责指挥官威廉·D. 雷德（William D. Redd）懦弱。两人很快进行决斗，并双双殒命。尽管印第安人仍被关在监狱里，很多人最终逃跑了。奇怪的是，最终还是有一场俘房交换，一位名叫布克·韦伯斯特的男孩和一名小女孩因此回到了文明社会。小女孩几乎与马蒂尔达·洛克哈特一样伤痕累累。他们能够幸免，是因为他们被部落收养了。

　　得克萨斯编年史上著名的市政厅大屠杀就这样结束了。很多得克萨斯人视此为拉马尔时代他们不与印第安人妥协的标志。他们是对的。但是他们也犯了一个严重的错误——杀死了剩下的人质，因此招致了一大波报复性的袭击。对定居点的袭击夺走了数十名白人的生命，并摧毁了数年来科曼奇人对得克萨斯政府正直性的信心。人们只能想象威廉·洛克哈特是如何看待这一战略的。他六岁的女儿被活活地烤死，这是印第安人对白人屠杀的报复。尽管白人夸口杀死了12名"重要的首领"，但是并没有证据。[39] 根据史密斯威克的记载，穆克乌鲁只是盆纳台伽群体内部一个相对较小的群体的首领。最具危险性的首领伊斯曼尼卡远比穆克乌鲁强大，但并不在其中，声称是盆纳台伽人主要首领的伊萨瓦科尼（Isawaconi）也不在其中。还有其他一些著名的首领，如帕哈·尤科（Pah-hah-yuco）、老猫头鹰（Old Owl）、小狼（Little Wolf）和野牛背（Buffalo Hump），也不在其中。[40]这些被杀死的男子毫无疑问是首领，但并不是重要的首领。最后，人们发现，几乎没有证据表明在市政厅大屠杀中的科曼奇人参与了当时对得克萨斯定居点的任何袭击。[41]实际上，在袭击发生的时候，伊斯曼尼卡显然在国外兜售实现和平的想法。[42]

现在，不仅没有实现和平，南部得克萨斯的白人反而将成为科曼奇历史上最大的暴力活动的目标。

第七章　幻想与毁灭

　　传说中，在历史上，盆纳台伽人是科曼奇所有群体中最庞大、最强大的群体。他们将阿帕奇人赶往墨西哥，在得克萨斯与西班牙人打成平手。他们随心所欲地袭击墨西哥腹地，并主宰着得克萨斯中部的部落。他们也是与入侵者、殖民者近距离、频繁接触的科曼奇人群体。其他重要的群体——延帕里伽人、科措台伽人、夸哈迪人和诺科尼人——在很大程度上避开了定居点与士兵们，避开了他们的文化，避开了看不见的白人的疾病。他们在大平原上更遥远的地方追逐着野牛群。夸哈迪人只与圣菲的商人打交道，而且是通过科曼奇中间人进行的。

　　与白人邻近改变了盆纳台伽人，深刻地改变了他们。正如穆克乌鲁所指出的，他们眼睁睁地看着野牛离开，再也不回到平原的最南端。他们被迫捕猎其他的动物，越来越小的动物。最后，因动物太少，他们只能与白人或威奇托人、韦科人等农民做交易，换取食物。随着时间的流逝，他们与白人的接触越来越多，这些接触并非都是不友好的。他们乞讨或偷窃有用的小东西或装饰性的东西。大多数人学会了说西班牙语，一些人甚至学会了英语。他们发现，与他们传统的皮衣相比，用棉或羊毛做的衣服冬天更暖和，夏天更凉快。像其他五个文明部落（Five Civilized Tribes）一样，他们开始穿白人的衣服。金属壶比陶土罐更实用，而且金属壶用坏了还能拿去做箭头。现成的玻璃珠比手工贝壳珠更亮。[1] 每一次袭击，他们都积累一些白人的手工艺品——器皿、工具和武器。这是一种无法阻止的文化污染。两种文化之间发展出一种亲密性，虽然这两种文化伴随着鲜血、暴力和敌意而交织在一起。

这样的文化亲密性可以在数年后一个山区的故事里体现出来。德国人定居点的一名女子回忆了一起与科曼奇人的典型相遇。"有一天，我在家里"，她说，"走进来一名高大年轻的印第安人。我刚做好一块面包，非常自豪……这个大块头对家里的东西扫了一眼，盯着我的面包，然后将它带走了……"这里有一种有趣的唐突：如果她拿起擀面杖去打他，这不会令人觉得意外。镇上其他人则抱怨，科曼奇人会在吃饭时间出现，期待慷慨友好的款待，同时会偷走房子附近的小东西。[2]对于居住在阿肯色河北部遥远村庄的延帕里伽人来说，这样的场景是无法想象的。

得克萨斯人也开始理解这种变化。以下描述刊登在 1838 年 5 月 30 日的《休斯敦电讯报》（*Houston Telegraph*）与《得克萨斯纪事报》（*Texas Register*）上。此前，一个科曼奇人的代表团应邀拜访萨姆·休斯敦总统。

> 所有人都期待见到一群粗犷的、具有运动气质的战士，他们四肢强健，体形魁梧。但是令所有人感到震惊的是，他们在总统府看到了 25 名身材矮小、邋遢、半裸、衣衫褴褛的原始人，背着弓箭，骑着瘦弱的马和骡子！所有的美慕瞬间消失殆尽，我们的公民既可怜他们，又鄙视他们……他们的女子和儿童游荡在城市各个角落，收集旧锡片、铁环、玻璃瓶和类似的垃圾，他们似乎认为这些东西非常值钱……

与科曼奇人共同居住了数年的勒格朗先生说，这一群人属于被称作"森林科曼奇人"的分支——他们生活在比尔县（圣安东尼奥）东北部的山区。他们贫穷、卑微、可怜，与草原科曼奇人几乎没什么相似的地方。[3]

在很多方面，这都是了不起的描述。首先，它嘲笑并不加掩饰地鄙视印第安人，真正的印第安人并不像詹姆斯·费尼莫尔·库珀笔下的印第安人，这令他们感到震惊。其次，除去盎格鲁中心主义，记录者的观察实际上都是正确的。科曼奇人身材矮小，其貌不扬，几乎所有观察人士都注意到了这一点。他们的确是半裸的（当时是休斯敦的夏天，所以他们系着简单的腰布），他们骑的马按照欧洲的标准来看的确很小，没有钉铁蹄，骨瘦如柴，毫无吸引人的地方。他们的主要武器是弓箭。在得克萨斯普通人眼里，他们毫无疑问是贫穷的，没有房屋，没有真正的不动产，没有银行账户。他们当然喜欢收集瓶瓶罐罐、废锡烂铁：他们用这些制作箭、刀和矛。

记录者在很大程度上都说中了要点。盆纳台伽人，经过数年的跨文化熏陶，是真正野性的平原科曼奇人中处在衰退、消亡境地的一支人。邻近的交往肯定会产生一定的趋同性。1816年和1839年，天花造成大量盆纳台伽人死亡（1849年，霍乱消灭了剩下的大多数人）。他们的狩猎场资源几乎被殖民者耗尽，很快，很多人就处在被饿死的边缘。他们的确成了森林里的科曼奇人，依赖外族文化而生存，其他人则仍然在高平原上自由驰骋。实际上，当盆纳台伽人在文化熏陶与白人疾病的影响下快要灭绝的时候，你可以说，高平原科曼奇人仍然处在鼎盛时期。[4]记录者的错误在于，他暗示这群平原战士不会构成巨大的军事威胁。这些可怜的、半裸的家伙，依然是地球上最强大的轻骑兵；只有一小部分美国士兵或得克萨斯士兵能与之匹敌。

野牛背有一个想法。他是在晚上想到的。这是激烈的、神秘的、包罗万象的、启示录般的梦，在梦里，撒谎奸诈的得克萨斯人，市政厅大屠杀的施恶者们遭袭击，被赶进了大海。野牛背是一名盆纳台伽人首领。之前他只是一名较低级别的首领，能够为袭击召集战士，但并不享有民事首领或战争首领的地位。但是现在，很多首领都死了。一些首领死于 1816 年的天花。那场天花扫荡了科曼奇、威奇托和喀多的村庄，造成多达 4000 人死亡。[5] 在 18、19 世纪之交，整个科曼奇死亡人数估计有 8000 人。那场天花造成一半的科曼奇人死亡。至少有 4 名首领在 1839 年的天花中死去；12 名首领在市政厅大屠杀中死亡。野牛背是其中的幸存者，是一名有魅力的领袖，说一口流利的西班牙语，参加过很多战役，甚至，在他的很多人马都被消灭后仍然参加过很多战役。他还恰好是穆克乌鲁的侄子。[6]1828 年，他在奥斯汀巴顿泉（Barton Springs）的定居点第一次遇到白人殖民者，与他们用西班牙语交流，令他们着迷，被描述为"原始人成年男子的重要标本"[7]。那是在科曼奇人搞清楚盎格鲁－得克萨斯人是多么不友好、多么贪得无厌之前。19 世纪 40 年代一名见到他的德国科学家这样描述他：

> 他就是纯粹的北美印第安人，不像他部落里的其他人，他鄙视欧洲服饰的每一种形式。他身体是裸露的，腰部披着一件牛皮袍，胳膊上戴着铜环，脖子上挂着一串珍珠，

披着一头蓬松的黑色长发。他坐在那里，表情严肃，仿佛对欧洲人无动于衷。[8]

尽管没有野牛背的照片，但是他有一个儿子，据说长得像他。这是一名非常英俊的二十来岁的小伙子，长发披肩，眼神睿智、冷静。野牛背有一个科曼奇人的名字——很多人都有这样的名字——拘谨的白人无法翻译出来。他的科曼奇名字，如果逐字翻译，是波－查－纳－夸－希普，意思是"屹立不倒"。[9]

野牛背的梦具有异常巨大的力量。在圣安东尼奥屠杀后令人愤怒的、哀悼的数周里，在得克萨斯夏季的酷热里，当科曼奇人骑着马将这一消息传遍科曼奇利亚时，它具有巨大的、原始的吸引力与感召力。就像很多战争首领所经历的梦境一样，这个梦的核心意思是进行袭击。但是，这不是一般意义上的袭击。将得克萨斯人赶到海里，意味着要进行一场军事远征，科曼奇人从未这样做过。

整个 7 月，野牛背都在召集战士。他向遥远的群体——延帕里伽、科措台伽、诺科尼——派出信使，但是只招募了一小部分战士。北部的群体对于他的想法是有戒心的，一方面是因为魔法一般可怕的疾病横扫过他们南部的同胞，另一方面是因为很多战争首领死去了。南部的劣质药太多了。他们在北部还有自己的麻烦：夏安人与阿拉帕霍人已经向南来到阿肯色河与加拿大河之间的野牛分布的地区，这是对科曼奇利亚的直接威胁。而且，他们可能也知道，后来更是清楚地知道，盆纳台伽人，因为邻近白人，已经不再是传统的科曼奇人。他们正变得不一样，变得更卑贱。

但是盆纳台伽多数其他首领，包括伊斯曼尼卡、小狼和圣安纳都愿意追随他。一些基奥瓦人也来了。基奥瓦人很难拒绝一场战争：他们与科曼奇人有神秘的血缘关系，尽管他们说不一样的语言，他们的文化比科曼奇人更复杂。到仲夏的时候，野牛背已经召集 400 名战士和 600 名随军流动人员。后者——男孩和妇女——是必要的，因为将得克萨斯人赶到大海，并看着他们血溅墨西哥湾需要相当长的时间。这将是一场针对得克萨斯人的战争，野牛背需要后勤支持。

8 月 1 日，这 1000 人从溪流纵横的巴尔科内斯断裂带坚硬的石灰岩城墙出发，沿着柏树成荫的布兰科河河岸，以及岸边清冽的池塘，经过泉流交汇的圣马科斯河（San Marcos River），来到得克萨斯中南部的黑土大草原上。[10]他们的目的地：得克萨斯沿海地区与向南穿过草原的河流沿岸的城镇与定居点。随着他们来到更南的地方，他们改为在夜间行进。8 月 4 日，他们骑着马，借着冉冉升起的科曼奇月亮的光芒，穿过边境，深入盎格鲁 - 得克萨斯定居点。

当得克萨斯骑兵本·麦卡洛克两天后在冈萨雷斯（Gonzales）附近发现他们的路线时，他几乎不敢相信自己的眼睛。1000 名骑兵神不知鬼不觉地穿过了他们的领地。这片土地上，虽然人口不是非常密集，但也有很多家园和定居点。得克萨斯南部从来没有人见到过这种情况。发现这些入侵者的人大多被杀死。其中一名死者叫塔克·福利（Tucker Foley），他遇到了 27 名科曼奇战士。他们将他逼到一个水坑，将他绑起来，拖出来，砍掉他的脚板，让他在被晒热的草原上行走，以此为乐，然后射杀了他，并剥下他的头皮。[11]麦卡洛克与一小群志愿者跟踪印第安人。印第安人人数太多，他们无法与之作战。

接下来发生的，被得克萨斯人称为林维尔大突袭（Great Linnville Raid）。在历史上，它经常和它所导致的另一事件相提并论，即梅溪之战（Battle of Plum Creek）。这两件事发生在两周之内。它们共同构成了得克萨斯一段离奇的历史，充斥着西部少见的愤怒与暴力活动。这是野牛背最伟大也是最糟糕的时刻，这也是自称得克萨斯骑兵的人真正感受到骑兵力量的时刻。他们很快在同样的山丘、草原从科曼奇人那里学习如何作战，改变了北美边境战争的性质。

1840年8月6日下午4点，市政厅大屠杀结束不到5个月，野牛背的队伍猛烈攻打维多利亚（Victoria），那里位于圣安东尼奥东南约100英里，距离海边25英里。维多利亚没有收到预警，印第安人轻易进城了。他们杀死了十多个人，在街上扫荡，市民逃到房顶上，躲到窗户后面，向他们开枪。与往常一样，科曼奇人靠巫术躲过可能的屠杀。他们并没有逼近，去挨家挨户地杀死维多利亚的所有人。相反，他们像一群野牛一样围住城镇，偷走马和牛，掳走一名黑人小女孩，并搞恶作剧。大量的马匹分散了他们的注意力。你可以把马想象成1000美元马上存入你的银行账户。科曼奇人是唯马至上的。他们珍视马，并用马进行交易。因此，维多利亚的居民有了建立防御工事的时间。科曼奇人在次日早晨再次发动攻击，但是被滑膛枪的火力挡住了。他们像大黄蜂一样在城镇外围"嗡嗡"了一阵，偷走的马匹数量在1500匹至2000匹之间，留下13具尸体和很多伤员之后，继续向海边前进。他们并没有明确的要去哪儿的想法，只是追随野牛背的梦想。他们骑着马向海边进发，他们有多达3000匹马。

他们沿着沿海低地一路抢劫、杀戮、放火，一直到达马塔戈达湾（Matagorda Bay），并洗劫了整个国家的马匹。[12]他们还抓俘虏，包括南希·克罗斯比（Nancy Crosby）女士，她是丹尼尔·布恩（Daniel Boone）的外孙女，南希的孩子也被抓了。因为她不能让孩子安静下来，他们杀了这个孩子，就在她面前刺死了她。[13]8月8日，他们以壮观的新月队形进入海滨城镇林维尔，立即将它包围起来。现在，野牛背的梦想似乎很快就要实现了。惊慌的居民在呼啸而来的科曼奇人面前跑向他们唯一能跑的方向——大海，逃往唯一可能的避难所——船，其中一些船停泊在水浅的地方，离岸约有100码。[14]很多逃跑的人在水中被抓住了，包括 H. O. 沃茨（H. O. Watts）少校，他是一名年轻的海关检查员，刚刚结婚。他的妻子也被抓了。一名目击者称她是一名"相貌姣好的女子"[15]。当印第安人试图脱掉她的衣服时——这通常是他们对待俘虏的第一个动作——他们遇到了神秘而难以克服的障碍，即鲸骨紧身胸衣，他们解不开。他们感到沮丧，只得将她绑在马的后面，拖着她走。很多人因为登上了停在岸边的纵帆船而得救。

与此同时，印第安人发现了仓库里神奇的物件：布料和织物、伞、帽子、漂亮的衣服和五金件。林维尔是重要的航运中心；这些商品本来是要销往圣安东尼奥和墨西哥的。印第安人从仓库带走了所有他们能够带走的东西，然后将仓库付之一炬。逃到船上的人们眼睁睁地看着他们的家、他们的商业楼宇，还有仓库，葬身火海。[16]随着城镇陷入火海，印第安人欢呼雀跃，手舞足蹈，将牛群赶到围栏里，将它们杀死。当时维多利亚的居民约翰·J. 林（John J. Linn）这样描述这次袭击：

这些印第安人就在熊熊燃烧的村庄附近与尖叫的女子和儿童纵情狂欢，戴着罗宾逊（当地一名商人）的帽子，挥舞着罗宾逊的伞。[17]

96

城镇被彻底烧毁了，再也没有重建。烧毁城镇以后，印第安人离开了，沿着他们来时的路回去。[18]如果他们在城镇的古怪行为像一场噩梦，那么接下来发生的则是完全的幻景。事实是野牛背已经失去了对他的队伍的控制。复仇已经消解成某种纯粹娱乐的东西。它开始于在维多利亚盗马的狂欢——即使对科曼奇人来说，3000 匹马也是巨大的收获；然后是林维尔仓库令人震惊的发现，仓库里塞满了资产阶级生活的装备。科曼奇人来的时候穿着鹿皮，缠着腰布，走的时候戴着大礼帽，蹬着高筒皮靴，穿着昂贵的燕尾服，衣服上还缝着明晃晃的铜扣。[19]他们还带走了印花布和鲜艳的丝带，并将它们系在长矛上，系在马尾上。这一群人沿着维多利亚大道前行，他们构成一幅图画，在得克萨斯南部荆棘丛中是一抹亮丽的色彩。他们拖着沉重的战利品，包括铁箍和五金制品，可以用来做武器。这些东西都由马和骡子驮着。人们不知道野牛背是否认为自己的梦想实现了。不管他是怎么想的，针对得克萨斯人的一场光荣的、长期战争的计划已经被带着以前无法想象的丰富的战利品回家的冲动所取代。

得克萨斯人清楚地知道这一点。如此巨大的阵仗，带着偷来的货物，还有妇女、儿童和老人，在开阔、暗褐色的草原上笨重前行，很难不被人盯上。这是一次不能错过的机会。三队人马来袭击入侵者。其中一队由来自瓜达卢普定居点的士兵组成，由约翰·J. 图姆林森（John J. Tumlinson）率领，在维多利亚附近拦截他们。这些士兵按照那个时代学到的战法下马准备战斗。与科曼奇人作战，如果在开阔的地方下马，就等于是签了死亡保证书。步兵与骑马的人作战，不是一场公平的战斗。骑马的人每小时能跑二三十英里，在滑膛枪装药射击一次的时间里，骑马的人可以射出 12 支箭。问题只是徒步的人还能活多久，以及他们能幸运地射中多少骑马的科曼奇人。图姆林森的人很快被呼啸的科曼奇人包围。他们本来会被就地屠杀。但是那天，科曼奇人有其他的兴趣——主要是保卫他们笨重的、满载商品的队伍。图姆林森的人以最快的速度撤退，印第安人没有追赶，他们更关心他们的妇女和驮马，而不是图姆林森的可怜的袭击。

他们继续向北前进，奔向山区，迎着酷热。酷热令草原大部分地区变成了棕色。在普通的袭击中，尤其是一次大规模的袭击中，科曼奇人会发动攻击，然后分散成小的群体，奋力骑马回到他们的腹地。这是骑马的平原印第安人古老的惯例。这一次他们没有这么做；他们傲慢地、摇摇晃晃地走在明显的回家的线路上。他们携带海量货物回去，或许他们没有别的选择。8 月 12 日，他们在今天的洛克哈特被探子发现。当时，他们正穿过得克萨斯这片美丽的草原上茂盛的草与黑土，朝着西北方向移动。目击者约翰·亨利·布朗（John Henry Brown）描述了当时的情景。

> 他们清楚地看到了一英里外的印第安人正斜穿过我们的边境。他们正以各种奇怪的方式唱歌、旋转，表明他们取得了巨大胜利，也表明他们完全忽视了危险。到目前为止，他们仅失去一名战士；而他们杀死了 20 人。[20]

果然不出所料。除了指挥上的错误，野牛背还犯了一个错误，即他们的路线完全能够被预料到。白人知道他会在什么地方跨过瓜达卢普河与其他的河。因此，自发从冈萨雷斯、拉瓦卡（Lavaca）、维多利亚、库埃罗（Cuero）和得克萨纳（Texana）赶来的 200 人正等着他们（图姆林森的人不会参加此次战斗）。他们都不是一般意义上的士兵。他们包括很多年轻人，在圣哈辛托战役后来到得克萨斯，特地为了寻求冒险、暴力和荣耀。他们不是只有在危险来临时才扛起滑膛枪的农民。他们是目光敏锐、勇敢、无畏的 24 岁小伙子，没有道德感，本能地喜欢战争。"他们被荒野、危险与边境生活的勇气吸引来到西部"，玛丽·马弗里克在她的回忆录中写道[21]，"他们目的明确，就是去寻找并杀死印第安人，他们以此为乐，不图回报。当然，科曼奇人从未见过这种人。与他们在一起的还有通卡瓦人，后者一直期待复仇。这些人都受少将费利克斯·休斯敦（Felix Huston）的领导。休斯敦是州民兵组织的首领，他曾经与战争部部长艾伯特·西德尼·约翰斯顿就晋升而进行过决斗。"[22]

　　休斯敦正在犯一个大错误。不难预料，因为这是图姆林森两天前所犯的同样的错误：他命令他的士兵在开阔的平原下马，组成"空心方阵"战线。与以前一样，骑着马的战士们包围了他们，向他们射箭，并用他们的牛皮盾牌挡住子弹（他们这么做相当有效）。马下的人受伤，马被杀死。据布朗称：

　　　　这是当天致命的错误。我们坚持了宝贵的三四十分钟，在此期间，印第安人熟练地攻击我们，而他们的妇女和没有武器的人则将驮着东西的和跑散的马向布兰科河与圣马

98

科斯河的山丘驱赶。与此同时，他们的射手给我们的人马造成严重的伤害。[23]

随着战局的恶化，更有经验的战士，尤其是本·麦卡洛克与马修·考德威尔，请求休斯敦少将下令骑马作战。当休斯敦正在考虑恶化的战局时，异常的事情发生了：一名近距离攻击得克萨斯人的科曼奇战争首领，在灵活地使用盾牌时，被子弹击中摔下了马。他的两名同伴很快将他救起来带走了。科曼奇人的进攻势头一度减弱。他们的队伍中传来了可怕的、狼嚎般的声音。他们的巫术失灵了；也许，有时候就是这样，印第安人相信有巫术护体，可以免受子弹的伤害。

考德威尔抓住机会，朝着休斯敦喊："快，将军！攻击他们！他们被打败了！"也许是历史上的首次，一群不穿制服的、骑着马且轻武装的人以印第安人的方式去直面骑着马的草原印第安人。更重要的是，这次袭击标志着以休斯敦将军为代表的传统战法——在军事战术上让位于穿着鹿皮的边境印第安战士的战法，这种战法以麦卡洛克与考德威尔为代表。梅溪之战标志着战法转变的开端，在接下来的几年里，得克萨斯骑兵将这种战法使得出神入化。值得注意的是，在梅溪之战中为得克萨斯而战的约翰·科菲·海斯（John Coffee Hays）从寻求冒险而来的无畏的年轻人中脱颖而出。他将注定成为最传奇的骑兵。[24]

现在，他们骑在马上，像科曼奇人一样尖叫，冲向队列，直到最后一刻才开枪，射下了 15 名印第安人。他们让马群受惊跑散，冲击驮着东西的马，很多马驮着沉重的铁，陷入泥泞的地面。印第安人因为其首领的死已经被吓到，他们现在已经不能掌控局势了。他们开始仓皇逃跑。接下来的战斗是撤退中的印第安人与进攻的得克萨斯人之间的战斗，战线长达 15 英里。这是一场血战。印第安人留下足够长的时间杀死俘虏，包括丹尼尔·布恩的孙女南希·克罗斯比，她被绑在树上，被箭射死。沃茨夫人比较幸运，她也被绑在树上，但是她的鲸骨紧身胸衣挡住了射来的箭。她在当天的杀戮中幸免于难，但受伤了，还被晒伤了，伤得很严重。[25] 白人士兵同样不可原谅。人们看到，一名白人士兵遇到了一名垂死的印第安女子，先是用脚踩她，然后用一根印第安人的长矛刺死了她。

得克萨斯人将这场战争视为重大的胜利。直到今天，人们依然很难判断这是不是重大胜利，主要是因为：像往常一样，印第安人从来不会提供他们关于这一事件的叙述版本。尽管历史学家一致认为，得克萨斯人追击，印第安人逃跑，得克萨斯人一人被杀，七人受伤，但对于印第安人的死亡数字或者说对于印第安人的逃脱有多成功则没有达成共识。对印第安人死亡人数的估计有 25、50、60、80 和 138 的不同说法，而实际上找到的尸体数量在 12 到 25 之间。

但是有证据表明，印第安人的撤退实际上在战术上是非常成功的。科曼奇人最在意的是保护他们的妻子和孩子。在这一点上，他们似乎做到了。尽管他们丢掉了很多战利品，但他们保住了很多马。约翰·林认为这是白人的一次光荣的胜利，据他称，只有 "数百匹马和骡子被夺回" [26]，而总数是 3000。这意味着这次胜利可能并不是骑兵历史上或对得克萨斯人同情的文献中所描述的那样辉煌。在历史学家乔迪（Jodye）和托马斯·席尔茨（Thomas Schilz）看来，科曼奇人在这场战斗中使用的一些策略包括佯攻，他们骑着马迅速佯攻，迷惑了白人，掩护了营帐的守卫人员，让他们有时间逃跑。

100

颜料涂抹与骑马技术的展示极大地分散了白人的注意力，为妇女和儿童赢得了时间，让他们能够驱赶偷来的牲畜向西北方向逃出休斯敦的追赶……尽管他们损失惨重，不过，野牛背领导了一次到达了得克萨斯海岸的袭击，并将他的大部分人马平安带回家……梅溪之战是一次战术上的平局。[27]

当战斗结束的时候，通卡瓦人点起篝火，围在一起。多数报道都认为，他们在这场恶战中居功至伟，并报了祖上的血仇。他们开始唱歌。几名男子将一具科曼奇人的尸体拖至火边。他们从科曼奇人身上切下小的肉片，做成肉串，放在火上烤，然后吃下去。据目睹了这一幕的罗伯特·霍尔（Robert Hall）称，吃了几口以后，"他们开始手舞足蹈，仿佛酩酊大醉。他们跳舞、咆哮、唱歌，并邀请我吃一块科曼奇人的肉。他们说这会让我变得非常勇敢"。[28]

如果说对于梅溪之战的规模有疑问，那么，对于两个月后在上科罗拉多河（Upper Colorado River）所发生的则完全没有疑问。约翰·穆尔上校仍然忍受着1839年在圣萨巴的耻辱，成功地说服了他的上级，他说科曼奇人还没有为他们在维多利亚和林维尔的袭击付出足够代价，他召集了一群志愿者，开始进行另一场惩罚性的远征。10月5日，他率领90名白人和12名利潘阿帕奇人沿着科罗拉多河向西北出发。到10月中，他到达了奥斯汀以西约300英里处，那里还从未有盎格鲁—得克萨斯人去过。利潘人在那里发现了由60间小屋（每个小屋通常住8至10人）组成的科曼奇人营地。根据一些记载，这正是野牛背的营帐。[29]士兵们在数英里外扎营。那是一个晴朗的、寒冷的10

月的夜晚；地面铺满了白霜。

　　他们在黎明时分发起袭击。穆尔吸取了在圣萨巴的教训，这次直接骑马袭击。印第安人认为白人不大可能深入科曼奇利亚袭击他们，因此再一次被打得措手不及。随着得克萨斯人攻入村庄，接下来发生的更像是一场屠杀而不是战斗。逃出营帐的印第安人被逼到了科罗拉多河边。很多人在过河途中死去。爬到对岸的，则被追击，有的甚至被追赶了 4 英里，并最终被射杀。[30]很多人被丢在燃烧的营帐里烧死。只有两名白人士兵死亡，这意味着大多数科曼奇人还没拿起武器就被杀了。穆尔声称在半小时内杀死了 130 人，人们没有理由对此表示怀疑。他俘虏了 34 人，夺走了 500 匹马，并将整个村庄烧毁。林维尔与维多利亚之仇得报。但是更大的战争才刚刚开始。

第八章 白人印第安女子

　　有的历史基于确凿的、有文献记载的事实；有的历史被谣言、猜测或者谎言所左右。关于 19 世纪被掳走的辛西娅·安·帕克的很多描述都可以被归为后者。她是传奇的"白人印第安女子"，选择了红色人种而不是白色人种，选择了无知的野蛮而不是舒适的"文明"。很多描述都带着一种怀疑，怀疑任何人，尤其是一名女子可能会这么做。结果，很多描述荒诞不经、前后不一，试图将欧洲的浪漫主义理想嫁接到石器时代的文化中。1893 年，一名前联邦印第安事务官员的描述就体现了这一点：

> 　　随着时间流逝，辛西娅·安长得越来越迷人。她微笑的双眼，银铃般的声音，俘获了很多印第安战士的心。[1]

　　这样的记载有很多，这在很大程度上等于否认印第安文化的存在。这些记载类似于"特里斯坦与伊索尔德"（Tristan and Isolde）的传说。人们看到安坠入爱河，在由芬芳野花点缀的草地上漫步，与她的情郎——印第安战士讨论婚后的美好未来， 等等。（另一些完全是编造出来的"历史"文献中称她被俘的弟弟约翰·帕克追求一名"能夜视的""阿兹特克"美女，在情话中消磨无聊的时光。后来，她冒着生命危险去照顾得了天花的弟弟，他们一起骑着马，消失在晨曦中。）[2]关于她的生活，另一些版本所描述的情景则相反：残酷的现实是辛西娅·安遭受了可怕的困难与"耻辱"。这都是违背她的意愿的。用维多利亚时代的语言来说，这里的意思是，她被迫与油腻的、深色皮肤的、次等的印第安人发生性关系，因为她不可能按照自己的意愿去做。得克萨斯东北部的《克拉克斯维尔北旗报》（*Clarksville Northern Standard*）感叹："我们无法想象这名不幸的年轻女子的恐怖遭遇。"[3]

这两种版本都有一个基本的问题：没有人知道在她身上真正发生了什么，没有人知道她的想法。因此，他们任由自己的偏见泛滥。尽管在传说中，在历史上，她都成了那个时代最著名的俘虏，事实却是，在她9岁的时候，她就消失在茫茫的大草原上，没有留下一丝踪迹。大多的俘虏要么被杀死，要么在数月或数年后被赎回。这名白人印第安女子消失了24年，这是一段足够长的时间，让她忘记曾经所知道的几乎一切，包括她的母语，并让她结婚，育有三个孩子，过着彻底的、复杂的、地道的平原印第安人生活。人们曾经看到她两次，都很短暂：第一次是在她被掳走的10年后；第二次是那之后又5年。从传统的历史观念来看，人们对她生活中的其他时候完全是不清楚的。平原印第安人不写信，不写日记，也不记录法律诉讼，甚至不保留条约副本——历史对他们毫无意义。

然而，这并不意味着她完全成为传奇。理解她的生活需要挖掘中世纪的印第安事务，以及对160年后的后见之明进行一些历史调查。人们有可能确认她生活的科曼奇部落（bands），这些部落生活的地方，白人的传染病传播给他们的时间与地点，他们打胜或打败的战斗的时间，她丈夫的身份，她三个孩子的名字与准确的出生日期。

也许最重要的是，我们可以了解这个部落一般如何对待"喜爱的俘虏"的。对遭受过科曼奇人暴行的受害者来说，他们几乎不可能相信存在这样的现象。然而，这样的现象的确存在，并且并不罕见。不能生育的科曼奇女子与统计数据上容易死亡的科曼奇男子被邀请加入部落时是不作任何区分的。他们的俘虏包括墨西哥人、西班牙人、其他部落的成员（包括他们仇恨的敌人，如尤特人与阿帕奇人）、所有的白人以及奴隶的孩子。正如 20 世纪的研究所表明的，与其他部落相比，他们的血统非常不纯正。他们收养的通常是处在青春期之前的儿童。被俘虏的成年女子要么被杀死，要么像蕾切尔·普卢默一样过着艰难的生活，成为性奴或其他意义上的奴隶。一些人，像马蒂尔达·洛克哈特遭到严重的虐待。可爱的俘虏则完全不同。他们被接受、珍视，完全被像家庭成员一样对待。辛西娅·安就是这样的情况。

幸运的是，虽然辛西娅·安·帕克在这一问题上一直是沉默的，但存在与她的经历相似的多份记录材料。最相似的一份材料来自比安卡·芭布（Bianca Babb）。她于 1866 年 9 月在迪凯特（Decatur）（在今达拉斯西北部）被科曼奇人掳走，年仅 10 岁，数月后被赎回。掳走她的科曼奇人——诺科尼人——正是掳走帕克家人的科曼奇人。她的书面文字是目前仅有的用第一人称记录一个小女孩被南方部落掳走后的时光的材料。[4]她被掳走的经历，与辛西娅·安·帕克的经历极为相似，都是在非常恐怖的情景下被掳走。比安卡的母亲被屠刀刺了四次，而她当时正抓着妈妈的手。[5]这个小女孩随后看到自己的母亲被一支箭刺穿肺部，并被活活剥了头皮。（后来，她与被溅满血的女婴一起被人发现，女婴正在妈妈怀里吃奶。）[6]比安卡还看到了与她一同被掳走的莎拉·卢斯特尔（Sarah Luster）的遭遇。莎拉26岁，长得很漂亮，用比安卡哥哥的话说，"这名无助的受害者遭遇了无法言说的侵犯、耻辱。"[7]

与被掳走的帕克家人一样，比安卡、她的哥哥与卢斯特尔骑在马上，被带往北方。他们的食物很少，并且不允许下马。在一个地方，印第安人给了比安卡一块带血的牛肉，牛是被狼杀死的。她吃下了，并且很喜欢。她在马背上的时候大便失禁，因此被取了一个不幸的印第安名字——"当你走路的时候闻起来很臭"。在长达四天的跋涉中，经历了擦伤、口渴、筋骨酸痛与严重的晒伤后，他们抵达了一个印第安人的村庄。在这里，与比安卡同行的科曼奇人将她交给了他的妹妹。她的丈夫在袭击芭布家的前一天早晨被杀死，这名寡妇没有自己的孩子。[8]

之后的一切都变了。比安卡被带到了一个组织严密的大家庭。这个大家庭有35人，共同生活在一起，他们生活在八个牛皮帐篷里。比安卡与她的科曼奇母亲台科瓦莎娜（Tekwashana）生活在同一顶帐篷里。据比安卡的回忆录称：

> 这名女子一直对我很好，她从不批评我，很少纠正我……我们的床是由一堆枯草构成，草上铺了毯子和牛皮袍。在寒冷的冬夜，我的印第安母亲会让我站在火边，偶尔让我转过身来，便于我取暖，然后，她会让我裹上牛皮袍，将我放在床上，在帐篷墙旁边，给我披好被子……她……似乎像对自己的孩子那样关心我。[9]

比安卡描述的世界有时候听起来像是孩子们的天堂。的确，她回忆说"每一天似乎都是假日"。她与其他孩子们愉快地玩要。她喜欢吃饭时的随意，通常围着煮沸的锅和肉串。她喜欢肉的味道，尽管她说需要很长时间去嚼肉。台科瓦莎娜教她游泳，给她打耳洞，并让她戴上长长的银耳坠，还有黄铜手镯。科曼奇女人将牛脂与木炭混合，抹到她金黄色的头发上，让头发变黑。她喜欢战争舞。她很快就学会了他们的语言，并且学得很好，在被抓仅七个月后（她认为是两年），"将我的舌头绕回来与我的朋友们说英语"[10]已经很难了。她有两套衣服，都不是鹿皮的：一套是用白棉布做的，一套是用蓝白条纹褥单布做的。

比安卡也描述了艰难的日子，一点也不像是假日。抓她的人毕竟是游牧的捕猎者与采集者；生活中充满了不确定性。他们的食物并不总是充足的。有的时候，她的家庭只能分到一小块肉干；另一些时候，他们并不给她吃的，她有时候两天都没得吃。"当肉干供应中断的时候，我们吃煮玉米"，她写道，"当玉米也没有的时候，所有人只能挨饿，她们会杀死一匹肥马或者骡子，然后，我们会有一场盛宴。"她说她家有 300 匹马，这意味着他们讨厌吃马肉，只有在迫不得已的情况下才会吃马肉。或者他们可能有厌恶吃掉这么有用、可以交易的商品的想法。他们每三周就转移营地——这是典型的游牧人的做法，他们需要足够多的牧场——这意味着每个人都需要辛苦劳作，包括比安卡。在搬家的时候，她提水，捡木头，打包行李放在马和骡子背上，帮助照料物资，包括照料狗。一次她取水的时候经过了男子帐篷的前面，犯了禁忌。作为惩罚，一名年老的女子放狗咬她。后来，这名女子用斧子砍比安卡，却砍死了一名正好来劝阻的年轻的印第安女子。比安卡说，这名年老的女子被立即处决。

1867 年 4 月，比安卡被赎回，赎金是 333 美元。当晚，心碎的台科瓦莎娜先是不让比安卡进帐篷。待到她心情平静下来，劝说比安卡与她一起逃跑，她将女孩背在背上。这种极端的做法会受到暴力惩罚，不过这也明显证明台科瓦莎娜是多么爱她的养女。她们俩被追踪，第二天就被抓到了。比安卡很快就被送回她的家中。与家人团聚时，她发现自己已经不会说英语了。

另一个故事，不如这个故事完整，但在很多方面很相似。故事中的女孩生活在得克萨斯中部。科曼奇人发动的最血腥的一次袭击是在 1868 年，在今天的得克萨斯大草原附近的军团谷（Legion Valley）。他们掳走了 7 人，并在最初的几天杀死了其中的 5 人——包括一名婴儿和一名 3 岁的儿童——只留下 8 岁的"明妮"，即马琳达·安·考德尔（Malinda Ann Caudle）和 7 岁的小男孩坦普尔·弗兰德（Temple Friend）。明妮一头长发，非常可爱，很快被一名肥胖的科曼奇女子收养。她跟着这名女子骑马来到了印第安人的营地。她的新母亲与她一起睡觉，让她不冷，并且不让她看见第一晚的一些事情。当晚，她的两名婶婶在哭泣、祈祷时被强奸。[11]第二天，这群科曼奇人觉得她的两名婶婶实在是个麻烦。当他们抓住并杀死她们时，明妮的科曼奇母亲将一条毯子扔到她头上，不让她看见这一切。[12]与比安卡一样，明妮·考德尔受到了非常友好的对待。她的新母亲会在火边给她讲故事，不会让科曼奇男子伤害她。他们按照她喜欢的方式制作牛肉。他们有盐的时候也会给她，从而为食物增添味道。他们让她穿鹿皮衣服，并在她身上涂脂，让她在雨雪中保持干爽。[13]与比安卡一样，明妮被掳走了半年之后被赎回。她的故事通过对她以及后来对她子女的采访而流传下来。[14]

这两个故事与辛西娅·安·帕克的故事十分相似，不同之 107

处在于赎回。人们只能猜测比安卡与明妮一生都在捍卫科曼奇部落。据明妮的曾孙女称，明妮"不愿听到针对印第安人的一个字"。明妮的曾孙说："她总是为印第安人说话。她说他们都是好人，以他们自己的方式。当他们受到欺凌时，他们奋起反抗。"[15]这是对她自己遭受的严酷事实的声言，这些严酷事实包括科曼奇人强奸并杀死了她的五名家人。比安卡也这么认为。1897年，她申请被正式收养到科曼奇部落中。这两名女孩都在原始、野蛮的科曼奇人身上看到了别人几乎看不到的地方，即使长期生活在部落中的蕾切尔·普卢默也没有看到。比安卡的哥哥道特·芭布称这是"与家庭纽带一样神圣的感情纽带。他们对我的友好是慷慨而持久不变的，我与他们的友谊、对他们的依赖也是深刻而真诚的"[16]。这些孩子都认为，在这些即便是因残忍而声名狼藉的杀戮者内心深处有一种深刻的、持久的温柔。显而易见，因为毕竟他们都是人。但对于生活在19世纪西部边境的白人来说，并非如此。

1846年4月，得克萨斯一名印第安人事务官员伦纳德·H.威廉斯（Leonard H. Williams）被美国印第安人事务委员会派出，以便寻找科曼奇酋长帕哈·尤科。帕哈·尤科与狡猾且身形矮小的莫佩舒考普（Mopechucope）——老猫头鹰——一样，是盆纳台伽部主张和平的伟大首领。[17]1843年，正是他的介入使得三名得克萨斯专员免于被折磨处死。这三名专员被派来赔偿市政厅大屠杀所造成的损失。他部落里的多数成员支持烧死白人。他有这样的权力。他体形魁梧，体重超过200英磅。他有多名妻子。一名观察人士描述他是"一位和蔼的人，幽默，有趣"[18]。他的名字被翻译成"多情的男人"，但是有人怀疑这个名字在科曼奇人的语言中有更多的男性生殖崇拜的意义。[19]威廉斯上校接到命令，邀请这位首领进行和平谈判。威廉斯上校一行有11人。这是与美国的第一次谈判。得克萨斯刚刚成为美国的一部分。他还被要求查探是否有俘虏在营地，如果有，如果可以的话，就将他们赎回。

　　威廉斯在沃希托河附近找到了帕哈·尤科。那个地方位于今天的俄克拉荷马，很可能离它流入红河的地方不远，在今天的达拉斯以北约75英里处。人们不知道威廉斯是如何未经勘测便在茫茫印第安领土上找到他们的营地的，但毫无疑问，他请了与科曼奇人友好的印第安人当向导，很可能是特拉华人或威奇托人。当他的一小队人马在未事先通知的情况下第一次骑马来到这个庞大的科曼奇人村庄时，他们一定心跳加速。科曼奇人的营地与篝火以及晾牛肉的台子沿着河岸蜿蜒数英里。威廉斯一行人的到来立即引起了营地的人们的骚动。一些年轻的科曼奇战士想要立马杀死他们。幸运的是，威廉斯声称是来保护帕哈·尤科的——这是他从一个被俘虏的墨西哥男孩那里学来的。据威廉斯称，帕哈·尤科"费力地让他的人安静了下来，成功地约束了他们"[20]。

　　刚刚勉强躲过一劫，威廉斯却惊讶地发现，蓝眼睛、浅头发的辛西娅·安·帕克就在这个印第安村庄。她是帕克堡那场屠杀中最后一名不知下落的受害者，那个一头金发小女孩再也没回来。人们不知道他是怎么发现她的，因为她显然没有告诉他，毕竟将她从严峻、恐怖的命运中拯救出来的想法完全是白人的想法而不是她的想法。她当时19岁。威廉斯上校之前见过她，刚到得克萨斯时，他与帕克家的人比较熟悉。事过境迁，她的名字依然响亮，威廉斯立即派人回到奥斯汀政府官员那里

108

通报这个消息。

然后，威廉斯试图从印第安人手里买走她。在当时，买卖俘虏是正常的交易。从科曼奇人骑上马背伊始，这就是他们的一项收入来源。他们交易阿帕奇或墨西哥俘虏，经常让有精致文身的得克萨斯中北部的威奇托人作中介。这些俘虏通常像一捆捆的棉花一样被运到路易斯安那的市场。眼下，这项交易似乎以红河沿岸的交通枢纽为中心，来自更远边境地区的唯利是图的交易人员与其他声名狼藉的、几乎无所顾忌的人在这里进行一项借人牟利的生意。他们从印第安人手中赎回俘虏，再将他们转手卖给他们的家人。这是一项非常投机的生意，牵扯许多谎言与不实陈述。一些俘虏的"救赎者"最后变成了最恶劣的骗子。

109　　但是，威廉斯很快就发现，这次不一样。印第安人根本不与他谈判。在其中的一个记述版本中，他出价"12头骡子与2头骡子驮的商品"来交换安，这对一个俘虏来说是非常高的价格。但仍然遭到印第安人的拒绝，据一家报纸说，"他们死也不会交出她"[21]。在另一个记述版本中，"他愿意出大量的货物与四五百美元的现金"[22]，但是印第安人仍然拒绝了他。关于辛西娅·安行为的记载，也有几个版本。其中一个版本说，她逃走躲了起来，不愿见威廉斯和其他人。在另一个版本里，她"不停地哭"，可能是因为想到了要回去。第三个版本中威廉斯上校获准与她对话。她走近他，然后坐在一棵树下，瞪着他，不愿说话，不愿表示是否听得懂。在19世纪詹姆斯·T.德希尔兹（James T. DeShield）的描述中，"她的嘴唇颤抖，表明她紧张，她也是普通人"[23]。他的描述显然经过修饰，以照顾读者的感受。

四个月后，专员皮尔斯·巴特勒（Pierce Butler）与 M. G.
刘易斯（M. G. Lewis）给位于华盛顿的印第安事务专员写信，
澄清了这件事。他们表示，问题不在于帕哈·尤科或者其他的
头人，这些头人非常愿意以合适的价格将她卖出，而在于"其
中一名科曼奇人称她是他的妻子。从她所谓的丈夫的影响力来
看，或者从她自己的意愿来看，她不愿意离开与她在一起的印
第安人"[24]。显然，这是爱，尽管白人很难理解。不管怎么样，
不管他们出多少钱，她哪里也不愿意去。在唯利是图的边境，
这本身就是令人震惊的消息。

在某个时候，辛西娅·安与佩塔·诺科纳开始与盆纳台伽
人生活在一起，尽管人们不知道具体是什么时候。袭击帕克堡
的科曼奇人据称是诺科尼人，但是证据并不确定。也可能是盆
纳台伽人，甚至是特纳维什人（Tennawish），特纳维什人是更
小的群体，与盆纳台伽人一起宿营、打猎、袭击。甚至是几个
群体联合袭击的。其中一个消息说辛西娅·安与来自遥远北部
的延帕里伽人在一起，这几乎可以肯定不是真实的情况。区分
群体很重要。基于能够找到的证据，在 19 世纪 40 年代的大多
时候，辛西娅·安与盆纳台伽人在一起——帕哈·尤科领导的
南部科曼奇部落。

这是不幸的。不过，她融入了他们，这意味着她陷入了巨 110
大的社会与文化灾难之中。打个比方，这就像 1932 年被寄养在
柏林的犹太家庭一样。这是没有前途的。她因此成为历史动力
下无助的受害者，毫无掌控能力。19 世纪 40 年代，盆纳台伽
人作为延续的社会组织已经被摧毁。他们并非迅速瓦解的，他
们并非毫无抵抗地瓦解的——在挣扎中，他们甚至比过去更残

忍，尤其是在袭击墨西哥人的时候——但是他们从未复兴。他们当中剩下的大多数人，遭受饥饿，士气低落，1855 年的时候在一小块保留地上苟延残喘，遭到其他科曼奇人的鄙视。

十年前，这样的事情是难以想象的。在袭击帕克堡时，在哭泣的露茜·帕克将她受到惊吓的女儿放到一匹马上的时候，科曼奇人，尤其是盆纳台伽人的实力与影响力都处在巅峰。他们击败了欧洲人，令墨西哥人如惊弓之鸟，并完全控制着遥远的南部平原，不受任何其他部落的威胁。他们有足够的敌人来消愁解闷，有足够的马肉可吃，有足够的马匹。他们无忧无虑。他们的食物与补给的来源——野牛，以巨大的数量在平原上游荡，分布在科曼奇利亚的每一个角落。他们的低生育率实际上保证了他们游牧生活——跟随野牛群而居的生活是无限可持续的。他们的世界因此保持着一种完美的平衡，大地、风、太阳、星星将永远存在，夏月之下的大帝国永存。对于那些目睹过变化的人们而言，包括辛西娅·安与她的丈夫，这样理想的世界瓦解的速度一定让他们难以相信。她自己作为猛烈攻击所向披靡的科曼奇人的先驱者的女儿，正被一种开始消亡的文化所接纳。这正是变化的体现。

不管怎么样，她与丈夫佩塔·诺科纳在这场巨变中幸存了下来。作为游牧民族，他们不停地迁徙。人们可以想象，她在迁徙途中的情景，在广阔的草原上骑着马缓慢地移动，前边还有数百人，朝着宽广、模糊的地平线。还有由驮着沉重行李的骡子和马组成的队伍，还有独特的科曼奇狗。马拉着雪橇，载着巨大的帐篷杆子，堆满野牛皮，在地上留下两道印痕，消失在浅蓝色的得克萨斯天空之下。所有这些，都由他们数量巨大的马群来完成，这是他们的财富之源。这样的情景令人叹为观止。辛西娅·安过着艰苦的生活。女人承担着这些苦活、累活，包括营地搬家的大多数工作。她们从早忙到晚，毫无怨言；除了打猎与打仗，她们什么都做。

她营地的位置表明她迁徙了多远。帕哈·尤科的营地于1843年在红河以北、今天的俄克拉荷马劳顿（Lawton）以南的卡什河（Cache Creek）沿岸搭建（营地设在河岸开阔的草原上，绵延半英里）。[25] 1844年，他们的营地位于今天的俄克拉荷马中北部阿肯色河[26]支流盐叉河沿岸的大盐平原（Salt Plains），在沃希托河以北。正是在那里，威廉斯在1846年发现了他。1847年，他的队伍在奥斯汀以北100英里的地方被发现。那里有起伏的草原、零星的树木，他们有150顶帐篷。[27]同一年，他们在奥斯汀西部的一个地方被发现。人们发现辛西娅·安在1847年与特纳维什人在一起，他们经常与盆纳台伽人一起扎营（帕哈·尤科经常与他们在一起）；在1845年以后，她可能一直与同一群人在一起。这些营地位于得克萨斯西部的深处，位于红河的上游。一些文本记载她穿着"从林维尔洗劫而来的白棉布衣服"，"与被挫败的科曼奇人沿着瓜达卢普河与科罗拉多河"[28]逃跑，这表明她曾跟野牛背一起参与袭击。但这些都不能得到证实。

这样的迁徙与我们对盆纳台伽人的了解是一致的。在市政厅大屠杀结束后，他们向北迁徙，远离极端敌对的拉马尔当局。在这十年中，在政治变动以后，他们开始往南迁徙，回到原来的地方，辛西娅·安与他们一起。她的活动半径有300英里。不管她在哪里，运气都不太好，因为他们的村庄与狩猎场最先被不耐烦的、强硬的白人文明所挤占。

在米拉波·拉马尔时期（1838～1841），盆纳台伽人首当

其冲。他们在市政厅、梅溪与科罗拉多河上游被打败。其中两
处战斗就是大屠杀。当然，他们也赢了一些战斗，包括圣萨巴
与鸟溪（Bird's Creek）的战斗，他们还赢了很多对民兵与骑兵
的战斗，但都没有记录下来。但是他们一定感觉到，他们输多
胜少，尤其是在面对几乎拥有无限人力和财力资源的对手时。
仅在 1836 年至 1840 年间，盆纳台伽人的战斗人员就减员四分
之一。[29]

　　他们的总人口少，想要恢复原状，通常需要数年。但是留
给盆纳台伽人的时间不多了。持续杀死他们的不是拉马尔的战
争政策，尽管战争政策非常厉害；也不是猎物从他们的东部地
区灾难性地消失。他们毁灭的原因与美洲几乎每一个印第安部
落大部分人口消失的原因一样：白人的疾病。阿兹特克人最先
灭亡。这不是马背上的部落第一次遭到疾病侵袭。1820 年以
前，约有 30 种疾病横扫过印第安大平原：麻疹、疟疾、百日咳
与流感等，造成的伤亡情况不明。[30]但是盆纳台伽人比平原上的
其他部落遭受的打击更严重。1816 年，他们袭击墨西哥人后带
回了天花，还有一种可怕而容易传播的疾病：梅毒。他们从未
见过这种病。1839 年，天花再次袭击他们，这次是基奥瓦人从
密苏里河的曼丹人（Mandan）带回来的。数千人死亡。

　　他们面对这种可怕的、看不见的魔法毫无防御之力。尽管
印第安人治疗简单疾病的能力较强——他们用加热的木耳治疗
牙疼非常成功，将干蘑菇填满蛀牙洞；他们将柳树新生的皮煮
沸，用来通便；他们用止血器械甚至借助简单的手术处理枪
伤[31]——他们面对夺命的幽灵时，只能祈祷、使用魔法（在身
体上涂魔法标记），以及借助于净化礼。其中一种净化礼被认
为是治疗天花的办法：患者出一身汗，然后泡在冰冷的河水里，

这种方法通常是致命的。

1849 年，最具毁灭性的打击到来了：霍乱。这种疾病最先于 19 世纪初在印度恒河三角洲发现，1830 年在欧洲暴发，1832 年漂洋过海传到美洲，并在美洲扩散。它通过车队传播给加利福尼亚数以千计的淘金者。这些淘金者沿着圣菲路线前行，同时也开辟新路线，包括沿着加拿大河的路线，这条路线穿过俄克拉荷马与得克萨斯，因而穿过了科曼奇土地的核心地区。仅在 1849 年就有 3000 人从那条路上走过。他们肮脏、粗鄙，卫生条件跟印第安人、跟来自东部贫困地区及阿巴拉契亚的掘金者一样差。他们将死亡（他们也有天花）传播给了数以百计的印第安村庄。

霍乱不容小觑；它会造成大面积的迅速死亡。它的潜伏期在两小时到 5 天，这意味着，从感染那一刻起，它可能令一名健康的成年人在数小时内就死亡。这种疾病的一个特征是严重的腹泻与呕吐，然后是腿部痉挛，极端失水，非常口渴，肾衰竭，死亡。[32]死的方式非常可怕，看起来也很吓人。这种疾病是通过直接或者通过受污染的水或食物而摄入粪便传播的。想象一下，一个村庄，500 个原始人，卫生习惯几乎没有，其中数百人得了来势凶猛、不可控制的腹泻。水源很快就会被污染，然后，其他一切都会被污染，造成一场细菌灾难。因为无法理解它的原因，这些人毫无生还的机会。科曼奇人以一种迷信的方式看待疾病，患者往往被丢下然后独自死去，这给其他人带来了恐惧。悲痛的家庭让他们垂死的母亲或父亲或孩子逃到另一个"安全"的村庄，结果将另一个村庄也传染了。这种疾病也横扫了大平原上的其他地方。半个基奥瓦部落消失了；50 年后，基奥瓦人仍将它视为部落记忆中最恐怖的一段经历。[33]南部夏安人有一半死了——约 2000 人死亡，其中包括一些完整的部落。有证据显示，疾病在基奥瓦人与阿拉帕霍人中造成了自杀。[34]

没有人知道 1849 年有多少科曼奇人死于霍乱。北部的一些部落，包括科措台伽人也遭到了毁灭性的打击。据说，仍然在挣扎的盆纳台伽人有一半人死亡。这可能意味着在不到 30 年的时间里，这个队群的数量由 8000 人降到了 2000 人，尽管这一估计数字没有确凿的证据支持。大多重要的营帐的酋长都在 1849 年死亡。帕哈·尤科勉强躲过这一劫，尽管他很快撤到了北部。他的部落选择野牛背来继承他，尽管这个头衔已经没有什么意义，因为从这个时候起，这个部落就没有一个公认的领袖了。[35]这些幸存下来的人发现野牛再也不南下来到他们的地方了，其他的很多猎物也消失了。同时，他们也签订了一些协议，但显然协议并没有保护他们。这些协议划了一些边界，印第安人不得穿越或甚至不能打猎，而白人却可以向西派出勘查队伍，穿过这些边界，深入印第安人的土地。到 19 世纪 50 年代早期，很多盆纳台伽人已经吃不饱了。他们的一名酋长凯图姆塞（Ketumseh）说：

> 在这个幅员辽阔的国家，数个世纪以来，我们的祖先在土地上无可争辩地迁徙，自由而幸福，我们现在还剩下什么？猎物，我们主要的生计来源，被杀死，被赶走，我们被迫来到最贫瘠荒芜的地方，忍受饥饿。我们眼前，只有灭绝。我们无动于衷，坐以待毙。请还给我们自己的国家，让我们能够安静地埋葬自己。[36]

现在，我们可以看到这一切：食蜜者的完整描述，他们力量的来源，他们向南漫长的迁徙，他们与阿帕奇人、墨西哥人的战争，他们在南部平原崛起称霸，他们接近拓荒者所遭受的诅咒，以及霍乱对他们的打击。我们可以看到他们遭受羞辱，他们消沉，他们受苦，他们衰落的轨迹。但这都是事后才看到的。

当时，在边境，或者在休斯敦或者在华盛顿，没有人能看到这些。几乎毫无疑问，得克萨斯人赢得了在市政厅、梅溪与科罗拉多河的战斗。但没有人确切地知道那意味着什么，或者科曼奇人中的哪些部落曾参与其中。一个凶猛、独立的群体，人数上千，有 15000 匹马，在帕洛杜罗峡谷扎营——夸哈迪人——白人对他们一无所知。得克萨斯人也不知道 1839 年有多少科曼奇人死于霍乱或天花。它们是看不见的灾难；直到数十年后人们才知道。科曼奇利亚仍然浮现在他们面前，像过去一样，黑暗，不可穿越，致命。人们最不愿意做的就是带着一群骑兵向西北深入，企图去征服它。无论怎样，白人对这一点非常清楚。

在这样一个一知半解的神秘世界里，一半靠知识，一半靠猜测，不可能看到拉马尔战争政策的主要副作用。尽管他将南部科曼奇人驱赶到了红河以北，并因此实现了短暂的和平，但并没有改变科曼奇人的特质。科曼奇人的文化基于战争：年轻的男子仍然必须参加战斗，杀死敌人，并带回马。盆纳台伽人没有前往得克萨斯边境，这在现在看来是一个危险的地方，而是沿着旧科曼奇小道向西，来到墨西哥的塔毛利帕斯（Tamaulipas）、科阿韦拉、新莱昂（Nuevo Leon）和奇瓦瓦（Chihuahua）。这里几乎没有有效的政府治理，只有西班牙帝国势力长期缓慢衰落的

115

后遗症，墨西哥缺乏在其北部省份打击这些凶猛的印第安人的意愿。驻扎在南部的 8000 人的部队主要用于对付墨西哥人。唯一真正的威胁是武装起来的牧人。结果，这里成为袭击者的天堂。

现在，野牛背与圣安纳及其他盆纳台伽的首领在墨西哥东部的省份划出了一道血腥、恐怖的弧线。他们一路留下了肿胀、烧焦的尸体与烧毁的村庄。他们将数以百计甚至千计的人折磨至死，没有人知道他们折磨死了多少人。他们掳走十几名儿童，还有牛和马。在夏季，人们报告说看到了这支非凡的队伍沿着小路向北走，穿过今天的斯托克顿堡（Fort Stockton），带着这个季节袭击的战利品牛、马与俘虏一路上尘土飞扬。科曼奇袭击者在格兰德河以南杀死的人比在得克萨斯多数千；其中多数情况是盆纳台伽人干的，那个时候如今被视作他们行将就木的时期。

得克萨斯的和平也是幻想。白人对科曼奇人的误解有多深，看看 1844 年的和平协议就知道了。这是萨姆·休斯敦努力三年的成果。他于 1841 年再次担任总统，同时将他的绥靖观点也带了回来。尽管得克萨斯人只是在与一部分科曼奇人打交道——协议签署者只有老鹰和野牛背（帕哈·尤科与圣安纳并没有签署）——他们坚持认为协议中的“科曼奇部落”与“科曼奇国家”指的是所有的部落都参与的谈判。尽管萨姆·休斯敦本人是与印第安人打交道的老手，他也错误地认为科曼奇这些部落首领对其他队群与基奥瓦人拥有权力。[37]在这种情况下，他们签署了协议，认为科罗拉多东部、堪萨斯西部到墨西哥边境的所有科曼奇人都应遵守协议。这样的想法是荒谬的。盆纳台伽内部各酋长之间都很难达成一致。那些危险的科曼奇人仍然在更偏远的草原上自由自在、无拘无束地游荡，尚未遭到战争或疾病毁灭。他们并没有签署任何东西。

116

但是在当时，得克萨斯没有人知道这一点。他们也无法想象摧毁科曼奇人还需要 30 年的战争。

威廉斯上校访问科曼奇人的营帐，再次让帕克家族登上了头条——同样让他们上头条的，还有辛西娅·安拒绝回来。1846 年 6 月 1 日，《休斯敦电讯报》与《得克萨斯纪事报》报道了威廉斯与辛西娅·安的会面。"帕克女士嫁给了一名印第安人。她完全适应了印第安人的生活，不愿回到白人的生活中。"报道还补充说，人们已经尽了各种努力，想让她回来，但都徒劳无功。报道悲伤地总结说："即使她回到家人这里，她也很可能利用最开始的机会逃到得克萨斯北部的荒地。"

并不是每个人都愿意接受这样的状况的。罗伯特·内博斯就是这样的人。当时他是得克萨斯负责印第安事务的一名能干的专员。他认为辛西娅·安是平原印第安人中唯一活着的白人俘虏，并在 1847 年夏天协调了一次营救行动。这意味着派出的信使带着礼物与钱来到了村庄。他的运气不比威廉斯好。"在我的能力范围内，我用尽了所有办法，试图以巨大的回报让印第安人放她回来"，他在 1847 年 11 月 18 日给美国印第安事务专员的报告中写道，"但是这些友好的科曼奇首领们告诉我，我只能使用武力要求他们释放她。"

他还提到了一些有趣的事。他注意到她"与科曼奇特纳维什部落在一起。我们与这个部落几乎没有接触。他们居住在红河上游"[38]。如果他说的没错，他也很可能没说错，那么，辛西娅·安与她丈夫可能转换了部落，因此才向盆纳台伽人传统上的活动范围以西迁徙。帕哈·尤科自己有时也与特纳维什人在一起[39]，这可能解释他们为什么更换部落。不管是什么原因，这明显是为了避开麻烦，避开盆纳台伽人的死亡之痛。辛西娅与佩塔·诺科纳逃往得克萨斯边境。他们是难民。在一年内，他们再次更换部落。他们甚至在更北的地方扎营，在印第安领地（俄克拉荷马）威奇托南部的麋鹿溪扎营。

在那里，辛西娅·安与帕塔·诺科纳生下了一个儿子，而南部科曼奇的世界正在毁灭。根据后来对他后代的采访，他们给儿子起名叫科威奈（Kwihnai）——"鹰"。如果这是真实的，那么夸纳可能只是小名。这个名字的意义也非常模糊。夸纳的儿子鲍德温·帕克（Baldwin Parker）在后来的采访中说，这个名字来自科曼奇语"Kwaina"，意思是"芬芳"[40]。不过，这个名字通常被翻译为"味道""臭味""芬芳"或者"香水"，肖尼语的词根是"kwanaru"，意思是"发臭"，这可能表明了这个名字的真正来源。基于这种说法，人们修改了他原来的名字。[41]两年之内，辛西娅·安生了第二个儿子，取名叫作"花生"（Peanuts）。夸纳在后来的采访中说，这个名字源自他母亲所喜欢的儿时记忆，她喜欢在帕克堡的火旁边吃花生。[42]两个名字都非同寻常，这表明辛西娅·安与她的丈夫在给孩子们取名时没有遵守科曼奇的习俗。[43]家族传说称辛西娅·安是"精神饱满的印第安女子"。

人们最早知道这些事情是在1851年，当时一个叫维克托·罗斯（Victor Rose）的人领着一群商人在一个科曼奇村庄见到了她。他后来记述了关于那个时代的历史。他们问她是否想离开，她摇摇头，指着她的孩子们说："我幸福地结婚了。我爱我的丈夫，他很好，我也爱我们的孩子，我不能离开他们。"

罗斯说佩塔"是一个身材魁梧的、涂着油脂的、懒散的年轻男子"[44]。这样的叙述是令人怀疑的：毫无疑问，罗斯见过辛西娅·安，因为他最先报道了她有孩子。但是她不大可能说出这些语法准确的句子。这个时间也值得注意。两兄弟在她脚边玩耍，似乎证实了夸纳在 1850 年之前出生，可能早在 1848 年就出生了。不过，不管怎么样，她说这番话的时候是真诚的。她现在是纳杜（Nautdah）——"被找到的人"，这是佩塔·诺科纳给她取的名字。诺科纳名字的意思是"独来独往"[45]。

19 世纪 50 年代关于辛西娅·安的最后记录来自伦道夫·马西上校，他是无畏的探险者，边境可靠的记录者。"在中部科曼奇人中有一名白人女子，她与她的兄弟在很小的时候，在得克萨斯西部的家中被抓走。"他写道。这证实了她换了队，与诺科尼人或科措台伽人在一起——他们都是中部科曼奇人。"这名女子养成了科曼奇人所有的习惯与癖好；她有一名印第安人丈夫和几个孩子，不听劝说，不愿离开他们。"[46]

当时，她像科曼奇人一直以来的那样，非常自由——但不幸的盆纳台伽人再也不自由了。她生活在广阔的平原上，大批的野牛仍然在平原上漫步。科曼奇的力量未受侵犯。白人依然不敢前往那里。

第九章　追风

119　　帕克家族的其他人——蕾切尔·普卢默、伊丽莎白·凯洛格、约翰·理查德·帕克和詹姆斯·普拉特·普卢默——命运各不相同。他们的命运都与蕾切尔的父亲以及辛西娅·安的叔叔詹姆斯·W. 帕克交织在一起。詹姆斯·帕克极度缺乏判断力，这在很大程度上导致了这个家族在 1836 年 5 月所遭受的灾难。与帕克家族其他很多成员一样，詹姆斯是一个多才多艺的人，但他远不止于此。他是早期踏上得克萨斯边境最无耻、最极端、最偏执、最有野心、最暴力、最不诚实、最不顾后果、最大胆的人之一。他的身上有很多矛盾之处：他是一个杰出的公民，多次被指是谋杀者、造假者、骗子、酒鬼、盗马贼、抢劫者。他曾因撒谎与酗酒而被两所教堂赶出。然而，他一生中被选为和平的守卫者、最早的得克萨斯骑兵、传奇的"协商"代表。"协商"酝酿出了得克萨斯革命，他是萨姆·休斯敦与米拉波·拉马尔的朋友。他曾是一名牧师，拥有自己的教堂；是一名成功的商人，拥有一个锯木厂和数千英亩的土地。尽管不得体、欺骗、渎职等声名缠身，但他从未被判犯过什么罪。他的一些邻居认为遭袭击本身可能是他可疑的生意所带来的后
120　　果。他们声称他用假钞从印第安人那里买了他们偷来的马，印第安人袭击的真正目的是报复他的欺诈行为。[1]这些都没有证据，詹姆斯自己出版了一本小册子，为自己辩护，维护自己的声名。[2]他承认杀过五个人，但都是印第安人，在得克萨斯共和国，

杀死红种人不会遭受惩罚。

不过，这些并不是詹姆斯·帕克为人所知的原因。尽管遭受诽谤与不幸，但是他在西部为人所知是因为他从未放弃寻找帕克家族被掳走的人。1836年至1837年，他独自五次前往印第安人的土地，多数时候只是因为听说有年轻的白人女子——像他的女儿蕾切尔——被印第安人抓走了。1841年至1844年，他根据一些信息去了印第安人的土地四五次。他认为这些信息能够帮助他找到自己的侄女辛西娅·安·帕克、侄子约翰·理查德·帕克或者他的外孙詹姆斯·普拉特·普卢默。[3]他走了5000英里，多数时候独自一人。美国历史上唯一能与他相提并论的是布里特·约翰逊（Britt Johnson）。约翰逊曾是一个奴隶，从1864年开始，他先后五次走进印第安荒原寻找他的妻子与孩子们，他们也被科曼奇人掳走了。[4]〔如果詹姆斯的故事听起来让人觉得熟悉，那是因为约翰·福特（John Ford）执导的电影《搜索者》（The Searchers）正是基于他的故事。影片中约翰·韦恩（John Wayne）扮演的正是詹姆斯·帕克，娜塔莉·伍德（Natalie Wood）扮演的是他的侄女辛西娅·安。〕

帕克为了寻找他的家人所去的第一个地方，是得克萨斯东部纳科多奇斯（Nacogdoches）。这次行动令人震惊，并出人意料地成功。伊丽莎白·凯洛格已经被特拉华印第安人买走，并被带到那里去出售。特拉华人可能想要加价，他们从济柴人那里买了她（济柴人从科曼奇人那里得到了她），又想以150美元的价格卖出。詹姆斯非常高兴，却"身无分文"，他后来几次遇到过类似的情况。他成功地说服他的老朋友萨姆·休斯敦出了这笔钱。

就这样，伊丽莎白于1836年8月20日被赎回，距离袭击已过去了三个月。历史没有记载她被赎回后的生活。19世纪的美国，曾被俘的女性社会地位会被削弱。人们不难想象她们遭受了什么。他们非常清楚平原印第安人会对成年女性做什么，因此，赎回的俘虏通常成为人们可怜的对象。如果她们被俘之前已婚，她们的丈夫通常不会将她们带回。在一些情况下，未婚的女性俘虏如果家境足够富裕，仍然能够嫁出去。伊丽莎白很可能静静地生活在羞耻的阴影中，可能生活在亲属家中。她可能让别人觉得尴尬：这可能是詹姆斯很少说起她的原因。

1836年8月至1837年10月之间，帕克多数时候都在荒原上寻找俘虏。他主要是想追踪到他的女儿蕾切尔，因为早些年向他提供信息的人——红河沿岸的得克萨斯北部边界的贸易者——只听说过关于年轻女子的故事，没有听说被印第安部落抓走的孩子的事情。他的行程充满了艰辛，甚至接近于灾难。在他的第一次行程中，他的马无法游过上涨的红河，他只能丢下马，自己穿过河，并步行前往印第安人的土地。这样的行动在当时的人们看来等于是自杀。他遇上了一场大雨，草原上的积水深达两英尺；随后，他又遇上北方的寒流从加拿大平原呼啸而下，沿途一路冰雪。他想着自己怕是会死掉，好在他从自己的衣服里抠出了一些棉花，塞进手枪里，打着了火，并将干木头烧着了。第二次旅途中，他手无寸铁地来到了荒原——这又相当于自杀——这一次，他连续六天没有食物，最后勒死一只臭鼬填了肚子。在另一次旅途中，他潜伏在科曼奇人的营帐附近，在附近的溪流边用英语留下信息。他知道印第安人会强迫俘虏去打水，希望通过这种方式引起他女儿的注意，尽管希望非常渺茫。他所遭受的罪都是徒劳的。他听到的这些信息都没能让他找到女儿。

1837 年 10 月，他第四次回到家中，非常气馁，身体状况也很糟糕。在他身体康复期间，他派出女婿洛伦佐·尼克松（Lorenzo Nixon）——他与蕾切尔的妹妹结了婚——前往红河的贸易站，看看是否有任何关于女性俘虏的消息。现在，他的好运终于来了。在一个贸易站，尼克松得知普卢默女士已经到了密苏里的独立市（Independence），在今天的堪萨斯城外面。数周后，他找到了她。她遇到他的第一句话是："我的丈夫与父亲还活着吗？"尼克松说他们都活着。然后她又问："母亲与孩子们都活着吗？"回答还是肯定的。

像早些年发生在帕克家族的其他事情一样，蕾切尔·帕克·普卢默的回归是一个奇特的甚至史诗般的故事，在边境传播了数千英里。她于 1837 年 8 月被抓她的人卖给了一群与印第安人做生意的人。当时，她可能在东科罗拉多高平原的某个地方。她被放到一匹马上，开始了她称为"非常艰难"的 17 天的旅途，之后来到了圣菲，圣菲当时仍然是墨西哥的一部分。科曼奇人，事实上在五六年后他们才叫这个名字，是西部最有趣的亚文化群体之一。他们将自己能够生存归因于 1786 年新墨西哥总督胡安·鲍蒂斯塔·德·安萨与科曼奇人实现的和平。此前，胡安在科罗拉多被绿角（Cuerno Verde）击败。从那年以后，科曼奇人可以自由地进入西班牙人的定居点，进行马匹贸易，新墨西哥的贸易者也可以安全地在科曼奇利亚的平原上行动。美国的文件通常将科曼奇人描述成"叛徒"或者"混血儿"[5]，后者指的是所谓的科曼奇血统。事实上，他们的确是混血儿，但整个新墨西哥的人几乎都是混血。他们是西班牙人与印第安人的混血，今天大多数的墨西哥人也是这样。他们更像是商人，而不是背叛者，尽管科曼奇人以强硬而著称，并且有时候他们与基奥瓦人一起进行袭击，偷马偷牛。科曼奇人以牲口、皮革、俘虏交换珍珠、刀、油漆、烟草、壶、锅、印花布和其他的布、用于制作箭的金属头、咖啡、面粉和面包。交易在得克萨斯狭长地带帕洛杜罗峡谷以及新墨西哥东北部的几个地方进行。

随着时间的流逝，与印第安人做生意的主要物品是枪、弹药和威士忌，他们将偷来的牛越来越多地卖给商人，这些商人在很多情况下又将它们卖回给它们原来的主人——经常是军队。[6]他们对于科曼奇人非常重要，最重要的原因在于，他们让仍然野蛮的队群——夸哈迪人、延帕里伽人、诺科尼人与科措台伽人——待在白人的定居点以外，远离白人文明的影响，远离毁灭了南部科曼奇人的疾病。（东部印第安人的土地上有一个类似的贸易网络，是在基卡普人、特拉华人和肖尼人之间发展起来的，它给科曼奇人提供了同样的机会。[7]）科曼奇人也给人们提供了交易俘虏并从中获利的途径。在 18 世纪晚期与 19 世纪早期，科曼奇人主要通过将不同部落的印第安俘虏贩作矿工或奴隶获利。但是，从 1821 年开始，盎格鲁人在得克萨斯的拓殖活动改变了这一切。一旦得克萨斯人开始愿意为俘虏付出大价钱，这个活跃的市场就发达起来了。〔当美国将军扎卡里·泰勒（Zachary Taylor）在 1842 年宣布美国政府将为带到吉布森堡（Fort Gibson）即今天的俄克拉荷马东部的俘虏支付赎金，市场一片混乱，成交飙升。[8]〕科曼奇人很快也做起了白人俘虏的生意。

赎回蕾切尔·普卢默的人并不是投机者；他们根据威廉和玛丽·多诺霍（William Mary Donoho）的指示行动。这是一对富裕的圣菲夫妇，他们愿意为白人女性付任何赎金。他们不是一般人，尤其是玛丽。她被认为是第一个沿着圣菲路线旅行的女性，那是在 1833 年。她也是第一个居住在圣菲的美国女性公民；她的两个孩子是第一批出生在那里的盎格鲁儿童。[9]他们招待蕾切尔，让她住在镇上最好的旅馆，房间是泥地面。她 15 个月以来第一次睡到了床上。多诺霍夫妇对她非常友好，让她放心，一切都安排好了，会让她回到家人身边。圣菲的人们也欢迎她，尽管她曾受到屈辱。他们为她募集了 150 美元，帮助她回家。

但是蕾切尔的坏运气还没完。她的 150 美元很快被一名不诚实的牧师偷走了。随后，圣菲街上发生了叛乱。2000 名普韦布洛人伏击了 200 名政府民兵。随后，发生了大屠杀。叛乱者将地方官斩首，拿棍子举着他的头游街。他们砍下一名地方法官的双手，在他面前挥动。[10]普韦布洛人任命了自己的地方长官。

多诺霍夫妇受到了刺激，他们现在担心自己的安全。他们向东逃，带着不幸的蕾切尔，回到他们位于密苏里的家中——历时两个月，行程约 800 英里，穿过了科曼奇利亚的腹地。在她的回忆录中，蕾切尔对这次旅途没有太多挑剔，当时，很少有白人美国人有这样的经历：

> 穿越茫茫的草原，一路行走将近 1000 英里。这对很多人来说都可能是很大的一件事了，毕竟穿过了整个印第安人的土地。但是，我们安全地到达了独立市，并受到了当地很多居民的欢迎。[11]

与妹夫团聚后，他们一起离开了，在严冬中前往得克萨斯。长路漫漫，又是 1000 英里，寒冷又残酷。1838 年 2 月 19 日，　124

蕾切尔来到了他父亲位于得克萨斯亨茨维尔（Huntsville）的家中，在休斯敦北部。她完成了历时 19 个月的令人难以置信的旅程，穿过了大陆的大部分地区，自己也变得人不像人，鬼不像鬼。詹姆斯描述她"身体健康状况很差"，说：

> 她看起来非常可怜；身体消瘦，还有伤痕，这是她被俘期间的遭遇所留下的。[12]

奇怪的是，他没有提及任何关于她回家后的生活。相反，他描述了一场"漫长的病痛"，在此期间，她仍然为儿子詹姆斯·普拉特祈祷，最后平静地死去。

> 她常说生无可恋，唯一的希望是看到他的儿子回到朋友们身边……回家后约一年，她平静地死去，被静静地下葬。

这种删节版的描述省略了她生命中最后的日子里一些重要的事件。例如，詹姆斯没有提到蕾切尔怀孕了，这本身就是一件大事。她第三个孩子在她回来后很快就出生了，这意味着她的丈夫 L. T. M. 普卢默接受了很多人无法接受的事实：她被印第安人侵犯了。他们要组建另一个家庭。詹姆斯也没有提到另一件重要的事：在蕾切尔怀孕晚期，他的家人被迫逃离，因为受到了一群治安团成员的死亡威胁。

治安团成员认为詹姆斯谋杀了泰勒女士与她的女儿，这明显与抢劫案有关。从詹姆斯写给拉马尔的求救信来看，这群治安团成员曾进行过模拟审判，并对一些人执行了绞刑。[13]他们给詹姆斯写信，扬言要杀死他和 L. T. M. 普卢默，并摧毁他们的房子。詹姆斯躲了起来，坚持要求全家十几口人都前往休斯敦，约 70 英里远。害怕这些治安团成员危及他的家人，他们没有走泥土路，而是在凄风冷雨中穿过茂密的灌木丛与松树林。他们可能花了一周时间。他们就睡在外面，带着匆忙离开时所带的衣服。蕾切尔在当时很可能已经怀孕 9 个月了。　125

詹姆斯没有在他发表的记述中提及这些片段。他只是说蕾切尔死于一场"痼疾"，大多历史学家也予以采信。但是杀死她的正是从亨茨维尔到休斯敦的劳顿之苦。在他写给朋友米拉波·拉马尔关于蕾切尔死亡日期的信中，詹姆斯完整地解释了事情的经过：

> 我要求家人搬到休斯敦，并希望沿途躲过这些暴徒；因此，我们冒着大雨和恶劣的天气，这导致我的四名家人离世，包括我的女儿普卢默女士。[14]

蕾切尔死于 3 月 19 日。她的儿子生于 1839 年 1 月 4 日，但只比她多活了两天。[15]讽刺的是，她遭受了这么多苦难，穿越了数千英里，最后却间接地因她父亲而死去，在被认为安全的自己家中死去。

1841 年，詹姆斯再次开始寻找家人，现在所关注的仍然是他的侄女辛西娅·安、他的侄子约翰、他的外孙詹姆斯。他对接下来四年的描述充满了无畏的精神以及对灾难的蔑视。1842 年年底，他得知两名男孩被带到了吉布森堡。他于 1843 年 1 月到达那里，寻找他的外孙与侄子。詹姆斯·普拉特·普卢默已经 8 岁，约翰·理查德·帕克 13 岁。他们不会说英语。小詹姆斯的第一反应是逃跑，最后被劝说回去了。这三人最后总算踏上了回家的路，他们冒着严寒与潮湿的天气，部分路途只能徒步，没有冬天的衣物（詹姆斯的一切都那么不容易），穿过印第安土地，回到得克萨斯。

在他的叙述中，詹姆斯暗示了一个对孩子们来说快乐的结局，但实际情况比这更复杂。约翰似乎回到了他母亲露西身边。露西于 1840 年再婚，很快又离婚，并且陷入了对她亡夫赛拉斯·帕克的财产的处置中，长达四年。她在 1850 年或者 1851 年派出约翰（露西死于 1852 年）去找回辛西娅·安。他最后竟然找到了她——这令人震惊——尽管他的运气并不比威廉斯上校、罗伯特·内博斯或维克托·罗斯好。

伦道夫·马西上校在 1852 年探访红河源头的报告中写道，他与约翰·帕克大约在那时见过面，并与他聊过：

> 这名女子的弟弟，曾被赎回并带到家人身边，之后被他母亲派出，试图找到他姐姐，并劝说她离开印第安人回到自己家中；但是他告诉我，她不愿意听他的，说她的丈夫、孩子们和最亲的人都与印第安人在一起，她要留在那里。[16]

没有人知道约翰后来经历了什么。有很多关于他的故事。辛西娅·安认为——这是她后来接受采访时说的——约翰死于天花。她错了，至少弄错了他死亡的时间。据报道，他曾在南北战争中服役，在得克萨斯来复枪队（Texas Rifles）的一名上校手下。最流行的故事是，约翰回到了科曼奇人之中。在这个版本中，他得了天花，被抛弃了，又被一名墨西哥女子救活。这名女子也是俘虏，是能够夜视的阿兹特克美女。当时的报纸还有很多其他的版本。这些就是西部的传说。

詹姆斯·普拉特·普卢默的命运更加平淡无奇。在他被抓走期间，他的父亲 L. T. M. 再婚，并且有了两个孩子。当他们回到得克萨斯时，老詹姆斯做了一些荒唐的事，这与他唯利是图的本性倒是一致——他拒绝将詹姆斯·普拉特交给 L. T. M.。个中缘由并不完全清楚，很可能是出于经济上的考虑：老詹姆斯想要钱。他曾声称他为两个孩子支付了 1000 美元，这显然是在撒谎，他后来因此被逐出教堂。这可能是一部分原因。还有一部分原因可能是他想要让外孙留在自己身边——这个外孙长得像他深爱的女儿蕾切尔。不能获得儿子的抚养权，L. T. M. 普卢默告到了萨姆·休斯敦那里，休斯敦当时又是得克萨斯共和国的总统。休斯敦生气地回应：

先生，

获悉您的儿子被詹姆斯·W. 帕克被拘留……

在这种情况下，企图利用失去已久的孩子去欺骗一位悲伤的父亲，必须受到严厉的斥责。尽管我曾有理由怀疑帕克先生的职业，但直到这件事，我才知道，他竟能够对自己的亲人做出这样无耻的欺骗行径……他声称欠了 200 美元的债等等，完全是一派胡言。因此，你有权将孩子带回家。[17]

127

人们对詹姆斯·普拉特的生活知之甚少。他结过两次婚，有 4 个孩子，1862 年 11 月 17 日，在阿肯色小石城（Little

Rock）的南方邦联军中服役期间，死于肺炎。[18]

詹姆斯·帕克最后一次寻找辛西娅·安是在 1844 年。他可能知道了威廉斯上校与她的会面，因此放弃了。他被另一所教堂逐出，这次是因为醉酒。他的名字被人们传扬了出来。他被选为休斯敦和平的守卫者。他于 1864 年逝世，享年 67 岁，比他多数儿子和兄弟姐妹们都活得长。在那里，帕克家族已经是得克萨斯最富有、最有影响力的家族之一。他的哥哥丹尼尔于 1845 年逝世，生前建了九座教堂，成为得克萨斯杰出的清教牧师。他的弟弟伊萨克是一名杰出的政治家，是 1836 年得克萨斯议会的元老级议员。他后来成为州的众议院议员和参议院议员。另一名兄弟约瑟夫·艾伦（Joseph Allen）是休斯敦的大地主、杰出公民。尽管他们成功、兴旺，却从未回过帕克堡。帕克堡很快就消失了。有人说它在几年里就解体了，其中一些坚固的雪松柱子被用在东部建造房子，那里的生活更安全一些。

第十章　死亡的无辜面孔

《瓜达卢佩－伊达尔戈条约》（Treaty of Guadalupe Hidalgo）
在美国历史上与 1865 年在阿波马托克斯法院（Appomattox
Courthouse）签署的投降协议一样重要，几乎没有历史学家会对
此进行争辩。前者是战败的墨西哥在经历了一场实力悬殊的战
争后于 1848 年 2 月 2 日签订的，它以自己的方式显示出独特的
重要意义。阿波马托克斯则让分裂的国家再度完整。它宣告这
个奇怪的、分裂的交战各州实际上是一个统一的国家，它们具
有永恒的共同利益——统一的政治理念，现在既包括一个联邦
政府，它拥有国父们当时无法想象的权力，又包括数百万获得
自由的奴隶，他们的自由与福祉现在被视为政府的负担与责任。

　　但是，《瓜达卢佩－伊达尔戈条约》创造了这个国家的物
质基础。在这个条约签订之前，美国西部——包括路易斯安那
购地案所获得的土地，就像梯子一样从密西西比河河口延伸到
密苏里，并到达西北部山地多雾的海岸。这是一个暂时性地、
部分地实现了的国家梦想。《瓜达卢佩－伊达尔戈条约》让这
个梦想突然之间全部成为现实。它加上古老的西班牙土地，辽
阔广大，阳光充沛，横穿西南。它包括今天的亚利桑那、科罗
拉多、犹他、新墨西哥、加利福尼亚和内华达。在某种意义上，
还有得克萨斯，尽管它在 1845 年就已经并入美国。美国对得克
萨斯的兼并正是美墨战争所要解决的，美国的胜利彻底解决了
这个问题。整个算下来，美利坚合众国获得了 120 万平方英里

的土地，整个国土面积立即增加了 66%。从获得土地的规模来看，这就像是法国兼并了德国。就这样，这个国家完全得到了新生。它独特的、原始的征服欲望——获得并主导它所接触的所有土地，剥夺或摧毁所有的土著人民以及日益膨胀的权力——现在可以不受限制地从大海延伸到大海。这明显昭示了我们的天命。

条约改变了西部的一切。它改变了西经 98 度以西的世界，永久地改变了每个人，改变最为显著的或许是居住在这片大陆荒凉而广阔的中部原住民。在墨西哥战争期间，这里仍然是神秘、危险的处女地。大多地方——从加拿大至得克萨斯南部——白人从未踏足，尤其是穿过科曼奇利亚的几条大河的源头地区。这片大陆的腹地被分成两个地方：俄勒冈路线，从密苏里开始，沿着北普拉特河与南普拉特河穿过大陆，到达哥伦比亚；圣菲路线，从同一个地方出发，但是之后从密苏里西部蜿蜒至新墨西哥，中途沿着阿肯色河。但是这些路线只有相对较少的先驱者走过。他们没有定居；西行的先驱者们没有在俄勒冈路线中途停下过，也没有想过在那里建房子。这从来不是他们的目的地——这样的做法无异于自杀。更高的平原，包括 24 万平方英里的科曼奇利亚，还是一片处女地，野牛群、马群、贸易路线以及粗糙的边界依然如故。

科曼奇人的问题在于，他们曾经是两个大陆帝国之间的缓冲，现在则直接阻碍了美国。他们现在被一个单一的政治实体包围。得克萨斯被兼并之后，他们面对的不再是一个几乎没有资源，货币贬值，只有拼凑的民兵的奇特的地方共和国；他们现在是联邦政府最主要的担忧，联邦政府具有远见，拥有正规部队，国库税收充盈，对印第安的政策复杂——经常是误导性

的、由政治驱动的。在墨西哥战争结束后最初的日子里，这些 130
都还不明显。事实上，这种奇怪的现状仍然在维持着。直到 19
世纪 40 年代晚期，得克萨斯仍然是文明的美国唯一一个由马背
部落所掌控的地方。在印第安领地，东部的部落开始迁入，来
自 12 个部落约 2 万人穿过俄克拉荷马；他们相互争夺，并与平
原部落展开争夺，但还没有与白人进行争夺。在北部平原上，
在苏人、阿拉帕霍人和夏安人的土地上，印第安人有过军事冲
突，但这些地方并没有人为的边界。

　　这样的状况不会再持续下去了。19 世纪三四十年代，白人
文明慢慢沿着科罗拉多河、瓜达卢普河、特里尼蒂河和布拉索
斯河等河流不可阻挡地进入了科曼奇的边境地区。很快，这些
定居点也会在北部复制，沿着堪萨斯河、共和河（Rebublican）
与斯莫基希尔河（Smoky Hill River）直接到达夏安人打猎的地
方。它甚至进入了印第安保留地，这是联邦政府特地为印第安
人划出的地方。1849 年，白人文明仿佛打开了泄洪闸一样涌
入。淘金热是美国新空间对自由的第一次伟大的实践。人们如
潮水般地涌入西部，人数在一年前都难以想象。

　　但是，这些清教徒、土地掠夺者、农夫、淘金者，以及一
个有着迅速扩张欲望的国家，并不是科曼奇面临的唯一问题。
在得克萨斯共和国期间，一些其他的事情发生了，彻底改变了
他们与白人的关系。科曼奇人长期以来一直拥有绝对的军事优
势：单打独斗，他们跑得比盎格鲁－撒克逊人快，射得比他们
准。在西班牙统治的早期也是如此。现在，他们第一次面临严
峻的挑战。这是一群肮脏、留着胡子、充满暴力、没有纪律加
以约束的人，他们穿着鹿皮衣服或毛织布衣服，戴着浣熊皮帽
子或墨西哥阔边帽，或者穿着其他古怪的装束，不属于任何部

队，没有佩戴任何徽章，也没有穿任何制服，在草原上驻扎，断断续续地获得报酬。他们的存在要归因于科曼奇的威胁；他们跟曾碰上过的科曼奇人学会的方法，改变了北美战争的面貌。他们有很多不同的名字，包括"间谍""马背上的志愿者""持枪者"和"马背上的持枪者"[1]，直到19世纪40年代中期，人们才把他们统一叫作：骑兵。

131　　要理解他们是谁，他们为什么是必要的，需要理解得克萨斯共和国在19世纪30年代晚期面临的极端困难的、无力维持的局面。

　　得克萨斯从未想过要建立属于自己的主权国家。在圣哈辛托战役取得胜利后，大多数得克萨斯人认为他们的领土将很快会被并入美国。一些想要成为帝国缔造者的人，比如米拉波·拉马尔与詹姆斯·帕克（他自愿完成拉马尔的伟大愿景——征服新墨西哥）有其他的想法。但大多数人都想成为美国的一个州。他们很快感到失望。他们的愿望之所以没有实现，有两个主要原因。首先，墨西哥从未承认其北部叛乱省份的独立。如果美国将得克萨斯纳入版图，将面临与墨西哥发生战争的风险，在1836年，它还没有打算这么做。其次，它也不会轻易承认有蓄奴做法的领土。

　　就这样，得克萨斯被丢在一边置之不理，支离破碎，没有强硬的军事实力，在长达10年的时间里曾面临两大劲敌：南部的墨西哥、西部和北部的科曼奇。这个新生的国家从不知道和平为何物。墨西哥的入侵从未停止过；圣安东尼奥在1842年被墨西哥部队占领过两次。袭击也一直发生，边境地区流窜的暴徒的抢劫活动也从未中断过。得克萨斯西部边境不断遭到科曼奇人的袭击。有趣的是，没有任何敌人愿意接受新共和国提出的和平条约。更奇怪的是，没有任何敌人接受投降。墨西哥部队始终不让步，最著名的是在阿拉莫，得克萨斯所有的作战人员都被射杀了。而科曼奇人甚至连投降的词都没有。在平原战争中，从来就没有投降这样的事；战争从来都是战到死亡。从这个意义上说，得克萨斯人没有通常的外交选择，他们只能战斗。[2]

尽管墨西哥人一直在徘徊——向纽埃西斯河派出军队，等待机会收回他们失去的省份，但持续、致命、不可阻挡的威胁还是来自科曼奇人，他们杀死的得克萨斯人比墨西哥人杀死的多数千人。尽管得克萨斯人不好惹、顽固、无畏，他们面对科曼奇人时却完全没有准备，也没有足够的装备。因此，在共和国早期的日子里，得克萨斯人似乎注定要遭受西班牙人与墨西哥人曾遭受过的命运。在科曼奇战争的第一阶段，印第安人占据着所有优势。

他们的优势首先在于武器。当得克萨斯人从田纳西、阿拉巴马和东部其他地区过来的时候，他们带来的主要武器是肯塔基步枪。在很多方面，这是一项很好的技术。长枪管，短把手，非常准，当射手在放松状态下从掩体开枪时，会产生致命效果。但是它不适合作战，尤其不适合与骑兵作战。它装药需要的时间长——需要把握火药的量并倒出来，子弹必须用长棍子塞到枪管下面，然后才能装药，调整好打火石，这样才能开枪。[3]所有这些步骤至少需要一分钟，面对移动的、射箭的科曼奇人，这就相当于被判了死刑。更糟糕的是，射击者必须下马才能使用这种长枪。在马背上，这种武器丧失了它唯一的优势，即精准。得克萨斯人也有手枪，老式的，单发的，用于决斗的[4]，同

132

样，装药准备非常麻烦，在马背上也不实用。

所有这一切都意味着，在共和国初期，得克萨斯人通常步行作战。从他们所在的位置，面对骑着马射箭的敌人，他们只能开三枪，其中两枪必须在很近的时候开。之后，他们要么由同伴的火力掩护，要么就是冒险装药。印第安人的老把戏，针对车队的战术，就是等着白人开完枪，然后在他们装药之前发动攻击。在近距离的战斗中，白人战斧的作用有限。

与此同时，科曼奇人拥有更有效的、经过战场检验的武器：圆盘形的牛皮盾牌，14 英尺长的矛，牛筋做的弓，一袋铁头箭。他们使用弓箭的能力堪称传奇。1834 年，一度怀疑科曼奇人使用弓箭能力的理查德·道奇上校说："科曼奇人用左手可以抓住 5 至 10 支箭，并迅速地射出，第一支箭还没落地，最后一支箭已经射出去了。第一支箭可以令二三十码距离的人受重伤。"[5] 他还说，尽管因为一些原因，印第安人在射击传统的目标时可能有困难，不过，"将 5 美分的硬币放在劈开的木棍上，他几乎每次都能射中"[6]。对大多数白人来说，印第安人在马背上射击的精准度令人震惊。

最具杀伤力的箭伤常来自铁尖——通常是从贸易者那里得到的桶箍或铁片制成的粗糙的三角形。射到骨头上，它们会钉进骨头，造成内部损伤，在取出的时候也非常痛。[7] 平原印第安人的盾牌，用多层厚牛皮制作，防弹效果好得出人意料，如果角度正确，可以挡住任何滑膛枪（甚至后来的来复枪）的子弹。[8] 他们灵活的矛尤其具有杀伤力；印第安人用它们从后面迅速地刺 3000 磅重的野牛——总是能够刺到正确的地方，在最后一根肋骨与髋骨之间[9]——这意味着他们练习了很多次。在近距离作战时，白人没有什么武器可以与印第安人的矛相提并论，正如道奇所说的，矛"具有极大的杀伤力"[10]。

印第安人也有枪，尽管在 19 世纪 60 年代连发枪出现之前，他们在与白人作战时对枪的使用被夸大了。大多数印第安人所使用的是便宜的滑膛枪，不够精准，杀伤力不强，使用次等的火药，初速度低，在潮湿或阴雨天经常不能用。[11]当枪坏了时（并且经常坏），印第安人修不了（在条约中，印第安人经常要求对方提供修枪服务）。在东部林地，能够找到掩体，仔细瞄准，然后开枪，这样的武器就更有价值。在平原上，相对较少的印第安人拥有滑膛枪，通常先开一通枪，然后立即换成弓箭与矛。[12]

得克萨斯人最大的劣势在于马和骑马的技术。美国马通常工作辛苦，无法与迅速、强悍、灵活的印第安小马抗衡。边境地区的人们的确拥有一些精心培育的良马，但多数都很脆弱，无法在坚硬的地面上骑很远。[13]距离较短时，白人骑马根本跑不过科曼奇人；距离较长时，印第安人的马可以吃草［包括棉白杨（cottonwood）的树皮］，这是优势，因为殖民者的马得吃谷物。

即使骑术得当，白人也不如印第安人。在东部林地，他们骑得少，因为各地的距离与得克萨斯的情况无法比，而且他们完全不知道如何在马背上作战，不知道在移动的马背上如何精准射击。科曼奇人完全在马背上作战，北美的士兵与民众从未见过。考虑一下对静止的敌人的袭击。战士们列成楔形队列，然后迅速变化，形成巨大的圆圈，战士们排成圆形，一圈套着一圈。正如华莱士和霍贝尔所描述的：

134

圆圈像机器一样有规律地转动，每转一圈就越来越近。当战士到达距离敌人最近的位置时，他顺势进入马脖子上的环带，从马脖子下面射箭。如果他的马被射中，他通常能够站起来。[14]

没有哪个美国人或得克萨斯人能够与这样的攻击相抗衡；很少有印第安部落能够做到一点。科曼奇人以这样的方式战斗了两百年。他们将这样的作战方式视作一种生活方式，与致命的、高度移动的敌人进行战斗。战争就是他们分内的事，他们所有的社会地位都基于战争。在长达一代人的时间里，对阿帕奇人的征服深刻地改变了科曼奇人的生活。过去，打猎在他们的生存中超越其他一切。现在，打仗是他们的目的，并且人们渴望战争。[15]他们大多数的战争，白人从未见过。但是那个时代的一些记载，提醒了我们科曼奇人在没有袭击白人的时候做什么。前俘虏赫尔曼·莱曼讲述了一次战斗，它很可能在很多方面都是印第安人战争中非常典型的。这是一场阿帕奇人与科曼奇人之间的战斗，持续了一整天，双方伤亡惨重。阿帕奇人在第一天损失了 25 名战士，科曼奇人损失的可能更多。第二天，科曼奇人又在马背上发动了一次猛烈的攻击，这一次又杀死了40 名战士，并杀死了所有的阿帕奇女人与儿童。[16]在另一个前俘虏讲述的故事中，1800 名骑着马的黑脚邦联的人与 1200 名骑着马的科曼奇人的战争爆发了，持续了 6 个小时，贴身肉搏，非常激烈。科曼奇人彻底打败了对手，夺回了被黑脚邦联偷走的 3000 匹马。[17]

正是这种残忍的、没有投降的战斗，现在正降临到西部边境不幸的白人农民头上。他们唯一的、真正的机会是包围车队或马匹，希望能够杀死足够多的印第安人，让他们付出昂贵的代价。但大多数时候，定居者并没有这样的机会。

　　得克萨斯人解决这些问题的办法——游骑兵（ranging companies）——在西部军事史上非常独特。因为在很大程度上，以其他任何人的标准来看，这样的连队根本没有意义。他们违反了军事组织与规章制度的每一条规定；违反了传统部队运转的每一项等级制度。他们不属于任何类别：他们既不是警察，也不是常规部队，也不是民兵。1835 年和 1836 年，他们在辛西娅·安的叔叔丹尼尔·帕克的热闹的教堂后面正式组织起来。丹尼尔·帕克是他们成立的主要推动者。[18]他们被组织起来，旨在填补部队前往圣哈辛托打仗时留下的真空。1837 年之前，他们都处于休假状态。这个计划理论上看起来很好。600 名骑着马的持枪人员——帕克的法规称他们为“骑兵”，这是官方第一次使用这个词——受委托打击印第安人，保护边境。[19]

　　但实际上，这个弱小的、资源贫乏的政府既不能提供枪，又不能提供人马。[20]它提供不了制服、补给、军营。能够被归为骑兵的人从来没有超过 600 人；大多数时候只有 50 人，有时候有 100 人。他们没有正式的政治组织，因此没有谁被指定为军官。军官的任命很偶然，靠自己的品德，靠赞誉与功勋获得普通士兵的认可。没有补给，他们自己去打猎，经常只能得到水、掺糖的干玉米；[21]有时候，他们保卫的社区会给他们食物。有时候，他们去偷鸡。政府唯一能够可靠提供的就是弹药，这是明智的。

　　奇怪的是，鉴于事实上什么都没有给他们，在招募的时候他们并没有遇到真正的问题：那些年，得克萨斯西部有很多年轻、无畏的单身男子，他们对广阔的地方、危险与原始的探险

135

充满渴望。[22]他们几乎都二十出头，来到圣安东尼奥是为了寻找一种不同于舒服而宁静的农场的生活。他们喜欢杀死科曼奇人与墨西哥人的想法。大多数著名的骑兵队长在 32 岁之前就完成了他们的职业生涯。除了马，他们没有别的财产，也没有稳定的工作。没有他们，队伍流动的想法永远不会实现。他们喜欢在野外待上三到六个月，这是一次骑兵任务通常的时间跨度（这种半固定性是他们区别于民兵的地方）。在这种似乎荒谬的模式下，得克萨斯早期抗击印第安人组织在 1836 年到 1840 年之间发展起来。骑兵正是人们所需要的，他们在这个基础上有组织地成长起来。

他们开始在边境巡逻，寻找科曼奇人并去杀死他们。他们是没有经验的年轻人，知道的不多，但迅速适应了这个由马、武器和印第安战术组成的危险世界。但是他们学得不够快，未能避免巨大的损失。人们无法完全知晓最早试图与科曼奇人作战的故事。这是因为几乎所有的故事都没有被记录下来。新边境的人们，尤其是骑兵，都没有接受过教育，也不是思想家。他们甚至很少承认他们打过的胜仗（就像在西方白人总是竭力去做的那样，即使他们所做的都是为了避免灾难），更别提败仗了。骑兵只是穿着邋遢、营养不良的非正规军。他们不写信，也不写日记。他们很少发布任何报告；他们常常对他们的行为只字不提，不跟任何人提起。当时也没有像后来以编年史的体例详细记述甚至夸耀地报道了 19 世纪 70 年代对印第安人的战斗的记者。在得克萨斯东部的休斯敦、里士满和克拉克斯维尔等地的寥寥无几的记者，直到 1846 年的墨西哥战争爆发时才知道骑兵是谁，才知道骑兵做了什么，才知道骑兵如何改变了美国战争。人们所知道的很少一部分关于共和国时期边境的故事，来自一些记录者，他们经历了这些故事，后来才得以写下来。

　　然而，即使从现存的这些证据中，也可以明显地看出很多年轻人在与科曼奇人的战斗中死去，很明显，这些战斗是力量悬殊的。骑兵约翰·卡珀顿（John Caperton）估计"每年约有一半的骑兵被杀死"，"在一两年的时间里，服役人员的生活的确很糟糕"。[23]他还写道，1839 年，在圣安东尼奥的 140 名年轻男子中，"100 人在与印第安人、墨西哥人的战斗中死亡"[24]（大多数是被印第安人杀死的）。这是很大的数字了，因为镇上的人口只有 2000。读过梅溪战役或者穆尔上校血腥袭击的历史，有人认为得克萨斯人很快掌握了如何打击科曼奇人的战术。但事实并非如此。科曼奇人在梅溪的惨败，部分是由于得克萨斯士兵的勇敢，部分是由于野牛背没有管束他的人马，没能阻止他们抢劫。穆尔在科罗拉多取得的胜利完全是意外：科曼奇人不相信白人会追到他们的家园。

　　穆尔上校对科曼奇营地第一次近乎灾难性的打击，让我们更清楚地了解白人与印第安人早期交战时的情况。约翰·伯德（John Bird）队长的探险队也是这样。他带着 31 名骑兵于 1839 年 5 月 27 日从布拉索斯河〔在得克萨斯贝尔顿（Belton）〕米拉姆堡（Fort Milam）出发，寻找正在掠夺的印第安人。他们遇到了 27 名正在剥牛皮的科曼奇人。他们觉得运气很好，很高兴，赶紧追赶这些科曼奇人。科曼奇人当然就逃跑了，因为这不符合他们迎战的方式。[25]骑兵们继续追，追了三英里。和往常一样，他们的马跑不过科曼奇人的马。所以他们放弃了追赶，准备返回城堡，然而却发现科曼奇人也掉转头来。突然之间，科曼奇人开始追赶他们。其中的一名军官说，他们"从四面八方向我们射箭"[26]。他们有 40 人。伯德这时犯了一个错误，后来打击科曼奇人的战士只要有经验都不会犯这样的错误：他像一只长耳大野兔一样逃跑。在开阔的草原上，这可能就意味着他的人马要完蛋了，尤其是印第安人正由野牛背率领着赶来，人数多达 300 人。[27]

但是伯德很幸运。他和他的探险队来到一处峡谷，这给他们提供了掩护。之后发生的是当时典型的骑兵战斗：白人有掩护，印第安人发动攻击，双方都有人死去，印第安人最后撤退，不愿意再承受攻击白人的代价，白人依然占据有利地势，拿着肯塔基步枪向印第安人开火。白人对这起事件的描述也很典型：伯德声称取得了胜利，尽管在声称取得胜利的时候他快要死了。他的 6 名士兵也死了，其他人受伤。他们的伤亡率达到 30%。事实是峡谷让他们免于被直接屠戮。人们可以想象草原上有很多这样的时刻，每一个都被历史遗忘了——英勇的、追逐的游骑兵变成绝望的、逃跑的游骑兵，没有找到峡谷，很快死去，或者不幸死得不痛快，被火或其他方式慢慢折磨至死。他们也在学习这一点。〔人们普遍认为，与印第安人作战的老兵会为自己留一颗子弹，尽管只有一起这样的记录：1855 年，美国步兵军官萨姆·彻里（Sam Cherry）在与印第安人的一次战斗中，他的马摔倒压住了他。他无法动弹，平静地向他的袭击者开了 5 枪，在被得意的印第安人包围后，他把枪对着自己太阳穴，给了自己最后一枪。〕[28]

骑兵是一群粗暴的人。他们喝酒很猛，喜欢杀戮，喜欢互殴，喜欢动刀子，并将他们认为的罪犯或敌人处死。随着时间的流逝，他们中的很多人被杀，这对他们而言是一种自然选择，他们因此更加粗暴、残忍，更具侵略性。他们看起来也是这样。尽管理想中的骑兵戴着皮帽，帽檐向上翘起，围着围巾，穿着棉衬衫和普通的马裤，现实却是另一回事。他们的穿着随心所欲。有时候，他们穿着用彩色的墨西哥毛织布做的衣服，戴着墨西哥阔檐帽。有时候，他们戴着皮帽，穿短大衣，或者脏兮兮的巴拿马草帽。多数时候，他们从头到脚都是鹿皮或者牛皮袍子。一些人腰部以上都是裸露的，穿着类似印第安人的紧身裤。[29]很多人身材魁梧，胳膊强壮，披着长发，满脸胡子。他们的名字通常是这样的："大脚"华莱士（他的确是高大、粗暴的斗士）、"鳄鱼"戴维斯〔因为他曾在梅迪纳河（Medina River）与一只鳄鱼搏斗过，双方打成了平手〕、"旧漆"考德威尔（因为他的皮肤总是有杂色，就像斑驳的油漆）。在 19 世纪美国大多数文明人看来，他们在社会秩序中的位置就像土匪、恶棍。在边境的酒吧里，你不会跟这样的人打架。

因此，这一群充满暴力的、多数目不识丁又无法管控的边境恶棍，却对一名安静的、瘦弱的 23 岁的年轻人俯首称臣，这现象引人注意。这名年轻人有着一张光滑的娃娃脸，忧郁的眼神，尖细的嗓音，看上去比实际年龄小。他的名字是约翰·科菲·海斯。人们叫他杰克。科曼奇人对他十分畏惧，叫他"雅克队长"（Captain Yack）。与墨西哥人一样，科曼奇人对他的人头开出了高价。他是超级骑兵，每一名骑兵都想成为他那样。作战时，他比其他任何骑兵都更勇敢、更聪明、更冷静。他是美国历史上最好的军事指挥官之一，圣安东尼奥人早在 19 世纪 30 年代就这么认为了，而世界其他地方的人直到墨西哥战争时才知道。墨西哥战争令他成为民族英雄，他的游骑兵队成为传奇。尽管他在得克萨斯边境与墨西哥的军旅生涯不到 12 年，但他个人不仅给得克萨斯游骑兵——人们可能会说得克萨斯游骑兵正因为模仿他才得以崛起，还给美国西部留下不可磨灭的印记。

这里有一张他摄于 1865 年的照片，当时他 48 岁，这张照片叙述了关于他的一切。他仍然是一张娃娃脸，头发浓密，梳向后方，体型中等，相当英俊，没什么突出的地方，除了那双极具特色的眼睛。眼神深邃，机智，死一样的宁静，有些伤感，甚至在 140 年后，仍然令人着迷。这双眼睛无所畏惧。[31]他是平原边境上打击印度安人的头号斗士；他是一个传奇，催生了无数其他传奇、小说与好莱坞电影。

1817 年，他出生在田纳西小雪松利克（Little Cedar Lick）一个富裕的士兵家庭。他的祖父随安德鲁·杰克逊（Andrew Jackson）参加过印第安战争，后来将他著名的家——隐士之家（Hermitage）——卖给了杰克逊。海斯的父亲也曾在杰克逊手底下服役，并以杰克逊最信任的军官约翰·科菲的名字给儿子起名。[32]和许多其他爱好冒险的年轻人尤其是田纳西人一样，年轻的杰克在圣哈辛托战役后来到了得克萨斯，可能在 1838 年来到了圣安东尼奥。在那里，他很快找到了工作，担任勘测员。在那些年里，勘测是定居者向西推进进入印第安土地的真正手段。独立后，得克萨斯赋予新来的定居者一项土地权利，被称作"人头权"（head right）。为了明确人们对土地的权利，需要有人带着水平仪、测链、测量罗盘去明确土地权利。可以预见，盆纳台伽科曼奇人恨他们，并经常出去猎杀他们。这可能是北美最危险的工作。海斯到的那一年，大多数从事这个职业的人都被印第安人杀死了。[33]

但这份工作对海斯仍然有吸引力，他追求冒险，也追求报酬。勘测的队伍里不仅有勘测员，还有武装护卫，以及一些喜欢冒险的人，他们可能只是跟踪，勘测土地，打猎，可能还包括射杀印第安人。[34]对于那些无畏、单身、穷困潦倒的人来说，生活在圣安东尼奥是很好的。巴尔科内斯断裂带边缘的土地非常美丽。那里是种植了常绿栎树的大草原，在春季，那里有彩虹般的野花。猎物丰富：野牛、熊、鹿、羚羊、野鸡、沙丘鹤、郊狼、狼，数以万计。拉诺河（Llano River）、瓜达卢普河、佩德纳莱斯河（Pedernales River）、圣马科斯河等河流清澈见底，经常有鱼跃出水面。[35]

　　这些年轻人中有很多惨死在他们的新天堂，包括海斯自己的堂兄弟。海斯没有被吓倒。他做了很多勘测工作：1838年，他成功完成了76项人头权的勘测工作。[36]他同时开始为自己赢得打击印第安人斗士的声名，尤其懂得了如何让他的人活着。据一名认识他的作家称："这个小田纳西人听到人们喊'印第安人'时就完全变成另一个人。他会骑上马，完全变成另一个样子。他会冲锋，进入白刃战，印第安人每次攻击他的队伍时，都会受到重创。"[37]像南北战争中的格兰特一样，海斯不太担心他的对手对他的伤害，而更多考虑他能给对手造成什么样的损失。像格兰特一样，他只考虑进攻。说话时，他细声细语，举止得体；打仗时，他镇定自若，牢牢掌握着指挥权，人们很快就服从于他。让勘测员活下来的名声传开后，他开始与新的骑兵队伍混在一起，这些人通常就是那些保护勘测员的人。我们知道他参与了梅溪战役，也参与了穆尔1839年不幸的征服行动，最后可耻地步行回来了。[38]我们对他的早年生活知道得不多。

　　但是，他显然脱颖而出了。1840年，海斯23岁，成为圣安东尼奥骑兵队的队长，那里的骑兵由得克萨斯共和国正式组建，但仍然需要自行负担武器、装备、马匹甚至食物。一开始

140

连工资都没有；后来定为每月 30 美元。[39]早期的资金部分来源于普通民众的捐款。（骑兵作为一个组织是断续存在的，议会一次次授权，经常解散然后又重组。）鉴于这群对付印第安人的新战士的预期寿命——最多两年，因此这并不是每个人都想要的工作。但是事情正在起变化，没有人比海斯更清楚这一点。新的骑兵——海斯骑兵——精于骑术。他骑的是一匹机灵敏捷的马，是当地的野马与肯塔基、弗吉尼亚与阿拉伯马杂交的产物。这些马比印第安人的马更重，但跑得过它们，并能在长距离中追上它们。据说，海斯招募的新兵的马的价值不低于 100美元。

141　　在海斯的带领下，骑兵的行为越来越像他们的敌人。骑兵的人数一般不超过 15 人或 20 人。"他们像印第安人一样在草原上悄悄地移动"，卡珀顿写道，"像印第安人一样生活，没有帐篷，晚上将马鞍当枕头。"[40]海斯尤其关注科曼奇人与利潘阿帕奇侦察兵，向他们学习如何骑马、作战、跟踪、搭帐篷。每一名士兵有一支步枪、两把手枪和一把刀；他有一张墨西哥毯子，放在马鞍后面，一个小包，里面装着盐、棒渣与烟草。[41]这就是全部。与科曼奇人一样，骑兵经常在晚上借着月光行军，借助于河流与北极星辨别方位，完全不生火，搭"冰冷的帐篷"，吃硬面饼或其他的干粮。[42]海斯的人睡觉的时候仍然穿好衣服，全副武装，一分钟内就可以做好战斗准备。他们即使在寒冷的天气里也过河，在马的旁边游过去。[43]这些行为在美国的军事历史上没有先例。他们套马笼、装马鞍比其他地方的骑兵都快。

　　其中一些人是有天分，另一些是缘于训练。海斯坚持让他的人练习射击与骑马。其中的一项练习是在 40 码以外的地方立两根 6 英尺高的柱子，骑兵骑着马全速冲向柱子，用步枪射击第一根柱子，用手枪射击第二根柱子。很快，他们就能够射中柱子上挂的人头那么大的环。[44]值得注意的是，这些人在马背上冲锋、射击，这个理念完全来自平原印第安人。他们很可能在1838 年至 1840 年之间就开始这么做了。不管这样的转变是什么时候发生的，这是直接模仿科曼奇人风格的结果，在与印第安人的战斗中带来了巨大优势。在美国，只有他们可以在马鞍上这么做，当然也只有他们能在战斗中这么做。这完全是有必要的：与科曼奇人交过手的人，没有人会认为在开阔的地方不骑马与他们作战会有优势。

骑马的练习甚至更精细。海斯的一名士兵这样描述：

> 经过三四个月的训练后，我们的技术非常娴熟了，我们可以以适中或者最快的速度骑着马，捡起一顶帽子、一件衣服、一条毯子或者一根绳子甚至一枚硬币，站在马鞍上，将身体藏在马的一边，只露出一只手和一只脚，在马脖子下面用手枪射击，然后再坐上来，并反复这样，等等。[45]

海斯看中的是激起敌人内心恐惧与慌乱的进攻勇气的价值。他的武器仍然是巨大的劣势：每个人只能开三枪，之后必须停下装药，这在马背上不容易完成。因此，他的游骑兵进攻迅速、猛烈，经常伏击，并且是在夜间，用纯粹的、无畏的进攻来抵消他们的劣势。"骑兵的信条是"，维克托·罗斯写道，"迅速地、悄无声息地行军——攻其不备——惩罚他——杀死他！"1840 年秋天，海斯与 20 名士兵在圣安东尼奥附近的瓜达卢普河的一个河口遇到了 200 名科曼奇人。这群科曼奇人刚刚偷了一大批马。海斯对士兵们说："那边是印第安人的，兄弟们，那边是我们的。印第安人很强壮。但是我们可以鞭打他们。你们说怎么办？"

"鞭打他们。"士兵们回答。他们认为，海斯像往常一样身先士卒。"即使他们有 1000 人，我们也会跟上。"[46]印第安人可能不会相信，白人会疯狂地以一对十在野外攻击科曼奇人。他们迅速组成战斗队形，等待海斯的进攻。得克萨斯人猛烈地进攻，开了他们的三枪；战斗队形"陷入混乱"。在混战中，科曼奇的首领被射杀；印第安人溃逃了。

通过这种方式，海斯与他的小部队攻击了得克萨斯中部的盆纳台伽人，但多数战役没有被记录下来。海斯喜欢突袭——就像科曼奇人喜欢做的那样，趁他们睡觉的时候，在他们的村庄杀死他们。他吸取了平原战争的基本教训：要么赢，要么死。印第安人不会投降，骑兵也很少投降。没有人会期待光荣的投降。尽管他相当成功地让他的人活了下来，但他并非战无不胜。在一次战斗中，他带着 120 名士兵、15 至 20 名利潘阿帕奇人与一大群科曼奇人作战，损失了二三十人。[47]在另一次战役中，他带领 50 名得克萨斯人与 10 名利潘阿帕奇人，与另一大群人战斗了一个半小时。海斯的马步履蹒跚，然后倒下，无法与科曼奇人的马对抗。他这边有数人受伤。据他自己的报告称："海斯供给耗尽，被迫吃掉他倒下的马，直到他抵达贝克萨尔县（位于圣安东尼奥）。"[48]

他还很快知道了自己的主要优势：科曼奇人容易被猜测。他们一成不变。他们深深受到习俗的约束，同样深深地迷信药物与魔法。他们对于某种情景的反应——例如战争首领或药师被杀——每次都完全相同。在白人看来，他们很容易被吓唬到。

对于不具备海斯那样计算概率能力的人来说，海斯所做的是难以置信的勇敢；必须承认，他也的确是难以置信的勇敢。

海斯还有其他的特点：涉及人员安全的事项，他非常谨慎，照顾伤员的时候几乎像母亲一样。他非常勤奋，一有空就搭建帐篷、搬运木头、挑水、喂马、做饭。但是，"当仅面临个人危险时，他的勇敢近乎鲁莽。"他就像是铁打的，似乎不受水土不服、恶劣天气或者缺乏睡眠的影响。"我经常看到他晚上坐在篝火边"，J. W. 威尔巴格（J. W. Wilbarger）写道，

当暴雨如注，或寒冷的北风夹着雨雪在他耳边咆哮时，他明显感受不到这种不舒服，就好像坐在城市一流的酒店舒适的房间一样，在这种情况下，他刚刚吃的可能只是一把山核桃或者一块硬饼干。[49]

尽管海斯在战场上的英勇表现在他 1840 年被任命为队长之前就已经在边境为人所知，不过，1841 年的两场战役立下了他在边境的威名。第一场战役涉及墨西哥人。海斯带着 25 人在拉雷多（Laredo）附近击败了一支精锐骑兵，俘获 25 人、28 匹马。他完全以勇气获胜，命令他的人下马，逼近敌人，一直没有开枪，一般的交战者都不敢像他们那样靠近。像往常一样，海斯身先士卒。在 60 码至 40 码之间，在他们的肯塔基来复枪的精确射程之内——他们终于开枪了。墨西哥人仓皇逃跑，骑兵无暇给枪装药，他们掏出手枪，骑上墨西哥人丢弃的马，追赶他们。[50]这次的溃败造成拉雷多的恐慌，很多居民因担心危险而"跳进"格兰德河。当海斯来到这座城镇的时候，镇长举着白旗请求骑兵放过这座城镇。[51]他们这么做了。但他们并非总是

友好的。1847 年，在墨西哥城，为替一名骑兵的死复仇，他们曾处决了 80 人。

第二场战役面对的是科曼奇人，他的大部分战斗面对的都是科曼奇人。1841 年夏，一群科曼奇人来到圣安东尼奥附近的定居点，袭击、屠杀并偷走了马。海斯手里有得克萨斯议会的一些断续的拨款，他用来募集了 13 人。他们骑马追赶科曼奇人，从圣安东尼奥向西追踪了约 70 英里，到达尤瓦尔迪峡谷（Uvalde Canyon）。海斯使用他从利潘人那里学来的技巧找到了他们：他就跟踪大群的秃鹰，这些秃鹰通常围绕在科曼奇人血腥的垃圾堆附近。在帐篷附近，海斯发现了 12 个科曼奇人，并与他们交战。骑兵发起冲击，印第安人在丛林中隐蔽起来。

海斯很快意识到他的对手这么做意味着什么：他们的弓箭在浓密的丛林几乎不起作用。他命令骑兵们包围丛林，并向从丛林里出来的人射击。尽管他手上受了伤，但还是带着两名骑兵进入了丛林——后来又有一名骑兵进去了——他们与印第安人交战长达 4 小时，杀死了 10 人。海斯自己向得克萨斯战争部部长提交了一份罕见的、令人恐怖的报告：

> 印第安人只有一把枪，丛林太浓密，这令他们无法很好地使用弓箭，他们作战时有很大的劣势，但还是继续作战到最后，一直唱着他们的战歌，直至所有人都战死。他们被骑兵围住，一出丛林就被射倒，无法有效使用弓箭。他们的悲惨命运不可避免——他们知道这一点，视死如归。[53]

这是对战士实力令人惊讶的展示。海斯因此晋升为少校，他当时还不到 25 岁。

尽管海斯与科曼奇人作战很成功，他仍然面临着一个难以解决的大问题：单发、难以上膛的来复枪和老式手枪令他们在与科曼奇人作战时处于巨大的劣势，科曼奇人的箭袋里装有 20 支箭。他们对此无能为力。他努力适应在骑马时使用长枪——实际上也取得过小奇迹——但这仍然是一件笨重的武器，适合在地上开枪、填药。这样的劣势在一定程度上导致了海斯的游骑兵在战场上狂暴好斗。如果在战场上不动，他们将很容易被箭射中。迎面冲锋，尽管有风险，相对来说却更安全。

与此同时，在文明的、工业化的东部，一家企业所从事的事情将很快解决海斯的问题，并改变世界，但是现在却处于失败状态，无人知晓。1830 年，一个 16 岁的年轻人用木头做出了他的第一个转轮手枪模型，这名年轻人很有想法，对复杂的机械很有研究，他的名字叫作塞缪尔·柯尔特（Samuel Colt）。六年后，他对此申请了专利。1838 年，位于新泽西州帕特森（Paterson）的一家公司开始生产柯尔特的专利手枪。其中一款转轮手枪点 36 口径，有 5 个弹膛，八边形的枪管，扳机是隐藏的，扣上扳机的时候它就会下来。这样的想法不是第一个，但是它被视为第一个投入生产广泛应用的。

这款新枪只有一个问题——没有人需要。这款武器的天然市场——美国政府——没有看到它的应用，拒绝为它提供补贴。这款武器似乎适合作骑兵随身佩戴的武器，但是当时美国军队还没有骑兵。这款新手枪似乎也没有引起私人的兴趣。这是一款很漂亮但可能不实用的产品。奇怪的是，唯一想要它的人远在得克萨斯共和国。1839年，米拉波·拉马尔总统指示得克萨斯海军无论如何要从帕特森的特许武器生产公司订购180支五连发的柯尔特转轮手枪。后来，得克萨斯军队又订了40支。[54]手枪被运来，政府支付了账单。没有证据表明，这些枪被海军使用过，或者被得克萨斯政府的任何人使用过。对于得克萨斯军队这一个不起眼的、无关紧要的军种来说，它似乎注定是一件不起眼的、不实用的武器。它的确是这样，并在那里消失了。

没有人知道这些转轮手枪是如何落入海斯和他的游骑兵手中的。但是，它们确实在他们手中。在后来写给柯尔特的信件中，塞缪尔·沃克（Samuel Walker）认为海斯骑兵便用转轮手枪的时间是在1843年。[55]沃克是海斯最著名的副官。这很可能是准确的时间，因为在这一年，萨姆·休斯敦解散了海军。[56]不管这件事发生在何时，骑兵们立即领悟到了这种武器的意义。对他们来说，柯尔特这个奇妙的装置就是一个新发现：多连发的武器，可以在马背上使用——终于可以改变他们的不利局面了。尽管没有史料记载，海斯他们一定花了很长时间练习使用这种新武器，并琢磨出能够用它来做什么。他们一定花了很多个晚上围在篝火旁边讨论转轮手枪的优点与缺点。

新柯尔特手枪有很多缺点：它很脆弱；它发射的子弹是小口径的，但装填则需要点44口径或更大口径。距离较远时，它并不是很精准。它使用的是提前装弹的旋转弹膛，这意味着如果一名骑兵带着两把手枪，4个旋转弹膛，那么可以射出40发子弹。但是旋转弹膛难以更换，当旋转弹膛里的子弹用光以后，一个人在野外无法装弹。然而，这并不能改变旋转弹膛这个基本的、令人惊讶的事实。海斯与他的骑兵们，尤其是本·麦卡洛克和塞缪尔·沃克非常看好它的潜力。到1844年春，他们将让柯尔特这个不受欢迎的、古怪的转轮手枪第一次接受战场的考验。

这次考验被称作沃克溪战役（Battle of Walker's Creek），这是一场小规模的战役，不过它成为得克萨斯及美国西部历史上的一个转折点。可以说，在杰克到达圣安东尼奥之前，美国人在西部大多是步行，背着肯塔基步枪；到1849年他离开的时候，每一个去西部的人都骑马，带着一把六发式左轮手枪——沃克溪战役是这个转变的开端。

1844年6月初，海斯与15名骑兵在佩德纳莱斯河与拉诺河上游地区侦察。他们在山区，在奥斯汀和圣安东尼奥以西，这里是盆纳台伽人的腹地。他们没有发现什么，就往回走。6月8日，他们在沃克溪停了下来，从蜜蜂树上采蜂蜜。沃克溪是瓜达卢普河的支流，在圣安东尼奥以北约50英里。与此同时，海斯派出两人殿后，观察是否被跟踪。这是印第安人的老把戏——海斯学会了很多印第安人的老把戏。这两人很快冲进营帐，气喘吁吁地报告：发现身后面有10组印第安马蹄印。海斯这队人马迅速调转方向，奔向印第安人。随着他们的接近，三四名印第安人发出警报，并佯装逃跑——这又是印第安人的老把戏。海斯没有上钩，没有追他们。[57]

很快，其他印第安人——75名盆纳台伽人——现身。得克萨斯人慢慢前进，印第安人退到一个陡峭的山坡上，这是崎岖多石、橡树丛生的乡村里一个非常好的防守阵地。他们在那里嘲讽骑兵，用西班牙语和英语喊："冲啊！冲啊！"

海斯如了他们的愿，尽管没有完全像他们想象的那样。意识到他与他的14名手下暂时能在山脚下得到掩护，他带着人全速跑了两三百码，绕过山脚，从印第安人后面出现攻击他们。[58]

147 科曼奇人感到吃惊，但很快冷静了下来。他们将人群分开，向得克萨斯人的两翼进攻，大声呼喊。在正常情况下，他们的攻击应该突破骑兵的防线了，应该就击溃他们了。但是，凭借着杰出的骑术与巨大的勇气，游骑兵们组成一个圆圈，首尾相连，迎接他们的进攻。

接下来发生的事情——75 名盆纳台伽科曼奇人对 15 名骑兵，弓箭长矛对连发手枪——听上去就像是一通乱战。数名骑兵受重伤。与此同时，他们的手枪正以令人吃惊的速度将印第安人射下马。这种战斗状态持续了 15 分钟。然后，印第安人溃散、逃跑。这变成了一场跑动中的战斗，持续时间超过一小时，在崎岖的地形上跑了两英里多。在他们英勇的首领的督促下，印第安人不断吼叫、分组、攻击，但是被骑兵们的柯尔特转轮手枪的火力压制住了。现在，印第安人有 40 人伤亡，骑兵 1 死 4 伤。战斗仍然在持续，印第安人首领不断激励他的人马。

然后，仿佛就像在展示五连发转轮手枪的主要缺点一样，海斯的人没有子弹了。更准确地说，他们用完了提前装好的弹膛，无法在野外重新装弹，而他们只有五连发转轮手枪。他们现在只能任凭剩下的 35 名印第安人处置了。或者，至少在印第安人明白他们子弹用尽了的时候是这样的。海斯冷静地问谁还有子弹。其中一人，罗伯特·吉莱斯皮（Robert Gillespie）走上前来，说他还有。"下马，射击他们的首领。"海斯命令道。吉莱斯皮照做了：在距离"三十步"远的地方，他将首领射下了马。剩下的印第安人"对首领被射下马感到极度恐慌……在丛林里四散而逃"[59]。

战斗结束后清理战场，发现科曼奇人有 20 人死亡，30 人
受伤；海斯这边有 1 人死亡，3 人重伤。他的一名主要副官塞
缪尔·沃克被一支科曼奇长矛钉在地上。骑兵就在那里扎营，
照顾伤员。三天后，4 名科曼奇人出现了，可能是来收尸的。
海斯率众再次攻击，杀死了 3 人。

　　过了一段时间，边境的人们才普遍明白沃克溪所发生的事
情。而美国政府则要经过墨西哥战争才会明白战争的根本形态
已经发生改变。印第安人现在面临被连发手枪从马上射下来的
危险；白人可以完全骑在马上作战，他们的武器射击频率几乎
可以与科曼奇人的武器相匹敌。局势已经平衡，白人甚至更占
优势。"直到现在"，塞缪尔·沃克在 1846 年给塞缪尔·柯尔
特的一封信中写道，"这些大胆的印第安人一直认为他们比我
们有优势，一对一，在马背上……这次的战役吓到了他们，让
我们能够对付他们。"[60]

148

　　然而，在得克萨斯共和国以外，没有人知道塞缪尔·柯尔
特做了什么。1844 年，距离他开始生产连发手枪过了整整 6
年，他的发明被认为是失败了，位于新泽西州帕特森的工厂在
1842 年破产。柯尔特保留了专利，其他的都没有了。他的六连
发手枪模具、原型和设计图纸都被丢失或毁坏了。他在贫困中
度过了 5 年。

　　但是还有希望，柯尔特知道这一点——海斯与他的人马用
转轮手枪做了什么的消息传到了远在东部的他的耳朵里。他非
常兴奋，1846 年冬天，他给在得克萨斯的塞缪尔·沃克写道：

　　　　想请教一下您使用我的连发手枪的经历，想知道您对

于军队在墨西哥战争中采用连发手枪的意见——我听说过很多关于海斯上校与你们使用了我的发明的故事，我一直非常想要认识您，并希望您如实描述我的武器比常规的武器更实用的地方。[61]

沃克很快回信，并热情洋溢地描述了转轮手枪在沃克溪战役中的威力。"如果加以改进"，他总结道，"我认为它们可以成为骑兵最完美的武器。"[62]自此，塞缪尔・柯尔特的前景被迅速看好。

墨西哥的战争已经开始了，得克萨斯骑兵志愿加入，并被扎卡里・泰勒（Zachary Taylor）将军接受。他们很快打到了南部边界。他们给在墨西哥的美国军队留下了深刻印象。他们的表现其他人从未见过。他们不穿制服，自带武器装备，喜欢骑马作战。他们主要承担侦察兵的任务——有效地将他们从科曼奇人那里学到的战争风格带到了南部边界地区——他们勇敢、残暴、足智多谋的故事从墨西哥战争传遍整个世界。塞缪尔・沃克带着75人虚张声势地穿过1500名墨西哥步兵把守的地方，海斯上校清理墨西哥游击队展现出虎狼之威，这些故事从芝加哥到纽约，在沙龙里被反复叙说。泰勒将军抱怨他们目无法纪，但事实是，敌人害怕他们，每一个人都害怕他们。

他们给人印象最深刻的地方是武器——他们的五连发柯尔特手枪。他们能够在马背上将它们的威力发挥得淋漓尽致，创造了这支部队的奇迹。武器如此有效，他们想要更多这样的武器。准确地说，他们想要1000支，足够供应所有的骑兵与在墨西哥的得克萨斯人。但只有一个问题——柯尔特在五年里没有造出一支转轮手枪，他没有钱，也没有工厂去造枪，他甚至没有模型。他甚至在纽约的报纸上登过征集模型的广告，但没有成功。但他仍然答应向部队出售 1000 支枪，每支 25 美元。带着这份合同，他在 1847 年 1 月说服朋友伊莱·惠特尼（Eli Whitney）制造手枪。现在他所要做的，就是设计出一款全新的武器。

接着，一件了不起的事件发生了——柯尔特请求塞缪尔·沃克帮助设计，而沃克正好被临时派驻华盛顿。柯尔特写道：

> 我请求您过来见我，然后我再开始制造这批武器……来纽约，直接提出改进意见。[63]

就这样，这两人——一个是得克萨斯边境强硬的骑兵，一个是有抱负的康涅狄格年轻人——成为合作伙伴。沃克很有想法。他向柯尔特解释他需要更大的口径，枪需要更重，更坚固、耐用，枪管更长，枪柄更长、更粗。他的改进意见非常具体：在 1847 年 2 月 19 日写给柯尔特的信中，他建议"优化后准星，用铜镍锌合金做前准星，形状也不一样"[64]。柯尔特想出用 6 个弹膛而不是 5 个。

柯尔特沃克转轮手枪（Walker Colt）成为最有效、最致命的武器，在战场上杀死的人数很快超过自罗马短剑以来所有的随身佩带武器。[65]这是一种小型的连发枪。它的枪管长 9 英寸，枪重 4 英磅 9 盎司。它的旋转弹仓装着口径为点 44 的圆锥体子弹，每颗子弹重 220 格令（grains）。装药量——50 格令的黑火药——令这款新的柯尔特手枪在 100 码外具有像来复枪一样的威力。[66]枪管上刻着沃克溪战役的画面——这是塞缪尔·柯尔特给骑兵的礼物，因为塞缪尔·沃克向他描述过当时的情景。一名骑兵骑在马上，手里拿着柯尔特沃克手枪，是墨西哥战争给人们留下的难以磨灭的印象。这款武器挽救了柯尔特。尽管他在这笔买卖中亏了数千美元，但他后来成为这个国家最富有的人之一。塞缪尔·沃克像英雄一样地死去，1847 年 10 月 9 日，他在墨西哥瓦曼特拉（Huamantla）死于一名狙击手之手。

第十一章　白刃战

10 月，天气凉爽，纳杜在白人尚未涉足的地方——一条清
澈的小溪边——开始了自己的繁重劳作。她需要解剖掉 1500 英
磅的野牛。这是女人的工作，几乎包括了所有与野牛有关的工
作，除了追踪与猎杀。科曼奇女子将牛肉切成条、晒干。她们
鞣革，制作牛皮袍子，取出牛的内脏、牛筋、骨髓，碾碎的牛
脑和其他部位，这些是科曼奇人生存的基础。女子似乎也做其
他的一切事情：她们做饭，照顾孩子和马匹，当草场枯竭或敌
人靠得太近时，她们打包行李。她们也参加战斗，通常只是防
卫；她们跟着袭击的队伍一起。这些纳杜都做。

很难说纳杜是否幸福，或者幸福在她的生活的期望中有任
何位置。她的生活只有无尽的繁重劳作，偶尔也有欢乐。孩子
们就是她的欢乐。她有三个孩子。最大的孩子，非常强壮，叫
夸纳，12 岁。他的弟弟花生比他小几岁。还有一个漂亮的小女
孩"草原花"，还是婴儿。如果在严酷的边境有叫幸福的东西，
她很可能也对她的婚姻感到幸福。她的丈夫佩塔·诺科纳身材
高大，孔武有力，皮肤黝黑，是一名杰出的战争首领。她享受
他崇高的社会地位，享受他打猎的成果。他是一名伟大的骑手，
有很多马，这令他们在草原上非常富有。她必须与另一名妻子
分享丈夫，那名女子完全是科曼奇人的血统。

这是在 1860 年 10 月，距离亚伯拉罕·林肯当选美国总统
还有一个月。它开启了一系列的政治事件，令美国陷入分裂，

使 100 万人流血。而现在，这一切对于纳杜与她的家人而言，都还很远。她与科曼奇人能够感受到白人的存在。他们对军事力量与军事意愿的存在或缺失，定居点的增加或减少非常敏感。当野兽不再返回他们的狩猎场时，他们感受到了白人的影响。但是，他们仍将遥远的草原视作美洲大陆的一大片腹地，生活仍然像以前那样继续着，这令人感到惊讶。纳杜与家人所过的生活与 1760 年的科曼奇女人的生活并没有什么不一样，或者说，在很多方面与 1660 年的也没有什么不一样。草原上还有很多野牛。科曼奇人仍然发动战争。他们 95% 的故土仍然不受挑战。

读者可能好奇，从未生活过或去过遥远的草原上的白人如何能够看到科曼奇营帐里的生活。但是以上描述绝不是虚构的。尽管辛西娅·安·帕克很难被找到——随着时间的流逝，迅速变化的边境让她产生恍如隔世的感觉——但在 1860 年 10 月，她的踪迹暴露了。我们清楚地知道她在哪里，她与谁在一起，她在做什么，她在方圆数百码的什么地方扎营。她的情况为人所知，是因为两个月后所发生的事情。那是一场降临到她身上的血腥灾难，就像 1836 年遭遇袭击被抓一样，让辛西娅·安·帕克成为世界上最不幸的人之一。

她自己完全不知道将要发生什么。她仍然在做着往常做的事情，她还能享受几个月科曼奇女子的古老生活。她住在一个巨大的科曼奇营帐里，多达 500 人。这更像是一个行动基地，是很多不同袭击团队的供给站，一个移动的站点，供给、战利品、牛、马跟着移动，被送到其他地方的市场上。这个营帐也是偷来的马匹的一个中转站。[1] 这是印第安人大规模的物流基地；东西很多——马匹、鞋子、香肠——表明了人们尚未知晓的科曼奇人所具有的计划与统筹能力。以下是后来在这个营帐里发现的东西：

> 大量的牛肉干、牛肉、牛皮……大量的牛皮毯子、炊具、斧头、刀、战斧、处理兽皮的工具、木碗、鹿皮鞋、磨石、装满了骨头与装满骨髓与脑髓的皮包、小袋的汤、香肠、装着脂与脑的肠子，以及其他东西……[2]

这个科曼奇的营帐位于皮斯河附近，皮斯河发源于得克萨斯狭长地带，向西蜿蜒至得克萨斯北部走廊，汇入红河。在汇入之前，在今天的夸纳镇以南，克罗韦尔（Crowell）东北约10英里至12英里的地方，一条清澈的小溪，名为骡溪（Mule Creek），注入皮斯河，那里有一条狭长的河谷，两岸山势陡峭，长着橡树、杨树和朴树。纳杜的村庄距离骡溪注入皮斯河的地方有一英里，村落沿着河延伸数百码，旁边是棉白杨树林。这个地方很美，很简朴。开阔的、高高的草原上布满了河流，河边有悬崖峭壁。这个村落位于殖民点以西约125英里，在1860年冬天就位于沃思堡西部。

纳杜所做的是血腥的、污秽的工作。有时候，她从头到脚都是牛脂、血、骨髓和其他组织，这些东西太多了，令她浅色的头发、浅色的皮肤都几乎变成了黑色。[3]在印第安人的营帐里很难识别出她是白人女子。她在工作的时候，会盯着孩子们。她还在给草原花喂奶。男孩子们在一边玩耍。他们现在也到了可以打猎的年龄了，有时候会与父亲出去。与此同时，佩塔·诺科纳外出打猎、袭击。

人们也知道诺科纳的袭击习惯。整个夏天和初秋，他领导了数次声势浩大的、极具破坏力的袭击，在今天的沃思堡与威奇托瀑布之间的地方。讽刺的是，他袭击的一个主要目标，帕克县，正是以他妻子的叔叔伊萨克·帕克而命名的，另一位著名的帕克生活在韦瑟福德（Weatherford）。[4]帕克与他的父亲老约翰，兄弟丹尼尔、赛拉斯、詹姆斯等家人在1833年来到得克萨斯。他曾于1837年至1857年几乎连续地当选为得克萨斯的众议员或参议员。1855年，他在帕克县通过的一项法案中发挥了重要作用。[5]他富有，非常英俊。人们普遍认为他善于讲故事。当然，佩塔·诺科纳对这些一无所知。

154

现在，他来到了他的亲戚家中抢劫。当地所有的文献记载都表明，诺科纳的大多数袭击在夜晚发动，乘着月光。在得克萨斯，夜晚的月亮已经被广泛称作科曼奇月亮。据帕克县居民希洛里·贝德福德（Hilory Bedford）说："人们在有月亮的晚上特别恐惧。我记得满月的美丽夜晚就是最恐怖的时刻，而不是欢乐的源泉。"[6]整个家庭与居民点都被摧毁了。扬布拉德（Youngblood）家族与里庇（Rippy）家族永远消失在历史中，不复存在，只留下被烧毁的房子和残缺的、无法辨认的尸体。袭击者偷牛和马。当时的袭击多数都涉及偷盗。贝德福德认为袭击是佩塔·诺科纳干的，因为这个地方是他们原来的狩猎场，诺科纳与他的战士们非常熟悉这个地方。乘着月光行动，他们几乎不可能被抓住。[7]

这些袭击也惹人注意，因为在沃思堡西部，这些定居点的恐慌的白人对此似乎无能为力，他们阻止不了袭击者。1860年3月，萨姆·休斯敦州长授权米德尔顿·T. 约翰逊（Middleton T. Johnson）上校募集一支骑兵队伍，在得克萨斯北部与西北边境地区惩罚印第安人。[8]尽管里普·福特（Rip Ford）两年前在羚羊溪（Antelope Creek）取得过一次辉煌的胜利，并希望在科曼奇人的腹地乘胜追击，但他的经费被砍掉了。现在，约翰逊募集了 5 支队伍。他们向北朝贝尔纳普堡（Fort Belknap）进发，他们在那里安营扎寨。约翰逊招募了哪些人，招募标准是什么，人们并不清楚。但是这些人明显不是海斯的骑兵。当他们满怀希望地等待着印第安人的袭击的时候，他们无聊至极。他们喝酒。他们打架，甚至动刀子，打牌，猎杀野牛。约翰逊上校一度请假很长时间去加尔维斯顿（Galveston）结婚。6 月，一名喝醉的骑兵开枪打伤了另一名骑兵。还有一名骑兵据说被当地一名暴徒谋杀或者被遗弃，不知道真实情况究竟如何。他们举办舞会。[9]他们猎杀野牛。

当他们终于带着 300 人踏上战场，却找不到任何印第安人。在夏季，约翰逊与他的人被戏弄、被追赶、被羞辱，其方式如果让海斯那样的老骑兵知道的话，一定会感到非常惊讶。根据一种说法，在一次不成功的袭击后，他们动身回家。尽管他们找不到佩塔·诺科纳，诺科纳要找到他们却毫不费力。在夜间，印第安人袭击了骑兵的营帐，将他们的马赶跑了，让这些白人只能徒步回家。[10]另外一次，当骑兵向北朝着俄克拉荷马进军的时候，印第安人袭击了南部，在 4 天的袭击中偷走了 75 匹马，并杀死了数人。骑兵赶回来，发誓要"将他们消灭"。而印第安人却在草原放火，毁掉了他们的粮草，迫使白人返回贝尔纳普堡。[11]约翰逊的失败表明：与科曼奇人作战的策略在边境顶多只得到了零星的传播。海斯在 1839 年就知道的东西，一般骑兵在 20 年后还不知道。

边境的人们非常愤怒。约翰·贝勒（John Baylor）是韦瑟福德报纸《白人》（The White Man）的编辑，极度仇视印第安人。他称这些骑兵"一无是处"，雇用他们是"边境人们的最大的一笔开销"，他们所有的期待"只导致了骑兵们吃的牛肉是他们的两倍，每盎司只要 11 美分……喝酒，诅咒他们为荣誉而被征召入伍的日子，只会屠杀平民，杀了两人，上校跑去结婚了"。他还说，如果他和他的手下遇到了他们中的一个，尤其是遇到了约翰逊，一定要将他绞死。[12]与此同时，约翰逊似乎对与可爱的名媛路易莎·鲍尔·吉文斯（Louisa Power Givens）日益升温的恋情更感兴趣。[13]他在那个夏天失败的行动为白人书写针对印第安人的战争史提供了较好的范例。在骑兵的历史上，约翰逊很少被提到。关于他的行动几乎没有什么细节。人们并不关注他。没有人对得克萨斯骑兵所遭到的羞辱感兴趣。如果印第安人写 1860 年得克萨斯西北部边境的历史，他们可能会将佩塔·诺科纳的袭击写成战术上非常杰出的游击战，就像历史学家后来提到南方邦联突袭者内森·贝德福德·福里斯特（Nathan Bedford Forrest）的英勇事迹一样。

156　　带着头皮、牛、马，诺科纳凯旋，回到了骡溪的营帐，与妻子和 3 个孩子团聚。11 月底，他再次向东骑行至边境地区，这一次他带了 55 人。与初秋的袭击相比，这次的袭击更猛烈，更残忍，更具报复性。他的人马席卷了梅斯基特维尔（Mesquiteville）西部，现在的杰克斯伯勒（Jacksboro），并冲击了白人定居点，见谁杀谁。在韦瑟福德附近，他们袭击了约翰·布朗（John Brown）的牧场，偷走了他的马，用长矛刺穿他身体的每一个部分，砍掉了他的鼻子。他们迎着暴雨，在开阔的草原上驰骋，来到帕克县西部一个叫斯塔格大草原（Stagg Prairie）的地方。[14]在这个流血的边境最前沿，在得克萨斯最危险的地方，一位名叫埃兹拉·舍曼（Ezra Sherman）的新手，甚至没有一把枪，就决定将妻子玛莎（Martha）和 3 个孩子带来这里。11 月 26 日，诺科纳手下 7 人来到了舍曼的家中。当时舍曼一家人正在吃饭。印第安人来到房间，与这家人实际上还握了手，然后要求给他们一些吃的。[15] 舍曼非常紧张，不知道将会发生什么。他将印第安人让到了桌子边。印第安人吃完以后，将他们一家人赶到屋外，尽管仍表现得友好。"走吧"，他们说，"不伤你们，走吧。"舍曼 7 岁的儿子逃走之后躲了起来。其他人能跑多快就跑多快，在雨中跌跌撞撞，朝着附近的一个农场跑去。[16]

他们跑得不够快。在离家半英里的地方，印第安人再次出现了。他们抓住玛莎，玛莎当时已经怀孕 9 个月。当埃兹拉与两个孩子继续跑的时候，他们将玛莎拖回了离房子约 200 码的地方。在那里，她被轮奸了。之后，他们向她射了数支箭，然后做了一件即使对他们来说也非常残忍的事。他们活活地剥了她的头皮，从她的耳朵下面深深地切下去，实际上将整个头皮都剥下了。正如她后来所解释的，这么做对印第安人来说是很难的，他们花了很长时间。她拖着自己流血的身躯回到屋里，因为大雨，印第安人没有烧掉他们的房子。她的丈夫在家里找到了她。她活了 4 天，在这期间，她能够有条理地将她的经历说给邻居听。她生下了仍然活着的婴儿。她可能死于腹膜炎：科曼奇人知道那是什么，他们经常对着受害者的肚脐射箭。半个世纪以后，帕洛平托（Palo Pinto）的一名牧场主回忆说她被剥了头皮让人见了感到"非常恐怖"。[17] 她是 11 月 26～28 日两天内死于佩塔·诺科纳袭击者手中的第 23 人。

边境的人们将玛莎·舍曼的死视为一个部落对一名信奉基督教的女子的随意无情的杀戮。这个部落原始、无神、非人类

157

的特点决定了他们会做这样的事情。舍曼女士没有伤害任何人。她没有参与战争。但是她的死既不是偶然的，也不是无意义的。她既是佩塔·诺科纳袭击者的箭与刀的受害者，又是政治、社会力量冲突的牺牲者。她的死的确有意义。这是白人定居者自19世纪50年代末入侵科曼奇利亚的后果。她生活的地方并不是奥斯汀与圣安东尼奥西部贫瘠的爱德华兹高原（Edwards Plateau），野牛群很少在那片高原上出现，而是出现在得克萨斯北部生态区茂盛的、开阔的草原上。那里是野牛经常出没的地方，野牛很多，科曼奇人从18世纪初开始就一直争夺那片地方。白人先驱者逐渐向西推进，越过了联邦政府在19世纪50年代初期修建的堡垒。大量的涌入出现在19世纪50年代末期，白人定居点跨50英里到达今天的威奇托瀑布所在经线的地方：远远超过了白人曾经去过的地方。

　　帕克县新建的房子是殖民者大量涌入的缩影。尽管玛莎·舍曼毫无疑问没有恶意，敬畏上帝，但是她与埃兹拉已经是这场喧闹的、混乱的、无耻的入侵的一部分。科曼奇人就是这样看待他们的，因为他们无法从别的角度来理解。那年秋天，野牛向南迁，正好到了白人住的地方，这意味着远离边境的科曼奇人将要挨饿。因此，佩塔·诺科纳席卷得克萨斯北部是一场政治行动，具有政治目标。舍曼一家决定在帕克县西部建房子也是一场政治行动，尽管他们自己可能没有意识到。双方都觊觎着同一片土地，都想让对方停止争夺，却都不愿意让步。相比之下，帕克堡所发生的事情，只是双方轻微的接触。佩塔·诺科纳在1860年发动的袭击完全是为了领土而进行的战争。一切都押上了，一切都在发生变化。[18]

　　可以用爆炸来形容得克萨斯人口的变化。当1836年辛西娅·安·帕克被抓走的时候，得克萨斯的人口在 1.5 万左右。到 1860 年，人口已达到 604215。[19]仅 19 世纪 50 年代，就有 40 万人来到这里。1860 年，得克萨斯人口中的 424220 人都是外来人口，其中 182921 人是奴隶。圣安东尼奥是繁忙的城镇，有 8235 人。[20]加尔维斯顿、休斯敦与奥斯汀都在迅速发展，从猪满街乱跑变成了看起来像文明城市。1836 年，得克萨斯只有一小段供马车行驶的崎岖的道路；到 1860 年，这样的道路有数千英里，还有 272 英里的铁路。[21]当帕克家人被抓走的时候，当地只有 3 家报纸；现在有 71 家。[22]不过，该州大部分人口仍然是农业人口，大多居民都是自给的农民。在更远的边境地区，他们修建了原始的木屋或棚屋，除了工具和武器外，其他东西都是自己制作的。他们在那片土地上艰难地过活。很多人经历了很多恐怖的事情，这些事情一个世纪之前阿巴拉契亚边境的定居者也曾经历过。尽管如此，人们仍然不断涌入，来自阿拉巴马、田纳西和东部其他地方的数以千计的人在平原的边境聚集，多年以来，那里未曾有过白人。

正如佩塔·诺科纳的袭击所表明的，问题在于他们遭开膛破肚，被折磨，被强奸，成为科曼奇人的俘虏，远在华盛顿特区的印第安事务办公室对此无能为力。在海斯的骑兵用新的方式与印第安人作战的 21 年之后，这样的情况的发生似乎是不可能的。每隔一段时间，部队被派来，带着光荣的使命，要彻底粉碎科曼奇人的势力。每隔一段时间，他们的确会找到一些科曼奇人，并杀死他们。但是这样的行动并没有改变局势。他们没有阻止任何事情。人们没有就去科曼奇人的腹地消灭他们达成一致。

因此，袭击仍在继续，而且在 1857 年以后变得更严重。大

158

多的袭击来自延帕里伽、科措台伽、诺科尼和夸哈迪等队群，他们在北部和西部的据点自由行动。基奥瓦人在加拿大河上游，没有受到影响，也在发动袭击，并经常与科曼奇人一起。旧的方式仍然存在，几乎没有发生真正的改变。美国的殖民浪潮从东部沿海席卷而来，穿过阿巴拉契亚，穿过密西西比。人们一度有过希望，乐观地认为将与舍曼家人和其他殖民者穿过 98 度经线。突然之间，他们遇到了巨大而致命的障碍——这些障碍曾经阻挡了西班牙人、法国人、墨西哥人和得克萨斯土著人——大平原。大平原延伸至加拿大，一直是苏人、阿拉帕霍人、科曼奇人、基奥瓦人与夏安人的战争武器。

1849 年，海斯离开得克萨斯去加利福尼亚闯荡的时候，他证明了一点，那就是科曼奇人可以被猎杀，可以被追到他们的村落，可以以其人之道还治其人之身。他发明了一种新的战争形式，并发明了一种毁灭性的、令人难以置信的兵种：他们轻装上阵，骑着快马，戴着宽边软帽，留着参差不齐的胡子，还抽烟。他改造了一种没有人想要的武器，并让它最终成为边境佩枪，因此很快改变了美国西部的面貌。当墨西哥战争结束的时候，普通的观察人士也会得出结论，针对印第安人的风向变了，科曼奇被包裹在崛起的美利坚帝国之中，面对着一群意志坚定的人——他们知道如何与科曼奇人作战。科曼奇人即将走向毁灭，比人们预期的还快。

但是这样的事情并没有发生，就好像骑兵从未存在过一样，就好像没有人吸取过那么多年轻人血的教训一样。在华盛顿，没有人咨询过游骑兵。海斯跟着淘金热来到西部，并很快成为旧金山的治安官，在很大程度上，至少在一段时间内，他与他的骑兵都被人遗忘了。骑兵被解散，取而代之的是美国的陆军部队。他们不时被重组，这通常意味着一名队长要去招募一群人，参加一场行动，却只有有限的经费。这样的情形在 1850年、1852 年、1855 年、1857 年和 1858 年都发生过。但是大部分队伍很少与印第安人作战。一些人在遥远的得克萨斯南部与利潘阿帕奇人发生过小规模的交火。一些人与科曼奇人作战。其中一人叛逃，加入了臭名昭著的、由冒险者领导的一场企图推翻墨西哥政府的倒霉行动。他们最终烧毁了墨西哥边境的城镇彼德拉斯内格拉斯（Piedras Negras），同时让自己背上了耻辱的骂名。[23]据沃尔特·普雷斯科特·韦布所写的，对于 1857 年被招募的士兵，"他们在边境上几乎没有留下什么痕迹"。其中一支队伍找到了一小群印第安人，"但是完全被他们欺骗、击败了"。[24]唯一的例外是 1858 年里普·福特在红河北边的行动，后文将对此做出详述。

美国陆军比海斯之后的骑兵更低效。十年时间里，它的规模都在走下坡路。1860 年秋天玛莎·舍曼的惨死还标志着，联邦的无能、愚蠢与政治的盲目性正在产生后果。

失败有多种形式。1848 年和 1849 年，美国陆军派出工兵修建 5 座堡垒，将它们连成一线，从沃思堡（沃思堡也是这 5 座堡垒之一）到圣安东尼奥。它们刚建好就被废弃了。定居点连成的线已经将它们包围了。

还有一个问题就是被派出把守这些堡垒的人。当美国从墨西哥撤军的时候，美国派出了 7 支常规部队来替代得克萨斯的部队。这包括多种形式的步兵。考虑到过去 10 年中得克萨斯边境战事的情况，这是一个糟糕的决定。这只可能是由戴着领带、穿着马甲的人作出的决定，他们在豪华宾馆用餐，生活在距离

160

边境 2000 英里的地方；另外，人们并不想与印第安人发生战争，并不希望像大脚华莱士这样的职业杀手在他们的家附近猎杀印第安人。几乎在每一方面，新印第安战士都与海斯的骑兵相反。

最好的例子是西部陆军的新"精锐"力量：龙骑兵。他们是装备沉重的骑着马的步兵，他们骑着马来到战场，却下马作战。毫无疑问，他们面对同样装备的对手时是支劲旅，但是在得克萨斯边境，他们是令人震惊地不合潮流，就像是从路易十四王朝来的。他们穿着"法式的蓝色夹克、白色的裤子，戴着橙色军便帽，留着大胡子"[25]。就像路易时期的老步兵一样，他们自认为英勇，却很快表现得像小丑。

他们所使用的武器，西班牙人与墨西哥人很早就已经发现对骑着马的部队不起作用：单发手枪（显然，这些部队不像墨西哥战争中的受害者，还没有领会到柯尔特沃克转轮手枪的意义与价值），闪闪发光的剑，这些都没有实际用途，因为印第安人用的是 14 英寸长的长矛与迅速射出的箭。最奇怪的是，他们还使用斯普林菲尔德 1842 型步枪（Springfield Arsenal Musketoon，Model 1842），这的确是糟糕的武器，在任何距离都不可靠。这些装束华丽的、骑着马的步兵（负重大，所以并不是真正意义上的骑兵），在追击印第安人时，一天跑不了 25 英里。他们经常不得不走在马的旁边，以避免让马筋疲力尽。而他们追击的敌人——西部的陆军并不经常追击——能在 7 个小时骑行 50 英里，能不停地骑行 100 英里，沉重、缓慢的龙骑兵拒绝相信敌人的能力。一名得克萨斯骑兵说，这些士兵能够让印第安人陷入危险的唯一一种方式，是他们古怪的装束与生硬的骑术可能让印第安人笑死。[26] "让步兵骑马是一件相当不幸的事",一名骑兵队长写道,"很多步兵一生都没有在马背上与美国最好的骑兵——科曼奇人作战过,然而美国陆军却要试试。"[27]他们从未抓到任何印第安人并不稀奇。

不过,龙骑兵比步兵更有效率,步兵是部署在边境部队中的大部分。这样的选择是令人好奇的,因为在开阔的地方,步兵面对骑着马的敌人时,所能做的最好的事情就是在围栏的门口开枪射击。这样的防御理念在更加文明的地方是合理的,在西部却不是。它与打击骑着马的印第安人没有关系。印第安人从来不会蠢到或绝望到要进攻联邦的堡垒。他们很快学会了绕过它们。甚至在这些堡垒建成之前,一些城镇的居民就要求获得骑兵的保护。1849 年,得克萨斯的一家报纸说:"用步兵去打击世界上最杰出的骑兵印第安人,这样的想法是荒谬的。"[28]而且这些步兵大多是在国外出生的德国人与爱尔兰人,很多是罪犯,过着卑贱的生活,遭受疾病、卫生条件差与酗酒的折磨。

然而,这就是来自华盛顿的政策。这样的政策常常是矛盾的。1849 年,内政部从军队手中接管了印第安事务办公室。原则上,这是一个合理的主意。但是它却建立了两个冲突的管理机构。印第安事务办公室完全致力于在西部避免与印第安人发生战争。它并不信任军队,也不相信定居点强硬派的呼声,它认为白人与印第安人的问题是他们自己的行为造成的。他们喜欢签订条约,越多越好。他们喜欢持久和平的想法,尽管大量涌入印第安人土地的定居者想要的和平只是意味着完全消灭印第安人。部队更了解这一点,但什么也做不了。印第安事务办公室非常腐败,他们认为骗取印第安人的礼品、补给或食物没有什么错——这经常导致流血冲突。结果就是导致了令人紧张

162

的被动，这样的状态从 1849 年一直持续到 1858 年。士兵们不会主动去与印第安人作战，除非被印第安人袭击或者他们有明确的证据证明印第安人有犯罪行为时。

政府的措施完全是防御性的。因此，在 1852 年建成的绵延100 英里的新堡垒，并没有之前的堡垒有效。[29] 尽管它们的建造成本不菲，但很快就面临了人员与经费不足问题。步兵除了在阅兵场进行操练和行军，做不了其他的。用走路的步兵追赶着马的科曼奇人没有意义。修建这些堡垒是为了阻止得克萨斯边境与墨西哥北部的印第安人的袭击，但是在 19 世纪 50 年代的大多数时间里，它们并没有发挥效果。正如华莱士与霍贝尔所写的：“军官与部队士兵无视平原印第安人战争的基本特征，这令人感到奇怪。”[30]

联邦层面的失败也扩展到了条约上，它们与美国政府早期签订的失败的条约没有什么两样。一名历史学家估计美国政府签署并撕毁的条约数量是 378 个。[31] 几乎每一个条约的结果都是一样的：白人文明向前推进，土著文明被摧毁，被同化，被赶走。政府作出承诺，却从未执行过，也从未打算去执行，印第安人就这样死去。这是一段令人沮丧的历史。五个开化的部落被一系列条约驱赶到西部，每一个条约都承诺这一次政府会遵守约定，这一次血泪之路将终止。其中一些条约完全是虚伪的；一些是真诚的、质朴的，比如由得克萨斯印第安人事务官员罗伯特·内博斯签订的条约。印第安人总是希望条约能够永久维系；签署条约的白人没有谁相信政府会作出这样的承诺。

大量的精力被花在与印第安人签署这些没有意义的条约上。看一份简单的总结就知道了。第一个条约在 1847 年与盆纳台伽人签订，盆纳台伽人当然不能将任何条款强加在其他队群。它的条款很典型：印第安人释放俘虏，归还偷走的东西，接受美国的司法，只与特许的贸易商做买卖。作为交换，政府承诺没有美国总统签署的通行证，任何白人不得靠近印第安人，政府将给他们铁匠，以维修枪械与工具，并给他们价值 1 万美元的礼物。[32]当然，白人从未执行过这样的条约。人们不禁想知道，是谁想出了这么荒诞的主意，竟然让美国总统詹姆斯·K. 波尔克（James K. Polk）为每一位想要穿过印第安人土地的白人定居者签发通行证。与往常一样，严禁印第安人超过既定的界线，而白人却嚷嚷着向前推进。另一个相似的条约是在 1850 年签订的，参议院并没有批准，这令印第安事务办公室的所有承诺变得毫无意义。

1853 年的条约则对双方都是欺诈。这份条约由北部科曼奇人、基奥瓦人、基奥瓦阿帕奇人的"代表"签署，而他们并没有权力同意任何事情。该条约允许美国在印第安人的领土上修建道路，建立补给站与哨所，并保护想要从这里通过的定居者。作为补偿，印第安人事务官员承诺每年给他们价值 1.8 万美元的商品。印第安人承诺停止攻击美国与墨西哥，并归还所有的俘虏。[33]

双方都没有遵守条约，也都没有打算去遵守。承诺每年都给的商品并没有给他们，尽管印第安事务办公室有人从中获得暴利。印第安人，现在可能也变聪明了，他们知道白人与他们打交道的方式，也从未打算去执行这份条约。他们喜欢琢磨礼物，想知道他们能够获得多少礼物。白人注定要从条约中得到一些东西：印第安人可以被描写成破坏条约的人。毕竟他们签订了条约，说他们不会再袭击，并且释放俘虏，然后，他们背叛了条约，虽然殖民者也完全忽视了条约，就像他们完全忽视其他条约一样。作为帝国扩张的一个理念与蓝图，天命论（Manifest Destiny）意味着土地，并且是所有的土地都属于白人。白人做了他们在 17 世纪抵达弗吉尼亚时所做的事情：他们在他们的勇气或者印第安人交战各方的允许下，尽可能地深入印第安人的土地。往相反的方向想象一下：美国政府派出部队，去射杀这些只是想要实现美国梦的虔诚的定居者。这样的事情从未发生过。

美国政府能够想出的最好的办法就是在 1855 年召集 400 名饥饿的盆纳台伽人与 1000 名其他部落的人，大部分是威奇托 - 喀多人，把他们派到布拉索斯河的保留地上。这个计划是由杰斐逊·戴维斯（Jefferson Davis）想出来的，他是富兰克林·皮尔斯政府新任战争部部长。盆纳台伽人大部分已经被数轮瘟疫消灭掉，他们的狩猎场已经没有猎物出现，他们的文化被白人入侵者污染，剩下的盆纳台伽人都快饿死了；其他的印第安人也遭蹂躏。

这个计划也适得其反。美国政府给科曼奇人划了一块地，面积约 2 万英亩，位于布拉索斯河支流克利尔河，在今天的阿比林与威奇托瀑布附近。对于游牧的猎人来说，这块地方太小了，不能饲养家畜，大多也不能用作农场。在剩下的 1200 名盆纳台伽人之中，只有约 400 人来到了这里；其他人，因为听信了他们将被杀死的谣言而吓跑了，跟着野牛背跑到了红河以北。对于这些留在保留地的人来说，人们设想，他们是将成为幸福的、适应得很好的农民。但是没有科曼奇人想过要种庄稼。印第安人事务官员罗伯特·内博斯被迫给他们牛。其中一名首领萨纳科（Sanaco）的反应，总结了盆纳台伽人苦涩的顺从：

　　你们来到我们的地区，选择了一小块地方，你们画了
一条线，告诉我们，总统给了我们这份礼物，让我们生活
在这一小块地方，而所有人都知道，从红河到科罗拉多，
整个地区都是我们的，并且自古以来就是我们的。然而，
我想，如果总统将我们限制在这一小块地方，我们也只能
被迫这么做。[34]

　　但是得克萨斯保留地主要的问题，是生活在附近的白人。
到 1858 年，白人的农场与牧场已经包围了保留地。很快，白人
将北部队群发动的袭击怪罪到保留地的印第安人头上。1858 年
秋天，整个边境遭遇一系列野蛮的袭击——距离弗雷德里克斯
堡（Fredericksburg）25 英里的一个居民点被完全摧毁了。在仇
视印第安人的报纸编辑约翰·贝勒（John Baylor）的带领下，
定居者将自己组织起来，扬言会杀死保留地里的所有印第安人。
1858 年 12 月 27 日，保留地上的 17 名和平的印第安人——阿纳
达科人（Anadarko）与喀多人——在睡觉的时候被白人袭击。
白人朝他们开枪，杀死了 4 名男子和 3 名女子。6 名白人男子
被认定为谋杀，却并未遭到起诉。仿佛没有陪审团可以审判他
们，因为如果他们被捕的话，可能导致边境全面叛乱的局势。
与此同时，贝勒继续挑起麻烦，甚至威胁说无论哪个士兵挡了
他的路都会被杀死。1859 年春天，保留地附近地区的人们陷入
了恐慌。白人成群结队地四处寻找印第安人。5 月，一些白人
朝着一群印第安人开枪。几乎没有疑问，如果印第安人待在那
里，将会爆发一场大规模的战争，或者说更有可能的是一场大
规模的屠杀。
　　7 月 31 日，内博斯与三支联邦部队从布拉索斯河保留地带

165

领一长队奇特的、多彩的印第安人走出保留地，再也没回来。
这样的场面既壮观又伤感。他们当中有 384 名科曼奇人以及来
自印第安其他部落的 1112 人。[35] 他们在迷人的草原上、在炎热的
天气里缓慢移动，拖着他们的雪橇，就像他们过去几百年的经
历一样；他们于 8 月 8 日到达红河，8 月 16 日到达沃希托河新
的保留地，在今天的俄克拉荷马科布堡（Fort Cobb）附近。第
二天，内博斯回到得克萨斯准备一份报告。当他在贝尔纳普堡
时，一名叫爱德华·科尼特（Edward Cornett）的男子，因不认
同他的印第安政策，走向他，从背后朝他开了枪。

无论从哪个角度评论，里普·福特都是西部最杰出的人物。
他做过医生、报纸编辑、州众议员、州参议员，是南方邦联的
公开支持者。他还是一名探险家，走过从圣安东尼奥到埃尔帕
索（El Paso）的路线，这条路线后来就以他的名字命名。他担
任过布朗斯维尔市（Brownsville）市长，还是 1875 年制宪会议
（Constitutional Convention）的代表、州聋哑学校的负责人。他
也是一名和平卫士。他曾保护布拉索斯河保留地的印第安人，
驳斥当地白人对他们的污蔑，但是他后来拒绝逮捕杀害无辜的
喀多人与阿纳达科人的凶手，尽管一名法官曾命令逮捕他们。[36]
里普·福特的思路开阔而且与众不同。

但是他最广为人知的身份是一名打击印第安人与墨西哥人
的斗士。他于 1836 年加入了海斯创立的骑兵队，并成为一名中
尉。在墨西哥战争期间，他再次加入海斯的队伍，做他的副官，
166　并赢得了他的昵称。向阵亡士兵家人寄送阵亡通知书是他的工
作，他经常在通知书的结尾写"安息"（Rest In Peace）。因为
他写了太多这样的信件，他将这句话简写为"R. I. P"。很多

人认为这个简写代表了他杀死的所有印第安人。战争结束后，他再次加入骑兵，被提拔为队长，并在边境地区打击墨西哥匪徒与印第安人。尽管接受过教育，有修养，但是他看起来很粗暴；你可以想象他在冰冷的帐篷里与海斯、麦卡洛克在一起，在寒冷的黎明醒来，去追杀科曼奇人。他的脸很宽，眼睛深邃，鼻子有点歪，耳朵像水壶把手，嘴唇很薄、很硬。他喜欢穿鹿皮鞋，胡子修得很细。有时候他戴大礼帽。他是一位严厉的教官。

1858 年 1 月，当得克萨斯的伊拉斯县（Erath）、布朗（Brown）县和科曼奇县遭受新一轮的科曼奇人袭击时，福特当之无愧地成了边境救世主。得克萨斯人受够了联邦政府惊人的无能与阻击科曼奇人彻底的失败。最令得克萨斯受不了的是，1857 年陆军决定将驻扎在得克萨斯的大批联邦部队主要是第 2 骑兵团，运到犹他州北部去镇压摩门叛乱（Mormon Revolt）。科曼奇人对此非常了解，因此扩大了袭击。

够了！得克萨斯人决定自己解决这些问题。他们拨出了 7 万美元，招募了 100 人，任期为 6 个月。福特接受了这项任务，指挥他们。他们的任务非同寻常。那几年，每一次针对科曼奇人的重要军事行动都是在回应科曼奇人具体的袭击。他们的想法是去追这些袭击者，惩罚他们。这完全是报复。福特与他的人马将前往红河以北，深入科曼奇人的土地，对他们发动进攻。"必须采取行动"，得克萨斯州州长哈丁·朗内尔斯（Hardin Runnels）对福特说，"追踪你能发现的所有充满敌意或可能怀有敌意的印第安人，如果可能，如果他们的确不友好的话，追上他们，惩罚他们。"[38] 朗内尔斯说的话听起来很简单。事实上，他在呼吁对印第安人进行公开的战争，这直接违背了联

邦政策。这些命令与海斯 20 年前所做的相似。他在山区穿
167　梭，寻找印第安人，找到谁就攻击谁。骑兵是否发现印第安
人在做违法的事情，不再重要。重要的是猛烈地攻击他们，先
发制人；重要的是骑兵将深入他们的腹地，追赶他们，并摧毁
他们的住所。

　　福特就这样被派出去了。他招募了他能找到的最好的人手，
给每个人都配备了两把转轮手枪和一支来复枪，训练他们射击
与战法。[39]他们采用老骑兵的办法，要求必须具备吃苦耐劳的精
神。这是海斯的办法。他的队伍中加入了 113 名友好的印第安
人，多数是通卡瓦人，首领是普拉西多（Placido），以及喀多人
与阿纳达科人，首领是吉姆·波克马克（Jim Pockmark）。他的
队伍中甚至还有一些肖尼人。与海斯一样，福特充分使用了印
第安人。他后来写道，他们"不仅是普通的情报人员，他们对
当地的地理、地质的信息掌握得非常精确"[40]。1858 年 4 月 29
日，在印第安人侧翼部队与侦察力量的配合下，福特与他的战
友穿过了红河，他们穿行在大片的流沙中。实际上他们在得克
萨斯以外没有合法的职权，这似乎并没有困扰他们。[41]5 月 10
日，他们的侦察力量带回了两支箭头，很快，它们被确认是科
措台伽科曼奇人的。5 月 11 日，他们在加拿大河发现了一个小
的科曼奇人营帐。福特像游骑兵一样行动：悄悄地生火，甚至
不生火，向四个方向派出侦察兵，侦察了 20 英里。当然游骑兵
不会有陆军远征时的兴师动众，重复的军号声声不断。这支队
伍正向老骑兵学习，只是学得有些慢。联邦的部队则仍然在草
原上大步前进。

　　5 月 12 日，福特麾下的通卡瓦人袭击并迅速摧毁了这个营
帐，杀死了数名印第安人，并抓了一些俘虏。两名科曼奇人骑

马逃脱，奔向了加拿大河。骑兵与保留地的印第安人追击，一路狂奔三英里。他们穿过加拿大河，很快来到一个巨大的科措台伽营帐，营帐沿河绵延一英里。这片地方景色很美，一条清澈的小溪穿过河谷，北岸是风景如画的羚羊山，沐浴在晨曦中。这里是科曼奇腹地，他们未曾想到这里会被袭击。他们要找的不只是移动的战争营帐，而是规模完备的村庄。村庄里有妇女和儿童，营帐前的架子上晾着牛肉。福特的 213 人现在面对着 400 名科措台伽战士。

福特首先派出他的印第安人战友。他说，这是为了"让科曼奇人以为，对手只有印第安人，武器只有弓箭"[42]。

这个计策显然成功了。科曼奇人的首领"铁甲（Iron Jacket）"一马当先。铁甲不仅是一名战争首领，他还是一名伟大的药师。他不穿鹿皮衬衫，而穿铁甲，这是一副古老的西班牙铠甲。他拿着一张弓与一支长矛，戴着羽毛头饰，拖着红色法兰绒饰带，身上涂着颜料。[43]据福特称，他的马也是"盛装打扮"[44]。他施展自己的魔法，先骑着马绕一圈，然后用力呼气。据说他能将箭吹离目标，子弹与箭会从他身上弹开，铁甲战无不胜。在一小段时间内，他的确是这样的。即便骑兵与印第安人射击他，他也会毫无损伤。一名参加过战争的人回忆说，手枪子弹"会斜飞过（他的铠甲），像锡皮屋顶上的冰雹"[45]。他再次转圈，向前挺进。但是现在，福特的印第安人配备着六连发的手枪与密西西比步枪，找到了他们的目标。"空中响起了六声枪声"，福特写道，"首领的马跳起了 6 英尺高，然后倒下了。另一阵射击随即跟上，这名科曼奇的药师就此殒命。"[46]

后果可以预见且立竿见影。营帐里的科曼奇人抵挡了一会儿后就逃跑了，因为他们首领的魔法失效了，他们士气低落。之后就是在运动中作战，骑兵与他们的印第安人盟友占据武器优势，在开阔的平原与草木茂盛的河边洼地击毙了这些科措台伽人。战场延伸至一块 6 英里长、3 英里宽的地方，战斗很快变成了一系列一对一的打斗，骑兵使用点 45 口径、六连发、可装弹的转轮手枪与后膛装弹的卡宾枪，面对使用弓箭与长矛的印第安人，显然具有巨大的优势。后者也有枪，不过是老式单发的滑膛枪，只能射击一次。印第安人作战英勇。他们作战的目的主要是掩护妇女和儿童撤退。妇女也跟着男子被一起杀死。福特称"区分印第安战士与女子很困难"，意思是骑兵杀死妇女的时候并不知道对方是妇女。事实并非如此。女子骑术与男子一样好，与男子一样精于弓箭。她们经常被当作作战人员而被杀死。无论在什么情况下，她们都是潜在的战士。不用说，通卡瓦人与肖尼人以及其他的印第安人对于杀死女子不存在良心上的不安。平原上的战争总是战斗到死。在运动战中，76 名科曼奇人战死，受伤的人数更多。骑兵只有 2 人死亡，3 人受伤。"友好的"印第安人的死亡人数则从来没有被记录下来。

现在，非常奇怪的事情发生了。另一支科曼奇人，数量与刚才的科曼奇人一样甚至更多，从河谷与丛林中出来，与福特的人对峙。据传说，他们由佩塔·诺科纳指挥，但是没有确凿的证据。接下来发生的是古老的、仪式性的战斗，几乎没有白人见过。科曼奇人穿着特别的衣服，一个一个骑着马来到平原上，对着保留地的印第安人吼叫，要求他们出来单挑。他们的确也出来单挑了。"当时的场面令人难以描述"，福特写道，"这令人想起原始的骑士—游侠行为。盾牌、长矛、弓箭、头盔与腾跃的马，很多细节都很像。双方吼叫着冲向对方，除了战场上的来复枪之外，真让人怀疑这是在中世纪的战场。这样的状态持续了半小时，双方都没有遭受大的损伤。"[47]

很快回到了现代。骑兵猛烈开枪，科曼奇人的防线很快被攻破。跑动中的战斗蔓延了3英里，结束的时候双方都没有死伤。福特的马筋疲力尽。科曼奇人停下照顾伤员。

福特这次的战斗在得克萨斯历史上被称作羚羊山战役，它为人熟知有几个原因。它标志着得克萨斯人对科曼奇人的优势，凸显了陆军与印第安事务办公室的无能。它为福特赢得了威名，最重要的是，它证明了海斯学到的经验，不过这些经验已经被遗忘了数年。"科曼奇人"，福特后来在给朗内尔斯的信中写道，"可以被跟踪，被超越，被打败，只要追击的人付出努力，英勇，愿意克服资源的匮乏。"简单地说，就是要愿意像19世纪30年代与40年代早期的游骑兵那样行动、作战。

羚羊山战役也让人们关注到一个棘手的政治问题，即谁才更有能力在边境巡逻——联邦部队，还是得克萨斯人？那一年，萨姆·休斯敦在美国参议院鄙视地说，得克萨斯再也不需要联邦部队了。"给我们1000名骑兵，我们将为边境的防务负责。得克萨斯不需要常规军。请将他们撤回。"他遭到战争部部长、密西西比参议员杰斐逊·戴维斯的反驳。戴维斯提醒休斯敦骑兵在墨西哥战争中的纪律问题。"如果将军进一步了解"，他反驳说，"会说，游骑兵总是在营帐附近制造混乱，他会说亲身经历更真实。"[48]

但是福特的袭击深深刺痛了部队；它表明或者说证明，休斯敦是对的。福特做到了美国军队从来没有能够做到的事，即在科曼奇人的家园追击他们。因此，第二步兵在犹他州组建起来，向红河以北进发，打击科曼奇人。

这次的行动自始至终都是政治性的。福特的袭击促使驻扎在得克萨斯的美国军队指挥官——肥胖的、醌醌的戴维·特威格斯（David Twiggs）将军直接从位于西点军校的陆军总部获得授权，放弃军队自1849年以来不得不忍受的被动防御政策。一支旨在惩罚印第安人的部队在贝尔纳普堡成立，由精干、自大、长着一头金发的密西西比人厄尔·范·多恩（Earl Van Dorn）指挥，他后来成为南方邦联著名的少将。由精干而充满雄心的20岁的大学生苏尔·罗斯（Sul Ross）所率领的5组人及135名友好的印第安人在1858年9月15日向北骑行。他们追踪野牛背。野牛背似乎是不可战胜的盆纳台伽人的首领，他拒绝进入保留地，他现在与其他的科曼奇队群在一起。他们的威奇托侦察兵很快在一个威奇托人村庄附近发现了一处巨大的科曼奇人村庄。这群科曼奇人完全没有意识到危险。

他们没有意识到危险的原因是，他们刚刚与普林斯队长（Captain Prince）签订了协议。普林斯是位于东部的阿尔巴克堡（Fort Arbuckle）的指挥官。当无畏的范·多恩在贝尔纳普堡准备给予科曼奇人致命一击的时候，普林斯正与这些队群的首领亲切交谈，签订和平协议。这些队群包括由野牛背、"头发捋到一边"（Hair-Bobbed-on-One-Side）和"孤立的丘上"（Over-the-Buttes）所领导的队群。范·多恩与普林斯都不知道对方在做什么。[49]满足于至少是短暂的和平，不必担心里普·福特那样的袭击，威奇托人与科曼奇人正在狂欢、做买卖、赌博。他们完全没有意识到范·多恩与罗斯所领导的部队与"友好的印第安人"正在接近。关于他们的位置与力量的数个报告交给了"头发捋到一边"，他考虑了一下，认为白人刚刚与他们签订了和平协议，不可能袭击他们。征兆很好。他们是安全的。他们去睡觉了。

第二天黎明，范·多恩的部队报复性地袭击了这个科曼奇村庄。罗斯与他保留地的印第安人的马已经逃跑，所以大部分人不得不徒步作战。这更像是一场屠杀而不是战斗。200名身穿制服的士兵在村庄里扫射营帐。科曼奇人像往常一样，疯狂地试图掩护他们的家人。70名印第安人被杀死，伤者无数。野牛背与大多数战士逃走了。骑兵有4人战死，12人受伤，包括范·多恩，他的肚脐被射了一箭，罗斯受了两处枪伤。两人不得不在战场上待了5天以恢复身体。[50]他们烧毁了120个营帐、科曼奇人所有的弹药、炊具、衣服、皮具、玉米与其他维持生计的物品。逃脱的印第安人只有身上的衣服，很多人是赤脚的，因为骑兵还抓获了300匹马。[51]

尽管对科曼奇人犯下的罪行只是一个残忍的诡计，但是部队却夸耀这是光荣的胜利。得克萨斯的媒体对此不是那么确信。一家报纸表达了这样的观点，即威奇托村战役（Battle of the Wichita Village）的效果"很可能是至少一段时间内对边境定居点袭击的终结"，但它坚称，"战争的结束则应由积极的、充满活力的行动带来"。[52]后者并没有很快发生。1858年11月5日，也就是近7个星期之后，罗斯自己说，在这次战斗以后，科曼奇人在得克萨斯北部的定居点偷走了一百多匹马。印第安人在1858年秋天的暴力袭击引发了约翰·贝勒的保留地战争。至少部分是对范·多恩袭击的报复。[53]

但是福特与范·多恩的袭击具有清晰的意义。他们毫无疑问是主动进攻的，这是一点。他们第一次表现出要穿过红河去追击科曼奇人的意愿，他们表明了这样的策略至少可以杀死印第安人。他们能否阻止袭击还有待观察。他们还表明了武器的优势，尤其是六连发转轮手枪与后膛装弹的卡宾枪，从根本上改变了基本的力量平衡。当 200 人可以消灭两倍于他们数量的科曼奇人的时候，他们的确需要吸取一些教训。海斯 1844 年在沃克溪战役就展示了这一点。但现在没有人记得了。

第十二章　科曼奇人中的白人女王

即使在边境最血腥的一年——1860 年——玛莎·舍曼的死也依然引人注意：也许是因为她被轮奸、被折磨，而当时她正怀着身孕；也许是因为她死去的婴儿，或者是因为发生在她身上的那些可怕的细节。她将这些细节讲述出来，它们很快传播到了帕克、杰克和其他县。不管是因为什么，在这次袭击后，一切都陷入了混乱。人们惊慌失措，迅速地逃离边境。28 岁的教师乔纳森·汉密尔顿·贝克（Jonathan Hamilton Baker）在 11 月 28 日的日记中写道："这预示着，整个县里将变得人烟稀少。"[1] 车队正在离开。各处都被腾空了。在袭击发生的几天后，这一地区就出现了 100 个废弃的农场。韦瑟福德以西的人们大多撤到了东边，用一名牧场主的话说，他们丢下了"边境的据点"[2]。

然而不是所有人都离开了。24 岁的查尔斯·古德奈特（Charles Goodnight）注定将成为得克萨斯最著名的牧场主，成为大规模驱赶牛群运动的发起者。他在雨夜骑行，招募了一支队伍，追赶袭击者。他找到了 8 名志愿者。第二天早晨，他们在一位名叫艾萨克·林恩（Isaac Lynn）的老人家中见面。老人的女儿和女婿刚刚被科曼奇人残忍地杀害了。当古德奈特进门的时候，他发现林恩"坐在一堆火前，手里拿着一根分叉的山茱萸杆子，杆子上是一块印第安人的头皮，已经完全用盐腌制过。头发被塞进了头皮里面。随着他仔细地在火上翻烤，油脂渗了出来……他回头看看我，向我打个招呼，然后转过去，继续烤头皮。我从未见过如此悲伤的一张脸"。自从他女儿死后，他开始收集头皮，并让人们将头皮给他。他将头皮烤过以便保存。同许多生活在流血边境的人们一样，他完全沉浸在仇恨与悲伤中。[3]

古德奈特和他的人马马上出发去追踪佩塔·诺科纳率领的袭击者。因为印第安人带着150匹偷来的马，他们很快就被追上了。科曼奇人为了躲过追踪通常会煞费苦心，会在碎石地面或比较硬的地面将牲口散开。他们很快甩开了白人的追踪，随后就停下来，没有警戒。古德奈特一行人在开阔的草原上沿着湍急的、冰冷的河流至少奔跑了120英里。雨一直在下。他们没有食物，没有床铺，现在，他们意识到正在接近一个营帐，有很多印第安人，比佩诺·诺科纳的袭击者多得多。这是纳杜在骡溪的村庄，是边境袭击的巨大供应站与情报交换所。古德奈特一行人知道了印第安人去了哪里之后非常满意，同时知道了面对这么多印第安人没有胜算，就回去了。[4]

他们很快就发起了一场大规模的征服战。12月13日，40名骑兵、来自库珀堡（Fort Cooper）第2骑兵部队的21名士兵以及约70名当地志愿者，包括古德奈特。他们由23岁的苏尔·罗斯领导。罗斯活力充沛，满怀抱负。他在阿拉巴马佛洛伦斯（Florence）卫斯里大学（Wesleyan University）读书时就参与了范·多恩发起的征服。罗斯在羚羊山战斗中作战英勇，身负重伤，因此赢得了声名。后来的事实证明，休斯敦对罗斯的任命对两人而言都是完美的安排，并让人们相信休斯敦的确是在做些解决科曼奇问题的事情。罗斯则将它当作跳板，开启了令人眩目的生涯。他后来成为南部联邦最年轻的将军、受拥戴的两任得克萨斯州州长、得克萨斯农工学院（今得克萨斯农工大学）院长。当时很多人恨他，尤其是约翰·贝勒煽动的民众，他们认为他同情印第安人，并扬言如果遇到他就将他吊死。罗斯自己有更高的追求。在他后来写的信中，可以看出他有多自负："我决定破釜沉舟，打击得克萨斯这些无礼的、难缠的敌人……我计划追踪他们，在他们的家中发动战争。在美丽的加拿大河与皮斯河的河谷与山谷中，在他们带着俘虏与战利品酣睡时，攻击他们。"[5] 人们几乎可以听到他脑海里酝酿要发表的演讲与口号。

队伍冒着严寒向西北出发了，穿过了豆科灌木丛，穿过了峡谷与石灰岩山脉。这是一片广阔的地方，暗褐色，像冬天般冷。年轻的教师贝克是其中的一名志愿者，他后来回忆说："这是一片贫瘠的草原高地，山谷郁郁葱葱，溪水边水草茂盛。沿途没有高大的树木，只有峡谷中低矮的朴树和草原上的豆科灌木丛。"[6] 他们看见了数以千计的野牛。大威奇托（Big Wichita）与皮斯河的水"很咸，喝了会拉肚子"，很难喝。晚上会下很重的霜；他们用毯子和牛皮袍子将自己包裹严实，在一小堆火边打冷战。为了避开流沙他们沿着野牛的足迹穿过河流。[7] 12 月 17 日下了一场雨，接着起了大雾，气温短暂地回升了。12 月 18 日晚间出现了雷暴天气。第二天早晨，古德奈特发现了被人丢弃的一个枕头和一个小女孩使用的腰带，枕头里有一本玛莎·舍曼的《圣经》。为什么印第安人会拿走《圣经》？据古德奈特说，科曼奇人使用的盾牌由两层最硬的牛皮做成，牛皮来自牛的颈部，并被火烧硬，给它塞上纸，几乎就可以防弹。当科曼奇人抢劫房屋时，他们总是带走他们能找到的所有书本。[8]

12月19日，骑兵与来自第2骑兵部队的士兵们走在志愿者的前面。他们在一个长长的峡谷中发现了查尔斯·古德奈特与他的侦察兵此前曾见过的印第安人的营帐。他们很幸运：一场猛烈的北风——平原上这种风人尽皆知——吹起的沙石掩护了士兵们的位置。[9]营帐里人不多；古德奈特预计的500人并不在那里。他们能看到的这一小部分人正在给马和骡子装上行李准备离开，而没有意识到白人正在靠近。看到这些，罗斯命令士兵绕到营帐的另一边，切断印第安人的退路。

随后，他与他的60个人袭击了这群印第安人，后来他们才知道这群印第安人只有15人。很多印第安人甚至还没拿起武器就被杀死了。另一些印第安人逃到了包围圈的钳口位置，被砍死在那里。曾有人意识到营帐里的都是女人。也有一些年老的男人和一些战士。根据古德奈特的描述，他们放过了遇到的大多数女人，但并不是所有女人。而联邦部队碰到谁就杀谁，不论男女。正如古德奈特所描述的：

> （来自第2骑兵部队）的士兵追赶着印第安女人，有6人或8人，她们都没能跑到河流第一个转弯的地方。因为带着沉重的肉、帐篷柱子和其他东西，她们的马跑不动。我们估计她们有1000磅的牛肉，处在风干的不同阶段。士兵们将她们全部杀死，几乎堆成一堆。[10]

战斗仅持续数分钟，它更像是一场屠杀而不是激烈的战斗。参与者们记得一些有趣的细节。营帐里的少数战士利用他们的马作为临时防御工事，马站着的时候，他们就站在马后面，马被射倒时，他们就躺在马后面。[11]在战斗中间，白人士兵被印第安人营帐中的约 15 条狗袭击。它们勇敢地保卫主人，几乎都被射杀。

　　战斗很快结束了。罗斯与汤姆·凯利赫（Tom Kelliheir）中尉骑马去追最后三名印第安人。他们骑着两匹马。追了一英里，他们追上了落单的一名印第安人，他骑着一匹铁灰色的种马。罗斯正准备射击，这时，他看见她带着一个孩子，勒住马——看您相信哪一个版本了——要么掀开自己的袍子露出自己的胸部，要么大喊"美国人！美国人！"，她可能这两件事都做了。不管怎么样，她这么做起作用了：罗斯没有开枪。他命令凯利赫与她和孩子待在一起，而他去追另外两名印第安人。他很快追上了他们，用他的柯尔特左轮手枪打中了后面的人，也是一名女子。她倒下的时候把骑手也拖到了地上。前面的人是一名高大的男子，全副武装。从他之前的行为以及他发号施令来看，罗斯判断他是一名首领，而且他看上去像那种人。他腰部以上赤裸着，身上涂着鲜艳的条纹颜料。他头上戴着两根鹰羽，脖子上挂着一块圆盘形的金子，上面刻着一只乌龟，上臂戴着金圈，腿上用头发系着绑腿。[12]他站了起来，抓起弓箭，射出了几支箭。以下是罗斯描述的之后发生的事情：

　　　　我的马全速前进，就快接近那个人了。他开始射箭，我用力拉住缰绳，勉强躲过他射出的箭……如果不是我的手枪侥幸射中了他的右臂，令他完全不能动弹，我可能已经被射中身亡了。我的马随后平静了下来，我对他开了两枪，他慢吞吞地走向一棵小树，视线中只有一棵小树，他靠着小树，唱起了古怪的歌……因为他似乎宁

177

愿死去，我让墨西哥男孩向他背部开了一枪，结束了他的痛苦。[13]

其他的一些描述则更复杂，罗斯与这位首领通过翻译进行了对话。首领坚持"除非我死了，否则我不会投降"，甚至试图用他未受伤的手向罗斯掷出一根矛。不管怎么样，他很快就死了。一位名叫安东·马丁内斯（Anton Martinez）的男子曾在孩童时被科曼奇人抓走，是罗斯的男仆——说他曾是佩塔·诺科纳家中的奴隶——认出了这名首领就是佩塔·诺科纳。最后清点人数，印第安人有 12 人死亡，3 人被抓。被抓的第三人是一名 9 岁的科曼奇小男孩。科曼奇人的损失非常大，他们原本藏匿在冬天的营帐里。他们损失了由 69 头骡子驮着的牛肉（超过 1.5 万磅）以及 370 匹马。[14]

现在，罗斯骑马回到凯利赫看守印第安女子与孩子的地方。这名女子很脏，因为处理了太多的血淋淋的牛肉，她身上有油脂等脏东西。但是令罗斯惊讶的是，她的眼睛是蓝色的。在肮脏的外表下，他注意到她的头发颜色比印第安人的黑色浅。她是白人。他们不太相信他们所发现的。他们将她带回她的村庄，士兵们正在村庄里抢劫。他们还在剥死去的印第安人的头皮，不论男女。现在，剥头皮是双方常见的做法。因为两个人都声称拥有佩塔·诺科纳的头皮，于是他们决定将头皮一分为二。[15]

178　　"白人印第安女子"后被带到佩塔·诺科纳被杀的地方。她在他身边痛哭。士兵们不让她待在那里。他们将她带到了主要的战场，允许她带着孩子在尸体之间走动。她一边走，一边用科曼奇语说着什么，在一名白人年轻战士身边，她哭了起来。

马丁内斯用科曼奇语问她这是谁？她意味深长地说："他是我的孩子，他不是我生的孩子。"她后来解释道，这是另一个白人女子的孩子，她也被科曼奇人俘虏，并嫁给了一名印第安人。她已经死去，但请求纳杜照顾他，并视如己出。

她之后告诉墨西哥人她是如何来到这里的。按照骑兵弗兰克·戈尔森（Frank Gholson）的描述，当骑兵袭击的时候，她与她的两个儿子在一起，翻译称他们是夸纳与花生。他们与其他女子和孩子们一起逃跑了。"跑了一段以后"，她告诉马丁内斯，"我跟两个儿子走散了。我回来找他们，非常靠近战场。就这样，我被抓了。我非常担心我的孩子们。我担心他们被杀了。"[16]罗斯的人没有杀掉她所描述的人，让她放心，说他们还活着。她接着哭。毕竟，这是她生命中第二次看到她身边的人被杀死、被剥头皮。这是她第二次被另一种文化所俘虏，她不会说这种文化里的语言了。

通过马丁内斯，她告诉罗斯，她记得她的父亲很久以前在一次战斗中被杀，她与她的弟弟被抓走了。这些信息与其他的细节令罗斯相信她可能就是"失踪已久的辛西娅·安·帕克"。至此，她不再说话。据戈尔森说，她还"试图逃跑，给他们带来了不少麻烦"。在某个地方，乔纳森发现地上有一只小巧的、精心缀着珠子的鹿皮鞋。他捡起来看看，这时发现一个小女孩正在盯着他。他这才注意到孩子的一只脚上没有穿鞋子。小女孩向他蹒跚走去，他将鞋子递给了她。[17]纳杜过得很苦，但是她竟能抽出时间与精力做这么精致的鞋子。第二天，人们将带不走的东西付之一炬后就离开了。

他们将她带回了贝尔纳普堡，后来又带到库珀堡，交给上尉的妻子照顾。一位名叫 A. B. 梅森（A. B. Mason）的骑兵陪着她，在将她送到目的地后回忆说，她"一度坐在那里一动不动，陷入沉思，忘记了周围的一切，随即抽搐，仿佛在努力克制某种强烈的情感"[18]。1861 年 2 月 5 日，《马尔维斯顿平民报》采访了梅森，梅森引述了辛西娅·安在库珀堡对官员们说的话，它们显然是经过编辑的，话语如下：

> 我记得我还是一名小女孩的时候，一直住在有栅栏的房子里；有一天，一些印第安人来到了这所房子。他们的手杖上有一块白色的破布。我的父亲出去与他们说话，他们包围他并杀了他；我的母亲与她的四个孩子被抓走；当天晚上，母亲与两个孩子被一名白人男子带走。我的弟弟在与印第安人生活期间死于天花，我与印第安人住在圣菲北部。我有三个孩子。[19]

她说她父亲曾与印第安人说话，这一点是错误的——与印第安人说话的是他的叔叔本杰明。她说弟弟死于天花也是错误的；他于 1842 年 9 月被家里赎回。但是她对其他一切的回忆都非常精确。她当时可能被猛烈的袭击吓晕了，但是她记得相当清楚。她记得眼睁睁地看着父亲死去。

罗斯立即派人去找辛西娅·安的叔叔伊萨克·帕克。与此同时，库珀堡的女人们决定给脏兮兮的辛西娅·安洗澡，这在悲剧中带来了一点喜剧的意味。她们为她找来了一些衣服，叫来"一位黑人哈姆"用肥皂和热水给她擦洗，又给她梳头，让她看看镜中的自己。"她显然没有抗拒这些事情"，戈尔森在回忆录中写道，"直到她有机会出门。她冲出门，将保姆丢下。"她朝着她的帐篷跑，它在两三百码以外。她一边跑一边撕扯自

 帕克堡 // 1836 年，这里发生了著名的印第安人大屠杀，辛西娅·安·帕克和其他家庭成员被掳走。这是原堡垒的复制品，建于 20 世纪 30 年代。后经重建，现位于得克萨斯州格罗斯贝克镇。

 **杰克·海斯** // 他是最伟大的得克萨斯游骑兵，令科曼奇人与墨西哥人惧怕的人，是古老西部无数传奇的源泉。据说，在海斯之前，美国人带着长步枪步行来到西部；在海斯之后，每个人都骑着马，带着六连发手枪。

△ **辛西娅·安·帕克和她的女儿草原花** // 这张照片可能是 1862 年在沃思堡 A.F. 科宁（A.F.Corning）照相馆拍摄的。这张照片在边疆及其他地方非常有名。注意看她粗壮、有力的手和手腕。

▽ **科曼奇战士** // 著名摄影师威廉·索尔（William Soule）于 19 世纪 70 年代早期在俄克拉荷马西南部的锡尔堡拍摄了这张照片。科曼奇人在投降以后被带到了那里。

⊥ 左 **年轻的苏尔·罗斯** // 这是他在皮斯河战役杀死科曼奇战争首领佩塔·诺科纳时的照片。他抓住了诺科纳的妻子，后来才知道就是辛西娅·安·帕克。罗斯后来成为得克萨斯州州长。

⊥ 右 **南北战争期间的拉纳尔德·S. 麦肯齐，摄于 1863 年或 1864 年** // 他彻底打败了科曼奇，成为美国历史上打击印第安人最伟大的斗士。1862 年，他以班级第一名的成绩毕业于西点军校，时年 21 岁。同年 8 月，他参加了第二次马纳萨斯战役。到南北战争结束时，24 岁的他已晋升为准将。

⊤ **夸纳，1877 年** // 已知的最早照片，是他在投降两年后拍摄的。尽管他穿戴着传统的皮衣和流苏，人们仍然可以看到他的前臂与上半身是多么魁梧。他被认为是他那一代科曼奇人中最强大的战士。

⊥ **蜂拥而至的剥皮者** // 19 世纪 70 年代，对野牛的追逐不像是狩猎，更像是灭绝。1873 年，一个名叫汤姆·尼克松的猎人 35 天杀死了 3200 头牛。1872 年冬天，一张牛皮能卖到 3.5 美元。牛皮垛上的剥皮者等着向道奇市发货。

⊤左 **科曼奇科措台伽部首领握手** // 1872 年 9 月 29 日，麦肯齐在麦克莱伦溪战役中摧毁了他在得克萨斯狭长地带的村庄。讽刺的是，当时握手正在前往华盛顿的途中，打算与美国总统议和。

⊤右 **中年时期的伊萨泰** // 他既是药师，也是骗子，还是魔术师。他于 1874 年成为科曼奇的大救星与弥赛亚。他的法力在土坯墙战役中灾难性地失效。他后来在保留地时期成为夸纳的对手。

⊥ **被剥头皮的野牛猎杀者，1868 年** // 印第安人仇视野牛猎杀者，并且认为这些人对平原印第安人生活方式的摧毁甚于联邦士兵。照片中的这名猎杀者是威廉·索尔在道奇堡附近拍摄的，与他遭遇同样命运的有数百人。

⊤ **夸纳与他的妻子之一** // 他有八名妻子，在保留地期间有七名——这是异常高的数字。大多数妻子都很漂亮，并不喜欢分享丈夫。

⊥ **着正装的夸纳** // 尽管他拒绝剪短长发和废除一夫多妻制，但当他旅行或者去镇上时会高兴地穿上白人的衣服。

⊤ **星屋** // 夸纳在 1890 年修建了他气派的房子，房子有 10 个房间，有一个正式的宴会厅，天花板 10 英尺高，位于俄克拉荷马州卡什北部威奇托山脚下一块高地上。

⊥ **夸纳与家人，1908 年** // 逐渐老去的首领与他的 20 名家人在星屋的门廊上。在保留地期间，他和 7 名妻子、23 个孩子都生活在这所房子里。他的一名妻子后来说，他最大的成就是管理自己的家务事。

⊤ **夸纳在他的卧室，1897 年** // 新与旧的碰撞。注意看他左边，那是他母亲与他妹妹草原花的照片。这是他最珍视的财产。

⊥ **夸纳招待客人，约 1900 年 //** 在星屋的宴会厅，夸纳招待的客人有杰罗尼莫、纳尔逊·迈尔斯将军、西奥多·罗斯福。这个宴会厅和整栋房子至今仍在俄克拉荷马州的卡什。

⊤ **58 岁时的夸纳 //** 尽管他晚年财富缩水，但他在部落与美国社会的地位却上升了。这张照片拍摄于 1906 年，是他权力、影响力与受欢迎程度的巅峰。

己的衣服，直到几乎全裸。保姆追她，挥舞着一块抹布。三名部队士兵的妻子看到这一幕时惊呆了，她的孩子步履蹒跚地跟在后面，"几乎没有人注意她"[20]。纳杜到达了自己的帐篷，找到并穿上了一些科曼奇人的衣服。此后，部队的女人们再也不去打扮她了。

当伊萨克·帕克到达的时候，纳杜坐在一个松木箱子上，胳膊放在膝盖上，头埋在胳膊里。她没有注意到人们正走近她，直到帕克叫她的名字。听到叫名字的声音，她站了起来，盯着他，拍着她的胸脯说"我是辛西娅·安"。她重复了一遍，又坐了下去。她同意回答关于帕克堡遇袭的问题。对于其中的一些细节，她记错了，但是她记得5人被抓走，这没错，2名成年女子与3名儿童。随后，人们让她描述帕克堡。她用一根棍子画一些点和线，勾勒出一幅轮廓图。然后拿水壶喝水，在图上吐水，这是指帕克堡后面的河流。"先生们"，伊萨克·帕克说，"我实际上都画不出她这样好的老城堡的示意图。"[21]

皮斯河战役尽管是一次规模较小的冲突，却被认为是一次重大的事件，而且一直被得克萨斯人认为是历史上的大事。传奇的白人印第安女子的回归，给史诗般的故事画上了令白人满意的句号。可怜的辛西娅·安，那个曾经坠入异教徒的野蛮状态的小女孩，终于回到了她爱的、信奉上帝的家中。在下一个世纪的得克萨斯，学校的孩子们将学习辛西娅·安·帕克传奇的科曼奇经历。

这场战斗还有一些有趣的后续故事，这在很大程度上预示了这个科曼奇部落的未来。夸纳与他的弟弟幸存下来了。战斗结束后，古德奈特意识到两名印第安人骑马逃走了。他和10名侦察兵去追他们，追到了得克萨斯狭长地带的一个科曼奇人的帐篷。尽管古德奈特从来就不知道他们是谁，但是几乎可以肯定他们就是夸纳与花生。[22]另一名在这场战斗中幸存的科曼奇孩子9岁，被罗斯与他的妻子收养。他们给他取名叫作皮斯（Pease）。他在南北战争中的135次战役里担任罗斯将军的牧马人，娶了一名前奴隶，成为一名受人尊敬的韦科公民（Waco），1883年去世。[23]

这场战斗也被错误地视为针对科曼奇人战争的转折点。"这就是伟大的皮斯河战役"，当时的一份历史文献用激动的语气写道，"一方是伟大的科曼奇首领佩塔·诺科纳，他领着一支强大的队伍，另一方是勇敢的罗斯上尉与他的60名骑兵。在这场战斗中，大部分印第安战士都战死了，这是在此之前面对科曼奇人时从未取得过的重大胜利。"[24]在罗斯自己的描述中，这场战争的规模近乎传奇。"这场重要战役的成果无法用钱来计算"，他后来写道，"大科曼奇联盟被彻底粉碎，这是一次决定性的打击，他们杰出的首领去见他们先人了，一块陪葬的还有他大部分骁勇善战的战士们。"[25]

181　　这完全是胡扯。就拿1864年来说，那一年科曼奇人的袭击在历史上是最严重的；1871年和1872年情况也很糟糕。1874年，美国军队派出3000名士兵攻打科曼奇人，这是历史上为了攻打科曼奇人而派出的军队人数最多的一次。尽管罗斯在与佩塔·诺科纳的贴身肉搏中表现得很英勇，但皮斯河战役中的大多数印第安人都是女子，她们大多在骑马逃跑时被射杀，因为她们马上的行李很重。"我参加了皮斯河战役"，H. B. 罗杰斯（H. B. Rogers）在回忆录中写道，"但是我并不对此感到非常自豪。那根本不是一场战役，而只是在屠杀印第安人女子。16名女子被杀，只有一两名男子被杀。我们遇到他们的时候，这些印第安人正准备离开。"[26]

在之后的数周乃至数月内，这场"战役"被得克萨斯的报纸广泛报道。但没有报道指出谁才是真正的受害者。考虑到当时仇视印第安人的狂热情绪，不太可能会有人对此表示关心。有趣的是，当时得克萨斯人都认为，是罗斯——这场战斗中的英雄、后来的州长，拯救了可怜的、不幸的辛西娅·安于水深火热之中。这样的观点影响了后来很长的一段历史。

我们永远不知道辛西娅·安在被罗斯抓住的最初数周或数月内的感受。在美国历史上，几乎没有相似的例子。但是，从最初的日子里可以很明显地看出，她生命中真正的悲剧不是她第一次被抓，而是她第二次被抓。白人从来没有理解过这一点。毁掉她生活的不是1836年的帕克堡遇袭，而是1860年她在骡溪奇迹般而又倍受赞誉的"营救"。后者杀死了她的丈夫，将她与深爱的儿子们永远地分开，并令她置身于一种文化的牢笼之中，远甚于她与科曼奇人在一起时的情况。在罗斯的袭击之前，她与其他的平原印第安人一样原始，将数千磅的牛肉打包放在骡子背上，从头至脚都沾着血与油脂，几乎完全沉浸在从未离开过石器时代的世界——这个世界充满了无尽的苦役、饥饿、持续的战争与早夭。这个世界也充满了纯粹的魔法，充满了仪式与舞蹈，认为河流、树木、岩石、乌龟、乌鸦都有神灵；人们整夜唱歌跳舞，狼药可以让人刀枪不入，梦中情境可以决定部落政策，鬼活在风中。从堪萨斯到得克萨斯，在草原上，在河床上，辛西娅·安——纳杜——在四季的神奇变换中漂荡，生活在随意、恐惧、血腥又充满活力的地方，自然与神灵是一

182

体的。

然后，突然之间，一切都消失了。石器时代的营帐充满了魔法与禁忌，灌木点燃的篝火散发出香味。现在，她坐在客厅里铺着塔夫绸垫的椅子上，处在工业革命的边缘，被有礼貌的、令她无法理解的白人盘问。白人相信一个上帝，相信一个超级理性的世界，在那里一切都可以得到解释。这种新文化与她在帕克堡遇袭后所面对的文化一样陌生。仿佛她再次穿过一扇门而踏入另一个世界，与她离开的世界在所有的神秘细节上都完全不同。

伊萨克·帕克得知罗斯抓到的正是他失去已久的侄女时，非常高兴。他决定立刻将她与她的女儿草原花带回家，回到伯德维尔（Birdville）——现在的霍尔托姆城（Haltom City），就在沃思堡北部。她的父母都已去世了。赛拉斯在帕克堡遇袭的时候就死了。她的母亲露西于 1852 年去世。露西在赛拉斯之后经历了三段糟糕的婚姻，身体不好，为丈夫的财产打了 5 年的官司。[27]辛西娅·安的弟弟小赛拉斯与妹妹奥莱娜（Orlena）度过了艰难的童年——讽刺的是，辛西娅·安可能过着更好的生活——在得克萨斯结婚、生活。赛拉斯的哥哥伊萨克决定将她的侄女接回家。（辛西娅·安的叔叔詹姆斯，很早开始就在找她；但这一切发生的时候，他仍在世，却没有出现，令人感到奇怪；也许他在得知辛西娅·安并不想被拯救的时候就已经放弃了。）

他们很快往家赶，由曾经的科曼奇俘虏安东·马丁内斯陪同并担任翻译，还有两名骑兵。他们在贝尔纳普堡停了下来，辛西娅与女儿洗了澡，草原花与其他孩子们愉快地玩耍。草原花据说是个傲气、活泼的小孩。她的肤色深，长得非常漂亮。

每个人都喜欢她。辛西娅·安身体强壮，棕色短发；浅蓝色的眼睛，两眼间距较宽；她的嘴巴令人觉得好像是在生气或者顺从，或者二者兼而有之。她并不是非常漂亮，也不是非常具有吸引力；穿着棉布衣裳，她就像当时前往西部的典型的盎格鲁女子，与城市里的同龄人相比，她有点胖，但更耐看。她很容易就被认出是帕克家族的人。有人描述她身高 5.7 英尺，重 140 磅，这在科曼奇女人当中就像巨人。她和她高大而强壮的丈夫在科曼奇人的营帐里一定非常出众，她的儿子夸纳后来也是这样。

　　他们穿过韦瑟福德——帕克县的一个地方，佩塔·诺科纳曾在这里发动过最严重的袭击——然后在沃思堡停下，辛西娅·安很快成为名人。不知道他们为什么在这里停下。有人说他们要在这里照相，但是人们知道的关于她的第一张照片——实际上是锡版摄影拍出来的——是 1 个月后在奥斯汀照的。[28]不管什么原因，她的到来引起了骚动，塔兰特县（Tarrant County）的居民（那年的居民人数是 6020 人）叫嚷着要来看看这位有名的俘虏与她的孩子。她的到来被视为重要的事件，当地孩子都从学校出来看她。他们成群结队地来到沃思堡市区一个大型商店门口，看着受到惊吓的俘虏。这是一种奇怪的展览：辛西娅·安被绳子绑了起来，放在一个大箱子上面，以便大家都能看到她。人们不禁好奇，她的叔叔伊萨克，尽管是一名政客，到底在其中扮演了什么角色。一名目击者说：

　　　　她并没有穿印第安人的衣服，而是穿着破棉布衣服。她的头发在阳光下呈青铜色。她的脸被晒得黝黑，站在那里让人觉得可怜，正看着围观的人群。她泪如泉涌，用印第安人的语言在低声说着什么。[29]

183

得克萨斯人对她的关注总嫌不够。很多家报纸报道了她的回归，它们都一致地认为，来自浸信会家庭的一个漂亮的 9 岁小女孩已经转变成了异教的野蛮人，并嫁给了印第安人，给他生了孩子，忘了自己的母语。因此，根据当时的道德准则，她荒唐地降低了身份。她抛弃了基督教的道德准则，像印第安人那样水性杨花。这是报道吸引人的地方。所有的报道都认为，她所做的一切都是被迫的。她遭受了令人悲痛的虐待，被鞭子抽过，被打过，活得孤独、绝望。人们只是不相信一名信奉基督教的白人女子会自愿经历这一切。《克拉克斯维尔北旗报》（*Clarksville Northern Standard*）的一篇文章说：“她的身体与胳膊上有被残忍对待的印记。”[30] 然而并没有什么能够说明她在被俘的最初几天后曾遭受过残忍的对待，她的表姐蕾切尔·普卢默曾描述过她最初几天的遭遇。她受到了一名首领的保护，后来成为他的妻子。她身上的伤痕可能是来自一种习俗。科曼奇女子在哀悼时会拿刀切自己，往往切胳膊与乳房。显然，白人不会去想太多关于这个可爱的名叫草原花的混血小女孩意味着什么，以及她的母亲为什么那么爱她。

在镇上狂欢的插曲过后，他们继续前往伯德维尔。伊萨克在那里住着两层的木房子，它在很多年里都被认为是塔兰特县最好的房子。人们不清楚他想带着辛西娅·安与她的女儿干什么。也许他只是在履行他所认为的家族义务。也许他将自己视为她的拯救者，想象着有一天辛西娅·安感激涕零，拥抱耶稣，抛弃她原始的生活方式。

这样的事情从未发生。辛西娅·安的回归实际上是一场灾难。她不仅顽固不化，而且还坚持不懈地对抓她的人作出敌对行为。她多次试图带着女儿逃走，有时候逃到很远的丛林深处，让很多人去找她。她非常想离开，因此伊萨克不在家的时候不得不将她锁在房子里。作为她法定的监护人，他有权这么做。辛西娅·安被像疯子一样对待：她是完全"自由"的白人，33岁，来自杰出的家庭，却被拘禁，不能回到她的儿子那里，回到她从小到大所经历的文化中去。她的家人认为，由于她之前过的是被性虐、殴打、奴役的生活，她不知道什么对她才是好的。与此同时，辛西娅·安总是很清楚地知道自己的利益。被这样对待，她一定难以忍受。

她不会也不愿意说英语，尽管无论如何她应该记得一些最基本的英语。她会在伊萨克房子的门廊坐上几个小时，一边哭泣，一边照顾草原花。她不愿意放弃对异教的虔诚。她的一名亲属这样描述她所进行的宗教仪式：

> 她走出去，来到光滑的地方，将地面清理干净，在地上划一个圆圈和一个十字。在这个十字上，她生起火，点燃一些烟草，然后在她胸部切开一个伤口，让血滴到火上，接着点上她的烟斗，朝着太阳吹烟，态度非常虔诚。然后，她通过一名翻译说，她这是在向她的伟大的精灵祈祷，让她能够理解与她在一起的人是她的亲属。[31]

她的家人与邻居则要求辛西娅·安与草原花不得穿印第安人的衣服，并要求草原花学习《圣经》。[32]辛西娅·安不配合，事情进展得不顺利。

1861年1月底，在皮斯河战役结束一个多月以后，伊萨克·帕克前往奥斯汀，试图说服得克萨斯的立法机构给他们一笔抚恤金——相当于对他们遭受的困难的补偿。这是一个聪明的主意，但是需要政治贿赂，而他正是能够做成这件事的人。他一生都是政治家：通过选举成为官员，认识首府的每一个人。他与当时的得克萨斯州州长萨姆·休斯敦是老朋友。他们曾在1812年的战斗中并肩作战。后来，休斯敦将伊萨克作为特使派往华盛顿，为得克萨斯革命争取支持。

帕克一行人在1月寒冷的一天抵达奥斯汀，发现这座城市完全处于要脱离联邦的狂热之中。亚伯拉罕·林肯在前一年秋季当选为总统，得克萨斯反对联邦的情绪正高涨。奥斯汀正是它的中心。整个1月，分裂分子在布满车辙的国会街（Congress Avenue）上来回游行。这条街是奥斯汀主要的街道，街道两边新建了坚固的石灰岩房子。它从科罗拉多河一直延伸至新建的、三层穹顶的国会大厦，大厦前面立着爱奥尼亚柱（Ionic columns），有巨大的门廊。分裂分子踌躇满志。他们是一群无法无天的人，举着火炬和标语，谴责林肯和他的"废奴"政府。他们即便临时得到通知，也会组织起游行。他们有一支喧闹的铜管乐队，有一长列马车，马车上的女士们挥舞着得克萨斯的旗帜，还有一队喧嚷的士兵骑在马上，由骑兵里普·福特率领，他骑着一匹白马，在街上欢跃。[33]得克萨斯的旗帜到处飘扬，甚至有人在讨论第二个共和国。天气虽冷，得克萨斯人依旧热情高涨。

1月28日，脱离联邦大会召开，反对脱离美国的休斯敦州长与几乎所有支持脱离美国的人展开了激烈的较量。这位老政治家发表了他职业生涯中最伟大的一场演讲，称"停止或至少努力避免灾难并非怯懦的行为"。人们尊敬地听他的演讲，然后投票，以171∶6的结果支持脱离美国。[34]那是在1861年2月1日。4月12日，联邦炮兵向查尔斯顿港萨姆特堡（Fort Sumter）

开火，标志着南北战争的开端。

辛西娅·安·帕克遇到了其中一次激烈的辩论。两位著名 186 的奥斯汀的女士对她很感兴趣，将她梳洗打扮好。她们向她展示了精彩的白人世界。她走进巨大的门廊，拾级而上，来到二楼的走廊，坐下听男人们辩论某个议题。她可能听不懂他们在辩论什么，因为她已经忘记了曾经的语言。但是，她很明显地生气了。她带着女儿，向门边跑去。她被追回来后——在那些日子她经常被追回——她的同伴觉得，她认为坐在议会里的人是在审判她。她认为他们正在决定是否处死她。[35]

在这里，辛西娅·安与她的女儿仍然是人们好奇的对象。据一家报纸的报道，"很多人过来拜访她"，这意味着一群一群的人过来看她。她明显感到心烦意乱。她很少说话，即使说话也是通过译员。有一次，她说她很惊讶地发现科曼奇不是"世界上人口最多、最强大的一群人"[36]。至少这是一家报纸的记者所听说的。在奥斯汀，她照相了，用的是锡版照相法。照片上，她明显被打扮了，尽管她穿着新衣服时看起来很不舒服。她的头发被梳到了后面，似乎是用网兜住。她穿着有图案的棉裤，条纹衬衫，脖子上似乎扣着一件羊毛袍子。她巨大的、布满老茧的双手放在膝盖上。她目光直视，一副恳求的样子，很痛苦。[37]

虽然她很痛苦，但是伊萨克的计划成功了。两个月后，得克萨斯议会投票决定给辛西娅·安每年100美元的生活费，连续5年，还有一里格的地（4428英亩）。在这里，她再次被特殊对待。这些钱和土地并不是直接给她的，而是由她的堂兄弟伊萨克·杜克·帕克与本杰明·帕克托管，仿佛他们是一名未成年人——或意志薄弱无法代表自己的成年人——的监护人。[38]

回到伯德维尔，辛西娅·安继续住在赛拉斯的家中，郁郁寡欢。她哭泣，试图逃跑，拒绝合作。但一切都没有发生变化。因此，可能是希望她能够在其他地方过得快乐一些，也许也希望不再麻烦伊萨克，她开始了漫长而奇怪的旅程，前往各位亲戚家中，这让她越来越往东，离大平原越来越远，也越来越没有希望再与科曼奇人团聚。

187

旅程的第一站是最奇怪的。听说她在伊萨克那里过得并不开心，辛西娅·安的堂兄弟威廉与妻子主动将她接到家中。她们住的地方在伊萨克家南边两英里的地方。他的慷慨似乎是过于天真。但是后来发现，威廉并不是出于慈善。他将辛西娅·安与草原花请到家中有非常特殊而自私的目的。

他们搬过来不久，威廉就写信给一位名叫科霍·史密斯（Coho Smith）的得克萨斯人。科霍的真名是约翰·杰里迈亚·史密斯（John Jeremiah Smith）。他的昵称是因为他曾被长矛伤过，"Cojo"在西班牙语里的意思是"跛足"。他是早年生活在得克萨斯边境地区的边缘人物之一。他将自己的冒险经历用图画与文字记录成册，他称之为彩色平版印刷手册。他是自学的，能够流利地说几种语言，包括科曼奇语。在孩童时期，他有一年的时间是科曼奇人的俘虏。1861年末收到帕克来信的时候，他是南方联邦的一名棉花代理商。他也做过老师，做过木匠。在信中，帕克解释说，辛西娅·安过来与他生活在一起，乞求史密斯来他的家中——距离189英里——当翻译。他说他与妻子迫切地想与新的客人进行对话，这名新客人不会说英语。不管出于什么原因，史密斯同意了，并很快来到了帕克家。史密斯问辛西娅·安在哪里，帕克回答说："我半小时前看到她出门了。我们去找她。她常常在森林里闲逛。"³⁹ 他们在离房子一百码的地方找到了她，她坐在一根木头上，胳膊搭在膝盖上，手托着脸。她戴着软帽。草原花在地上玩耍。她用木棍搭起了一个小围栏，用科曼奇语自言自语。威廉将手放到嘴里，示意她饭好了。辛西娅·安用锐利的眼神扫了史密斯一眼，然后不情愿地跟着他们回家了。帕克的妻子向史密斯解释说："太多人来看她，令她很烦。这就是她恶意地瞪着你的原因。"人们仍然对她感到好奇，仍然想看她。

回到家中，史密斯用科曼奇语跟她说话。"过来。"史密斯说。据史密斯说，她的反应是迅速的甚至激烈的。"她尖叫着跳了起来，并将桌上盘子摔子大半，吓到了帕克……她跑向我，倒在地上，抓着我的双脚，用科曼奇语喊着要跟我走。"

现在她完全清醒了，坐在史密斯旁边，用一只胳膊抱着史密斯。"一直用科曼奇语和西班牙语跟我说话，有时这两种语言混在一起。"她的西班牙语出奇的好。她不吃东西，一直在说话。"哦，别吃了"，她用科曼奇语说，"我们聊天吧。哦，我的朋友，陪我说话吧。"

然后，她又切换成了西班牙语，说着一些没有意义的话。"我想回到我的两个儿子身边。比利（Billy）通过记号告诉我，他也想回到我们的人们那里。我说：'比利，你想回到科曼奇吗？'他说：'是的，我想。所以我给你派来了翻译。'"

史密斯困惑地问威廉·帕克她说的是什么。帕克详细地解释了一下。他告诉史密斯他曾在南方联邦的军队中服役。他的大腿骨中弹，造成部分残疾，但还没有严重到能够不服役。这样的情景吓到了他，但当逃兵可能会被绞死或枪杀，这同样令他感到害怕。像南方联邦各州数以千计的其他青年一样，他在

188

1861 年积极参军，期待一场短暂而光荣的战争，但是现在他想退出，非常想。

他想到了一个办法。"我想要你带着我和辛西娅·安回到科曼奇"，他告诉史密斯，"我可以与他们待在一起，直到这场残酷的战争结束。"

这个想法很荒诞，他认为科曼奇部落就像家一样，他可以待几年。不管怎么样，辛西娅·安非常清楚地理解了这个想法，同时也知道，正是因为这个原因，史密斯才被请了过来。帕克家的这两人显然找到了有效沟通的方式。

史密斯对这个冒险行动没有兴趣——他也害怕被绞死——他找了一个小借口，说没有马。"马"，辛西娅·安激动地说，189 "根本不是问题！这里有一等一的马……不要因为马而犹豫。哦，我告诉你，我的心一直在呼唤我们的两个儿子。"（西班牙语）然后，她切换成科曼奇语，说："你想要马吗？"然后，她又用西班牙语说："只带我走。"她提出可以给他他想要的所有女孩和妻子。她提出要给他 10 支枪、10 匹马和 10 名妻子。史密斯写道，辛西娅·安口若悬河，滔滔不绝直到凌晨。

当史密斯问为什么她不与"比利"一起走时，她回答说，她认为比利会被杀死，而她会成为奴隶。她认为科霍比威廉·帕克更强壮，帕克则跛足、懦弱。她很可能是对的。当然，史密斯说的是科曼奇语。第二天，帕克带史密斯去看他非法的酿酒室——他根据《一千件值得知道的事情》（*One Thousand Things Worth Knowing*）这本书中的方法修建的，并最后一次劝说史密斯帮他，提出要给他 80 英亩土地中的一大半。"他们永远别想让我再次参军"，他说，"我会先自杀。"史密斯再次拒绝了。他后来听说帕克设法去了伊利诺伊州，并因此避开了战争。史密斯记得辛西娅·安最后说的是："我会给你，我的人们会给你所有你想要的女孩，非常漂亮。"他再次拒绝了。这一定令她很伤心。

科霍·史密斯比其他任何人都更理解辛西娅·安。其他人认为她闷闷不乐，心思重，反应迟钝，与他人格格不入；甚至沮丧、疯狂，或者至少处于非常野蛮的状态，无法恢复。而在史密斯看来，她聪明，积极，注意力集中，意志坚定，并且非常务实。她非常清楚自己想要什么，至少在短时间内知道如何得到想要的。她的悲剧在于，这样的女子完全是无助的，无法改变她的命运。这样的命运是由她的家人出于最大的善意安排的。

1862 年早些时候，辛西娅·安与草原花再次搬家，这一次是搬到她的弟弟赛拉斯的家里。帕克堡被袭击的时候，他也在场，还有他的三个兄弟姐妹。出于某些原因，印第安人带走了辛西娅·安与约翰，但是留下了赛拉斯与奥莱娜。赛拉斯与他的妻子安以及他们的三个孩子生活在范赞德县（Van Zandt County），位于得克萨斯东部松树林深处，在泰勒西北 27 英里。如果辛西娅·安生活在伯德维尔的时候，就对回家感到绝望，那么，她现在已经在家东部一百多英里的地方了。她甚至不在边境附近。当她旅行的时候，她一定理解这一点：她正离开草原，向高的树林走去。她一定知道她不会再回来了。

与赛拉斯的生活也没有好到哪里去。赛拉斯当时 20 岁，口吃。她与他的妻子相处也不好。草原花每次用科曼奇名字称呼她母亲的时候，赛拉斯的妻子都会惩罚草原花。[40]辛西娅·安一直试图逃跑，只要她独处，她就抱着女儿往外跑（她说她要"回家，只是要回家"[41]）。她经常用刀子割自己的胳膊和乳房来放血。这很可能是在为她丈夫的死而进行哀悼，或者只是简单地表达悲惨的内心。有一次，她用一把屠刀割下了自己的头发。

在这期间，辛西娅·安与草原花照了一张照片——后来在边境以及边境以外都家喻户晓。她们由赛拉斯陪着"访问"沃思堡——很可能只是跟着她防止她逃跑——也许是在赛拉斯的劝说下，他们来到了一家照相馆，店主名叫 A. F. 科宁（A. F. Corning）。[42]最后，成就了一张杰出的母女照。在照片里，辛西娅·安穿着朴素的棉衬衫，脖子上松松地系着一条围巾。她棕色的头发被剪短了（可能是用屠刀剪的）。她的眼睛明澈，直直而友善地盯着前方。我们又看到了巨大的有力的双手与粗手腕。而这张照片最不同寻常之处在于，辛西娅·安露出了右乳，在襁褓中且黑发、漂亮的草原花正在吃奶。1862 年，得克萨斯边境可能还没有这样的照片。白人女子不会在照片中露出自己的乳房；即使有摄影师拍下了这样的照片，也不会有报纸刊登。这张照片不一样。辛西娅·安的这张照片为数代的学生所熟知；它仍然在广泛地流传。唯一的解释就是辛西娅·安被视为野蛮人，虽然她与南部的苏格兰－爱尔兰移民一样是白人。这种双重标准与《国家地理杂志》（*National Geographic Magazine*）在20 世纪中期处理裸体的非洲女子照片时的双重标准是相似的。该杂志从来不会考虑在杂志中展示白人女子的乳房。这部分解释了辛西娅·安的魅力所在：尽管她的肤色是白人的，但她的皮肤下隐藏着更黑暗、更原始的东西。1862 年 4 月，赛拉斯加入南方联邦军队，留下怀孕的妻子照料三个孩子，同时看护辛西娅·安与草原花。[43]很快，这样的生活状态就结束了，辛西

娅·安与草原花再次转移，这次到了奥莱娜家里。她与丈夫
J. R. 奥奎因（J. R. O'Quinn）也住在泰勒附近。辛西娅·安与
草原花住在不同的房子里。[44]

也许是因为越来越意识到她再也回不了科曼奇了，辛西
娅·安开始适应。南北战争带走了大部分体格健全的男子，女
子只能填补这些空缺。辛西娅·安开始重新学习英语，据说，
她最后能够说英语。她学习针线手工，相当熟练。她的科曼奇
生活教会了她如何鞣革，她成为最好的鞣革工。一位邻居说：

> 她很壮，估计重140磅，喜欢工作。她的表达很野蛮，
> 当人们看着她的时候，她会低下头。她可以像男子一样使
> 用斧头。她不喜欢懒惰的人。她鞣革、编织绳子与鞭子非
> 常专业。她以为自己的两个儿子在草原上丢了……这令她
> 非常难过。[45]

这种适应部分也是重新融入了帕克家族。她的很多亲戚都
住在附近，她经常去看他们。她也有一些朋友，至少是一些她
可以聊天的朋友。她甚至记得一些以前的人们。每个星期天都
有一人带着草原花去走亲访友。草原花很快学会了英语，说英
语比说科曼奇语更频繁。[46]她甚至去附近的一所学校上学。据辛
西娅·安的一位亲戚汤姆·钱皮恩（Tom Champion）说，她很
阳光，性格开朗，乐于助人。[47]其他人大多持不同看法。人们看
见过她在门廊上哭泣，或者躲避前来看她的人。人们一直想来
看这位"白人印第安人"。她不愿放弃很多印第安人的生活方
式，这一点也不阳光。当有一名家人去世的时候，她会用刀割
自己的身体，唱高声调的科曼奇悼歌。她从来没有忘记，只是

192 适应；她很可能不再相信帕克家人的承诺，他们直到最后都在重申，她能够再次见到她的儿子。这些人总是空口承诺。据辛西娅·安的一位邻居 T. J. 凯茨（T. J. Cates）说，她经常提起失踪的两个儿子。

> 我记得辛西娅·安与她的女儿。她当时与奥奎因生活在本惠勒（Ben Wheeler）（镇）以南约 6 英里的地方，位于斯莱特溪（Slater's Creek）附近……她认为在她被抓以后，她的两个儿子在草原上失踪了……她会用刀子割自己的乳房，让血流到烟草上，为她失去的儿子而哭泣。[48]

钱皮恩也有同样的印象。"我认为她认为自己的儿子被杀了"，他写道，"听她谈起印第安人舞蹈的快乐日子时，我能看到她脸上洋溢的兴奋与幸福，我确信，白人将她带走，比印第安人第一次将她带走时，造成了更大的伤害。"[49]

她曾经拥有的一切满足在 1864 年都被摧毁了——草原花在那一年死于流感与肺炎。[50]小女孩的死对她是沉重的打击。现在，关于她科曼奇的生活，除了记忆就什么都没有了。在那之后，她的日常生活是怎么样的，人们知之甚少。科曼奇人对此的记叙版本则很明确：白人从精神上打垮了她，让她无法适应社会。她对被抓感到痛苦，绝食，最后将自己饿死了。[51]她在草原花死后，生活了 6 年，在 1870 年死于流感——流感可能是因为她绝食而加重的。她的亲属为她打了一副棺材，在她头发里插了一枚骨针，将她埋葬在福斯特墓地（Foster Cemetery），位于波诺镇（Poyner）以南 4 英里，在泰勒与帕勒斯坦（Palestine）之间。在到达最终安息地之前，她被埋葬了三次，分别埋葬于三个不同的墓地。这对于违背了她的意愿而让她经历了这么多变化的人来说，也许是合适的。

她到底是谁？生来就是白人女子，没错；但也是旧科曼奇利亚的遗产，那里有着高草、夏月，有着一个野牛群淹没地平线的衰落的帝国。她经历了死亡与荣耀。她曾是一名首领的妻子。她曾在无垠的草原上像印第安人那样自由地生活。那是北美大陆最后一个人们能够自由生活、奔跑的地方。她死于茂密的松林中，没有地平线，什么也看不到。森林就是监狱。据我们所知，直到她死去，那些抓她回来、令她离开旧生活的人也没有理解她。

有人会想起辛西娅·安只是无垠草原上的一个小角色。她穿着鹿皮衣服，在清澈的小溪边洗衣服。深秋时战争与狩猎野牛结束。在她的头顶上，有一棵杨树，颜色鲜黄，树叶与树枝框起了一片蔚蓝的天。也许，她会抬头看看与狗在草丛里玩耍的孩子们，看看身后在暮光中袅袅升起的炊烟。也许有那么一刻，她认为一切都是最好的安排。

第十三章 夸纳的崛起

战争结束，两个男孩被丢在狭窄的皮斯河河谷，那里有棉白杨、朴树、桃核树，两岸是流沙的山丘。他们在凛冽的北风中直打哆嗦，北风越刮越大，卷起的灰尘漫过白人士兵。这是两个小孩子——一个 12 岁，一个 10 岁——但他们仍然能够感知到降临在他们身上的恐怖事件。当士兵们刚进入他们的视野的时候，警报声响了起来，夸纳和花生都逃离了村庄，他们的母亲纳杜与他们一起逃离的。后来他们走散了。[1]士兵们胡砍乱杀地闯进了村庄，枪声、尖叫声不绝于耳。他们见谁杀谁，甚至不放过妇女，不放过驮着沉重行李的骡子，不放过狗。随后，一片寂静，只有这两个孩子。也许，他们不能肯定他们父亲佩塔·诺科纳是否真的死了，他们几乎肯定知道他们的母亲没有死。同时，他们确定其他人都死了，所以他们逃了。

一名 12 岁的科曼奇男孩在野外并非完全无助。他比边境白人男孩的生存能力更强。就像所有的科曼奇男孩一样，他会成为一名杰出的骑手，知道如何捕猎小动物，知道如何生火，知道如何采集可以吃的根与浆果。但是，根据科曼奇文化的惯例，夸纳在那个时候尚不能参加战斗，甚至不能捕猎野牛或鹿。他也不许待在离营帐很远的地方。他也从不会被独自丢在南部的大平原上，没有食物，也没有武器，完全不知道他们的人在哪。

接下来发生的事情，科曼奇历史的记录者之所以忽略或者没有记录，很大程度上是因为夸纳自己极力否认他在皮斯河的战场上，否认他的父亲在那里被杀。他声明的这两点都不是真实的，他想要清除佩塔·诺科纳记录中的严重污点：科曼奇人认为皮斯河战役是惨败，是耻辱，而这一切就源于他的领导。夸纳与花生在那里，因为他们的母亲说他们在那里。就因为这个，她的母亲才变得疯狂。我们还知道，只有两名骑手在这场战斗中幸存下来，并逃走了。[2] 我们知道这一点，是因为查尔斯·古德奈特带着 10 名侦察兵从皮斯河与骡溪交汇处一直追到埃斯塔卡多平原附近一个巨大的峡谷，这个地方在向西 75 英里到 100 英里的地方。他没有看到他们的脸，只看到了他们留下的马蹄印。

古德奈特与他的人发现了一个巨大的印第安人营帐，这是士兵们在骡溪发现的所有牛肉与其他补给品的最终目的地。侦察兵能离它很近。古德奈特描述说：

> 印第安人没有发现我们靠近了，我一直没有想明白他们为什么没有更好地放哨……因为他们的侦察人员（印第安人骑手）已经向他们报告了这场战役……我们回到峡谷，找到了一处隐蔽的地方。在那里，只有在近前才能看到我们。我让他们躲在那里，等到天黑。如果被他们发现的话，我们肯定活不了。[3]

据古德奈特说，夸纳后来讲述了营地发生的事情：

> 当两名印第安人向导从罗斯手下逃出，找到印第安人的大部队的时候，他们报告有白人 1 万名……印第安人大部队一做好准备，就向北移动，夸纳说他们从沃希托转移

到威奇托山越冬。他们饱受缺乏补给之苦，因为他们完全处在野牛出没地区的北边。[4]

夸纳对这些细节了如指掌，因为他正是到营帐告诉大家这个可怕消息的人，并且，因为一个12岁孩子的夸张，告诉他们有1万名士兵。[5]只有孩子才分不清一支骑兵队与一个正规师的规模。

但是，想想这个孩子做了些什么吧。在12月的荒原中被丢弃，没有食物，被一队人追赶。这一队人刚刚经历了血腥的皮斯河战役，迫切地想要抓住他。他还带着他的弟弟，追寻他队群里其他成员的足迹。这些人两三天前就离开了。他们穿越了起伏的西得克萨斯大草原。穿越的行动至少有部分是在晚上进行的，以避免被古德奈特追上。古德奈特是当时少数几个能够在野外追踪印第安骑手的白人之一。如果孩子犯了任何错误，或者没能找到他们的村庄，古德奈特肯定就会抓住他。古德奈特报告说，两个孩子到达科曼奇村庄时，引起了混乱。他们当然会引起混乱。不仅是因为他们带来了这个坏消息，这将导致他们的队群在冬天没有食物；还因为夸纳与他的弟弟完成了不同寻常的事情，即使按科曼奇的标准来判断，也几乎令人无法相信。

当夸纳1848年在今天的俄克拉荷马西南部威奇托山附近的一个营帐出生的时候，白人仍属另一个世界。盆纳台伽人沿着得克萨斯中部的定居点被不断消灭，但是，还没有白人敢穿过红河去追赶科曼奇人。淘金者可能的疾病还没有传染到圣菲与其他路线。数以百万计的野牛仍然在大平原上游走。

在这个尚未遭到破坏的世界，科曼奇人仍在重复地过他们的生活。他们繁衍、捕猎，最重要的是，与印第安其他部落作战。在辛西娅·安生下夸纳后，她的队群里的战士们——诺科尼人或者说漫步者——离开去跟纳瓦霍人作战。科曼奇与纳瓦霍的敌对状态由来已久，可以追溯到科曼奇人扫荡温德河县（Wind River Country）去挑战新墨西哥的阿帕奇人的时候。这群纳瓦霍人发现村庄防守脆弱，就发起了攻击。这是一种旧的印第安战术。从早到晚，他们并没有如预期那样屠杀村庄居民，16 名袭击者遇到了留在村庄男子的激烈抵抗。纳瓦霍人逃走了，并带走了科曼奇人的 200 匹马。他们很快被追上，其中 3 人被杀，马匹也被追回。当科曼奇人凯旋后，他们举行了 4 天的欢庆，载歌载舞，3 名被杀的纳瓦霍人的头皮被放在杆子上游行。[6]这就是平原上的印第安人的生活；他们一直这样，几乎不为白人所关注。如果事情不是这样，婴儿夸纳可能就已经给纳瓦霍人的长矛刺杀。那当然会激起血腥的复仇，复仇又会带来反击。血腥的复仇会一直在草原上持续。好在夸纳见到的第一件事情就是胜利的舞蹈。

夸纳的生活由他父亲的死与母亲的被俘而分成两个截然不同的阶段。在前 12 年，他是一个强大的战争首领的儿子，这名首领具有很大的影响力，拥有很多匹马，并且是杰出的猎人。我们不知道其中的很多细节，但是，在科曼奇的环境里，他过着特权生活。这个家庭显然非常幸福，夸纳后来多次提起与父母亲在一起的幸福时光。佩塔·诺科纳非常担心与科曼奇人做生意的人或者其他交易者经过的时候，会将他的白人妻子带走，所以每次他们来的时候，他都会将她的脸涂黑，并将她藏起来[7]（这部分解释了白人在很多年都见不到

197

辛西娅·安的原因）。

夸纳像绝大多数的科曼奇男孩那样长大。在他 4 岁的时候，他会骑一匹年老的驮马。5 岁的时候，他能够骑自己的小马。6 岁的时候，他能够骑不带马鞍的小马驹，很快，他就被召集帮助放马。与所有的科曼奇男孩一样，他也擅长套马。从这以后，他一天大量的时间都骑在马背上；他的马很快就成为他的一部分，印第安不论男女都是这样的。

他学会了骑马，便开始知晓武器的秘密，这通常是他的祖父或另一名年长的男子教他的。6 岁的时候，他用一张弓和钝箭头的箭开始学习射击。很快，他就会使真正的箭，与其他男孩一起打猎。在科曼奇的文化中，男子非常自由。他们不做任何家务活。他们不用打水，也不用捡柴。在队群经常搬迁的时候，他们不用帮助收拾行李。他们结队游荡、摔跤、游泳、赛马。他们经常追赶鸟儿与昆虫，用没有箭头的箭射击蜂鸟。他们抓蚱蜢，并将蚱蜢腿当作午餐。有时候，他们会将两只蚱蜢用短线拴在一起，然后，看着它们跳将起来。他们会打赌。第一个倒地的就输了。他们有时候也会与女孩子一起玩耍。有一项男孩女孩一起玩的游戏叫"灰熊"，一只"灰熊"在圈里，试图去抓圈外的孩子们，孩子们被一位"母亲"保护。孩子们会试着跑进圈里，偷"熊"的"糖"。晚上，他们会听老人讲故事，故事里有巨大的食人猫头鹰，这是一种神秘的动物，居住在威奇托山的一个洞中，晚上会出来吃淘气的孩子。[8]

夸纳在 9 岁之前应该都不穿衣服，除非天气很冷。在那之后，他系腰布，扎绑腿，穿鹿皮鞋。绑腿上经常有流苏，这是科曼奇人的标志。冬天，他穿牛皮做的厚重的袍子，野牛是秋末宰杀的，那时候，野牛长好了深棕色的毛，有 20 英寸厚，以备过冬。[9]平原上的人们以及士兵们声称，这样一件袍子比军队发的四条羊毛毯都暖和。

随着夸纳逐渐进入青春期，他的生活很快变得严肃起来。这里毕竟是海拔较高、较偏僻的平原，他的部落过着艰难而残酷的游牧生活，没有什么保障。捕猎的技能是生存唯一真正的保障，因此，他必须提高自己的箭术。科曼奇人是杰出的弓箭手，不管是骑在马背上还是步行在地面上。站在 50 码的地方，一名科曼奇战士能够准确射中一个球形门把手大小的东西，5 次中有 4 次能射中。在 10 到 15 码之间，他射出的 20 至 30 英寸的箭能够射穿一头 2000 磅重的野牛的心脏，如果没有射到骨头的话。科曼奇男孩必须学会生火：那些年，他们手拿一根软棍子在放着火药的破布或碎纸上旋转（在更早的时候，他们用西班牙苔藓或鸟巢）。他必须掌握基本的野外生存技能，包括识别被观察的动物是朝着水源移动还是离开水源移动（其中一个例子是观察一种鸟，如果它的嘴是张开的，那么，观察者就知道它正朝着水源移动[10]）。

随着进入青春期，他们也迎来一些仪式，在部落人的眼里，　199
这些仪式将把他们从男孩变成男人。其中一项仪式是"灵境追寻"（vision quest），这项仪式在绝大部分北美印第安部落中都存在。科曼奇人的灵境追寻开始是在河里或溪里游泳，这是一种净化。然后仪式中的男子会去一个偏僻的地方——看不到任何人——只系着腰布，穿着鹿皮鞋。他带着一件牛皮袍，一根骨头管子和生火的材料。在路上，他停下四次，每次都要生烟，祈祷。晚上，他生烟，祈祷力量。他寻找动物的踪迹与身边的石头和树。他禁食（与北部平原其他的一些部落不同，这个仪式中没有自我折磨）。仪式通常持续 4 天 4 夜，意在让这个勇敢的年轻人待在这个地方，直到他找到灵境。我们并不确切地知道夸纳灵境追寻的结果是什么。后来，他说他梦到了一头熊。作为成年人，他的药物就是熊药，这意味着熊是他的力量源泉，他的灵。科曼奇青少年也通过"鹰舞"寻求精神力量。在这项仪式中，年轻男子来到附近的一个营帐，"抓住"一名女孩——通常就是俘虏。回来后，便要唱歌、击鼓，年轻男子跳舞，模仿鹰啸。意图是：他们就是雏鹰，试图离开鹰巢。[11]

皮斯河战役后，夸纳的生活经历了深刻而不愉快的变化。首领儿子的优越感很快消失了。他成了一名孤儿，而科曼奇文化并不轻易照顾孤儿。一开始，他由他父亲的印第安人妻子照顾。但是，她在一年内就去世了，没有其他近亲可以照顾他与弟弟。"我们经常被虐待"，他后来说，"只有完全是印第安人血统的孤儿才会得到照顾。"后来，花生也死了（死因不明），夸纳独自一人生活。"我当时似乎没有朋友"，他回忆说，"为了食物和衣服，我经常不得不乞讨，几乎找不到人帮我做衣服或者补衣服。我最后才知道我比其他孤儿受到的对待更差，所受的虐待更多，就是因为我有着白人血统。"[12]

尽管面临着这些困难，夸纳在 13 岁的时候就成了一名真正的战士。[13]他体形魁梧，四肢很长，比一般的科曼奇人高得多，也强壮得多。成年后，他身长 6 英尺，比很多同龄人高出近一个头。在后来的照片中，他的前臂与肱二头肌明显非常强壮。如果他曾经被虐待过的话，随着他长大成人，这种虐待肯定停止了。打架没有人是他的对手。他也非常英俊：深色的科曼奇人的皮肤，鼻子很直，是典型的欧洲人的鼻子，颧骨很高，浅

200

灰色的眼睛具有穿透力，像他母亲的眼睛那样明亮。他看起来完全是印第安人，不像亚洲人，可能是白人眼中高大的野蛮人应有的样子。他是杰出的弓箭手，是一流的猎人。作为一名年轻人，一名战士，他以"粗心、胆大妄为的勇气而为人所知，这与印第安作战时隐秘、致命的典型特点形成鲜明对比"[14]。他非常聪明，他在后来的生活中也有力地证明了这一点。

他生来就激进、直率、无畏，这些品质在他年轻的时候就表现出来。当他只有 7 岁的时候，一次，在吃饭的时候，他分到了一小块肉，而一名成年客人分到了一大块肉，他称这不公平。惊讶的客人将肉给了这个小男孩，但是他根本吃不掉。他的母亲辛西娅·安后来惩罚他，将肉全部塞进了他的喉咙。[15]不管是在战争中还是在和平时期，夸纳总是与众不同。另一件让他区别于别人的事情是，在皮斯河战役结束的数年后，他内心深藏着对白人的仇恨。"他想要复仇"，他的儿子鲍德温·帕克后来写道，"他也知道，白人必须要对他父亲的死负责。"[16]

他第一次袭击时，带着堪萨斯西南部营帐里的 30 名战士。他们骑马向南，穿过俄克拉荷马，一路抵达圣安东尼奥。他们的目标似乎是马匹而不是复仇。他们放纵自己，肆意破坏。他们偷走了 38 匹马，杀死了两名不幸经过的白人，剥其头皮。袭击后，他们通常被白人骑马追赶。他们用力骑了 3 天，将白人甩开，胜利地回到家中，带着马群与两张头皮。人们为他们跳起了战争舞蹈。

夸纳的第二次袭击更有意思。这一次，他带领俄克拉荷马西部营帐里的 60 名战士。他们向西向南扫荡，抵达新墨西哥，最后到达佩尼亚斯科河（Penasco River）。在其中一个地

201 方，他们发现美国军队的骑兵正向另一个方向前进。大多数科曼奇人的直觉是不去理会他们，夸纳却认为去偷他们的骡子是个不错的主意。他们就这么干了。骑兵很快追上了这群印第安人。他们牵着骡子，走不了那么快。夸纳带着两名印第安人将骡子赶进山里，其他印第安人在一个石头山口摆出防守阵势。随后发生了两小时的枪击，双方都没有伤亡。夜幕降临，骑兵们回到了他们的营帐。而印第安人像往常一样快速朝家跑去。他们整日整夜地骑马，最后停下来，在这些骡子周围围成一圈，睡了下来。他们太累了，醒的时候发现很多骡子在距营帐半英里的地方游荡。当他们带着这些骡子回来的时候，人们为他们跳起了另一场光荣的战争舞蹈。[17]

1868 年，夸纳 20 岁，与 9 名战士参加了对墨西哥的征服行动。行动由基奥瓦首领多哈桑（Tohausan）指挥，他在 1864 年土坯墙战役中一战成名。在那次战役中，他率领的科曼奇战士与基奥瓦战士几乎打败了传奇人物基特·卡森率领的美国军队。对墨西哥的袭击行动是典型的科曼奇人（与基奥瓦人）的行动，是有抱负的年轻人赢得他们声名与财富的传统方式。1852 年，伦道夫·马西上校描述了让战士们离开战场长达两年的现象：

> 6 名或 9 名年轻人出发参加这些冒险活动，他们所要求的仅有的装备就是一匹马、弓箭、长矛和盾牌，有时候会要枪。准备齐当，他们开始了 1000 英里甚至更长的行程，穿过荒野、偏僻的地方，补给完全依赖于运气好时可能会找到的猎物。他们一路抵达墨西哥北部的省份。[18]

但是时代变了。现在，轻率地在美国西南部进行冒险活动，去追寻战利品与荣耀就没那么容易了。科曼奇的实力依然强大，在西经98度以西、洛基山与科迪勒拉山以东，他们仍然是主导的力量。但他们的力量受到了挑战。在圣安东尼奥与埃尔帕索一线修建的很多堡垒，旨在保护路线，同时扰乱科曼奇人对墨西哥传统的袭击模式。例如，斯托克顿堡（Fort Stockton）建在科曼奇泉附近，它水源丰富，是得克萨斯最大的水源之一，一百年来一直是前往墨西哥的袭击者的一个主要的中转站。在极度干燥的地方，水源是重要的地标。现在，对夸纳与他的同伴来说这已经没有用了；他们再也喝不到纯净、清冽的水了。

　　多哈桑的行动听起来一点也不光彩。通过袭击墨西哥而取得丰硕成果的日子正在迅速终结。科曼奇人再也不能肆意地进行血腥的、长达整个夏天的袭击。这样的袭击掏空了墨西哥北部很多地区，并且让很多地方只剩废墟。他们带走了数以千计的马，沿着科曼奇之路穿过得克萨斯向北移动。夸纳的队伍出去数月。他们两次连续两天都没有水喝。他们差点饿死在奇瓦瓦州。他们发现墨西哥的定居点非常不友好，只有数量有限的马可以偷。穿过墨西哥北部与从得克萨斯回来的漫长途中，夸纳与他的一位朋友丢失了他们的骡子。他们赤脚回到了村庄。用他自己的话说，这次旅程完全是灾难。没有胜利的舞蹈迎接他们的回归。如果他不是这么年轻、无忧无虑，对生活这么有激情，他可能已经注意到留给科曼奇的时间不多了。但直到很久以后，他才意识到这一点。

　　1868年，他参与了一些对得克萨斯山区的袭击。据历史记载，这些袭击如复仇一般，极度残暴。其中一个是恶名昭著的军团峡谷袭击，在今天的拉诺附近，7名俘虏被杀，包括一个婴儿与一个3岁的幼儿，明妮·考德尔就是在这里被抓走的。[19]

没有证据表明夸纳参与了白人所说的无法想象的暴行，但是，在草原帝国衰落时期，这样的袭击实际上正是年轻的科曼奇男子所发动的，夸纳对杀死他父亲、掠走他母亲与妹妹的人充满仇恨。他们的行为放到今天，可以被称为政治恐怖主义。当然，偷马的行为仍然存在。但是，所有的科曼奇人都认为，让边界线倒退最保险的办法就是折磨、强奸并杀死所有的白人居民。因此，随着时间的流逝，袭击逐渐具备了政治特点，并且有了很好的理由。有足够的证据表明，这样的策略奏效了。

夸纳在很年轻的时候就成为一名战争首领，他通过传统的方式做到了这一点，即在战场上表现得比同龄人更勇敢、更聪明、更冷静。他的转变发生在两场不同的战役中。两场战役都发生在 19 世纪 60 年代晚期，都成为他成长的重要标志。其中一场战役来自埃斯塔卡多的一个营帐。战役的指挥者是一名首领，叫"熊耳"（Bear's Ear）。夸纳大多时候是与诺科尼队群在一起长大的。但是，这次袭击前的会议是由"听到日出"（Hears the Sunrise）召集的，他是延帕里伽人的首领。延帕里伽人的主要活动地区在加拿大河以北。出席会议的还有"银河"（Milky Way），他是盆纳台伽人的首领，他与他队群里的多数人选择不去保留地。他与一名延帕里伽人结了婚。[20]这样的结合意味着队群忠诚度的下降，的确，这样的事情正在发生。从 1868 年到 1872 年，夸纳大部分的时间是与夸哈迪人在一起的，夸哈迪人在 19 世纪 50 年代似乎与科措台伽人融合了。[21]他很多时候也与科措台伽人住在一起。他率领的袭击队很可能也是由这两个队群混编而成的。随着屠杀白人与打猎范围的缩小，队群之间不再以地理位置而区分。

熊耳的行动从高平原咆哮着向东，穿过栅栏状岩壁，下到起伏而布满河流的平原，最终抵达定居点，如潮水一般继续向东涌动：这比佩塔·诺科纳 1860 年袭击的地方还要偏东。他们猛烈袭击了盖恩斯维尔（Gainesville）——沃思堡以北 50 英里处——附近的牧场与农场。他们可能也杀了人，但是，这没有被记载下来。他们偷走了大批的马，然后返回。到达红河时，他们被一支部队拦截住。这支部队是由杰克斯伯勒附近的理查森堡（Fort Richardson）派出的，就是为了寻找他们。

随后发生了一场血战，熊耳被杀。正如我们所知道的，首领的死亡，以及他的药物的失效，通常会使战局对白人有利。气馁的、群龙无首的印第安人通常会带着首领的尸体逃走。但这一次不是这样。熊耳被杀，夸纳接替了他。"散开"，他对同伴们喊道，"向北骑，朝河骑。"这与熊耳的原计划相悖。随着夸纳的催促，科曼奇人掉转马头，穿过崎岖的地方，朝着河跑去。在夸纳他们撤退的途中，一名白人士兵追上了夸纳，并朝他开枪。夸纳没有策马加速逃跑，反而掉转马头，正面冲向这名士兵。他朝士兵射击——两人就像中世纪的马上长枪比武一样——冲向对方，拿出了武器。士兵扣下了来复枪的扳机。他的子弹擦伤了夸纳的大腿。与此同时，夸纳的箭射中了士兵的肩膀。这名士兵丢下武器，掉转马头逃走了。但是，夸纳现在暴露在其他士兵的火力之下。他将身子躲到马下，子弹就在他身边呼啸而过。他就以这种古老的科曼奇人的方式，朝着自己的同伴跑去。他们带着偷来的战利品游过河，来到了安全的地方。白人士兵没有再追赶。当晚，在篝火边，科曼奇人选择夸纳做他们的首领。[22]

另一场战役发生在 1869 年夏天。夸纳与 63 名其他的印第安人以及"一些墨西哥人"离开了圣菲的营帐。他们向东骑行，来到位于今天的圣安吉洛的牧场。这是那一年得克萨斯最西边的定居点，与美军查德伯恩堡（Fort Chadbourne，约建于1852年）、孔乔堡（Fort Concho，约建于1867年）距离不远。正如夸纳后来所说的，他们发现了一个牛仔的营帐与一小群马，离孔乔堡只有数英里远。他们躲进石头与灌木丛中，等到晚上，他们先让马匹受惊，然后抓走了最好的马。牛仔在黑暗中开枪，但是谁也没有打中。[23]这群印第安人趁着夜色，继续向南骑行，来到圣安东尼奥以西的山区。他们在那里杀死了一名赶着一群牛的男子。该男子被杀的消息很快传遍了整个定居点。30名男子骑马去追这群袭击者。

白人很快就追上了他们，双方爆发了一场战斗。据夸纳说，白人持有远程来复枪，可能是用来捕猎野牛的枪。印第安人输了，开始撤退。然而，夸纳并没有与其他人一起撤退。他在旁边的灌木丛中藏了起来，当两名白人男子骑马经过时，他突然出来，用长矛将他们都杀死。这一勇敢的行动被其他印第安人看见了。他们很快重新组成阵线，发起攻击。得克萨斯人被迫寻找掩护。战斗继续，没有输赢。印第安人直到没有子弹了才撤退。当天晚上，在圣萨巴河的会议上，这群印第安人也选择让夸纳做他们的首领。

夸纳在战场上杰出的、英勇的表现意味着：他在非常年轻的时候就成为科曼奇群落的酋长之一，将领导他们最后的自由生活时期的袭击与军事征服行动。他们的世界明显变小了。第二年，世界上只有不到4000名科曼奇人，其中约1000人拒绝前往保留地。[24]

205　　夸纳早期生活最具戏剧性的故事涉及他的婚姻。他在后来的生活中有很多妻子，但是没有哪一位有他的第二位妻子那么具有戏剧性。她叫韦科（Weckeah）。［他的第一位妻子显然是梅斯卡莱罗（Mescalero）阿帕奇人，人们对她知之甚少。］他们很可能在19世纪70年代早期结婚。[25]不管怎么样，故事以一个人们熟悉的前提开始。夸纳爱上了韦科。他们曾一起长大。他们想要结婚。只是有一个问题：她的父亲"老熊"（Old Bear）反对。部分是因为夸纳的白人血统，部分是因为他是孤儿，很穷，在部落中没有地位。[26]更麻烦的是还有一名竞争者——塔纳普（Tannap）。他是一位富有的首领爱基托卡普（Eckitoacup）的儿子。韦科一点儿也不喜欢塔纳普。[27]夸纳问题的核心是科曼奇人财富中最重要的部分：马。塔纳普的父亲拥有100匹马，他愿意给出10匹马来娶韦科。夸纳只能给出一匹马。

尽管如此，韦科仍然恳求他能满足塔纳普答应的条件。于是，夸纳向他的朋友求助，凑到了10匹马。他赶着这些马来到了老熊的营帐。不幸的是，爱基托卡普听说了他的这个计划，已经将开出的条件翻倍了。

夸纳没有被困难吓倒，他想到了一个新的主意。他告诉韦科，他们现在唯一的希望就是私奔。这在科曼奇的文化中是寻常之事：贫穷的追求者通常别无选择，只能带着新娘逃走。"当女孩知道一名富有的追求者即将求婚而她并不想与他结婚的时候"，华莱士与霍贝尔在其经典的关于这个部落的民族志中写道，"她可能会与她喜欢的男子私奔。当男孩贫穷而不能提供足够的马或其他财富来满足女孩父母亲的要求的时候，他们有时会选择私奔。在这种情况下，男孩的亲戚与朋友可能会提供一些必要的马，以弥补女孩的父母所遭受的耻辱。"[28]夸纳没有这样的家庭。这意味着他与韦科私奔，将面临死亡的危险——韦科也是。科曼奇家族对这样的事情不会容忍，像爱基托卡普这样强大的首领可能会轻易地组织一支队伍去报复这名年轻人，因为夸纳公然违反了文化礼仪。

但是，夸纳的想法不止私奔这么简单。在他与韦科离开前，他还采取了一项保险措施：他召集了一支由 21 名科曼奇战士组成的队伍。他们一起向南骑行了 7 个小时，除了过河，没有减缓过速度。[29]这是科曼奇人能够移动的最快速度，而且他们每个人都争先恐后，马不停蹄。他们非常害怕会被追上，连续两个晚上奔跑，数次分开然后会合，然后又分成两支队伍，最后，他们在今天的得克萨斯西部斯奈德附近的双山（Double Mountain）会合。他们最后在圣安吉洛附近的北孔乔河停下，如夸纳所说的，"去偷马"。

他们在那里待了一年多，在那段时间里，夸纳将这个营帐建成自己的权力基地。他们的主要活动就是偷马。据夸纳说："我们偷马偷遍了得克萨斯。"毫无疑问，他们也杀人。一些年轻、勇敢的同伴回到了他们原来的营帐，讲述他们富于冒险的经历，以及夸纳的领导才能，带着他们的心上人或者妻子，以及其他想要追随夸纳的年轻人，回到北孔乔河。在那一年年底，夸纳的队群人数达到几百人。[30]他们拥有一大群马。

与此同时，韦科的私奔仍然困扰着爱基托卡普，他最终决定发起一场行动将她夺回来。现在，所有人都知道夸纳在哪里。爱基托卡普带着一队人马往南来到夸纳的营帐。我们不知道他期待发现什么，但是他们发现他们面对的是夸纳的整个队群，他们全副武装，涂着颜料，准备战斗。看到这些人数众多的战士大为吃惊，爱基托卡普开始担心自己的安全。他决定和平地解决这个问题：4 名首领在中立的地方会见。经过一番讨价还价，他们达成一项交易：爱基托卡普将获得夸纳的 19 匹马；作为交换，夸纳将获得回到部落的权力。（夸纳说，在协议达成后，他知道有一个牧场，他可以在几小时内就偷到 19 匹相似的马。）达成协议后，人们一晚上都在摆宴、跳舞。因为夸纳的队群在那时候已经太大了，不能平静地待在得克萨斯那个地方，他第二天跟着爱基托卡普回家了，他发现自己已经享受了作为真正的战争首领的地位。[31]

第十四章 野蛮的战争

夸纳成为战士的那一年，即 1863 年，是美国历史上最血腥的一年，尽管大多数的流血事件与这个具有远大抱负的科曼奇男孩没有关系。他在西部的平原上自由骑行、偷马、剥头皮。造成死亡与毁灭的是南北战争。那一年，它从一场相对短暂的、克制的地区冲突，彻底变成了一场恶意的、旷日持久的、席卷大陆的事件，令国家面临永久破裂的危险。那一年，爆发了钱瑟勒斯维尔战役（Chancellorsville）与奇卡莫加战役（Chickamauga），爆发了维克斯堡战役（Vicksburg）与查塔努加战役（Chattanooga）。那一年，罗伯特·李率领 7.5 万名叛军进入宾夕法尼亚，进入北部的腹地，在葛底斯堡（Gettysburg）与联邦军队打成平手，伤亡达 5.1 万人。

南北战争与西部边境本身关系不大。所有的重要战斗都发生在密西西比河以东，在得克萨斯、堪萨斯、新墨西哥与印第安领地的战斗也没有涉及自由的马背上的部落。但是，这场战争还是设法打破了这一局面。它将边境撕裂的手段不是士兵与弹药，仅仅是对边境的忽视。因为忙于战争，没有钱去与印第安人作战，联邦政府与南方邦联政府别无选择，只能任由西部自生自灭。这意味着，曾经在 19 世纪 40 年代和 50 年代保卫过

边境的大多数人，包括游骑兵、第 2 骑兵团以及民兵，突然间都不见了。在羚羊山战役取得过胜利的福特或威奇托村战役胜利的范·多恩，在皮斯河战役中取得过胜利的罗斯，这些人都

上了东部的战场，也带走了到科曼奇腹地打击他们的知识与意志。

代替他们的是州与地方的民兵，他们是下等的士兵，由低级军官指挥，这些军官因此躲避了更大的战争。他们装备也不好。他们给自己提供武器，通常是很糟糕的武器。他们缺乏铅，火药质量也很差，甚至"不能杀死枪管外 10 步的人"[1]。他们受困于腐败的食物、酗酒、麻疹和肠道疾病，在与科曼奇人、夏安人或基奥瓦人的战斗上表现得无勇无谋（有一个团，原本计划去追击印第安人，却去另一个堡垒并玩起了扑克）。

他们有其他的担忧，包括他们自己的小规模的战争。1861 年，得克萨斯民兵进入印第安人的领土，占领了联邦堡垒，将联邦部队向北赶到新的堪萨斯州。时不时地也会有小规模的战争，最大的是 1863 年的蜂蜜泉战役（Battle of Honey Springs），来自堪萨斯的 3000 名联邦部队击败了 6000 名得克萨斯人与印第安人。但是，这些事情都发生在边境线东部，仍然被忽视。

这种突然的忽视改变了一切。尽管 19 世纪 50 年代，奇怪的不作为的联邦政策为数百次的印第安人的袭击打开了大门，那个十年却充满了白人的意志与决心。里普·福特 1858 年的行动是一个分水岭，几乎没有先例（只有西班牙的总督堂胡安·鲍蒂斯塔·德·安萨约束过科曼奇人的恐怖行径，他在 1779 年将绿角赶到科罗拉多东部的平原上）。尽管索尔·罗斯 1860 年在皮斯河战役中的胜利可能并不像多数历史学家所认为的那么光荣，但是，作为检验白人自卫意愿的依据，它却是明显进步的。的确，在 19 世纪 50 年代晚期，就像 19 世纪 30 年代晚期以及 19 世纪 40 年代晚期一样，科曼奇的力量在迅速消退，他们能够肆意袭击的日子似乎所剩无几了。但是，这一切都是幻觉。想要理解科曼奇的历史，必须从权力的争夺与反争夺的角度去考察。19 世纪 50 年代，科曼奇人与联邦争夺力量的对抗令人惊讶。科曼奇人在埃斯塔卡多平原寻找庇护所。他们很快被击败了。他们的人数不够，否则就是另一番光景了。

然后，南北战争来了，得克萨斯人去参加战争，将他们的尸骨留在了整个南部浅浅的墓穴中，这些教训很快被再次遗忘。回想起来，最不同寻常的地方在于，科曼奇人过了多久才发现边境的防务已经瘫痪，他们用了多久才抓住权力平衡转换的机会。这部分原因是联邦与南方邦联在东部地区都被削弱了，很快就与他们达成了新的协议。这些协议与以前的一样，乏味、不真诚，最后都沦为无用的承诺。但是，这的确推迟了无法避免的决战。南方邦联承诺给他们礼物与补给。作为交换，印第安人愉快地同意进入保留地，学习做农活，停止袭击白人与其他印第安人，但他们并不打算履行这些承诺。签署协议的印第安人有生活在保留地的科曼奇人，主要是盆纳台伽人以及其他科曼奇队群的首领，包括诺科尼人、延帕里伽人、科措台伽人以及剩下的田纳威士人。夸哈迪人仍然像以前一样置身事外，拒绝签署任何协议。联邦政府制订了自己的协议，只是重申了 1853 年的协议，承诺给予同样的年金和补给，并要求印第安人作出奇怪的让步。

最先忽视协议而造成恐慌的，并非白人。印第安人领土上发生了印第安人之间的斗争。这个地方位于红河以北，堪萨斯以南，最后成了俄克拉荷马州。东部、南部与中西部大多被征服的部落都被安置在那里——这一过程从 19 世纪初就开始了。

1830 年，国会通过了《印第安人迁移法案》（Indian Removal Act），强迫大多数部落放弃他们在东部与中西部的所有土地，并在印第安领土内给他们一块大概是永久的土地。到 19 世纪 60 年代，这块土地已经成为土著文化的混杂区，每一种文化都有自己的保留地。大一些的保留地给了五个开化的部落（克里克人、乔克托人、切罗基人、契卡索人与塞米诺尔人），以及科曼奇人、基奥瓦人、阿帕奇部落、夏安人与阿拉帕霍人，还有威奇托人及其相关部落（喀多人、阿纳达科人、通卡瓦人、塔瓦科尼人、基奇人与特拉华人）。较小的一些保留地给了基卡普人、萨克与福克斯人（Sac and Fox）、奥色治人、波尼人、波塔瓦托米人（Pottawotamie）、肖尼人、艾奥瓦人、皮奥里亚人（Peoria）、夸保人（Quapaw）、莫多克人（Modoc）、渥太华人、怀恩多特人（Wyandotte）、塞尼卡人（Seneca）、庞卡人（Ponca）、奥托人与密苏里人。这是土著利益令人吃惊地碰撞与对立，所有人都被国会的一项法令挤压到起伏的平原与红河以北的林地上。

　　对于这其中的很多部落来说，南北战争是一场灾难，就像对佐治亚东部的白人农民来说一样。灾难开始于 1861 年，美国人从印第安领土撤出，很快就爆发了战争。[2] 尽管有一些衣衫褴褛的南方邦联的士兵散布在这块地方，农耕的印第安人面对骑马的印第安人，几乎没有任何保护。骑马的印第安人一直恨他们侵占了他们的狩猎场，并认为他们奉承白人。在没有人提供甚至名义上的保护的时候，科曼奇人采取了恐怖的暴力行径（他们多数是野蛮的队群，但是来自保留地的盆纳台伽人有时候也参与其中）。契卡索人是主要的目标，其他部落也成为受害者。科曼奇人袭击他们的农场与居住地，就像他们袭击得克萨斯边境一样。他们蹂躏这些裹足不前、定居、耕田种地的受害者。很多契卡索人被赶出印第安领土，被赶到堪萨斯。乔克托人与克里克人也遭受了科曼奇人的袭击，威奇托保留地的印第安人也未能幸免，他们中的一些人甚至成功地学会了开化部落所采纳的定居、农耕的生活方式。科曼奇人毁灭了他们的农场、牲畜与庄稼。整个定居点的人被屠杀，被掠走。值得注意的是，文明开化的印第安人并不总是容易攻击的目标：他们常常是能打善斗的战士，有时候比他们的施暴者更厉害。[3]

但是，科曼奇人的袭击只是悲剧的一部分。部落之间也有根深蒂固的派系斗争，分为"南方邦联"印第安人与"联邦"印第安人。五个开化部落的很多成员蓄奴，这不仅激怒了联邦印第安人，还在他们内部引起了分歧，其结果就是一系列的屠杀与报复，大多数的人都消失在历史中。我们只知道这是残忍的，并且范围很广。切罗基人、克里克人与塞米诺尔人的领地成为两派的战场。房屋与农场被烧毁，种子与农具被毁或被偷。

211 这些部落的民众在战争结束的时候大部分忍饥挨饿，穷困潦倒，再次依赖于政府的救济。[4]1862 年的一次袭击中，100 名通卡瓦人被杀，这样的袭击几乎导致了他们的灭绝。[5]这表面上是因为他们吃人，遭到其他部落的谴责，更可能的原因是，在得克萨斯人发起的征服印第安人的行动中，他们担任侦察兵。[6]南北战争提供了很多这样的复仇机会。

如同在更大的战争中一样，他们之间的战争也导致大批的人流离失所。1861 年年末，克里克首领奥波特·雅荷拉（Opothle Yahola）率领一大批忠诚的克里克人与其他部落的人，在 12 月的最后一周被南方邦联的部落与得克萨斯骑兵多次袭击。受到惊吓的联邦印第安人丢下了所有东西向北逃。很多人在寒冷的天气里被冻死，很多人的尸体被狼吃掉。婴儿生下来后没有衣服，裸露在雪中，很快便冻死。[7]据一份报告称，700名克里克人与其他人要么被杀死，要么被冻死。[8]在堪萨斯，他们聚集在一个难民营，情况也没有好到哪里去。他们睡在冰冷的地上，靠手帕、围裙这样的东西抵御平原上的风暴。这个营帐的构成在很大程度上体现了南北战争对印第安领地的影响。这个营帐有3168名克里克人、53名克里克奴隶、38名"自由的克里克黑人"、777名塞米诺尔人、136名夸保人、50名切罗基人、31名乔克托人和一些基卡普人。到4月的时候，这个营帐有7600名难民，包括济柴人、海奈人（Hainai）、比洛克西人（Biloxi）与喀多人——他们过去所拥有的全都没有了。[9]

随着战争逐渐蔓延到东部，白人的边境成为杀戮的噩梦。杀戮最早开始于1862年北部地区，明尼苏达草原上发生了一起印第安人的叛乱。那一年，桑蒂苏人（Santee Sioux）（东苏人，也被称作达科他人）沿着明尼苏达河从他们的保留地中发动叛乱。他们杀死了800名白人定居者，这是美国历史上"9·11"事件前最高的平民死亡人数。他们还让另外4万人成为难民，慌乱地向东逃走。暴力活动非常极端，无所顾忌，部分是因为联邦政府没能给他们提供年金与补给，部分是因为那里没有政府的军队。不像大多数的得克萨斯人，他们是早期的殖民者，知道印第安人战争尤其是科曼奇人战争的残暴，这些明尼苏达人只是自耕农。他们大多来自欧洲。他们的反应是极度的恐惧，当他们经历了北部的殖民者未曾经历过的东西（有计划地强奸、折磨女性俘虏）的时候，这种恐怖尤其严重。

212

当美国士兵终于平息了桑蒂的叛乱时，愤怒的民众对被抓的印第安人怒吼，并阉割了他们，要求将他们处死。如果林肯总统没有介入，数百人可能就那样死了。尽管如此，还是有38人被绞死，这是美国历史上一天内绞死的最高人数。第二年，这个部落被驱逐出明尼苏达，他们的保留地被废除。[10]最终，北部强大的苏人与不断推进的定居点发生了这样的冲突。这样的冲突自19世纪20年代就在得克萨斯发生了。

1863年年末，对于自由骑马的部落来说，很明显，没有士兵能够阻止他们。1864年夏天，他们袭击了从科罗拉多到得克萨斯南部的定居点，残忍地袭击了拓荒者与士兵，丝毫不担心报复。早在19世纪50年代就定居的大片土地，变得荒无人烟。科曼奇人的袭击实际上令圣菲路线中断了。陆路运输线上长达400英里的站点被抛弃。移民停止了。夏安人切断了科罗拉多矿上的供给，那里的人们只能忍饥挨饿。在偏僻的丹佛镇，一袋面粉的价格达到了45美元。边境再度后退，一些地方甚至后退了一两百英里，毁掉了20年的西进成果。[11]在一个短暂而恐怖的时刻，突袭似乎扼杀了支持美国西进运动的理念。毕竟，天命论只有在你能够征服这个国家的中部的时候才起作用。

这种新的、不受限制的暴力活动的最典型的例子是榆树溪突袭（Elm Creek Raid）。1864年10月，一支由700名科曼奇人和基奥瓦人战士与300名妇女、儿童和老人组成的部队，在科曼奇首领"小野牛"（Little Buffalo）的带领下，从他们位于加拿大河雷德布拉夫（Red Bluff）的营地出发。[12]他们的行动——这两个部落发起的规模最大的一次行动——在贝尔纳普堡上方10英里处跨过红河，然后袭击了红河以南的一处定居点，此处有多达 60 所房子。没有什么可以阻止他们，不用担心骑兵或联邦部队，没有海斯或福特那样的指挥官去追击他们。不同于桑蒂苏人，他们仍然是处于游牧状态，因此可以躲在大平原的任何地方。他们烧杀抢掠，偷牛盗马，并强迫一群受到惊吓的定居者撤退到默拉堡（Fort Murrah）。

这时，骑兵赶到了，虽然没有挽救局势。恰恰相反。14 名民兵从贝尔纳普堡疾驰而出，迎头撞上 300 名骑着马的印第安士兵。5 名民兵当场被杀，数人受伤。其他人逃命，一些人甚至两人合骑一匹马，大多数人都成了“针垫”——被箭射中，流了很多血。他们躲到了默拉堡，与其他人一样畏缩地不敢出来搬救兵。当救兵到来的时候，印第安人已经扫兴地离开了。受损情况：11 名定居者与 5 名士兵被杀，7 名女子和儿童被掠走。袭击者没有被追击。那一年，这样的袭击在边境经常发生。如同很多次对民兵的战斗一样，这并不是公平的战斗。

这样的暴力行动招致了报复。1864 年年末，新墨西哥的美军准将詹姆斯·H. 卡尔顿（James H. Carleton）决定为此做点什么。卡尔顿是守旧的新英格兰人，他自命不凡，固执己见，在登山、采集种子、跳华尔兹舞、考古、军事史、船只设计以及流星研究方面均有才能。[13]科曼奇人袭击他的领地却丝毫未受到惩罚，这令他感到被深深地冒犯。那一年年初，他与传奇的侦察兵克里斯托弗·卡森上校在新墨西哥进行了一场针对纳瓦霍人的大规模行动，最后将他们逼到谢伊峡谷（Canyon de Chelly），摧毁了他们的庄稼，夺走了他们的牲畜，并强迫 8000 人来到保留地。[14]

不幸的是，那块保留地正好在科曼奇利亚的边缘。没过多久，西部科曼奇人就发现他们的宿敌在新的地方是多么脆弱。

213

科曼奇人在清晨对纳瓦霍人的村庄发动袭击，偷走绵羊、马、女人和儿童，摧毁了卡尔顿精心准备的计划。[15]科曼奇人还残暴地袭击了圣菲路线上的补给车队，这进一步激怒了卡尔顿。这些车队运的是保障纳瓦霍人生存的食品与卡尔顿以及他在东部的同事的信件，这是他与东部取得联系的唯一渠道。事实上，卡尔顿被封闭、孤立了起来。他坐在圣菲的办公室，东部的一切对他来说都是混乱与毁灭的。

214

1864 年 11 月，他派出卡森上校去惩罚科曼奇人。他们深入科曼奇腹地，历史上白人难以到达的地方，即得克萨斯狭长地带 3500 英尺高的地方。那里地势平坦，野草茂盛，像海一样，有峡谷，有古老的河流，住着最凶残、最偏远的科曼奇队群，只有与科曼奇做生意的人从新墨西哥去过那里。只有少数白人去过那里，并且去过的大多是做生意的。得克萨斯人或者骑兵从来没有勇气去埃斯塔卡多平原追踪科曼奇人。长久以来，那里一直被认为是死亡之地：要么是没有人迹、没有水源的平原让人死去，要么是被科曼奇人杀死。骑兵们穿过红河，登上美丽的威奇托山，去追击袭击者，这是一件相当勇敢的事。奇怪的是，科曼奇人通过与他们做生意的人知道了这个计划，试图安排停火。由延帕里伽首领"十熊"（Ten Bears）率领的 10 名科曼奇人与基奥瓦人来到新墨西哥东部的巴斯康堡（Fort Bascom）谈停火。[16]但是，卡尔顿要求堡垒的指挥官明确地告诉他们："在你们愿意交出今年以来从我们这里偷走的东西，以及交出杀害我们无辜的人的凶手之前，你们不需要带着白旗过来。"[17]这次行动仍将继续。如果这个国家有一个人能够领导这样的行动的话，那么这个人一定是基特·卡森，尽管这很危险。

　　卡森是美国西部被写进故事里次数最多的人之一，甚至在他还活着的时候，"血与雷（blood and thunder）"系列小说就让他家喻户晓。他是一名捕兽者、猎人、野外侦探，并且是探索西经 100 度以西最早的白人之一。他在 1842 年到 1846 年之间为约翰·C. 弗里蒙特（John C. Frémont）前往西部山区的行动担任向导，并通过弗里蒙特公开的报道成为国民英雄。尽管个子不高、沉默寡言、几乎目不识丁，不会给人留下深刻印象，他却是西部边境最杰出的人物。他娶了数名印第安人妻子，会好几种印第安语，并且在新墨西哥做过印第安事务官员。他也是一名成功地打击印第安人的战士，曾经领导过有效地针对纳瓦霍人与梅斯卡莱罗阿帕奇人的战斗。在过去的数年里，他与科曼奇人进行过小规模的战斗。他知道自己正在做什么。

　　1864 年 11 月 12 日，亚伯拉罕·林肯被选为总统的第四天，威廉·特库姆塞·舍曼烧毁亚特兰大的第二天，卡森从新墨西哥东部平原的营帐中出发，带着由 14 名军官、321 名士兵以及 72 名阿帕奇人与尤特人组成的侦察兵。后者是科曼奇人的宿敌，他们不像白人那样被空旷的平原所吓倒。而且，卡森不需要向他们支付酬劳；他只是简单地承诺他们可以拿走所有的战利品与科曼奇人的头皮。像印第安侦察兵的其他白人指挥官一样，卡森只是去接受，并尽力去约束他们恶劣的习性，包括折磨、强奸、肆意杀害非战斗人员以及白人所厌恶的其他行为。原则上是这样的。尤特人与阿帕奇人的战争舞蹈也令白人士兵分心——大声吼叫，甚至沙哑了还要吼叫，常常持续到第二天清晨。

　　他们出发的时间是在深秋。习惯于在春季和夏季成群活动

215

的印第安人会在深秋来到他们将要越冬的营帐。他们用晒干的牛皮搭的帐篷会沿着一些他们喜欢的河流绵延数英里。卡尔顿认为科曼奇人与基奥瓦人在得克萨斯狭长地带北部的加拿大河扎营。那里是南方邦联的领地，尽管很可能会在平原上遇到叛军的民兵。空气稀薄，天气寒冷，卡森的部队向东移动，穿过淹没了地平线的、与马一样高的草丛，印第安侦察兵走在他们前面。[18]

现在，基奥瓦人与科曼奇人一起扎营、打猎、袭击已司空见惯，他们一起行动的关系需要解释一下。尽管很难确切地说这两个部落在什么时候建立了这么密切的关系，但他们的确有一些共同的特点。与科曼奇人一样，基奥瓦人在 17 世纪从北部的山区迁移到南部野牛丰富的平原。这两个部落都通过马获得了巨大的力量。他们都是杰出的骑手，即使在所有部落都是杰出骑手的平原上，他们仍然是最杰出的。而且，他们都特别好战，即使以平原上残暴的武力标准来衡量也是如此。他们双方打过数年的仗，在 1790 年达成了明确的和平协议。他们之间也有不同之处。与科曼奇人实用主义、极简主义的文化不同，基奥瓦人拥有复杂的、等级分明的军事组织，有丰富的艺术传统，有复杂的象形文字，有精密的历法，并且有更复杂的宗教神学，其中包括太阳舞（Sun Dance）。他们与科曼奇人最大的不同是，他们人不多。基奥瓦人以及他们下面更小的队群基奥瓦－阿帕奇人或者平原－阿帕奇人（一个非常小的、说阿萨帕斯坎语的部落）的人数从来没有超过 1800 人——这个数字只是科曼奇人在鼎盛时期的一小部分。[19]

经过 12 天的骑行，卡森的侦察兵终于在今天的得克萨斯博格镇（Borger）南部发现了科曼奇人与基奥瓦人的住处。那天晚上，他们趁着夜色悄悄地来到加拿大河的河谷，他们有严格的命令，不准说话，不准抽烟。他们下了马，在霜冻中发抖，并拉住他们的马，一直熬到东方破晓。[20]他们在白天继续前进，由印第安侦察兵开路，并带着两门山地榴弹炮。他们费了很大的劲才把山地榴弹炮拖过加拿大河岸边的褐草和浮木。

选择这些装备不是偶然的。榴弹炮像缩短的、小型的大炮。它们是短管、大口径的枪，有巨大的轮子，一次开火用的火药重达 12 磅。它们的优势就是机动性。它们的威力很大，尤其是在面对成群的人的时候。它们使用两种弹药：榴霰弹与罐装弹丸。榴霰弹包括一个圆形铁壳，里面有 82 颗子弹，塞满了硫黄与火药。罐装弹丸是将榴弹炮变成巨大的短枪，每一次开火能发射出 148 枚点 69 口径的铅弹。这些武器针对印第安人使用得不多，主要是 1862 年在明尼苏达针对桑蒂苏人使用过。卡森的队伍里没有人知道这些武器将决定这次行动的生与死、成与败，尽管他们一路骂骂咧咧地拖着这个其貌不扬的炮穿过高草。[21]

在一个晴朗无云的早晨，大概八点半，卡森的队伍袭击了一个基奥瓦村庄，村里面有 176 家住户。他们偷袭了印第安人。印第安人拼命抵抗，掩护他们的妇女和儿童撤退，然后自己向下游逃跑。在这次交战中，只有一小部分人伤亡。其中 4 名眼瞎、腿脚不便的基奥瓦老人被尤特女子用斧头劈开了脑袋。她们被带来似乎就是为了帮助配偶实施白人所认为的战争暴行。与此同时，卡森的主力继续进攻更大的科曼奇营帐，在前方 4 英里外，最后在一个废弃的贸易站停了下来，那里就是在边境家喻户晓的土坯墙。正是在这里，大约十点钟，他们与 1600 名科曼奇人和基奥瓦人交战。战斗没有持续太久。榴弹炮被拖到附近一座对称的、30 英尺高的锥形山丘顶上，装药发射。几乎同时，在战线上奋力冲击的科曼奇人与基奥瓦人，立在他们的马镫上，看着这个炮弹炸了一次，又炸了一次。他们在平原上从来没有见过这种武器。印第安人很快给它起了个名字——"两连发的枪"。与卡森一同参加土坯墙战斗的乔治·佩蒂斯（George Pettis）描述道，敌人"凝视着，一度惊呆了，然后策马离开我们，齐声呼喊，拼命地向他们的村庄跑去……当第 4 发炮弹发出的时候，在榴弹炮的射程里已经没有一个敌人了。"[22]

然而，白人并没有追击逃跑的印第安人，而是决定休息一会儿。卡森的命令似乎令人疑惑，但是他的人已经作战或行军长达 30 个小时了。他们歇下来，吃他们干粮袋里的硬面饼或培根或咸猪肉，喝佩蒂斯所描述的"我在边境看到的清冽的泉水"，并讲述他们的英勇事迹。他们的马在平静地吃草，这些草非常茂盛，没有人割过。卡森的计划是，休息过后，他们将冲击科曼奇的村庄，并摧毁它们。这似乎是合理的。但实际上却是针对村庄的屠杀计划，这一幕是为 12 年后的小比格霍恩河战役做准备。

不到半小时，印第安人再次聚集到这堵墙前面的空地上，士兵们再次听到印第安人的来复枪声。他们还听到了一种奇怪的声音：来自印第安人的军号声，不管军队吹什么，印第安人总是吹相反的。如果联邦部队吹"前进"，他就吹"撤退"，如此等等。印第安人号手与白人号手吹得一样好，每次他吹，这些士兵们自己都会笑起来。

218　　　战斗再次打起来了，而且进行得非常激烈。很快，科曼奇人与基奥瓦人就明白了榴弹炮致命的特点。他们将战士们分散

开。"他们的策略是分散行动"，佩蒂斯写道，"避免聚集。"这一策略奏效了，榴弹炮只发射了几次。其中一次，

> 炮弹直接穿过一匹正在快速奔跑的马的身体，马背上还有一名科曼奇人，炮弹穿过后继续飞行了两三百码才爆炸。这匹马一头栽到地上，将马背上的科曼奇人抛向空中，高达 20 英尺，手脚向四处伸开。[23]

与此同时，印第安人发起了猛烈攻击。他们中许多人下了马，点燃了高草。骑马的人从前边俯冲而下，从马脖子下面开枪。战场上的瞬息变化，难以尽述。随着战斗进行到下午三点左右，卡森与他的军官们注意到，越来越多的科曼奇战士从一个巨大的村落过来。这个村落位于加拿大河下游，他们能够看到。他们一批一批地抵达，每一批有 50 人甚至更多。在三点左右的时候，佩蒂斯估计卡森上校的第 2 骑兵面对的印第安人有 3000 人。他们受传奇的"十熊"（Ten Bears）指挥。十熊是 19 世纪 60 年代延帕里伽一个主要队群的首领，并曾在 1863 年到达华盛顿，接受和平奖章。[24]（基奥瓦首领多哈桑也在战场上表现出色。）尽管佩蒂斯对敌人数量的估计无疑过高——那个数字包括了 1864 年科曼奇与基奥瓦战士的绝大部分——士兵们现在开始担心自己的安全。他们的供给车只有 75 人守护，而且卡森能够看到大批的印第安人开始向他后方挺进。

在下午三点半的时候，卡森的部队与印第安人已经交战了 5 个小时，他下令撤退。尽管大多数军官反对，他们认为应该前进，并夺取眼前的村庄，但是尤特人与阿帕奇领导人支持撤退。卡森听从了印第安人的意见。他派兵在前后侧翼掩护，谨

慎地撤退。印第安人则从各个方向向他们进攻。他的想法是回
到较小的那个基奥瓦人的村庄，烧掉它，然后撤离。他的队伍
在日落前到达了那里。那里全是印第安人。卡森现在被印第安
人包围了，双方人数对比是一比十。他原本是活不了的，就像
数年后卡斯特在犯了一个类似的错误中幸运地活了下来一样。

　　他能够活下来，完全是因为致命的榴弹炮。卡森下令将榴
弹炮拖到这个基奥瓦村庄附近的一个小山顶上，将印第安人从
村庄里轰出来，并让白人能够冲进去。他们洗劫了这个村
庄——村庄里有他们觊觎已久的牛皮袍子——然后将这个村庄
烧毁。致命的榴霰弹穿过夜空。其中一枚榴霰弹正好击中了三
四十名印第安人。夜色降临，撤退继续。印第安人一度跟踪卡
森他们，吓得他们几乎连续奔跑了 4 天。他们没有再次进攻。
他们刚刚打了一场大平原上最大规模的战斗之一。

　　载入军事史册的土坯墙战役值得一提，因为相关的记录非
常不准确。

　　　　记录说卡森与他的部队在得克萨斯加拿大河土坯堡附
　　近攻击了一个基奥瓦人的村庄，村里面约有 150 家住户。
　　经过一场激烈战斗，他们迫使印第安人撤退，印第安人死
　　伤 60 人[25]（估计死 30 人，伤 30 人）。

　　卡森没有击败任何人。他勉强避免了自己的队伍被杀光，
他本人在多个场合曾承认这一点。如果没有榴弹炮，他后来说，
"几乎没有人能够活下来讲述这个故事"。他自己的损失很惨
重：7 人死亡（6 名白人与 1 名印第安人），21 人受伤（17 名
白人与 4 名印第安人）。他在夜色的掩护下得以撤退。佩蒂斯上

尉后来与一名墨西哥交易者说起过这件事。这名交易者当时在一个科曼奇营帐中。佩蒂斯写道：

> 印第安人声称，如果白人没有能够"两连发的枪"（指的是山地榴弹炮），他们不会让一个白人逃出加拿大河河谷。我可以毫不客气地说，这就是卡森上校常常表达的观点。[26]

卡森的这次行动不是 1864 年唯一的一次惩罚性行动。4 天后，在北部数百英里的地方，奇文登领导了一场美国历史上最血腥、最具叛乱性、最不被认可的屠杀印第安人行动。奇文登曾经是卫理公会教派的牧师，后来成为一名地方军官。这场行动后来成为传奇，成为丑行，被称作"沙溪大屠杀"（Sand Creek Massacre）。夏安人是受害者。

奇文登是那个时代的产物。他个子很高，令人印象深刻，胸部像水桶，脖子粗。他花大量时间在科罗拉多的矿营开办主日学校。由于东部战事令西部人员短缺，他升为美国陆军的一名准将，领导一群数量众多、不靠谱的、经常醉醺醺的二流士兵。这些士兵由科罗拉多的地方志愿者组成。夏安人与科曼奇人在夏秋之季发起的袭击，令丹佛街头的人们充满恐惧。市民们感到绝望，有时甚至歇斯底里；每个人都有认识的人被袭击或被杀。马背上的部落曾经激起的白人同情不复存在。白人现在的想法就是消灭他们，既是为了报复，也是为了避免将来再遭到袭击。奇文登是他们的勇士，他们认为上帝站在他那一边。"那些同情印第安人的家伙们，让他们见鬼去吧"，他说，"我要杀死印第安人，我认为在上帝的天堂里使用任何手段去杀死

220

印第安人都是正确的，是光荣的。"[27] 为了鼓励人们参加他的志愿军队，他在征兵的桌子旁边展示了白人一家四口被砍断肢体的尸体。他充满激情地宣扬"剥头皮"与"流血"。[28] 他对士兵们的要求非常明确，后来人尽皆知，即"不论大小，杀光，剥光。印第安人就是蝼蚁"。

1864 年 11 月 28 日晚上 8 点，这个冬季的夜空繁星闪烁，奇文登与 700 名士兵从科罗拉多的莱昂堡（Fort Lyon）排成四列骑马出发。第二天早晨，他们袭击了"黑壶"（Black Kettle）首领的夏安人村庄——这个村庄刚刚与白人士兵签署了停火协议。但是，奇文登的目标就是杀死印第安人，他正是这么做的。开始，他用四门山地榴弹炮轰炸印第安人的住处。然后，他的人冲进去，不加区别地屠杀。袭击时，这个营帐里有约 600 名夏安人。其中，战士不到 35 人。大多数男子外出去捕猎野牛了。描述袭击的细节没有意义。儿童被近距离射击。婴儿被刺刀刺死。最悲惨的是，一群印第安人围着一面巨大的美国国旗，国旗悬挂在黑壶的营帐上面。他们聚集在一起，挥舞着白旗，女子解开她们的衣衫，让他们不会认错性别，耐心地等待白人去发现印第安人是友好的，等待白人停止杀戮。然而，他们都被杀死了。当烟散声歇，300 名夏安人横尸地上。所有人都被剥了头皮，很多人被断肢。一名男子将一名女子的私处切下来，放在棍子上展示。[29]

大屠杀很快传播开来，主要是因为一些士兵被这件事恶心到了。他们后来将这件事告诉了媒体，同时也因为胜利者对炫耀他们所做的事情没有顾虑，他们为此感到骄傲，至少刚开始是这样的。奇文登回到丹佛，实际上是凯旋，报纸连篇累牍地夸赞他。奇文登本人声称"后世提到我，将会说我是抗击印第安人的伟大斗士。我让基特·卡森相形见绌"。（卡森回应称：想想狗娘养的奇文登，想想那些肮脏的狗在沙溪干的事。他们杀印第安女子，打碎无辜的儿童的脑袋。你们就称这样的士兵为基督徒?[30]）在科罗拉多的一个剧院，这些胜利者向欢呼的人群展示他们的战利品：用阴囊做的烟袋、手指、头皮和用夏安女子的外阴做的钱包。[31]随着这些细节为人所知，在纽约、费城与华盛顿掀起了一股厌恶这件事的浪潮。沙河大屠杀对这些地方的印第安人政策产生了巨大而持久的影响。值得注意的是，这样令人震惊的耻辱与厌恶的感情只出现在东部地区。对杀害印第安女人的抗议在印第安人地区并没有得到回应，那里的人们都知道，女人常常也是作战人员（在这次事件中，她们不是）。对熟睡中的印第安人使用山地榴弹炮，在边境地区也没有引起强烈抗议，这不像在东部。[32]奇文登所做的，正是东部地区很多人，包括正规军，认为必须要做的。军队不喜欢奇文登，更多的是因为他的性格与他的士兵的残暴。毕竟，他袭击了一个签署了停火协议的村庄。否则，边境地区的人们对于屠杀印第安女人与儿童早就司空见惯了。

第十五章　和平与其他恐惧

　　1865 年春季，南北战争的结束与南方邦联的崩溃给边境带来了终极的、彻底的混乱。在那之前，边境至少还有虚设的组织。现在什么都没有了。民兵从联邦的土地上消失了。可以说，在几个月的时间里，得克萨斯所有地方没有政府，没有系统，没有当局，没有权力。人们一定以为，过去的好日子又回来了，政要们的战争一定做了什么奇怪的、持久的、魔法般的事情，将他们的宿敌从边境赶走了。科曼奇人数仍然较少——我们必须提醒我们自己，只有约 4000 名科曼奇人在阻挡西方文明的推进——但是他们原有的实力恢复了很大一部分，伴随而来的是他们自古以来就有的傲慢。他们的社会组织依然基于战士身份——的确没有其他形式的社会进步——他们的财富仍然由偷来的马构成，而且，现在他们再次拥有了不可阻挡的实力，能在边境地区对白人与印第安人发动战争。

　　奇怪的时间扭曲依旧：作为青少年，夸纳与他的同伴们就像他们的父亲与祖父们一样生活、打猎和袭击。数以十万计的白人还没有准备好进入科曼奇人的土地，即使发现科曼奇人有衰弱的迹象或者处于有机可乘的时候。这个部落还有一项新兴的生意，除了卖偷来的马与俘虏之外，那就是偷牛。那些年，得克萨斯开始出现偷牛活动。在西部，夸哈迪人将自己的所在地变成了牛的交易所。他们从得克萨斯偷牛——查尔斯·古德奈特估计在南北战争期间，被偷的牛达到 30 万头——他们通过中间人将牛卖给新墨西哥的政府合同商，这些人又将牛卖给美国军队。[1]准确地说，是卖给卡尔顿将军。在某些情况下，他们实际上是将卡尔顿自己的牛卖回给他。作为交换，科曼奇人收到枪支弹药——越来越多的转轮手枪与高质量的卡宾枪——这些枪支弹药在土坯墙被用来对付基特·卡森。这个生意太好做了，一些富裕的盎格鲁－美国人涉足很深，为墨西哥交易者提供了资金。[2]卡森对此非常清楚，也非常愤怒。

州与地方的民兵，在过去 4 年里，是边境防务的主要力量，却被解散了。在南方邦联，他们被强制解散了。他们在联邦管辖的地区也消失了。这其中有政治与组织方面的原因。在战争期间，大量的志愿者被国家紧急招募起来。他们构成了受卡森与奇文登领导的部队。随着战争的结束，几乎没有人希望一直待在部队，因此，大部分人被解散了。与此同时，美国军队人数正在迅速被削减，1866 年，军队总人数下降到 7.5 万人。尤利西斯·S. 格兰特（Ulysses S. Grant）派往得克萨斯的 8000 名正规军完全是出于其他事务的考虑，而不是为了打击印第安人。当得克萨斯州州长后来试图填补这种军事真空、建立州的部队时，联邦政府不同意。南部非军事化是重建时期的优先事项，华盛顿不会允许叛乱的得克萨斯州再次建立自己的部队。背负巨额战争债务的国会也不愿意在这些昂贵的运动上再次花钱，去对付数量不多的野蛮人——他们对这个国家并没有构成直接的威胁。

还有其他的原因导致人们没有意愿阻止印第安人对西部边境的袭击。在文明的东部，很多人都认为印第安人战争主要是白人的错。主流的观点是，科曼奇人与其他惹麻烦的部落只要被合理对待就会和平相处，离血腥的边境越远的人，对这个观 224

点越深信不疑。这是部队与印第安事务办公室喷着香水做着白日梦的人之间的老斗争。后者称部队是"屠夫，酒鬼，决心消灭这些高贵的红色人种，煽动战争，这样他们才有活干"[3]。正如约翰·波普（John Pope）将军后来所观察的，军队发现自己处在一个无法获胜的位置。"如果成功，那就是对印第安人的大屠杀；如果不成功，那就是没有价值或者无能，这样的评价充斥在每家报纸或者国会或者其他地方的公开演讲中，而做出这样评价的人对这个主题是无知的。"[4]奇文登的屠杀与明尼苏达白人的暴行似乎证明了军队的评价恰如其分。

认为平原印第安人的麻烦完全是白人造成的观点是错误的。支持这一观点的人有很多在国会、印第安人事务办公室及其他机构，他们对科曼奇部落的历史并不了解，不知道这个部落的生存是基于战争，并且一直以来都是如此。科曼奇人对墨西哥北部的袭击，他们对阿帕奇人或尤特人或通卡瓦人有计划的消灭，这样的恐怖行为持续了一个世纪。对此，稍微有所了解的人都不会认为这个部落是和平的或者是不应受到指责的。当然，这不是从大的方面来说的。从大的方面来说，科曼奇人最先来到这片土地上，西进的盎格鲁－欧洲人显然是入侵者。如果白人同意将他们对其文明的推进停止在西经98度，并且不让他们的定居点越过洛基山，不去修建横贯大陆的铁路，不允许先驱者通过圣菲与俄勒冈路线穿过平原，那么，他们可能会与科曼奇人实现持久的和平。但是，同情印第安人的这些白人从来不否认美国白人完全拥有对这片大陆的基本权利。

这种对和平善意的督促，与科曼奇人对得克萨斯及印第安领地无情而残忍的袭击，促成南部平原印第安人达成最后的、最全面的协议。酝酿协议的会议在 1867 年 10 月召开，地点在堪萨斯威奇托西南约 75 英里的地方，基奥瓦人在那里举行药舞。这个地方被称作梅迪辛洛奇溪（Medicine Lodge Creek）。与会者包括美国和平委员会的成员与科曼奇、夏安人、阿拉帕霍、基奥瓦和基奥瓦阿帕奇部落的代表。这次会议是美国西部自由印第安人的最后一次大聚会。这一事件是壮观的、超现实的、注定的、荒唐的，当然，也是最隆重的西方盛典之一。9 家媒体派记者前来报道。[5]

　　会议开始时，如同很多和平会议一样，双方都努力给对方施压。美国和平委员会，包括印第安人事务委员与西部陆军指挥官威廉·特库姆塞·舍曼带着大量随行人员来到西部。人员太多，他们动用了一个马车队与 15 至 20 辆车。一同前来的还有 500 名士兵，他们骑着马，穿着制服，带着极具杀伤力的山地榴弹炮。白人也带来了大量的礼物，并且建立了移动的厨房，为每一个人提供食物。他们抵达后，很快就下达了一道紧急命令，要求再提供 1.5 万磅糖、6000 磅咖啡、1 万磅硬面包与 3000 磅烟草。[6]估计有 4000 名印第安人参加，需要提供 100 个科曼奇人的小营帐。[7]

　　当士兵们在印第安人的营帐前出现的时候，发生了一些不同寻常的事情。据艾尔弗雷德·A. 泰勒（Alfred A. Taylor）描述（他当时作为记者报道了这次会议，后来成为田纳西州州长）：

> 　　数千名骑着马的战士集中在一起，组成楔形，楔子的头朝向我们。他们带着装备，马涂着战争颜料，战士们戴着战争软帽，脸涂成红色，全速朝向我们的队伍行进……

225

　　在距离我们 1 英里的时候，这个楔形的队伍在跑动中迅速变成了巨大的圆形，它由 5 条清晰的线条组成，每个线条都是原始的、未经训练却独一无二的骑兵组成。这个圆不停地转动，有节奏，像刚上油的机器一样精确，每一次转动，就离我们更近一些。在距离我们 100 码的地方，这个巨大的圆停了下来，突然就完全静止了。[8]

　　这样的场景对于白人来说印象极其深刻，不仅仅因为这是对忠诚的检验——巨大的、转动的圆套着圆，是平原战争的标志，对于坐在马上的白人士兵来说，这是熟悉的并且恐怖的。壮观的军事展演中透出悲哀的情绪，很多人能够感受到。这次会议的目的，就是要永久地终结这样的行为，使这种军事展演变得没有实际意义而只有象征意义。的确，这样的展演只会再出现几次，然后就将消失在历史中。

　　会议以礼仪性的奏乐开始，然后，委员们开始老生常谈地批评马背上的部落。他们提醒印第安人应该为自己感到羞耻，因为他们违反了协议，对白人发起了战争。印第安人事务委员会主席、参议员约翰·B. 亨德森（John B. Henderson）说，这"令白人非常伤心"。他没有说"我们非常高兴看到红皮肤的同胞朝着和平努力"。他像对孩子那样耐心地解释说，总统想要的，是从白人的殖民地给印第安人属于他们自己的土地。白人会给他们工具和种子，教他们如何农作。木匠会教他们如何建造房子。白人会为他们创办学校，教他们识字。当他们学习这些的时候，总统还会连续 30 年每年提供价值 2.5 万美元的衣物和其他必需品。作为交换，印第安人必须停止所有的敌对行为，居住在总统提供的土地上，承诺不干涉白人的道路、铁路、堡

垒或者其他的开发、修建项目。⁹

印第安人受邀讲述他们的诉求，他们非常迫切地想要发言。第一位发言者是基奥瓦首领萨坦塔（Satanta），他为接下来的发言定了基调。他开始用手搓沙子。他同与会者握手¹⁰，然后告诉他们，他所想要的，与白人的和平观点一点关系也没有。他说：

> 为我们建造家园毫无意义。我们并不想要你们为我们建造家园。那样的话，我们都会死去。看看盆纳台伽人。过去，他们非常强大，但是现在他们弱小、贫穷。我想要从阿肯色河到红河之间的所有土地。我的国家已经很小了。如果你们为我们修建房子，土地会变得更小。你们为什么要坚持这一点？这到底有什么好处？

接下来为科曼奇人发言的是盆纳台伽人首领图萨瓦（Tosawa），即"银胸针"（Silver Brooch）。他很清楚在保留地的骑马的印第安人身上发生了什么。有人描述他用平静而好辩的语气直率地谴责了这个计划：¹¹

> 很久以前，盆纳台伽科曼奇人是这个国家最强大的队群。总统派来了一位大首领，并承诺提供药、马和很多其他的东西。很多年过去了，这些承诺从未兑现。我的队群正在迅速缩小。我们的年轻人成了其他部落的笑柄。我会等到明年春天，看看总统承诺的这些东西是否会送来；如果没有，我与我们的年轻人将回到我们野蛮的兄弟那里，去草原上生活。¹²

227

令人印象最深刻的演讲——它的确非常精彩——来自十熊。他是延帕里伽人的年迈的首领，曾经在土坯墙战役中击败基特·卡森。他发表的演讲是美国印第安人中最雄辩的演讲。他的演讲唤起了暴力、美、苦难与失败，令白人感到震惊（白人是听翻译的）。其中，他描述了他们对1864年一场战斗的反应，这令白人感到惊讶，因为白人总认为印第安人的情感和他们的不一样。在他开始演讲之前，他戴上一副金属架眼镜，这令他看起来像个书呆子，尽管他并不识字。[13]"当我在这里见到你们的时候，我的内心充满喜悦"，他开始说，

就像春天冰雪消融，雪水流入小溪；我感到非常高兴，就像马驹感受到新年伊始时新鲜的草儿冒出来……

我们从来没有先向白人射箭或开枪。我们之间有纷争……我们的年轻人跳着战争舞。但这不是由我们开启的，而是因为你们最先派来的士兵……

两年前，我踏上这条路，追逐着野牛。我的妻子们与孩子们脸庞是丰盈的，身体是温暖的。但是你们的士兵朝我们开枪……这不止一次。他们烧毁了我们的家。他们不去打猎，却杀了我们的勇士，我们部落的战士们去割下了死者的头发。

在得克萨斯也是这样。他们袭击我们的营帐。当母牛被袭击的时候，公牛会站出来。我们找到了这些士兵，并杀死了他们，将他们的头皮挂在我们的住处。科曼奇人并不软弱，也不盲目，他们不像小狗。他们强大并且具有远见，就像成年的马。我们以其人之道还治其人之身。白人女子哭了，我们的女子笑了。

但是，你们对我所说的，我并不喜欢。它们不像蜜糖一样甜，而是像葫芦一样苦。你们说想让我们住在保留地，为我们建房子，给我们提供药品。我不需要这些。我生在草原上，风自由地吹，没有什么东西会阻挡阳光。我出生的地方没有围墙，一切都自由呼吸。我希望死在那里，而不是死在墙之间。我熟悉格兰德河与阿肯色河之间的每一条河与每一棵树。我在那个地方打猎、生活。我像先人们一样生活，也像他们一样幸福地生活着。

当我在华盛顿的时候，总统告诉我，所有的科曼奇土地都是我们的，没有人可以阻止我们生活在这片土地上。所以，你们为什么要让我们离开河流、阳光与风，而生活在屋子里？不要让我们放弃野牛而寻求绵羊。年轻人已经听说了这些，这令他们感到悲愤。不要再提这个了。我希望谈谈我从总统那里听来的话。当我拿到商品与礼品的时候，我们感到高兴，因为这表明他在乎我们。

如果得克萨斯人离开我们的国家，那么，和平就有可能存在。但是，你们现在说的让我们必须居住的地方太小了。得克萨斯人夺走了草木最茂盛的地方。如果我们能留在那样的地方，我们才可能会按你们所说的去做。但是现在太迟了。白人拥有我们深爱的国家，我们只希望在草原上自由游荡，直到死去。

已经太迟了，印第安人对此比任何人都清楚。自由的印第安人不会再被允许到处游荡。十熊咆哮的措辞顶多只是一曲挽歌。他并不相信白人真会给他提供任何超出他们已经提供了的东西。尽管提供药物是明显的讨价还价，但实际上根本没有讨

228

价还价的余地。白人给他们下达了不加掩饰的最后通牒。舍曼将军没有给他们任何抚慰。他作为一名和平委员参会，但实际上却支持对行为不良的印第安人采取军事行动。他很清楚老办法行不通，这样的观点可能在华盛顿的决策者中还不甚流行。印第安人不能被赶走，也不能被迁移到西部。那是老办法，曾被用在克里克人、塞米诺尔人、特拉华人、易洛魁人与其他东部部落身上。平原印第安人居住在最后边境的腹地，白人不仅仅想要他们的土地，以方便火车、马车开往西部；白人对科曼奇利亚觊觎已久。舍曼告诉印第安人，他们必须放弃原有的生活方式，学会当农民。曾经主导过大屠杀的舍曼直接告诉他们，他们对此无能为力。他对他们说："你们无法阻止这一切，就像无法阻止日月一样。你们必须服从，并做好这一切。"[14]

他们照做了，签署了非常抽象的协议，基于财产、地图与向西移民以及天命论。他们对此可能从未完全理解。白人将协议带给总统，束之高阁，却发挥着可怕的看不见的魔力。印第安人对被要求做的事感到不满。他们什么好处也没有得到，只有毁灭与羞辱，尽管对大多数人来说，通过签署协议（尤其是能带来礼物的协议）安抚白人似乎比拒绝协议而招来像舍曼那样的战争贩子好得多。1867 年 10 月 21 日，所有部落的首领都签署了协议，当然他们都读不懂协议。[15]这些首领来自延帕里伽（十熊、涂嘴唇、听狼、小角、狗肥与铁山）、诺科尼（马背、树缝）、盆纳台伽（银胸针、站立的羽毛）。[16]三分之一的部落没有派代表出席会议。主要是科措台伽人与夸哈迪人，这是两个最偏远的队群，他们习惯在埃斯塔卡多平原一起生活。科措台伽人曾在 1865 年签署协议，尽管从来没有遵守过。夸哈迪人从来没签署，也不打算签署。这对于美国和平委员会来说并不要紧：整个部落都被视为签署了协议，他们也必须遵守。没有人在乎科曼奇队群的结构。

代表脑筋还没转过来的夸哈迪人出席会议的是 18 岁的夸纳。他为什么会出现在那里，人们不得而知。夸纳自己的说法很平常。他说他当时正在出征纳瓦霍人的途中。待在夏安人的村庄时，他得知白人士兵正要过来，并且要举行议事会，带着牛肉、糖和咖啡。"我就去听听"，夸纳后来说，"有很多士兵，会议不同寻常，有很多人出席。士兵的首领说'有两个提议。你们继续生活在阿肯色并战斗，或者迁至威奇托山，我会帮助你们。但是，你们必须记住，必须停止征战。你们选择哪个提议？'所有的首领都决定搬迁（至保留地）。"[17]

对于那些相信印第安人真诚地签署了《梅迪辛洛奇协议》的人来说，其意义是非同寻常的。协议要求中部与南部平原上强大的部落立即大规模地迁移至保留地，并接受新的生活，接受机构、学校与农场、政府教师、铁匠、木匠与农业指导人员，而这一切，他们曾经反复说不愿意接受。[18]他们可以离开保留地去阿肯色南部打猎。但是，协议意味着他们必须停止征战，停止追逐野牛，这意味着他们不再是平原印第安人。他们必须重新组织社会结构，依据一套他们仍然无法想象的价值观与原则。科曼奇人与基奥瓦人共享一块面积为 290 万英亩的保留地，位于俄克拉荷马西南部，红河及其北部支流的北部和东部，威奇托以南，西经 98 度以西。这实际上是一块非常好的土地，可以打猎，可以耕种，并且有充足的水源，位于科曼奇传统的领地，包括梅迪辛悬崖（Medicine Bluffs）及其他神圣的地方。但是，它只是科曼奇利亚很小的一块地方，科曼奇利亚在鼎盛时期达

230

到近 2 亿英亩。它也没有包括最富饶的打猎的地方——得克萨斯野牛平原。与此同时，夏安人与阿拉帕霍人——科曼奇南部的部落——同意生活在紧挨着科曼奇保留地北部的地方。

从一个半世纪后来看，这个协议似乎是充满恶意的。但是，在当时东部的议员或者签署该协议的和平委员会的成员看来，完全不是这样。他们的努力带来了希望，人们希望这可以一劳永逸地解决南部平原上的印第安人问题。尽管印第安人严厉地抗议，对西部的军队非常不信任，但是很多白人还是抱有这样的信念。毕竟，东部的印第安人已经实现了转变，接受了农耕的生活。这些文明的部落在经历了可怕的血泪之路后，都实现了转变。这样的转变也可以发生在平原印第安人身上。对很多人来说，该协议似乎是对古老而棘手的问题的一个公平而合理的解决方案。

他们错了。该协议为印第安人实施最后一次背叛提供了框架。政府对北美部落的背叛与谎言数不胜数。背叛的催化剂就是印第安事务办公室，它是美国历史上最腐败、最枉法、最无能的政府机构。新的时代以 J. H. 莱文沃思（J. H. Leavenworth）荒唐的决定作为开端。莱文沃思负责科曼奇人与基奥瓦人事务，他倡议和平，倡议将他的印第安事务办公室迁至威奇托河的科布堡，科曼奇人与基奥瓦人保留地的北部。莱文沃思恶意的决定将好战的、骑马的科曼奇人引入农耕的、生活在房子里的印第安人的附近。南北战争期间的经历已经表明，这是一个糟糕的主意。

在数千名基奥瓦人与科曼奇人 1867 年至 1868 年出现在办公室门前的时候，这个问题变得更复杂，这正是莱文沃思与他的领导想要的。但是，出于某种原因，印第安人并没有像他们预期的那样需要食物。令人震惊的是，协议没有给印第安人提供口粮，因此政府没有什么可以给他们，也没有任何承诺的类似年金的商品（直到 1868 年夏天国会批准该协议）。不能责怪莱文沃思，而是整个白人都犯了一个不可原谅的错误，这意味着对第一个友好协议的考验失败了。

印第安人非常厌恶，非常愤怒。他们认为白人对他们撒谎了。他们也非常饥饿，当时是冬天，他们指望政府的食物来帮助他们度过艰难的季节。莱文沃思绝望地试图去弥补，分发了他所掌握的所有商品，甚至将种牛也用作食物，并使用未获授权的信贷去购买商品。但是这些举措不足以满足悲惨而桀骜不驯的科曼奇人。所以他们开始用老办法解决问题：袭击威奇托及其附近其他部落。他们偷牛、马和骡子，如果有任何人挡道，他们格杀勿论，并剥其头皮。他们的袭击一度非常严重，这些安静的部落不得不集体停止农作，以保护他们的马、骡子和牛。

另一个非常短视的决定令粮食危机雪上加霜：印第安事务办公室出于对和平的热情，并且认为印第安人总是和平的，除非受到白人的挑衅，因此禁止在该机构驻军。这是另一个灾难性的错误，不仅可以让科曼奇人自由地袭击印第安领地，而且因为有了一个安全的大本营，可以更频繁地袭击得克萨斯。

曾经强烈支持和平计划的莱文沃思很快就痛苦地抱怨："我建议停止发放基奥瓦人与科曼奇人的年金，所有的这些用作他们所造成的孤儿的福利。根据我们的协议，他们犯下了罪行，必须受到惩罚。如果没有遵守协议，就让军队帮助执行协议。"[19]莱文沃思放弃了原来的理想主义，不得不与 1000 名失望的科曼奇人斗争。他们已经回到了过去的生活方式，袭击，偷窃，实施种种暴行。因无法承受这些压力，他在 1868 年春天离

232

职了。5月至10月是历史上平原印第安人与美国政府关系最紧张的时候。那段时间，在科曼奇人与基奥瓦人的保留地根本就没有联邦当局。交易商与其他白人担心有生命危险都逃走了。唯一还坚守在办公室的是财产保管员，他什么也做不了，只能记录得克萨斯遭受到的袭击，清点袭击者剥走的头皮。[20]那里完全是混乱的，完全是无政府状态。

最终抵达的商品是质量最差的。印第安人面临印第安事务办公室的另一面：腐败。承诺给印第安人的衣服是破烂的。所有的裤子都是同一个尺寸：适合200磅重的男子。几乎没有科曼奇人有那样的体重。他们收到的帽子好像是教徒戴过的。大多数科曼奇人将这些衣服撕碎另作他用。食物也是腐烂的。他们一直吃新鲜的肉，但给他们提供的却是腐臭的培根或者咸猪肉。他们还收到了很多玉米面，不喜欢便拿去喂马了。

这些失败都不能归咎于错综复杂的政府官僚制度——它们是普遍腐败的产物。印第安事务办公室在19世纪60年代已经因为腐败而臭名昭著。1867年，印第安和平委员会发现了这些腐败的行为，他们非常愤怒地写道：

> 大量记录表明这些官员中饱私囊，侵吞政府拨款，令印第安人挨饿。毫无疑问，印第安人战争源于此……很长一段时间内，这些官员是根据党派挑选的，更多是出于维护党派利益，利用印第安人的经费营私舞弊，而不是出于诚实与资历。[21]

随着时间的流逝，人们发现，这些官员不仅腐败，而且愚蠢。讽刺的是，他们毫不吝啬地给科曼奇人与基奥瓦人提供武

器。印第安人不断要求更好的步枪；他们说，没有步枪，他们
就不能有效打猎，就只能对政府更依赖。尽管这样的说法有一
定道理，但很明显，科曼奇人用这些枪在袭击得克萨斯与威奇
托的农场。令人惊奇的是，印第安事务办公室成功说服内政部，
在违法的情况下，向平原部落包括科曼奇提供了数吨的武器弹
药。这些武器一点儿也不破旧。当正规部队分发的武器还是单
发的步枪时，印第安人的武器已经有了连发的斯宾塞步枪与亨
利步枪以及卡宾枪。[22]

　　与此同时，《梅迪辛洛奇协议》的核心——将科曼奇人与
其他马背上的部落由游牧、打猎、采果的部落转变为居有定所
的农民的计划——也被证明完全是徒劳的。只有一部分盆纳台
伽人试图去实现这个计划。但是，科曼奇人通常都拒绝做任何
与农业有关的事情。1868 年春天，莱文沃思雇用一名白人农民
来示范如何播种，科曼奇人还没等庄稼成熟就将其洗劫一空。
他们吃没熟的西瓜，导致生病得厉害。印第安人只想要牛肉，
最后迫使这些官员将大部分预算都花在牛肉上面，只有很少的
预算用来买种子与农具。

　　这些努力就是为了说服大多数科曼奇人——他们在保留地
的生活更好。1869 年 6 月 30 日，估计有 916 名科曼奇人生活在
保留地，但是谁都没有成为能够自给自足的农民。所有人都住
在营帐里，依赖打猎、不可靠的政府食物与年金，以及对得克
萨斯与其他部落的袭击谋生。很多人离开政府的土地，与埃斯
卡多平原不友好的部落联合起来。因此出现了一种模式，即在
冬天的时候，更多的科曼奇人来到保留地的营帐，索要牛肉、
其他食物和类似年金的商品；而在春天，他们回到野牛出没的
平原上，或者加入袭击得克萨斯边境的队伍。这是一种令人感

到困惑的局面。其中确定的一点是，尽管政府付出了相当大的努力，科曼奇人还是科曼奇人。他们过去的生活习惯仍然没有被打破。

　　这样的局面不可持续。第一个被拿掉的就是遭人厌恶的印第安事务办公室本身。1869 年，国会废除了它，并设置了印第安人事务局（Indian Bureau）。它很快就位，仿佛作了真诚的妥协。这些机构将由宗教社区的提名人来运作，因而减少了腐败的可能性。如果印第安人皈依基督教，就更好了。这就是格兰特的"和平政策"，而被选择来监督科曼奇人的宗教人员是人们最不可能想到的：温柔而爱好和平的贵格会教徒。

第十六章　与卡斯特的较量

拉纳尔德·斯莱德尔·麦肯齐来自东海岸一个显赫的家庭。它似乎与权力通道上的每个重要人物都有联系。他的祖父约翰·斯莱德尔是曼哈顿一家银行的行长，也是纽约市政治权力的掮客。他的叔叔小约翰是路易斯安那州政坛最有权力的人，是一名参议员，是詹姆斯·布坎南总统的顾问。麦肯齐的姑姑简嫁给了海军准将马修·佩里（Matthew Perry），他是将日本引向对西方开放的人。他的姑姑朱丽叶嫁给了一位海军少将。他的叔叔托马斯成为路易斯安那的审判长。他的父亲亚历山大·麦肯齐·斯莱德尔听从一位叔叔的建议，改了他的中间名与姓。他的父亲是一名杰出的海军指挥官，同时是一位著名的历史与游记作家，他因判处投敌的战争部部长之子绞刑而被军事法庭审判。他的母亲也来自显赫的家庭：她的祖父是亚历山大·汉密尔顿（Alexander Hamilton）政府的助理财政部长。

麦肯齐在上流社会长大，尽管在他 8 岁时，他父亲的死令这个家庭经济上多少陷入了困境。他脆弱，害羞，个头小，病恹恹的，皮肤苍白，眼睛像他祖先苏格兰人一样明澈，并且说话不利索，有人称他是口齿不清，有人称他是口吃。他在马萨诸塞州威廉姆斯学院上学，希望成为一名律师。但是家庭经济困难令他无法完成学业。两年后，他转学至西点军校，西点军校不仅学费全免，还提供一份薪水。他 1858 年入学。

他在班里的 28 名学生中，以第一名的成绩毕业，这超出了所有家人的预期。他在班里被很多人视为"综合素质强且非常有能力"[1]。他身高没有长太多——成人后他只有 5 英尺 9 英寸高（骑兵身高的下限）——但是他不再腼腆，乐于交朋友，善于开玩笑，易于和大家打成一片。他在数学领域的才能令他还是学生时就获得了助理教授的职位。在军事学院封闭的小圈子里，他无疑认识一个骄傲又爱惹麻烦的年轻人，比他高一级，名叫乔治·卡斯特（George Custer），尽管他们之间的关系并没有记录下来。这两名军官截然不同。卡斯特桀骜不驯，极度自负。麦肯齐阴郁，内向，从来不奉承别人。卡斯特是一个可怕的学生，人们提起他的第一印象不是有能力，更多的是会想到他的放荡、酗酒。[2]当他 1861 年毕业的时候，全班 34 名学生，他排名第 34，被记过 726 次，是全班被记过次数最高的。奇怪的是，尽管有巨大的差异，两人的命运却非常相似。两人出生时间相差不到一年，生涯中的每一步也都非常相似：原本立志学习法律，无奈囊中羞涩，转到西点军校，在南北战争中早早地成为英雄，并都在西部与印第安人作战。两人的经历几乎是平行线，只有过几次交集。最后的一次交集是在小比格霍恩河惨败后，麦肯齐被派往那里，实际上是去收拾卡斯特的烂摊子。

麦肯齐 1862 年毕业，那年正处在南北战争中期，在接下来的 3 年里，他以惊人的速度晋升。在第二次马纳萨斯战役、弗雷德里克斯堡战役、钱斯勒斯维尔战役与葛底斯堡战役中，他在工程部队服役，得到名誉晋升，很快晋升为少校（名誉晋升是暂时的，通常在战场上、在紧急状态时被提升军官，旨在避免军队在和平时期因军官太多而出现臃肿的情况）。尽管得到了晋升，他对工程工作却感到厌倦，渴望做指挥官。他最终在 1864 年 6 月的冷港之役（Cold Harbor）中如愿以偿，被名誉晋

237

升为中校，指挥康涅狄格第 2 重炮团。他当时 23 岁。他很快就证明自己智勇双全。在温彻斯特（Winchester）战役中，卡斯特"似乎整天想着消灭敌人"，他的一名士兵写道，"他将帽子挂在刺刀上，在 40 英亩的土地上奔驰，在敌人的枪林弹雨中如鬼魅一般穿行。"[3]有一次，南方邦联的弹片将他骑的马劈成了两半。他大腿受伤，将伤口包扎后，继续战斗。

在距战争结束还有几个月的时候，他获得了第一个重要的指挥任务：指挥詹姆斯军团的骑兵。在阿波马托克斯签订条约时，他获得了常规部队中的名誉准将军衔与志愿军中的名誉少将军衔，成为西点军校 1862 年毕业的学生中军衔最高的军官。当时，他只有 24 岁。他在不到 3 年的时间里得到了 7 次名誉晋升，这样的晋升速度在军队中几乎闻所未闻，并打破了卡斯特的记录，卡斯特获得了 5 次名誉晋升，尽管卡斯特最终的军衔与他的一样。[4]不仅如此，麦肯齐还受到格兰特的赏识。"我认为麦肯齐是最有前途的军官"，格兰特后来在回忆录中写道，"他从西点军校毕业，处在南北战争的第二年，他一路晋升，指挥了一支部队。他完全凭借自己的努力而取得这样的成就。"[5]

在战争中，麦肯齐身上也发生了其他变化。与很多其他年轻人一样，他变得更果断。他不再和蔼，不再爱开玩笑，不再幽默。部分原因无疑是 1862～1865 年他所经历的流血与苦难。更直接的原因是他受了伤，非常可怕，他永远不能完全恢复。他 6 次受伤。在马纳萨斯，他被点 5 以上口径的子弹射穿双肩，造成的内伤差点要了他的命。他在倒下的地方躺了 24 个小时才被救起。他在温彻斯特被炮弹弹片击中大腿，后来被弹片伤了胸部。另一枚炮弹则夺走了他右手的两根手指。这些疼痛终身萦绕着他，也改变了他。

　　他的第一次指挥就受到了这种转变的影响。他接手的时候，康涅狄格第 2 重炮团是一支被打败的、因被忽视而士气低落的部队。在冷港战役后，麦肯齐残酷地训练他们，肆意惩罚他们。

238　士兵们都恨他。他对士兵非常严厉，一些人甚至计划在下次战斗中向他射击。[6] "当我们到达谢南多厄河谷（Shenandoah Valley）的时候"，他的一名副官写道，"他已经成为令部队官兵非常恐惧的人，比霰弹还恐怖。"[7] 在温彻斯特战役中，他的部队作战英勇；他们的损失比参加战斗的其他部队都大；人们也见识了麦肯齐的英勇。在那之后，叛乱的讨论停止了。他的人并不喜欢他，很多人畏惧他。但是，像后来他指挥的所有人一样，他们都认为，与其他指挥官相比，在战场上与他在一起，他们活下来的可能性更大。他并不是西点军校所描述的严格的人。他既不虚荣，也不傲慢，也不任性。他只是要求极高：来自地狱的指挥官。

　　战争结束后，麦肯齐留在部队，恢复其实际的上尉军衔（卡斯特也是），建造新罕布什尔州朴次茅斯港口防御工事。1867 年，他晋升为上校，并指挥第 41 步兵师，这是一支由黑人组成的部队，很快被派往得克萨斯。他被派到不同的堡垒，并在 1869 年和 1870 年与印度安人进行了有限的接触。这些接触只是一些零星的交火。他花了很长时间用于出席圣安东尼奥的军事法庭。1871 年，他实现了大突破。他负责指挥边境的第 4 骑兵团（Fourth Cavalry），这是总统格兰特对"和平政策"越来越不耐烦的直接后果。他心目中最激进最有执行力的军官被安排在与科曼奇人的战争中，这不是偶然的。

　　当时边境的联邦军官的记录表明，西部仍然是非常危险的，即使对常规部队来说也是如此。1864 年，卡森在土坯墙的战斗中差点被打死。范·多恩与奇文登也遭遇惨败，但是乐观而以自我为中心的威廉·费特曼（William Fetterman）上尉 1866 年的经历更体现了西部指挥所遇到的真正风险。费特曼信心满满地想要去杀死印第安人，于 12 月 21 日带领 80 人从怀俄明州菲尔卡尼堡（Fort Phil Kearney）出发，奉命去救伐木者的马车队，这个马车队遭到奥格拉拉（Oglala）苏人酋长红云（Red Cloud）的袭击。他被警告两次，让他什么也不要做，只管将伐木者护送到堡垒。

　　但是费特曼没有听从这些警告，而是径直去寻求印第安人。他发现了一小撮看起来比较弱小的苏人，就去追击他们。他很快发现这些苏人只是诱饵。他因此中了埋伏。我们并不知道具体有多少印第安人参与袭击，但足够在 20 分钟内消灭这支 80 人的部队。指挥官亨利·卡林顿（Henry Carrington）在给上级的报告中，列出了他第二天在战场上发现的一些东西：眼睛被挖出来，鼻子和耳朵被割下来，牙齿被切下来，脑袋被摘下来，都放在石头上，手脚都被砍下，生殖器被切开。奥格拉拉苏人似乎对其中两名士兵尤其仇恨，这两名士兵携带着 16 发的亨利步枪，他们应该给印第安人造成了很大的伤亡。他们的脸被打烂了，其中一人被一百多支箭射过。[8]

　　两年后，另一支部队在沃希托河战役中被消灭，这完全就是对印第安人的大屠杀。1868 年 11 月，乔治·卡斯特上校第一次指挥第 7 骑兵部队，袭击了现在的俄克拉荷马西部沃希托河的一个夏安人的村庄。他的策略与 8 年后令他殒命的策略是一样的。他将部队分开，向着敌人冲击——尽管并不清楚敌人的数量——然后实施"双重包围"（double envelopment），这种策略需要在数量上占绝对优势。这一次他比较幸运，至少刚开始的时候比较幸运。在黎明时刻，他的部队闯入黑壶首领的一个村庄，有 51 个营帐。这令印第安人感到意外，他们赶紧跑出营帐。黑壶犯了一个错误——不相信他的侦察人员，这样的错误卡斯特也犯过，并很快为此付出代价。卡斯特的士兵冲进覆盖着雪的营帐，无差别地屠杀。[9]躲在牛皮袍子下的妇女和儿童被奥色治侦察人员从营帐里拖出来射杀。尽管卡斯特报告称杀了 103 名士兵，但实际上只杀了 11 名，其他人都是妇女、儿童与老人。士兵们随后洗劫并烧毁了村庄。

与此同时，乔尔·埃利奥特（Joel Elliot）少校率领的一队人马去追击印第安人，现在却失踪了。后来人们才知道，他们像费特曼一样，也被印第安人耍了。他们追赶一群夏安小男孩。在离村庄还有一段距离的时候，这些男孩子不见了，出现了数百名骑着马、拿着武器的印第安人。白人士兵躲到高草中寻找掩护，这违背了防御作战的基本原则：他们放弃了一个安全作战的地方。[10]他们大多在躲藏的地方被射杀。他们的尸体后来在河的南岸被发现，被冻住了，缺胳膊少腿。据说杀死他们的印第安人是阿拉帕霍人。

240　　阿拉帕霍人在夏安人的营帐附近做什么呢？答案清楚地表明卡斯特当时是多么幸运。黑壶营帐的南边是整个南部夏安人与阿拉帕霍人越冬的营帐，沿着河流绵延 15 英里。科曼奇人和基奥瓦人也与他们住在一起。这样令人困惑的事实是由一支部队发现的，他们正顺着河流放马，突然发现自己被来自下游的印第安战士包围了。在远处，白人可以看到河谷里有数百个营帐。他们边掩护射击，边撤退，勉强回到自己的营地，上气不接下气地向卡斯特报告。卡斯特非常警觉。他的部队已经疲惫了；他的弹药快用完了；他们在寒冷的、充满敌意的野外孤立无援；他主要的供给车辆已经离开了，并且护卫力量薄弱。当意识到他不能将抢来的800匹印第安人的马带走时，他下令将这些马全部射杀。他们使用手枪杀马，当时的场景非常可怕。被射击后，这些马冲了出去，四处逃散，在雪中流着血。然后，他下令撤退。他非常担心会遭到印第安人的袭击，因此整夜都在逃跑。[11]

夸纳就在南部的营帐中。"当我们听到战斗打响的时候"，他后来回忆说，"我们所有人都冲了过去，但是卡斯特将军看到我们这么多人来了就撤退了。我们还没有到跟前去与他交手。经过零星的、没有伤亡的交火之后，我们返回营帐。"[12] 他从来没有解释他是如何到那里的，尽管沃希托河完全处在科曼奇的腹地。

卡斯特惊险地逃过弗特曼的命运。他差一点处面对一大群充满敌意的印第安人的险境，这是在一个地方聚集的印第安人最多的一次。后来，他又遇到在一个地方面对许多印第安人的情况，那一次他就没有这么幸运了。

当麦肯齐抵达孔乔堡（位于今天的圣安吉洛）的时候，格兰特总统的和平政策已经执行了两年。该政策旨在以严厉而友爱的善意取代处理印第安事务时的腐败与冷漠。将教友派信徒安排在印第安事务办公室，能够重新得到印第安人的信任。年金能够及时支付。承诺可以被兑现。印第安人也会遵守对总统的承诺，来到保留地，放下武器，像农民一样过着和平的新生活。这些都在《梅迪辛洛奇协议》中作出了具体规定。人们衷心希望如此，尤其是在这样的情况根本没有发生的时候。当教

241

友派信徒劳里·塔特姆（Lawrie Tatum）1869 年来到负责科曼奇人与基奥瓦人事务的机构时，整个科曼奇约三分之二的人都不在保留地。得克萨斯与墨西哥遭受的持续袭击，大部分是由他们发起的。

几乎从一开始，这个计划就是一个灾难，与其说是一项连续的政策，不如说是一场公开的战争。最基本的问题是和平政策奖励侵略，惩罚善行。印第安人意识到他们最猛烈的战斗总是以某种条约告终，这些条约是总能带来可观的礼物与友谊和信任的象征。他们因此相信，用塔特姆的话说，获得金钱与食物最简单的方法，就是"打一阵子的仗，杀死一些白人，偷走很多的马和骡子，然后再签订条约，这样，他们就能在秋天获得大量的礼物和商品。"[13] 条约通常也允许他们继续拥有偷来的马和骡子。而当他们行为良好、限制袭击的时候，他们什么也得不到。他们非常清楚地意识到了这一点。另外，白人似乎在惩罚那些不愿合作的印第安人。在 1868 年和 1869 年，一些科曼奇人，主要是延帕里伽人与诺科尼人，来到了保留地。但是，因为他们在得克萨斯西部的同胞仍然在发动袭击，他们 1869 年的年金就都没有了，被用于赔偿袭击造成的损失，这就惩罚了"友好"的印第安人。当然，这对他们来说完全没有道理。

更糟糕的是，因为保留地不能驻军，政府实际上为发动袭击的科曼奇队群创造了一个庇护地。这很可能是和平政策最具破坏性的影响。这意味着印第安人来去自如，没有任何阻碍，他们可以利用两百万英亩的保留地作为基地，袭击得克萨斯的定居点。他们可以越过红河，躲开骑兵的追赶，并继续拥有偷来的牲畜。结果是，绥靖的教友派信徒塔特姆自己转而相信，必须使用武力来确保科曼奇人待在保留地。

麦肯齐1871年来到的地方，就是这样一个偏远的科曼奇边境地区，这里异常混乱，也不太平。边境仍然在后退，几十年西进运动的成果遭到侵蚀。沃思堡西部以及从它到韦科之间的县城持续被清空。和平政策不得不改变，拉纳尔德·斯莱德尔·麦肯齐将成为改变的工具。在盐溪大屠杀（舍曼将军勉强逃过一劫）及主导盐溪大屠杀的基奥瓦人首领受审之后，麦肯齐致信舍曼，建议采取大规模军事行动。"基奥瓦人与科曼奇人完全不受控制，长期以来一直如此……"他写道，"塔特姆知道这一点……他迫切希望失控的基奥瓦人与科曼奇人被控制起来。这只能通过军队来实现……我们先处理谁不重要，不管是在平原上的，还是在保留地上的。"[14]舍曼同意了。这不仅是一场军事行动，军队还可以自由地追击边境以北的不友好的印第安人。官方并没有正式改变什么，但这是和平政策走向终结的开端。

因此，那年秋天，麦肯齐率领600名士兵与25名通卡瓦侦察人员进入布兰科峡谷。他并不十分清楚自己在做什么。这支队伍他还没来得及训练。他犯了一个错误，令人感到羞耻。他有66匹马，包括自己的溜蹄的灰马，都被夸纳带人在夜间偷走了。这样的遭遇值得一提，因为印第安人这样的行为在平原上很可能没有先例。印第安人习惯性地躲着士兵；他们与常规部队的所有战斗几乎都是防御性的，包括在怀俄明州与弗特曼的战斗以及在沃希托与卡斯特的战斗。大量的集中的士兵，带着长长的供给车辆，这对印第安人来说就是要躲起来的信号。因此，大批的美国军队花费大量的时间去寻找印第安人，却总是徒劳。寻找印第安人是美国骑兵在西部多年以来的主要活动，却总是找不到。以平原上的标准来衡量，麦肯齐的部队人数是巨大的：这是被派出寻找印第安人的最大的一支部队。

然而，这支部队却直接陷入了巨大的火力之中——敌人全部都装备着柯尔特左轮手枪与斯宾塞卡宾枪——夸纳是在10月10日的晚上袭击的。夸纳的人不仅在很远的地方就下了马，而且直接冲入了他们睡觉的地方，几乎冲进了麦肯齐的营帐，尖叫声、枪击声、牛铃声不绝于耳。[15]夸纳这么做是出于年轻人的无畏与勇敢吗？或者是绝望？在后来的采访中，夸纳说他的计划原本是让这些士兵没有马可骑。[16]如果他成功了，结局对白人来说同样是灾难性的。

243　　白人在黑暗中迅速行动，找回了大多数的马，从而避免了灾难。但是现在，在得克萨斯西部偏僻的平原上，仍然有66名骑兵没有马。在当时的情况下，对这些人，你什么也做不了，只能让他们往东走，回到供给的营地。被称作"三指杰克"的男子，耻于多次被耍，带着他的第4骑兵在第二天早晨出发，去寻找袭击他们的科曼奇人。麦肯齐当时并不知道他们碰到的并不仅仅是一个夸哈迪人的村庄，而是夸哈迪队群的主体，有数百个住所。尽管人们认为夸哈迪主要的首领是"牛熊"（Bull Bear）与"野马"（Wild Horse），但这个村庄是由非常年轻的夸纳领导的。这次不同寻常的袭击完全是由他一人领导的。[17]与此同时，麦肯齐愤怒地打着自己残缺的手指——这已经成为他的个人习惯——完全没有意识到他将沿着埃斯塔卡多平原追逐长达40英里，这样的行动其他西部的部队还从未经历过。

第二天一开始，白人士兵又犯了一个错误，这次的错误更严重。东方破晓的时候，两支在峡谷中寻找走失的马的小分队遇到了十多名科曼奇人，他们正赶着一大群马。小分队为自己的幸运而感到兴奋，他们在 E. M. 海尔（E. M. Heyl）上尉的带领下，继续向前冲，很快就追上了印第安人，直到他们已经在手枪的射程内。印第安人放弃了这些马，意欲逃跑，他们穿过了一个峡谷，并爬上了后面更高的地方，在峡谷的另一面正好有一个小山丘。这些士兵也有十多人，现在，离营地有 3 英里，他们决定继续追赶。当他们爬到小山丘的时候，借着晨光，他们清楚地看到这群印第安人正掉转过头来。现在，在那块高地上出现了一大群印第安人。海尔与弗特曼、埃利奥特一样被欺骗了。突然之间，整个草原上"挤满了印第安人，所有人都骑马扬鞭冲向我们，呼喊声令人血液凝固，令人窒息"，卡特写道，"就像电击一样。所有人似乎都意识到这危险的处境。"[18]在他们之上，从峡谷壁的城垛上传来科曼奇女子的尖叫，她们正看着她们的男人，为他们呼喊。[19]

冲在前面的又是 23 岁的夸纳，他涂着黑色的战争颜料，戴着用熊牙做的项链，拿着六连发的手枪。卡特发现他看起来就很吓人，考虑到夸纳的身高与强大的上肢肌肉，没有理由怀疑卡特所说的话。布置好陷阱后，夸纳下令从侧面包围这 12 个人。被包围的士兵，意识到将要发生什么，他们下了马，慢慢退到峡谷，一边撤退，一边向印第安人开火。突然之间，与海尔一起的 7 个人转身跑了，将其他的同胞丢给了印第安人。印第安人叫喊着冲了上来。剩下的这 5 个人继续撤退，其中一人的手被射中。当他们来到峡谷边缘的时候，他们打开弹匣，向印第安人开了几枪，迫使印第安人撤回一段距离，他们趁机上了马。就在这时，士兵桑德·格雷格（Seander Gregg）的马踟蹰不前。

卡特描述了随后发生的有趣但又罕见的边境战场上近距离作战的一幕。看到格雷格出现问题后，夸纳很快冲向他，曲折行进，将格雷格和他的马变成自己的盾牌。夸纳这么做，卡特

244

与其他人如果向他射击，就可能会伤到格雷格。在夸纳要杀他的时候，格雷格试图使用他的卡宾枪，但是由于太慌乱而没能扣动扳手，子弹被卡住了。卡特冲他喊，让他用手枪，但是太迟了。夸纳冲到他跟前，射中了他的头部。通常情况下，夸纳会剥下他的头皮。但是他没有这么做，而是与其他人骑马走了。卡特非常吃惊，转过头来才知道为什么。通卡瓦侦察人员已经抵达山脊；后面是麦肯齐主力部队扬起的灰尘。

卡特的冷静把他的士兵从必死无疑的绝境中拯救出来。因为那天早上在布兰科峡谷的表现，他被授予国会荣誉奖章。他无疑是勇敢的人，但是他还有其他优势，这对印第安战争最后的结局非常重要：斯宾塞步枪。在南北战争之前，美国军队使用的能够连发的武器是六连发的转轮手枪，由塞缪尔·柯尔特在 19 世纪 40 年代发明的。但是战争带来了越来越多的连发步枪，这些步枪大多是斯宾塞步枪。在当时，这是技术上的奇迹。这种步枪使用点 52 口径的子弹，弹匣可以装 7 发子弹，换弹匣的时间只需要柯尔特手枪的十分之一，能够在 1 分钟内持续射出 20 发子弹。它们的精准射程可以达到 500 码。

科曼奇人在当时的布兰科峡谷战斗中是无敌的。[20] 他们主要的武器是转轮手枪与弓箭，只在较短的距离有效，有效距离通常不到 60 码。他们使用的单发的滑膛枪在较远距离仍然能够保持精准，但是上子弹非常麻烦——在马背上 1 分钟内能够射出 2 发就不错了——因此，它们主要用来在战争开始的时候射击（卡特注意到他们的滑膛枪都是在前膛装填的）[21]。武器不对等是显而易见的。理查德·道奇上校注意到了白人与印第安人之间火力的巨大差距。他认为骑着马的印第安人，带着适合其作战方式的连发步枪，就是世界上最好的天然的士兵。[22] 但是，直到平原战争最后的日子里，印第安人才大量地使用连发步枪。即使在 5 年后的小比格霍恩河战役中，印第安人使用的武器仍然主要是弓箭。

现在，麦肯齐的部队几乎追上了夸纳的守卫人员，他们在拼命地追赶。麦肯齐人数和武器均占优势，印第安人非常清楚这一点，他们总是避免与装备精良的白人部队激战。他们同时在保护自己的村庄，包括妇女和儿童。所以他们开始逃跑。

由几百间印第安棚屋组成的定居点，成群的妇女、儿童和老人，大量的装备和补给品，还有 3000 匹马和骡子，数不清的牛和狗，人们可能认为这是很容易追逐的目标。科曼奇村庄不能在开阔的平原上藏起来，也不能像近 600 名骑着马的男子那样行动迅速。大批的部队在开阔的土地上追击整个部落，这在历史上是不多见的。它的结局可能也是预料之中的。然而，夸纳却给麦肯齐上校上了一课，这是数世纪以来平原战争最重要的一个部分：逃跑。

意识到他们正在搜捕印第安战士的同时也在搜捕整个部落，麦肯齐的部队沿着布拉索斯河支流克利尔河向西北移动，在今天的拉伯克东边形成一条平缓的弧线。河谷有的地方狭窄，有的地方开阔，有流沙堆成的小丘，有的地方是高耸的绝壁。人们不时看到成群的野牛。溪流开阔的地方汇聚成美丽、清澈的小池塘，大群大群的野鸭和麻鹬聚集在池塘里。这是一个地图上尚未标出的原始地方，白人文明尚未接触到的地方。他们不时会遇到印第安人废弃的草棚。

峡谷西岸最高的绝壁是得克萨斯西部冠岩的一部分，它的上面就是埃斯塔卡多平原，这里正好是较高的平原向较低的平原过渡的地方。这个地方值得一提，因为它是印第安人神出鬼没的行动的关键所在。从麦肯齐的部队所在的较低的地方向上看，它看起来像一个巨大的架子，顶部是石头砌成的防卫墙。它比低平原高出 200 到 1000 英尺。埃斯塔卡多通常被翻译成"用桩支撑的平原"。但这并不是科罗拉多在给它起名时候想要表达的意思。他的意思是"栅栏状的平原"，即这个平原从陡峭的岩壁开始（或结束）。冠岩绵延数百英里。[23]

麦肯齐的部队在这个安静的、完全与世隔绝的峡谷中匀速前行，"只是被马蹄声打扰"[24]。他们距离供给营地有 50 多英里，在已知世界的边缘，孤立无援，这是平原上对白人来说最危险的地方。傍晚的时候，他们来到了夸纳的村庄。科曼奇人已经匆忙离开，带走了很多东西，在峡谷留下撤出的踪迹。麦肯齐的部队非常确信他们正跟在这个移动缓慢的部落后面，他们全速前进，紧跟着 25 名通卡瓦侦察人员。

这样的信心只是昙花一现。很快，印第安人留下的踪迹显示他们分成了两路，接着这些线路又出现了交叉，然后侦察人员也分不清他们的去向了。在与麦肯齐和其他军官讨论很久之后，侦察人员判断夸纳与他的队群实际上沿着这些踪迹原路返回了。他们又一次被印第安人耍了，他们感到沮丧、懊恼。第 4 骑兵别无选择，只能往回赶，当晚在被废弃的村庄过夜。[25]

247　　第二天早晨，通卡瓦人再次找到了踪迹，但是数百根柱子与数千头牲畜所留下的踪迹表明，他们似乎在做不可能做到的事——他们爬上了近乎垂直的峡谷峭壁，爬上了冠岩的顶部。整个村庄的人马表现得就像一小群骑兵。现在，士兵们费力地爬上了峡谷峭壁。在顶部，他们看到了其他白人几乎不曾看到过的景色：高平原不可思议地绵延着，只有矮矮的水草覆盖在上面。"极目望去"，卡特写道，"看不到任何东西或者任何活的东西。它就在我们眼前绵延——一望无垠，只能用大海来形容它。"[26]即使对于了解平原的人来说，这样的景色也令人恐惧。"这是一个糟糕的地方"，铁路工人阿瑟·弗格森（Arthur Ferguson）几年前就这样写道，"静止，荒凉，与世隔绝，非常可怕。看不到一棵树，看不到一个人，这样的与世隔绝的状态似乎是永恒的。"[27]他们还注意到了其他的情况：气温在下降；北风开始刮起来了。他们处在三千多英尺的高度，仍然穿着夏天的制服。前一天，他们还在远离尘世的峡谷中沐浴着阳光。现在，北风吹着他们，坚硬的矮草让他们追踪科曼奇人变得更加困难。

在通卡瓦人试图找出夸纳全村人的去向的时候，部队再次停了下来。当他们终于找到踪迹时，他们意识到，在追着爬上峭壁后，夸纳他们又回去了，回到了峡谷中。士兵们意识到自己又被耍了，对此深恶痛绝，他们只能再下去——这很危险。他们却发现这些踪迹依旧错落，一些显示朝着上游，一些显示朝着下游，另一些则显示他们直接穿过了峡谷。通卡瓦人又分散出去，继续寻找。现在，他们发现这些踪迹显示他们又爬上了峭壁，这一次到了峡谷的另一面。部队再次跟着翻过去。尽管他们愤怒、气馁，但他们开始对这群科曼奇人所做的感到钦佩甚至感到惊奇。卡特写道：

> 这是非常高明的策略，即使对印第安人来说也是如此。他们蒙骗了我们，赢得时间将他们的妇女和儿童等家人送到尽可能离我们远的地方。如果没有我们自己的印第安人去帮助侦察，去破解他们的策略，我们无疑会失去他们的踪迹，并且无望地放弃追踪他们。[28]

248　　通卡瓦人到底是在追击科曼奇人，还是一再被科曼奇人捉弄，在于如何去解读这件事。

再次回到埃斯塔卡多平原上时，部队开始感受到北风的厉害。在黑暗的天空下，寒冷的北风刮进他们单薄的制服。很多人既没有外套也没有手套，他们距离补给的营地有 100 英里。在他们前进的时候，偶尔能看到逃跑的印第安人，他们的轮廓映在地平线上。与他们的距离似乎比想象的要近，仿佛科曼奇战士突然出现在他们侧翼，试图让他们偏离路线。麦肯齐不为所动。他下令部队继续朝村庄走，这些印第安人开始匆忙而警觉地扔一些碎片，包括帐篷杆和一些工具，甚至小狗。麦肯齐的人将小狗捡起来，横放在马鞍上。战争似乎即将到来。通卡瓦人将颜料涂在身上，开始施法。部队分成四列，骡子也围了起来。

恰巧在这时候，天变得沉闷起来。普通的北风变成了得克萨斯西部人们所说的"蓝色北风"——雨、冰雹、雪全部混在一起，风速达到每小时 50 英里。天很快就变黑了，需要做决定了：第 4 骑兵部队要么在风暴中继续前进并进攻，要么休息。麦肯齐决定不再进攻，鉴于他激进的性格，这令人感到奇怪。他这么做，与他的军官们的意见相反。回过头来看，他很可能做了正确的决定。他们人困马乏，而风暴整个下午都在继续，但还没有到最厉害的时候。雨冲到身上都能结冰。在这样的夜晚，士兵和马很容易丧命。巨大的冰雹开始砸下来。士兵们将自己严实地包裹起来，找地方躲起来。麦肯齐自己并没有带外套。有人友好地给他披上了牛皮袍子。

与此同时，夸哈迪人并没有停下。他们迎着北风继续前进。人们只能想象那将是什么样的场景。第二天，麦肯齐半心半意地
249　去追赶他们，但很快就放弃了。他追赶他们超过 40 英里——从

今天的克罗斯比顿（Crosbyton）追到普莱恩维尤（Plainview）。他的供给快用完了。接下来的一天，他们回到布兰科峡谷的时候，遇到了两名走散的科曼奇人。出于某种原因，也许是沮丧，麦肯齐坚持冲在最前面指挥。他被一支箭射中，穿到了骨头。因为自己冲动而感到尴尬，他在其正式报告中从未提及自己受伤一事。[29]罗伯特·卡特在回忆录中总结了部队在这次行动结束时的失望，称"当时的第4骑兵部队不能将夸哈迪人赶到锡尔堡的保留地，令人感到非常遗憾与失望。直到3年以后，他们从四个方向才将夸哈迪人赶到保留地"[30]。夸纳自由游荡，麦肯齐失去了一次在腹地打败科曼奇最强大队群的好机会。

第十七章　不受束缚的麦肯齐

　　1872 年春天，对于自由的科曼奇人来说，麦肯齐在布兰科峡谷的失败既是好消息也是坏消息。好消息是，美国最强硬的一名军官被印第安人一再戏弄、羞辱。他们比麦肯齐更擅长这样的战斗。夸纳做事、行军都比麦肯齐厉害；麦肯齐的部队在黑暗中、在没有出路的河谷遭受挫折，他们的马被踩踏，付出了沉重的代价。他们原本兴高采烈地是去追逐一个村庄的人，而不是一个高度机动的战斗团队。尽管如此，他们还是没能阻止老老少少的印第安人逃到安全的地方，而他们自己则差一点在风暴中丧命。考虑到他们几乎失去了所有的马与补给车，他们能够活下来就已经很幸运了。

　　坏消息是，布兰科峡谷战役标志着旧帝国开始走向终结。逻辑很简单。过去的军事行动只是入侵科曼奇利亚的边境，现在，印第安人意识到他们的腹地不再是安全的了。但是他们无法改变基本的力量格局。白人现在有意地向科曼奇利亚腹地渗透，蓝衣军团的指挥官们发出的信号是，他们不仅要保护边境，还要杀死这些袭击者，找到他们的老巢并将他们都杀死。他们

的目标直指科曼奇力量的根源。而且，这种力量在很大程度上是幻觉，是华盛顿特区弄巧成拙的政策所造成的幻觉。1872年，曾经荣耀的科曼奇人不过是比其他土著人力量更强，武器装备更好，碰巧占据着这个国家中部巨大的一块地方而已。在蒸汽机的时代，横贯大陆的铁路已经通车，电报线路已经覆盖

全国，军队比过去更强大，科曼奇人仍然能够占据大片土地，这是不可思议的。现在，这一切终于要改变了。布兰科峡谷战役意味着科曼奇的毁灭只是时间问题——最多几年，也许只是几个月。这意味着白人有到冠岩及更远的地方去追击他们的意愿，就像格兰特、舍曼与谢里登这些冷酷的勇士打击南方一样，在得克萨斯也有一名指挥官可以做到。寡言易怒的麦肯齐吃一堑长一智。他已经吸取了重大的教训，不在得克萨斯狭长地带与科曼奇人交手。

然而，边境的死亡之神还是像过去那样常常光临。1872年春天，科曼奇人与基奥瓦人猛烈地袭击得克萨斯的定居点，势不可当。其中一些袭击是由"保留地"的科曼奇人发动的——延帕里伽人、诺科尼人与盆纳台伽人——他们将保留地当作庇护地。一些袭击是由夸哈迪人发动的，他们从来没有进入过保留地。另一些袭击是由"握手"（Shaking Hand）领导的科措台伽人干的，他们在两边观望。科措台伽人冬天会来到保留地，获得食物与年金商品，然后在春天回到有野牛的草原上；保留地的另一些队群则会跟随他们。局势在不停地变化，问题还没有得到解决，袭击经常发生。边境的很多居民，尤其是住在沃思堡西南部帕洛平托的居民，认为1872年是印第安人袭击最严重的一年。一名地区法官在那年写信给格兰特总统，请求救助。他描述了日益严重的惨状：

我可以向阁下列举我辖区内日前印第安人所犯下的数十起谋杀、强奸与抢劫案件。数天前，整个李家惨遭灭门，并被肢解，其中3人是女性。帕洛平托县的法官多布斯先生（Mr. Dobs）上周被谋杀并被剥去了头皮，鼻子和耳朵都被砍掉了……麦克拉斯基昨天在自家门廊被同一群血腥的印第安人射杀。[1]

这种对边境暴力事件的描述在 1850 年和 1872 年都很常见。掠夺的新闻如此常见，以至于人们有时候觉得它不真实，简直是陈词滥调。当然，这些都是真实的，并且非常恐怖。这样的恐怖事件发生在大致相同经度的得克萨斯已经超过 35 年，就像一场噩梦般永无休止的战争，边境从未真正移动过。自 17 世纪初以来，美国印第安战争没有哪个阶段可以与之相比。

现在，麦肯齐不再受到束缚，他奉命阻止这一切。和平政策仍然适用于保留地的印第安人。他的第 4 骑兵部队部署在得克萨斯中部的城堡之中，仍然不允许穿过红河去进攻不友好的印第安人。但是，坚持不去保留地的印第安人面临的是死亡与焦土政策。问题还是如何找到他们。1872 年，问题解决了。抓住了一名与科曼奇人做生意的人，他叫波洛尼奥·奥尔蒂斯（Polonio Ortiz），他提供了一条信息，有一条路，路边水草丰茂，自东向西穿过埃斯塔卡多平原，通往新墨西哥。白人仅听过这条路，却从未找到过，它穿过干旱的、难以穿越的平原。数千头被偷的牛也通过这条路从得克萨斯运往新墨西哥。这里蕴藏丰富的野牛，也是科曼奇人获得武器弹药与食物的来源。发现这条道路意味着他们不仅可以打击非法的牛交易，还可以找到科曼奇人。

1872 年 7 月和 8 月，因为奉命打击有组织地偷牛的袭击，麦肯齐上校与他的第 4 骑兵部队进行了一系列不同寻常的、史无前例的侦察行动。从布兰科峡谷布拉索斯河支流淡水河附近的营地出发，他先向北沿着冠岩寻找，然后就像夸哈迪人曾经

252

做过的那样来回穿过高低平原。在侦察人员奥尔蒂斯的帮助下，他穿过红河南部的支流——被称作土拨鼠镇河（Prairie Dog Town Fork）——来到今天的克拉伦登（Clarendon）地区。然后，再向南穿过两边参差不齐的河谷，穿过今天的特基（Turkey）、马特多（Matador）与罗灵斯普林斯（Roaring Springs）。他当时并不知道，得克萨斯的这个地方，就在今天的阿马里洛东部，一直是科曼奇人主要的庇护所。人们可以想象麦肯齐的部队在当时的情景：渺小的人群在得克萨斯东部一周接着一周地穿过炎热的平原，鞍辔"嘎吱"作响，他们唱着歌（"回家吧，约翰！不要漂泊太久。快点回家吧，回到你的小宝宝身边！"）。这个地方与世隔绝，人迹未至，到处都是野生动物，成千上万的沙丘鹤从干盐湖飞起来，野牛群充满了地平线。麦肯齐并没有在那里找到印第安人，也没有找到运输牛的道路，但是他对这个国家有了新的了解，他所掌握的其他白人从未掌握过的知识，将在最后的战斗中发挥巨大作用。7月底，奥尔蒂斯与其他侦察人员发现了一条宽阔的路，它通往埃斯塔卡多平原，有证据表明大群的牛刚刚从这条路走过。

253

麦肯齐沿着这条新的路线走。他对自己的任务非常着迷，他认为这意味着科曼奇人与基奥瓦人将不得不进入保留地。他睡得很少，经常熬夜研究侦察人员的报告与手头的地图。他对部队训练严格。他的个性变得更强硬，更古怪。他在南北战争中受的伤，其中一些从未治愈，给他带来了持久的疼痛。长时间在崎岖的路上骑马使他感到很痛苦。罗伯特·卡特跟随他多年，据他说，麦肯齐完全忽视自己的健康，这导致他的个性"易怒，急躁，严厉，古怪，经常发脾气"[2]。在白人给他起了绰号三指杰克后，科曼奇人又给他起了几个外号，分别是坏手与无指首领。他们开始认识他。他有一种强势的、执着的个性，从来不会放过任何人任何事。他对身边的每一个人都非常严厉，对他们的评价也很苛刻，几乎从不表扬他们。他在给上级的报告中也是这样。他不提自己的成就，这让他和他的部队在美国历史上并不引人注目。麦肯齐并非没有优点。他办事公道，对不公平的事会立即纠正。他从不偏袒，从不容忍卑躬屈膝与利己主义。

在接下来的一个月里，他两次穿越埃斯塔卡多平原，并且是经由不同的路线，探索了军队从未去过的地方。（卡森从新墨西哥到土坯墙的行程是沿着加拿大河向更北的地方行进。）在回来的途中，他大致沿着今天的图克姆卡里（Tucumcari）到达了今天的阿马里洛南部的峡谷，并有了重大发现：一条通

254 往永久的、水质好的水源的横跨平原的小路，各处水源相距不过 30 英里。[3] 它完全是奥尔蒂斯所描述的那样。尽管麦肯齐尚未见到任何印第安人或牛——在这样巨大的空间见到他们的概率非常低——但他已经进入了神秘的埃斯塔卡多平原，进入了科曼奇利亚腹地其他白人尚未发现的地方。在行程结束的时候，第 4 骑兵部队对高平原离奇古怪的世界了如指掌：可怕的风暴，食人蚁群，漫天的野火；他们学会了如何使用牛粪作为燃料，如何寻找水源，如何在巨大、空旷的地方行走。华莱士写道：

> 麦肯齐对探索开发美国西部作出了巨大贡献。他发现了两条穿过险恶平原的路线。道路与水源的发现使得怀有敌意的印第安人要么选择投降，要么被袭击，被抓住，被杀死。[4]

他并没有想到这些成就。他仍然有工作要做。他从奥尔蒂斯那里得知，科措台伽首领握手的队群在红河北部支流扎营。1872 年 9 月 21 日，他向北前进，带着 222 名士兵与 9 名通卡瓦侦察员，他在冠岩东坡绵延起伏的草原上穿行。9 月 29 日下午 4 点，麦肯齐的部队，排成四列梯队，进入了一个科曼奇人的村庄，村庄有 175 个大营帐与 87 个小营帐，位于红河的北叉，距离今天的利弗斯镇（Lefors Town）约 5 英里。

科曼奇人措手不及，束手无策，只能逃跑、躲避。很多人没有活过战斗的前几分钟。八十多人被逼到峡谷。他们对白人的队列冲击过数次，每一次都代价不菲，都被压制住。战斗很快变得更像射击靶场。麦肯齐的一名军官汤姆森（W. A. Thompson）将它比作"舞台上一队男人向拥挤的剧院正厅后座射击"[5]。很多印第安人最后被困在一个小池塘。一些人躲在高草下面。大多数人被打死了。"太多人在池塘被打死打伤，水都被如注的鲜血染成了红色。"曾被印第安人抓住的白人俘虏克林顿·史密斯（Clinton Smith）写道。[6]很多科曼奇人逃到河边洼地的灌木丛中。麦肯齐直接报告说，战斗半个多小时就结束了。他不得不约束通卡瓦人，避免他们将所有死去的科曼奇人剥了头皮。

清理战场的时候，他们杀了 52 名印第安人，自己只损失了 4 人。他们抓了 124 人——大多是妇女和儿童——这样的事情在科曼奇人的记忆中似乎没有发生过。它很可能从来就没有发生过，至少在马出现之后就没有过。同样重要的是，他们抓住了 3000 匹马，这意味着有很多人很可能是用双脚逃走的。人们不知道逃跑的人有多少，也不知道袭击的时候营帐里住了多少人。通常情况下，每一个印第安帐篷有 8 至 10 人，并且有两名作战人员；如果是这样，包括保留地在内的大部分科曼奇人都与握手在一起的。后来人们才知道，五个主要队群的成员都在那里，具有讽刺意味的是，握手正在前往华盛顿的火车上，要与总统见面讨论和平。[7] 就在河下游是另一个营帐，这里多数是夸哈迪人，由于距离非常近，他们也能够听到枪声。在麦肯齐的官方报告中，他简要交代了"营帐基本上被烧掉，大部分的财产被毁掉"[8]。没有给印第安人剩下任何有用的东西。

从历史上看，麦肯齐的胜利是惊人的。他敢于去其他白人从未去过的地方，并利用印第安人作侦察人员，在获得营帐的情报后，当机立断，下令袭击，并取得了胜利。他的袭击非常猛烈。与奇文登手下那帮醉醺醺的暴徒不同，他的人知道节制。他们收到命令，要尽量避免杀妇女、儿童和老人——对西部的军官来说，麦肯齐对此格外留意——但是，据他自己说，这类人中的很多都"受伤太重，无法移动"[9]。在他约束之前，通卡瓦人已经造成了很多伤害。可以预料到，事件的另一面是完全不同的。俘虏赫尔曼·莱曼当时与科曼奇人在一起，他写道：

> 我们第二天来到了战场，发现地上散落着尸体。我记得我找到了巴猜纳（Batsena）的尸体，他是一名勇敢的战士，躺在地上，被肢解了，被剥了头皮。在他旁边，是他美丽的女儿努姬（Nooki）的尸体，她被取出内脏，也被剥了头皮。这些尸体令人作呕……另一些尸体也被肢解了，表明通卡瓦人曾出现在战场上。[10]

麦肯齐实现了平原印第安人最重视的东西：突袭。他以其人之道，还治其人之身。那天晚上，他煞费苦心地将俘虏放在严密看守的补给车上。他们正好代表了更大的部落：34 名科措台伽人，30 名夸哈迪人，18 名延帕里伽人，11 名诺科尼人与 9 名盆纳台伽人，他们表明了"保留地"与"野外"科曼奇人是如何真实地切换身份的，也表明了旧的队群结构正在瓦解（其中可能有一两名夸哈迪人是夸纳的妻子）。

他下令将马群带到离被烧毁的村庄 1 英里的地方，让他的一名副官与通卡瓦人照看这些马。令人难以置信的是，在科曼奇人的马文化中浸淫已久的麦肯齐又犯了一个错误。他仍然不懂科曼奇人与马，或者不知道一群通卡瓦人仍然不是科曼奇骑士的对手。天黑以后，科曼奇人又来了。他们蜂拥而至，不仅夺回了他们自己的大部分马，还夺走了通卡瓦人的马。通卡瓦人第二天来到大本营，垂头丧气，牵着一头小驴。[11]当天晚上，麦肯齐在 18 英里外的地方扎营，科曼奇人将剩下的马都夺回了，一共有 50 匹马和 9 头骡子。[12]麦肯齐非常愤怒。他再也不相信自己能够看住科曼奇人的马了。据他的警卫官称："在那之后，麦肯齐再也不会试图保留印第安人的马。它们全部被射杀。"[13]

红河北叉之战［有时被称作麦克莱伦溪战役（Battle of McClellan Creek）］是印第安人痛苦的经历。在此之前从来没有发生过这样的事情。他们悲伤的程度令人震惊，难以抚慰。与部落在一起的前俘虏克林顿·史密斯写道：

> 在很长一段时间内，每天晚上，我都能听到年老的印第安女人在营帐外哭泣，哀悼她们死去的亲人。她们用刀子弄伤自己，回到营帐后，她们的脸上、胳膊上和胸脯上都有伤——她们在痛苦的时候割伤了自己。[14]

最痛苦的地方在于，他们无力救回被抓走的人。曾经傲慢的科曼奇人现在完全无助、绝望。数周后发生的事情完全证明了这一点。"牛熊"谦卑地带着他的队群来到锡尔堡，乞求放了妇女和儿童。牛熊是夸哈迪人的首领，是唯一一位从未签署过和平协议、从未向印第安事务办公室报告的首领。他告诉劳里·塔特姆（他们给他起了绰号"光头"），他已经输掉了战争并接受他最终的失败，愿意接受和平。他将到保留地当个农民，让他的孩子们去白人的学校，只要能够让他们的妇女和儿童回来。牛熊在撒谎。他的观点大家都知道。他会坚持战斗到死。但是此刻，他只想解救他的人。

他如愿以偿。1873 年 6 月，116 名妇女和儿童以及一些老人从孔乔堡被关押的地方被带到锡尔堡，并获得了自由。释放他们并没解决任何问题。很快，大批科曼奇人，包括牛熊与他的夸哈迪人，又回到了他们原来的营帐，并干起了他们一直就干的营生。那一年，他们得到了"缓刑"：准备对他们发起最后的战斗的麦肯齐，被派往墨西哥边境去阻止基卡普人与阿帕奇人越境对得克萨斯定居点的袭击。按照谢里登非官方的命令，麦肯齐与他的第 4 骑兵深入墨西哥 80 英里——违反了每一条能够想到的国际条约——并摧毁了 3 个基卡普 - 阿帕奇人的居住点。[15]他的袭击引起了国际愤怒，他坚称这是自己的行动。当一名士兵问如果他不愿穿过边界线麦肯齐会怎么做时，麦肯齐回答："我会一枪毙了你。"他 8 月返回的时候，得了严重的风湿病，直到 1874 年 1 月才能重新上战场。

这意味着解决科曼奇人问题还需要等待一年。

第十八章　剥皮者与救世主

1874 年严酷的春季，比无指首领更严重的事情正在困扰着科曼奇人——他们正在失去自己的身份。长期以来，他们一直是非常独立的一个族群，他们傲慢地认为，他们务实的、不花哨的斯巴达式的伦理道德是最好的生存方式。不像罗马人从他们身边的文化中借来了从衣服到艺术、食物与宗教等一切事物，科曼奇人非常具有自己的地方特色。他们是世界上最好的骑手，是南部平原无可匹敌的军事力量。他们并不需要复杂的宗教仪式或者社会等级结构。他们有自己的一套习俗。

现在，一切都在发生变化，与盆纳台伽人所经历的惊人地相似。队群自身最先开始变化。队群曾是这个部落最主要的社会单位，是部落身份的主要来源，现在却开始解体，失去它们的边界，与其他剩下的队群融合。麦肯齐抓住的俘虏名义上是一个科措台伽人的营帐，但却代表了五个主要的队群，部落层面的融合已经出现了，这样的情况即使在 10 年前也无法想象。[1]部分原因是绝对人数。过去，数以千计的科曼奇人，以统一的队群生活在营帐中，沿着布拉索斯河或加拿大河或锡马龙河绵延数英里。现在，在空旷而严酷的平原上，身份界限模糊的寥寥数百人生活在一起。曾经让每个队群区别于彼此的语言、习惯、风俗等特质正在消失（夸哈迪人的文化和语言实际上开始占据主导地位）。队群的终结意味着战争首领与和平首领的稀缺：没有追随者可以领导。

还有外来文化的无情入侵。就像之前的印第安人一样，他们被淹没在白人商品的海洋里。即使夸哈迪人也是这样，虽然他们比其他队群离白人更远。过去，部落的生活完全依赖于野牛，依赖于野牛提供的一切，现在，他们使用白人的武器、炊具、金属、糖、咖啡、威士忌、衣服和白棉布。他们还使用白人的毯子。他们吃铜锅煮的食物。在印第安事务办公室，他们静静地等着白人给他们腐臭的肉、腐烂的烟草和发霉的面粉。[2]

侵蚀旧科曼奇的不仅仅是白人的文明。他们还开始接受其他部落的习俗。有很多文化冲突的例子，他们越来越容易受到影响。例如，他们传统的头饰一直是吓人的、不加修饰的黑色牛毛帽子，插着牛角，这曾经是几代殖民者的噩梦。现在，他们开始戴夏安人更精致、更具流线型的羽毛头饰（夸纳就戴这种风格的头饰[3]）。与很多其他文化一样，科曼奇人的葬礼曾经也非常简单、务实。尸体会被放置在天然的山洞或者岩石裂缝中或者很深的坑中，并盖上石头或树棍，没有其他特别的安排。[4]现在，他们采用北方部落更复杂的、高高的停尸台。他们很快还偷偷学会了基奥瓦人的太阳舞。他们见证了太阳舞几十年，但并没有关注它到底是什么。现在，他们更不确定他们是否需要它。

他们身份的核心当然是猎人与战士——这正是白人不希望的。尽管总统与传教士并没能通过传教改变这一点，数千名在锡尔堡领着食物与年金的科曼奇人已经失去了猎人的身份。他们视此为一种奴隶般的生活。如果他们所做的只是在保留地等着白人给他们食物，他们能给子孙后代讲什么样的故事呢？或者更糟糕，他们成为农民，能跟子孙讲什么呢？

对他们身份的最大威胁，对北美游牧猎人的最大威胁，在

19 世纪 60 年代末期出现在平原上。他们就是猎杀野牛的人。　260
1868 年至 1881 年，他们杀死了 3100 万头野牛，几乎将平原上
整个野牛群杀光，并摧毁了骑马部落回归传统生活的最后希望。
从来没有骑着马却没有牛的印第安人。这样的印第安人根本就
没有身份。

　　白人使用大火力的步枪第一次大规模地屠杀野牛是在 1871
年和 1872 年。在那之前，与牛相关的产品市场有限。甚至早在
1825 年，只有数十万件印第安人制作的牛皮袍子被运往新奥尔
良的市场。[5]在 19 世纪 60 年代，修建太平洋铁路的工人对牛肉
有需求，造就了传奇的猎人比尔·科迪（Bill Cody）等。但是，
对牛皮真正的市场在 1870 年才形成，新的鞣革技术能够让牛皮
成为高品质的皮革产品。再加上堪萨斯道奇市火车站的建立，
意味着牛皮可以被有利可图地运走。对于捕猎者来说，这门新
生意简直是奇迹，因为这种动物非常笨，非常容易捕杀。如果
它看到身边的同伴倒地死去，它并不会逃跑，除非看到了危险
的直接来源。因此，一名使用射程远的步枪的猎人可以站着不
动就射杀整个一大群野牛。名叫汤姆·尼克松（Tom Nixon）的
猎人曾在 40 分钟内射杀了 120 头牛。1873 年，他在 35 天的时
间内射杀了 3200 头牛，令科迪所声称的曾在 18 个月内射杀了
4280 头牛的传奇经历相形见绌。[6]站在捕猎者背后的是剥皮者，
他们身上散发着腥臭味，从头到脚都沾着血、脂与牛身体上的
寄生虫。传奇的猎人布里克·邦德（Brick Bond）曾一天射杀
250 头牛，他雇用了 15 名剥皮者。[7]车就等在土坯墙，等着将这
些牛皮运往道奇市。牛舌腌制后作为美食运走。除此之外，剩
下的牛的躯体都会被丢在平原上，任由它们腐烂。这样的利润

是邪恶的，就像捕猎本身一样。1871 年至 1872 年之间的冬天，一张牛皮可以换来 3.5 美元。[8]

在两年之内，这些主要在距离道奇市较近的堪萨斯平原活动的捕猎者射杀了 500 万头野牛。[9]几乎同时，他们也成为自己成功的受害者。到 1874 年春天，平原上大部分的野牛都被杀死了。捕猎野牛这门生意不再那么有利可图。一个曾从道奇市到印第安人土地的侦察人员说："在 1872 年，我们的视线里一直有野牛。在接下来的秋天，我们在同样的路上，只能看到累累白骨了。"[10]因此，捕猎者被迫去离火车站更远的地方寻找猎物。[11]

他们向南来到了得克萨斯平原，那里野牛群一望无际，就像历史学家弗朗西斯·帕克曼（Francis Parkman）在 1846 年所描述的一样，它们出现的时候，"就像一团黑云，一团一团地在平原上移动"[12]。问题是，得克萨斯狭长地带距离道奇市有 150 英里，道奇市是唯一能够运输牛皮的地方。为了解决这个问题，让这些捕猎者有地方能够卖牛皮，1874 年 3 月，一座贸易站在加拿大河附近修建起来，距离土坯墙遗迹只有 1 英里远。十年前，基特·卡森与科曼奇人曾在土坯墙交战过。这座贸易站仍然叫土坯墙，有两个商店、一家酒馆和一个铁匠铺。除了铁匠铺是用尖木桩围起来的外，其他的建筑都是木头框架，墙和屋顶都是草皮的。建筑材料的选择很快就变得非常重要。到6 月，贸易站的生意做起来了。捕猎者带来了数以万计的牛皮，换回武器、弹药、面粉、培根、咖啡、番茄罐头、汤、苹果干和糖浆，以及狼药、轮轴的润滑油等杂物。[13]他们赚得盆满钵满，远超自己的想象。道奇市很快富裕起来了。虽然每个人都知道如果再这样下去的话，几年内野牛就会灭绝，但屠杀依旧

261

继续。

剥皮者整体上是令人讨厌的群体。他们充满暴力，嗜酒如命，目不识丁，邋遢，留着长头发，从不洗澡。他们的体味令人难以忍受。他们仇恨印第安人，不仅因为印第安人是棕色人种；他们认为科曼奇人与基奥瓦人袭击、发动战争，是为了从政府手中榨取钱和土地。他们认为政府给印第安人钱，就相当于被敲诈了。"他们是一个懒惰、肮脏、卑贱、喜欢欺诈的种族"，捕猎者伊曼纽尔·达布斯（Emmanuel Dubbs）在 1874 年说，"他们是否具有真正的男子气概我们不知道，我们知道他们将他们的女人置于奴隶的卑贱地位"[14]。当他们不工作时，这些剥皮者会集体去西部"地狱镇"（hell towns），满足他们最原始的欲望。第 4 骑兵部队位于格里芬堡（Fort Griffin）据点外就有一座这样的小镇，被称作"公寓"。它由不结实的、未刷油漆的木头搭建而成，这些木头从数百英里外运过来。这里有肮脏的旅馆、舞厅、酒馆，有妓女、赌徒以及出老千的。其中一家酒馆里一位名叫洛蒂·德诺（Lottie Deno）的红色头发的扑克女王引人注目。她雇用的保镖就站在她身边，随时准备杀死任何敢质疑她的人。[15]

奇怪的是，只有一小部分人反对屠杀野牛，这样的屠杀是史无前例的。大多数人并不在乎这么做的后果。这只是资本主义在发挥着它自身的作用，在剥削另一种自然资源。抗议屠杀野牛的声音之所以是少数，还有一种更合理的解释。菲尔·谢里登将军当时担任密苏里军事部门的指挥官，他说："这些捕猎者在过去两年里为解决印第安人问题所做的，比过去 30 年里整个正规部队都好。他们摧毁了印第安人的食物供应……为了持久的和平，他们被允许去屠杀野牛、剥牛皮、卖牛皮，直到野牛灭绝。然后，你们的草原上才会有有斑点的牛与欢乐的牛仔。"杀死印第安人的食物来源不仅恰好是一门生意，还是一种有意的政治行为。

　　1873 年至 1874 年的冬天对很多印第安人来说是非常难熬的。很多人不停地在印第安事务办公室与得克萨斯西部野蛮的科曼奇人的营帐之间穿梭。留在保留地的人们被残忍地欺骗了。猎物很少，野牛完全没有。像以前一样，他们被迫依靠白人发放的口粮生活。像以前一样，很多承诺的食物从来没有到他们手中，给他们的经常是质量奇差的东西。面临饥饿，科曼奇人被迫杀死自己的马和骡子以充当食物。[16]

　　这些印第安人是新出现的有组织的白人盗马团伙的受害者。他们经常打扮成印第安人的模样，偷盗科曼奇人与基奥瓦人的马匹，却不受惩罚。他们将这些动物运往堪萨斯卖掉。没有人去追赶他们，也没有人去起诉他们。[17]欺骗印第安人是一桩好买卖。与此同时，白人威士忌摊贩在保留地自由流窜，非法出售稀释的劣等酒，换回牛皮袍子——这近乎抢劫；酒的成本非常低，而卖袍子实际上是很多印第安人唯一的赚钱方法。威士忌成为严重的问题。很多印第安人很快上瘾，愿意拿任何东西去换酒。

　　对于仍然袭击边境地区的印第安人来说，1873 年至 1874 年的冬天更难熬。麦肯齐一直在那里巡逻，这些巡逻对于小的袭击队群的影响是毁灭性的。12 月，21 名科曼奇人与 9 名基奥瓦人向南穿过得克萨斯，穿过格兰德河，进入墨西哥。这是一次收获颇丰的旧式袭击，一定让他们非常高兴。他们杀人，抓走俘虏，偷走马，自己没有伤亡。然后，他们回家，他们的好运用完了。在基卡普泉（Kickapoo Springs）（在今天的圣安吉洛附近），他们与他们的 150 匹马被麦肯齐的第 4 骑兵部队的查尔斯·赫德森（Charles Hudson）中尉率领的 41 名士兵拦截。随后发生了激烈的、历时 10 分钟的战斗，9 名科曼奇人被杀，赫德森这边只有 1 人受伤。科曼奇人还损失了 70 匹马。数周后，乔治·比尔（George Buell）中校率领的第 10 骑兵（Tenth Cavalry）巡逻队在布拉索斯河支流双山叉与一群科曼奇袭击者交火，杀死了 11 人。两周后，另一伙袭击者被袭，10 名印第安人被杀。[18]

　　尽管这些死亡人数的绝对数字较小，但是在科曼奇利亚绝望的、衰落的岁月里，它们是重大的灾难。科曼奇人难以接受这样的消息，基奥瓦人也是这样。基奥瓦人首领"独狼"（Lone Wolf）在与赫德森的战斗中失去了他的儿子与侄子。独狼非常悲伤，割断了自己的头发，杀死了他的马，烧毁了他的车、住处与袍子，发誓要报复。[19]如果他知道赫德森中尉在那个冬天也死了，他应该会感到欣慰。赫德森的室友在擦枪的时候，意外将他杀死了。夸纳在与比尔的战斗中也失去了一个侄子，他的反应更激烈，这最终影响了所有平原印第安人的命运。

　　所有这些对于科曼奇人来说都是可怕的消息。他们深深地哀悼逝者，也许，同时也在哀悼这个正在失去的世界。正当人们认为不会有比这更糟糕的时候了，野牛捕猎者来到了土坯墙，开始将狭长地带变成恶臭的坟场。这是可怕的时代，没有理由不相信，在平原上向来傲慢的科曼奇人不理解他们所处的历史位置。他们几乎被孤立了。大多数阿拉帕霍人已经投降，进入了保留地。夏安人陷入混乱，群龙无首。基奥瓦人陷入政治纷争，对于到底是投降还是战斗到底，他们争论不休。南部平原就没有其他人生活在那里了。只有数千名科曼奇人，他们眼睁睁地看着旧世界死去，在这一过程中，他们正在失去自己的身份。

264　　　就在这个时候，就在人们似乎失去所有希望的时候，科曼奇部落出现了一名预言家。他非常年轻，但是非常具有远见。他给所有虔诚的祈祷者提供了答案。

他的名字叫作伊萨泰（Isa-tai），与很多科曼奇人的名字一样，将这个名字翻译成西方的语言也很困难。有时候它是指"狼的屁股"，这有点意思，但并不准确。有的时候，它指的是狼粪。即使具有这些意义，它也跟"野牛背"一样，算是委婉语了。它更准确的翻译是"狼的阴道"，这样的字眼直到 20 世纪才允许被打印出来。[20]

他是一个药师、魔术师，很可能也是一个骗子，尽管毫无疑问，他至少相信他所宣扬的东西。他是夸哈迪人，约 23 岁，矮胖结实，头大脸宽脖子粗。在 1873 年至 1874 年的冬春之际，伊萨泰确立了自己的地位，拥有科曼奇人从未见过的魔力。他声称自己拥有治愈能力，能够起死回生。[21]尽管他没有经受过战场考验，但他声称白人的子弹对他不起作用，他还可以使用药物让其他人也刀枪不入，甚至直接站在白人的枪口前。[22]这是令人印象深刻的，但并不是没有先例。其他的萨满也曾声称拥有同样的魔力。那年，伊萨泰在人们的见证下，从胃里吐出一堆子弹，打嗝将它们升起来，又把它们吞下去。在四个不同的场合——也是在人们的见证下——他飞上了天空，比太阳还远，到达了伟大精灵的家，在那里过夜，第二天才回来。最神奇的是，当一颗耀眼的彗星出现在天空时，他准确地预测了它会在

5 天内消失。[23]他的传奇传遍平原。人们说他能够控制天气，向敌人降下雷电冰雹。

他如何令人们相信他能够做到这些？部分答案可能在于他是一名魔术师。根据一份资料记载，他能够让手中出现箭，仿佛它们从空气中飞来。[24]现代魔术师似乎都能做到这一点。据教友派信徒托马斯·巴蒂（Thomas Battey）称，伊萨泰有一项特殊的技巧，能够制造出他升上云端的幻觉。巴蒂当时在基奥瓦人的保留地当教师。他写道，伊萨泰将人们召集到一个神圣的地点，"让他们直视太阳，直到他与他们说话，然后让他们慢慢将视线转移到他站的地方。他们会看到黑色的东西下来收起他，他就跟着这个黑色的东西上升"[25]，然后他就会不见了，隐藏起来，直到他"回来"。

265

伊萨泰不仅是一个魔术师。他对平原上的新秩序有自己的看法。在他升入云端的时候，伟大精灵赋予了他能力，将对白人进行最后的战争——这场战争不但会杀死很多白人，而且会重现科曼奇曾经的荣耀。这正是他向科曼奇部落所建议的。那个春天，他在不同队群之间穿梭，宣扬如果他们能够净化自己，停止跟随白人的道路，那么，他们得到拯救的时间就在眼前。

然后，他将自己的福音传递给夏安人、基奥瓦人与阿拉帕霍人。在很多次这样的旅途中，与他一起的是具有领袖魅力的年轻战士夸纳，他拥有丰富的战斗经验，他作为战斗首领的声名在平原上远播。[26]他们一起组成了战无不胜的团队。伊萨泰是使用魔法的人；夸纳是条硬汉，他身材高大，肌肉发达，眼睛炯炯有神，久经战场考验。他们这一组合体现科曼奇人作战的传统：复仇式的袭击。伊萨泰的一位叔叔在与赫德森中尉作战时被打死了，所以他与夸纳自 1 月以来一直都很悲伤。现在，春天来了，他们准备复仇了。夸纳一直抱有复仇的想法，自白人杀死他的父亲并掳走他的母亲与妹妹时就有了复仇的想法。现在，伊萨泰的魔力让他有机会大肆屠杀白人以复仇。经过数月的时间，他们一起令整个科曼奇部落燃起了希望之火。

　　夸纳在后来回忆他努力招募人手的那段经历时说："那时我算得上是一名大人物，非常年轻，能打仗。我努力了一个月。我去卡什河源头的诺科尼人营帐，拜访每一个人。我告诉他们我的朋友在得克萨斯被杀了。我装好烟，问他们：'你要抽烟吗？'他拿去抽。我再把烟给另一个人。他说不想抽烟。如果他抽烟，那么他就愿意加入我的战斗，不能后悔，否则上帝会惩罚他，他害怕这个。"[27] 从最后一句话可以明显看出，这并不是劝说——如果违背承诺，战士的勇气、爱国情怀与男人气概会受到质疑。

　　5月，伊萨泰做了历史上科曼奇首领从未做过的事情：他派人去所有的科曼奇人队群，不管是在保留地里面还是外面，号召他们参加太阳舞。这是不同寻常的举动，原因有三。第一，从来没有过所有科曼奇人都参加的会议。即使与之相似的事情也没有发生过，至少从这个部落从怀俄明风河之乡向南迁以来就没有发生过这样的事情。第二，从来没有一位首领能够召集整个部落。第三，太阳舞不是科曼奇部落的传统，从来都不是。他们见过基奥瓦人的太阳舞，但是对于太阳舞到底意味着什么、又是如何跳的，几乎没有概念。

　　尽管如此，整个科曼奇部落的人都同意过来，甚至包括定居的盆纳台伽人。他们的想法是将部落团结在这个强大的药师周围，将白人彻底赶出平原。在概念上，这与野牛背的壮举是一致的。野牛背认为白人将落入海里，这导致了1840年的林维尔袭击与梅溪袭击。太阳舞因此成为科曼奇部落对白人实施大规模复仇袭击的焦点。

所有队群 5 月在保留地边界以西——在今天的特克索拉（Texola）附近，1 - 40 号州际公路与得克萨斯 - 俄克拉荷马州界交汇处——的红河聚集。尽管他们崇拜太阳，但他们是真正的万物有灵论者：魔力并没有集中在一两个地方（比如伟大的精灵），而是散布在整个宇宙中。魔力可以栖息在狼、树、悬崖上，跟在太阳上的一样。但是科曼奇是非常务实的部落，他们乐于尝试任何有用的事，而伊萨泰善于说服他人。因此，他们摒弃对军事组织、玩偶、接受过训练的牧师、药包的崇拜，以及战士用皮带勒胸部的肌肉，并将自己挂在杆子上，和其他部落所认为的重要的传统活动。[28]他们用杆子与草搭起药庄，模拟战斗与捕猎野牛活动。他们跳简化的太阳舞，举行盛大的晚会，整夜敲鼓，喝酒狂欢。他们再次感到荣耀，再次相信科曼奇人的力量。

最后，约一半的部落同意跟随夸纳与伊萨泰。具体的数字或比例不详。盆纳台伽人现在非常温顺，甚至从事一些农耕活动，回到了保留地。他们被这样的讨论吓到了。大多数诺科尼人在他们的首领"马背"（Horse Back）的带领下离开了，很多延帕里伽人也跟他们一起走了。他们离开的时候还受到了威胁。夸纳的人说，如果他们不参与，他们的马将被杀死。[29]一些离开的人甚至受到了个人暴力威胁。延帕里伽首领奎茨奎普（Quitsquip）向印第安事务官员 J. M. 霍沃思（J. M. Haworth）报告称，到了晚上，科曼奇人已经陷入了沙文主义的狂热之中，喝酒，打鼓，跳舞，讨论战争，一片混乱，没有作出决定，第二天仍然醉醺醺的。"他们朝秦暮楚"，他告诉霍沃思，"他们头天晚上作出一个决定，第二天早晨可能就改变主意了。"[30] 在他们的战争会议上，夸纳与伊萨泰倡议在得克萨斯发动袭击，先对背叛者通卡瓦人下手，然后对定居点发动袭击。但是部落头人们有其他的想法，他们推翻了这两名年轻人的想法。夸纳后来回忆说：

> 他们说："你是非常优秀的战士，夸纳，但是你并非无所不知。我们认为你应该首先对付捕猎野牛的人。你将这些白人杀死，这会让你感觉很好。然后你再回来，将所有年轻人带到得克萨斯去参加战斗。"伊萨泰夸下海口。他说："上帝告诉我，我们将杀死很多白人。我可以阻止枪里的子弹。子弹不会穿过衬衫。我们杀死他们就像杀死老妇人一样简单。"[31]

因此，袭击的第一个目标就是在土坯墙的野牛捕猎者。然后，整个部落的怒火将烧到他们仇恨的得克萨斯人与通卡瓦人身上。带着这样的想法，夸纳与伊萨泰拜访了基奥瓦人、夏安人与阿拉帕霍人的营帐，招募战士，以袭击这些剥皮者。他们在基奥瓦人那里几乎没有成功，头人们对这个想法感到害怕。[32] 只有一小部分的部落同意加入。他们去找夏安人的时候运气好多了，很多夏安人对此非常狂热，尤其是对伊萨泰的药物的魔力感到着迷。阿拉帕霍人喜欢这个主意，但还是犹豫了：他们的首领"粉脸"（Powder Face）已经着手走白人的道路了。只有 22 名阿拉帕霍人同意跟他们走，这 22 人的首领是年轻的"黄马"（Yellow Horse）。250 人的队伍就这样组织起来了，主要是由科曼奇人与夏安人组成。他们对三件事非常清楚：袭击目标是西部 40 英里处的野牛营地；他们将获得伊萨泰的魔法保护；他们将由年轻的夸纳率领，他的激情与纯粹感染了每一个人。　　　　　　　　　　　　　　　　　　　　　　　　268

　　对贸易站的袭击本应是彻底的屠杀。晚上天气闷热，在贸易站的大多数人——28 名男子与 1 名女子，分散在两个商店与一个酒馆——睡在户外。当地没有旅馆，也没有出租的房屋。位于屋檐下的人们，所住的房门都是敞开的。伊萨泰通过侦探知道了这些，他自信地向人们承诺会将白人杀死在睡梦中。这是一个很好的计划。不管怎么说，理论上都是一个好计划。1874 年 5 月 26 日凌晨，夸纳率领的印第安人在加拿大河的岸边等待。伊萨泰几乎全裸，只戴了顶鼠尾草帽，身上完全被涂了黄色，像他的马一样。黄色意味着不会受到伤害。绝大多数的其他战士与马也都涂了黄色。他们都相信，伊萨泰的魔法会让他们刀枪不入，否则他们就不会来这里了。毕竟，一个能够升上天空、能够吐出一堆子弹的人，对付一些野牛捕猎者是不会有什么问题的。这些科曼奇人、夏安人、基奥瓦人与阿拉帕霍人相信，这是决定命运的时刻，他们的拯救就在眼前。

　　但是屠杀熟睡的白人的事情从没有发生。因为酒馆的主人詹姆斯·汉拉恩（James Hanrahan）在晚上开了枪，惊醒了很多捕猎者、剥皮者、商人与赶集的人。汉拉恩是宾夕法尼亚人，他从道奇市过来。他告诉他的客人们，他听到了撑起酒馆屋顶的柱子断裂的声音。这样的事件将意味着死亡、受伤，或者至少会给屋顶下面的人们带来不便。这些人完全醒来，忙着更换柱子。

实际上柱子没有问题。汉拉恩编了这个故事，因为他数天前就知道印第安人要来袭击，但是他不想因此而损害他的生意，因此并没有告诉任何人。当人们换好柱子以后，汉拉恩还是不愿意告诉他们关于袭击的消息，但是又害怕他们回去睡觉，因此给他们提供了免费的酒水。当印第安人在凌晨4点袭击的时候，很多人都处于清醒状态。

印第安人狂怒地冲进峡谷。夸纳后来回忆说，他们的马飞奔而来，扬起了灰土，其中一些马误踏到土拨鼠的洞穴，令这些戴着羽毛头饰的人滚下马来。[33]在定居点，他们包围了这栋建筑，对着窗户和门开火。里面的人利用堆起的谷物做掩护，他们发现两英尺厚的草皮墙对子弹的防御相当有效。草皮墙也烧不着，否则印第安人就能轻易取胜了。夸纳在马后面冲进一扇门，但是没能将它打开，后来他又爬上了屋顶，向下射击。他还在马上救起了一名地上的伤者，令白人感到震惊。交火开始的时候，双方都使用六连发的转轮手枪。对于里面的白人来说，袭击者的愤怒是可怕的。整栋建筑浓烟密布，人们呼喊、尖叫，枪声密集。比利·狄克逊（Billy Dixon）回忆说："有时候子弹像冰雹一样，我们紧紧贴着墙，就像地鼠在面对猫头鹰飞过时一样。"[34]

夸纳以下的描述经过了他的朋友 J. A. 迪克森（J. A. Dickson）的润色：

> 我们立刻包围了这个地方，对它进行射击。捕猎者跑到屋子里，通过墙上的裂缝与洞向外射击。战斗持续了约两个小时。我们数次试图冲进去，但是他们的射击很厉害，我们不得不撤退。我一度带着5人沿着峡谷爬上了他们的畜栏，距离他们的房子只有几码远。我们找到了机会，向

房子冲去，并试图打开门。但是它太坚固了，我们也担心在那里待的时间太久了，就原路返回了。[35]

在交火刚开始的时候，3 名白人被杀死，但是其他人挡住了印第安人的火力。[36]酒馆的火力保护了另两座建筑里的人们，他们中的大多数之前是睡着的。白人意识到在墙上扒个洞便于自己对外射击，从而将印第安人打退。即使以平原的标准来看，剥皮者也非常强悍。除了这些捕猎者、剥皮者、车夫，还有比利·狄克逊，他是著名的野牛捕猎者，那年的晚些时候，他因为与印第安人作战而获得国会荣誉奖章。还有威廉·巴克利·马斯特森（William Barclay Masterson），绰号"蝙蝠"（Bat），他是一名赌徒，一名枪手，后来成为道奇市传奇的治安官；还有亨利·博恩（"Dutch Henry" Born），绰号"荷兰人亨利"，后来成为大平原上最恐怖的盗马贼；还有詹姆斯·卡莱尔（James "Bermuda" Carlyle），绰号"短裤"，后来在新墨西哥白橡树城（White Oaks）参加治安队试图逮捕"比利小子"（Billy the Kid）与他的团伙时被杀。[37]

270

印第安人被打退了。他们发现，即使他们很多人拥有了连发的杆式步枪，也还是在火力上处于巨大的劣势。在这些建筑里面，不但有强悍的对手，他们作战经验丰富，有厚厚的泥草墙作掩护，而且实际上还拥有一个弹药库，最值得一提的是崭新的夏普斯步枪，火力猛，射程远，精准度高，使大规模屠杀野牛成为可能。这些商人拥有全套的夏普斯步枪，1.1 万发子弹。夏普斯步枪是单发的，枪管呈八边形，34 英寸，使用巨大的子弹：点 50 的口径，600 格令的弹丸，125 格令的黑火药。火力强大到能够在距离 1000 码的地方放倒 2000 磅的野牛。在野牛捕猎者手中，这些武器对付马和人能够产生令人恐惧的效果。它们的射程远超印第安人的卡宾枪。

10点钟的时候，印第安人撤退了。夸纳在近距离英勇作战后也下马了，他的马在距枪口约500码的地方中弹。[38]他躲在一头野牛的尸体后面，肩胛骨与颈部之间被一颗反弹的子弹击中，伤势不太严重。对白人的枪的射程与精度感到震惊的印第安人撤得更远了，却发现还是不够远。一群人在距离交易站约0.75英里远的地方商讨对策。野牛捕猎者将他们一一放倒。其中一名叫科海亚（Cohayyah）的科曼奇人回忆说，他与朋友们正在商量如何将他们死去的人的尸体夺回，"突然，没有任何征兆，一名战士就从马上摔了下来，死了"。他们发现他头上有一个弹洞。风向已经改变了，他们甚至没有听到枪声。[39]

在远处，伊萨泰坐在马背上，他全身赤裸，涂着赭色，看着他的魔法失去效力。他预测的都没有发生。本应在睡梦中被杀死的人，现在打死印第安人就像打绿头鸭一样轻而易举。夏安人对伊萨泰感到非常愤怒。其中一人用马鞭抽打他的脸；另一人，他的儿子在战斗中被杀了，问如果魔法能够让他们刀枪不入，为什么他不能夺回他儿子的尸体？仿佛是为了证明他的无能，他旁边的一个人被枪打死了，他自己的马也被打中了。他的魔力可能已经失效了，但是夏普斯步枪的威力正在发挥出来。[40]它能够在0.75英里远的地方杀死对手，这就像神一样。伊萨泰给出的借口是，夏安人在战斗前一天杀了一只臭鼬，并剥了皮，弄坏了他的药。人们并不真正相信他。

这对印第安人的影响是毁灭性的。伤亡的影响——那天15人被打死，很多人受伤——不及伊萨泰药物失效的影响。这是第一个巨大的打击。第二个是夸纳受伤。他被他们的人救出，逃到白人枪的射程以外。首领死亡或受伤一直是撤退的信号。到 4 点钟的时候，印第安人完全放弃了。白人从建筑物里出来，捡起一些不值钱的小玩意与纪念品。尽管接下来的几天，印第安人就待在附近，偶尔对着贸易站的泥草墙开枪，但再也没有发动袭击了。战斗结束了。第三天，比利·狄克逊开了美国西部历史上最著名的一枪。当时，约 15 名印第安人出现在悬崖上，距离约 1500 码，或者说 1 英里。狄克逊回忆说："一些人建议我试试夏普斯步枪……我仔细地瞄准，扣动了扳机。我们看到一名印第安人摔下了马。"[41] 这是第二次土坯墙战役的最后一例伤亡，一小部分白人抵挡住了一大群印第安人的袭击，对印第安人数的估计在 700 人至 1000 人之间，但 250人可能更接近事实。剩下的印第安人感到震惊、害怕，他们逃走了。

剩下的故事就不那么精彩了。70 多名捕猎者来到这里，因 272
为他们害怕单独待在草原上。现在，白人认为他们的人数增加了，因此继续他们的生意是安全的。在埋葬了他们死去的 4 人（其中一人是意外死亡的），并剥了纽芬兰犬（Newfoundland）的皮以后，他们砍下了死去的印第安人的头颅，并将头颅插在墙外的桩上。他们将 13 具无头的尸体放在野牛皮上，将它们与死去的马一起拖走（印第安人将马都杀了），这些马已经开始发臭了。

与此同时，印第安人神志恍惚，他们愤怒且无奈。劣质的药物再次成为他们致命的弱点。他们不能扭转局势。假如让他们互换一下角色，会发生什么？白人会围住建筑物，一直攻击。他们会在晚上来，并在墙上打洞。他们会接受比印第安人愿意接受的更大损失，会计算围攻的成本与收益的比率。即使这些都没有成功，白人也会让印第安人饿死，耐心地等他们饥渴难耐，不得不在死亡与战斗之间作出选择。

尽管剥皮者躲过了夸纳的部队，毫发无损，但边境其他人就没有那么幸运了。在土坯墙失败以后，愤怒的印第安人组成小分队，从科罗拉多到得克萨斯，向所有方向盲目地发动袭击。[42]基奥瓦人在独狼的带领下穿过边境进入得克萨斯。夏安人与科曼奇人在夸纳的带领下首先向东部进攻，将野牛捕猎者的马赶跑，摧毁了在印第安人土地上的马车队，然后袭击得克萨斯的定居点。人们对于这些袭击知之甚少。有人说夸纳的袭击北至科罗拉多南部。他自己后来说，在土坯墙战役之后，"我带着所有人，去得克萨斯袭击了"[43]。他们的袭击北至堪萨斯的梅迪辛洛奇。整个边境被迫防御。[44]剧院被袭击，车站被烧毁。剥皮者被折磨致死。男子被绑在桩上，女子被强奸，并被残忍地杀死。那个夏天席卷南部平原的印第安人袭击，造成约190名白人死亡，受伤的人则更多。它的影响立竿见影。捕猎野牛与剥皮活动都停止了。边境的捕猎者、定居者乃至任何人都逃到联邦的堡垒里躲起来。印第安人在土坯墙的战役中也许失败了，但是夏天的袭击实现了伊萨泰与夸纳想要的目标：对白人的大规模复仇，造成的恐慌范围达到1000英里。他们在感到愤怒与失望的同时，那个夏天的袭击一定让他们满意了。它象征着正义得到伸张，旧仇得报。

对于夸纳、独狼与那个夏天杀死白人的其他人来说，不幸的是，他们的袭击也耗尽了白人最后的耐心，不会再有和平支持者与亲印第安人的人道主义者为他们说话了。7月26日，格兰特允许舍曼将负责印第安人事务的机构与保留地交给军队控制，这结束了为期五年的、失败的和平政策。[45]同一天，锡尔堡指挥官"黑桃J"约翰·W. 戴维森（John W. Davidson）中校下令所有友好的印第安人于 8 月 3 日之前到印第安人事务机构登记，并且每天都要报告。格兰特下令部队立即出发。对部队行动的所有限制都取消了。他们可以自由地在锡尔堡的印第安人事务机构的门廊前追击印第安人，如果有必要，也可以就地杀死他们。保留地没有安全的港湾了，在保留地以外的印第安人不会得到宽恕。就像格兰特所说的，常规部队现在将杀死抵抗权威的所有印第安人。他的计划是配备大量的弹药，将这些印第安人全部杀死。

第十九章　红河战役

到 1874 年夏末，世界上只剩 3000 名科曼奇人。这是锡尔堡负责印第安事务的官员估计的，很可能是接近实际的。其中 2000 人生活在今天的俄克拉荷马西南部的科曼奇－基奥瓦人保留地。这些是温顺的科曼奇人，是支离破碎的科曼奇人队群。另外 1000 人则拒绝妥协。这群人中只有不到 300 名的作战人员，这是美国历史上最具军事实力的部落所剩下的所有人了。[1] 还有 1000 名桀骜不驯的南部夏安人与相当数量的基奥瓦人以及基奥瓦－阿帕奇人。总体上可能一共有 3000 名敌对的印第安人。在整个南部平原上，最多只有 800 名能够作战的印第安人了。[2] 对于后来的小说家与电影制作人来说，不幸的是，他们并非以战斗队形部署在平顶山上，并非在阳光下长矛熠熠生辉、严阵以待白人的部队。没有温泉关（Thermopylae）那样的战役，也没有史诗般的结局。这是游击战。与往常一样，印第安人散布在不同的营帐与队群。他们与离群的拉科塔苏人、北部夏安人以及内布拉斯加北部平原的北部阿拉帕霍人都是他们族群所剩下的最后的人。

这些曾经强大的部落遗留下来的人都聚集到了同一个地方：得克萨斯狭长地带北部。这不是偶然的。狭长地带平原与保留地很近，保留地西部边界距狭长地带东部不到 100 英里。所有敌对的队群（甚至包括夸哈迪人）都曾数次在保留地上扎营。一些队群在保留地过冬。如我们所见到的，很多明显的"保留地"居民并非真正的定居居民。在 1 月份自觉排队领取联邦牛肉的印第安人，可能正是在夏月袭击帕洛平托边境的人。

但在狭长地带扎营的最好理由是，整个南部平原都没有更好的栖身之所了。在今天的阿马里洛附近，平坦的埃斯塔卡多平原与岩石嶙峋的冠岩相连，冠岩高达 1000 英尺。在这个巨大的陡坡上，红河的四大支流切割出深深的峡谷，造就了美国西部最具特色的地貌。美丽的帕洛杜罗峡谷由红河支流土拨鼠镇叉河冲击而成，深达 1000 英尺，长 120 英里，宽度在 0.5 英里至 20 英里之间，穿过了无数个小峡谷。这里一直是夸哈迪人的圣地。它位于狭长地带平原的中部，面积与俄亥俄州差不多大。它给了自由的印第安人一点机会，去延迟思考与这个新兴的国家的关系，尽管这种思考是无法逃脱的。这个新兴的国家拥有 3900 万人，他们迫切需要掌控自己的命运。

在 8 月和 9 月，整个西部军队终于被召集起来去围猎、打击并摧毁剩下的马背上的印第安人。谢里登的想法是，如果有必要，一年四季都攻击印第安人。他们将不得安宁，不得自由，不得打猎。他们将被饿死。他们的村庄将被找到，并被烧毁，他们的马将被夺走。这样的结果可能在 20 年后都会成为现实，虽然现在似乎还不切实际。但是白人的意愿就是这样，所有的评论都支持此观点。

最后的行动是向冠岩东部的河流派出了 5 支部队。麦肯齐指挥其中的 3 支部队：他自己的第 4 骑兵部队从孔乔堡（今天的圣安吉洛）出发，沿着布拉索斯河淡水叉（Fresh Water Fork）向北搜索；"黑桃 J"戴维森的第 10 骑兵部队从锡尔堡向西搜索；乔治·比尔的第 11 步兵（Eleventh Infantry）部队在它们之间向西北搜索。[3]威廉·普赖斯（William Price）少校率领

第 8 骑兵部队从新墨西哥巴斯康堡向东搜索，尼尔森·迈尔斯
上校率领第六骑兵部队与第五步兵部队从堪萨斯道奇堡向南出
276 发。迈尔斯是麦肯齐的对手，他注定成为美国最著名的打击印
第安人的战士。他们非常依赖麦肯齐所掌握的地理知识。46 个
连共 3000 人参与战斗，这是针对北美印第安人的最大规模的部
队。[4] 与之前的行动——包括麦肯齐之前的行动——不同，他们
有固定的补给基地。他们能够无限期地待在野外。在军事方面，
他们还有其他优势，包括火力。但是最大的优势是，他们的对
手被迫带着他们所有的妇女、儿童、老人、营帐、马群及所有
其他的物品在野外行走。

接下来发生的，在历史上被称作红河战役（Red River
War）。它之所以在国民意识中占据着重要地位，不是因为它是
一场真正的战争——它更像一场反游击的战斗——而是因为它
具有重大的决定性。多年来，人们一直谈论的最后边疆，并梦
想着拥有它，现在，这个浪漫的想法终于快要实现了：最终的
边疆。你能够看到它，抓住它；马背部落主导地位的终结，是
无限观念的终结，是想象中的旧美洲的终结，是新西部的开端。
它能够被测量，被细分，被驯服——先是牧牛者，然后是其他
所有人。几年之内，带刺的铁丝网覆盖整个平原。

在那之前，白人必须找到印第安人。尽管他们带着整个社
区在行走，在这样广阔的地方找到他们仍然极度困难，正如夸
纳 3 年前在布兰科峡谷所表现的那样。这 5 支部队在野外待了
四五个月，穿梭于红河的多条支流，攀缘冠岩，不断前进或撤
退，追踪不同的印第安队群留下的令人抓狂的、散乱的足迹。
士兵们到处疯狂出击让人想起基斯通式的警察（Keystone

Kops）：疯狂地追捕，却鲜有成果。印第安人可能还没有完全理解这次针对他们的行动的性质，但是他们绝对知道，在开阔的战场上，他们打不赢任何一支部队。所以，他们避开白人的部队，跟踪他们；在发现只有一小部分队伍时才去袭击他们；或者在夜间惊散他们的马。

因此，整个战争只有少数几场大战役。尼尔森·迈尔斯上校最先出发，打响了第一枪。8 月 30 日，他在帕洛杜罗峡谷附近发现一支印第安人的战斗队伍，其中大多数人是夏安人。他对敌人数量的估计严重夸大了：他声称与 400 至 600 名印第安人作战，回过头来看，这是不可能的。他称后来追踪到了一个村庄，村庄有 3000 人，这也是不可能的。在夸大的报告中，他比麦肯齐更胜一筹。他与麦肯齐展开激烈的竞争，虚构了很多并不存在的敌人。（麦肯齐没有进行回击。他的报告简洁，轻描淡写，甚至将一些激烈的战斗写得很无聊。）在跑动距离长达 12 英里、持续时间达 5 小时的战斗中，迈尔斯杀死了 25 名印第安人，打伤的印第安人更多，他自己这一边只有两人受伤。他烧毁了一个巨大的村庄。[5]9 月中旬，威廉·普赖斯遇到了 100 名科曼奇人与基奥瓦人。随后发生了持续一个半小时的战斗。印第安人英勇作战，掩护了家人，然后撤退了。10 月，比尔烧毁了两个村庄，但只杀死了一名印第安人。当月，"黑桃 J" 戴维森追到了一群印第安人，他们有 69 名战斗人员，250 名妇女和儿童，还有 2000 匹马。他们向他投降了。11 月，迈尔斯第 5 步兵部队的一个小分队在麦克莱伦溪袭击了一群夏安人。印第安人被击溃，逃跑了，留下了他们的大部分东西。这支部队声称自己作战英勇，但后来就闭嘴了，因为他们得知这群夏安人无法还击——他们没有子弹了。[6]情况就是这样。整个行动由数十场小的战斗构成，持续了整个秋季，白人部队与印第安人在冠岩下像玩捉迷藏一样。印第安人并没有输掉所有的战斗：11月6日，100名夏安人在首领"灰胡子"（Graybeard）的带领下伏击了普赖斯第8骑兵的25人，杀死了其中2人，打伤4人，并迫使白人撤退。[7]这场战斗在狭长地带的北部进行，发生在寒冷的、下雨的季节，潮湿，泥泞，印第安人称这场战斗为"起皱的手在追逐"。

名副其实的最重要的仗是由麦肯齐的第4骑兵部队打下的。集合部队正是他的主意：理论上，印第安人会被一支部队打到另一支部队所在的地方，然后被逼到角落里，最终被消灭。9月底在帕洛杜罗峡谷所发生的也正是这样。

麦肯齐的部队于8月25日从孔乔堡向北出发，兵分四路：560名士兵，47名军官，3名军医，32名侦察兵——一共642人。他们去了位于布兰科峡谷的旧的补给营，然后向北沿着埃斯塔卡多大草原边缘的熟悉的路线。3年前，夸纳曾在那里戏弄了他们。那个夏天非常干燥、炎热，他们行军扬起了灰尘。在第一个晚上，风将他们的篝火吹到了干草上，几乎烧毁了他们的营帐。他们现在对此已经习惯了。因为在野外的经验，因为麦肯齐苛刻的训练，第4骑兵部队成为打击印第安人最厉害、最有经验的部队。[8]他有两名训练有素的指挥官：尤金·B.博蒙特（Eugene B. Beaumont）队长，他是一名老兵，1872年在红河北叉攻打了握手的村庄，并参加过葛底斯堡战役，跟随舍曼穿过佐治亚；N. B. 麦克劳克林（N. B. McLaughlin）上尉，他是南北战争中的一名准将，1873年麦肯齐袭击墨西哥基卡普村庄时，他是一名英雄。[9]因为麦肯齐对当地非常熟悉——其他指挥官都沿着他1872年的路线走，这条路线现在被称作麦肯齐路线——他的行动有很大的自由。"在执行计划的时候"，位于得克萨斯的他的指挥官 C. C. 奥格尔（C. C. Augur）将军告诉他，"你不需要考虑国防部或保留地的军令。你可以自由地跟踪印第安人到他们的所到之处，甚至到印第安人事务机构"。如果印第安人逃到锡尔堡，他"就得跟到那里，指挥在那里的所有部队，采取这样的措施，确保控制住在那里的印第安人"[10]。

麦肯齐的部队搜寻了一个多月，在峡谷与科曼奇人进行了小规模的战斗，并遇上了从 9 月就开始下的雨，地面非常泥泞。麦肯齐像往常一样，易怒，没有耐心。长途骑行给他的身体造成了很大的痛苦。他严厉地驱赶部队，打着自己残缺的响指，艰难地前行，泥地没过了膝盖。9 月 25 日凌晨，他的车陷进了泥地，他将它们丢在后面，继续向西北前进。有时骑马，有时步行以保持马的体力，他们勉强行进了 20 英里，到达图勒峡谷（Tule Canyon）。这个地方风景优美，位于埃斯塔卡多平原边缘，由图勒河切割而成。图勒河向北流，与土拨鼠镇叉河汇合。土拨鼠镇叉河是红河支流，位于帕洛杜罗峡谷。傍晚，一名侦察兵骑马归来，带来了麦肯齐期待的消息：在北部，在散乱的、指向所有方向的足迹中，有一串非常大的足迹，是约 1500 匹马留下的。它指向东部。

尽管他的队伍经过漫长而泥泞的行军后非常疲惫，麦肯齐还是下令让他们上马。长长的队伍在黑暗中行走，一轮明亮的秋月悬挂在夜空，野牛草没过马蹄。[11]他们跟踪了足迹 5 英里后，随时准备应对袭击。麦肯齐知道，他的目标就在附近，如鬼魅般安静且难以找到。当部队晚间扎营的时候，马拴在桩上，由精悍的士兵看守。睡觉的士兵穿着靴子，武器就放在手头。第二天，麦肯齐待在营帐里，等着他的供给车跟上他。当晚，吸取了在布兰科峡谷与握手村庄的教训，麦肯齐感觉到有很多印第安人，所以加倍小心。根据他的命令，每一匹马不仅两只前蹄被绑在一起，每一匹马的前蹄还与另一匹马的后蹄绑在一起。这些马用 30 英尺长、1 英寸粗的绳子绑在一起，拴在 15 英寸厚的铁桩上，铁桩被深深地钉进地下。[12]另外，12 人至 20 人睡在马的附近。麦肯齐不愿冒任何险。

如他所料，印第安人当晚果然来袭击了。第一拨进攻发生在 10 点半。握手、野马与听到日出率领科曼奇人骑马在营地外奔跑，开火，吼叫，试图惊散马匹。当这么做并不奏效时，他们重新分组，开始绕圈，希望偷走马。但是现在，他们面临着守护人员猛烈的火力。印第安人在 1 点左右撤退。第二天早晨，麦肯齐的人骑马出来，发现在一块高地上有一队科曼奇人。麦肯齐向他们进攻，印第安人撤退了。麦肯齐只损失了 3 匹马。唯一的人员伤亡是一名通卡瓦侦察兵。他叫亨利，射中了一名用羽毛精心打扮的印第安人（北部平原的风格）。他骑过去，准备杀死他，却忘记了给枪上膛。他被对手拖下马，对手用弓打他。其他士兵站在附近看着他们，发现这挺有趣的。每被弓打一次，这名可怜的通卡瓦人就问他的朋友们："为什么不开枪？为什么不开枪？"开过这样的玩笑之后，其中一名士兵终于开枪打死了这名科曼奇人。通卡瓦人剥了他的头皮。[14]当然，这名科曼奇人在他落下马的那一刻就知道他将死去。当这些士兵们在窃笑的时候，他在拼死搏斗。值得注意的是，这名英勇的印第安人并没有任何火器。

麦肯齐现在转守为攻。他下令给骡子装上 12 天的口粮。他再次离开供给车——由步兵与骑兵部队护送——向西南前进，进入图勒河谷。他的敌人看到他离开营帐无疑感到满意。

但这只是伪装。对这片峡谷的路线，麦肯齐比其他任何白人指挥官都更熟悉。他知道科曼奇人营帐的准确地点，正沿着最直接的路线前往那里。他显然借助于严刑拷打从一名科曼切罗人口中得知了敌人的位置。侦察人员随后证实了这一点。侦察人员距主力部队有 25 英里。第 4 骑兵部队直到傍晚才行动，因为那时候印第安人难以追踪他们。他们突然向北转，沿着麦肯齐 1872 年探索过的路线，穿过图勒河谷，在泥泞的平原上朝帕洛杜罗峡谷前进。麦肯齐严厉地命令部队整晚行军，长达 12 小时。[15]9 月 28 日破晓时分，第 4 骑兵部队的 7 支小分队来到了宽阔的峡谷的陡峭的边缘：这是帕洛杜罗，6 英里宽，与它相连的是半英里宽的峡谷，名叫布兰卡西塔（Blanca Cita）。

他们悄悄爬上峭壁，高达 900 英尺。下面是一条河，沿着河岸，有 5 个科曼奇村庄，有 200 个营帐，大批的马，绵延 3 英里。他们看到的正是科曼奇人的至圣所（sanctum sanctorum），眼前的景象令他们感到震惊。9000 万年的侵蚀所形成的峡谷，本身就是一个世界。一条曲折的河将峡谷分开，峡谷里长着杜松、朴树、野黑樱桃、牧豆与棉白杨。底部那条清澈的河源自峡谷边的山泉。当时白人并不知道，生活在下面的是由奥哈马泰（O-ha-ma-tai）领导的科曼奇人（绝大部分都是）、马曼蒂（Manan-ti）领导的基奥瓦人以及"铁衫"（Iron Shirt）领导的一小部分夏安人。

麦肯齐现在要做的，至少在部分人看来，是极度危险的。在峡谷边缘走了 1 英里后，他发现了一条通向峡谷底部的小道，通向他的人后来所说的"死亡的钳口"[16]。站在这条小道的一端，他转过身对副官说："辛普森先生，带着你的人下去，开始战斗。"[17]士兵们下马，跌跌撞撞，一个一个终于到达谷底。

危险在于，他们下去的时候，部队会暴露。7 支小分队全部下去花了近一小时。他们运气不错。基奥瓦人首领兼药师马曼蒂向神灵请教过，他们在那里安营不会遭到白人袭击。因此，那天他们睡觉的时候没有安排哨兵。他们的咒语再次给了白人巨大的优势。大多数士兵在印第安人发现他们之前就下来了。印第安人发现了这些士兵后，像往常村庄被袭击时一样，他们投入激烈的战斗，以掩护他们的家人逃跑。约翰·查尔顿（John Charlton）中士写道：

> （他们）从每个角落袭击我们，先是数十人，后来数百人……很多人躲在石头后面，另一些人埋伏在雪松叶子里……印第安人一度守住了阵地，拼命地战斗，掩护他们的妇女和驮着行李的牲口撤退，但是在白人持续的火力下，他们很快开始后退。[18]

麦肯齐率领部队往前冲，穿过了印第安人的村庄。地上散落着牛皮袍子与干牛肉，还有很多白人的物品，表明文化已经渗透到了平原生活的每一个角落：军毯、锡片、陶器、蒸煮锅、装着子弹的后膛枪、印花布包和一袋袋的面粉。妇女们显然收集了这些东西，在马背上慌乱地逃跑时将它们丢下了。接下来发生的是长达 4 英里的跑动中的战斗，4 名科曼奇人被杀。但是很快，白人再次被印第安人包围起来，印第安人从峡谷峭壁上往下射击。"我们怎么样才能出去？"一名被吓坏的士兵问道，他担心部队会被消灭。听到这，麦肯齐回复说："我将你们带出来，就会将你们带回去。"[19]他下令部队往前冲。他的勇敢发挥了作用：印第安人转过去，开始撤退，爬上布兰卡西塔峡谷，沿着他们家人逃跑的路线追了下去。

麦肯齐没有追赶。相反，他掉转头来，下令将整个村庄烧毁。熊熊大火燃烧着，夹杂着牛肉、面粉与糖被烧的味道。这些面粉与糖是印第安事务部门发给他们的。约 3 点钟，他们爬上了峡谷的峭壁，带着 1424 匹夺来的马。在高平原上，这 500 名左右的士兵围成空心正方形，构成移动的围栏，将马围在中间。他们行军 20 英里，在凌晨 1 点回到图勒河谷的补给营。这些人在过去的 23 个小时中 21 个小时一直是醒着的，并且一直在马上，已经精疲力竭了。警卫官查尔顿正准备睡觉，被麦肯齐尖锐的声音叫醒了。"快醒醒，警卫官！把你的人叫醒，处理马！"[20]

早饭后，麦肯齐将最好的马给了侦察兵，留了一些自己用，然后下令将剩下的全部杀死，有一千多匹。卡斯特 1868 年在沃希托杀过马，但那只是权宜之计，因为他们面临被消灭的严峻挑战。麦肯齐现在这么做，则是出于军事策略，出于破坏印第安人生活方式的策略。这是一件可怕的差事，耗时久。骑兵将这些疯狂的马拴在一起，列成被射击的队列。随着越来越多的马被杀死，局面变得越来越难控制。最后一匹马被杀死时已经下午 3 点了。地上留下了一大堆马的尸体。它们就在图勒河源头腐烂，然后变成累累白骨，在很多年里，一直是一个地标，是一座标志平原上马背部落霸主地位终结的怪诞的碑。最后，一些有魄力的人将这些马骨收起来，当作肥料卖掉了。麦肯齐对科曼奇马的屠戮，还造就了一个传说。传说在一些晚上，一群鬼马会乘风而来，穿梭在峡谷中，没有人骑在马背上。

帕洛杜罗峡谷战役就这样结束了。只有 4 名印第安人被杀，但是麦肯齐给了他们毁灭性的打击。没人知道有多少印第安人住在这个村庄，但是从营帐的数量来判断，应该有 1000 人。现

283 在，这些印第安人面临着严酷的新现实。大多数人没有马，没有住所，没有食物，也没有衣物，在高平原的冬天，野牛群因为剥皮者而变得稀疏。他们在最后一个藏身之处遭遇大溃败。这些逃离的印第安人中的大多数，在接下来的数周内以散落的小队群形式回到锡尔堡，他们已经被彻底打垮，再也不能在保留地外游荡。[21]

　　谢里登的大规模行动很快结束了。捉迷藏的游戏持续了整个冬天，参与的印第安人更少。大部分印第安人已经在秋天回到了锡尔堡。没有回去的印第安人缺乏食物，一些人正在饿死。2月，独狼领着最后的基奥瓦人回到了保留地。3月，825名南部夏安人投降。较小的队群与个人陆续来到保留地。4月，握手、听到日出与野马带着科曼奇人投降，他们有35名战士，140名妇女和儿童，700匹马。他们被解除了武装，马和骡子被牵走。他们先被放到锡尔堡西边的拘禁营帐。基奥瓦人萨坦塔被送到得克萨斯亨茨维尔的一所监狱。他从监狱医院二楼的窗户跳下，头部朝下，自杀身亡。另一些人被火车送到佛罗里达流放。当局意识到这些马背部落如此支离破碎后，允许大多数的首领回来。谢里登在他1875年的报告里称红河战役是"白人定居以来，美国针对印第安人最成功的行动"，尽管没有大规模的戏剧性的行动。

　　4月底，只有一小部分南部平原印第安人没有投降，其中最大的队群是由夸纳领导的夸哈迪人。据部队称，他们在土坯墙战役之后完全消失了。[22]他们有400人，包括100名能够战斗的男子。尽管他们人数不少，还有大量的马，但他们通过迅速灵活的转移，避开了白人持续的巡逻。他们位于狭长地带其他印第安人聚居地的南边，多数时候在今天的拉伯克西南部扎营，位于盖尔镇和斯奈德镇等镇子附近，就在冠岩的东边。麦肯齐根据被俘的基奥瓦人的情报，找了他们两次，一无所获。他实际上花了很长时间寻找夸纳。1874 年 12 月，他在第三次也是最后一次寻找夸纳的时候花了 17 天，行走了 255 英里，都在埃斯塔卡多平原的南部。他们在厚厚的积雪与冰雹中吃力前行，从今天的弗洛伊达达（Floydada）到斯奈德。在此过程中，他们杀死了 3 名印第安人。他们的确发现了一条新的路线，穿过高平原到达穆乔盖（Mucha-que），这是一个受人欢迎的交易站，位于今天的盖尔附近。麦肯齐沿着这条路线寻找，他确定夸纳的队群就在他的视线以内，所以要求孔乔堡立即派出部队拦截。但什么也没发生。深陷于另一场暴风雪中，麦肯齐收到谢里登的消息，他的战争职责已经结束了。他需要向锡尔堡报告，并负责管理科曼奇 - 基奥瓦人与夏安 - 阿拉帕霍人保留地。[23]

　　在后来的一次采访中，夸纳证实了他整个秋天和冬天都在与联邦士兵玩猫捉老鼠的游戏。"拥有数百匹良马"，他说，"我们能够掌握敌人的一举一动，得知他们朝我们过来时，我们就迅速转移。我们的人，拖家带口，一整个冬天都在使用这个策略……当时我们几乎一直在转移，因为士兵在追我们，很多次他们差点儿就追上我们了。"[24]能捕猎野牛的时候，他们就捕猎野牛，不能吃牛肉或马肉的时候，他们就吃坚果、虫子甚至老鼠。他们很可能与穿过麦肯齐封锁的科曼切罗人做生意。他们过得很艰难。

　　1875 年 3 月 16 日，麦肯齐执掌锡尔堡。到 4 月中，他知道只有一支较大的队群还在野外，他知道他们是谁。4 月 23 日，

284

他派出一个特别的代表团，试图劝说夸纳和平地过来。这支代表团由雅各布·J. 斯特姆（Jacob J. Sturm）医生与 3 名科曼奇人组成，包括夸哈迪的首领野马。斯特姆自称是一名外科医生，也是一名翻译，他与一名喀多（Caddo）女子结婚。对于要去哪里，他们自己也不清楚。他们从锡尔堡向西南出发，穿过红河，沿着冠岩的东部边缘行走。在今天的马特多镇（Matador），他们遇到了夸哈迪首领黑胡子的小村庄，那里有 15 个营帐。他们受到了热情的接待，黑胡子愿意接受麦肯齐提出的要求，带着他的 50 名科曼奇人和平地过来。冬天非常难熬。他说他厌倦了战争，并告诉了白人夸纳在哪里。只有两晚的行程。5 月 1日，斯特姆他们就在麦肯齐所判断的大致地方找到了夸纳的营帐。斯特姆写道：

> 到达营帐，印第安人从各个方向跑过来，看看我们是谁。发现我们是和平使者后，他们将我们迎下马，女子照料我们的马，我们被男子护送着来到一个大营帐。在这里，我们将烟草、咖啡与糖分给他们，这令他们非常高兴。他们很久没有享受过这样奢侈的东西了。[25]

在接下来的两天内，斯特姆与夸纳和伊萨泰交谈，伊萨泰仍然具有影响力与地位，尽管他在土坯墙战役中遭到惨败。斯特姆对他的描述很有趣：

> 药师说他不是首领，但承认他对人们有很大的影响力……他进一步解释说，他不是通过成为战士而获得这种影响力的，而是通过友好地对待人们，从不虐待人们。他

说他有一颗博爱的心，喜欢每一个人，喜欢每一个活着的东西，他从来不生气，甚至不打野兽。[26]

令人意外的是，夸纳正在动员人们投降。他曾最仇恨白人；他父亲的死，他母亲与妹妹被抓，他侄儿及其他朋友和家人的死，都是白人所为，他复仇的愿望十分强烈。在土坯墙战役中，他不顾个人安危，从初夏起一直在杀白人。他一直鄙视走白人道路的科曼奇人。他也理解，他是混血，她的母亲是一名白人。现在，他热情地支持走白人的道路。据帕克家族的人传说，为了做决定，他曾去一个平顶山上冥想。他开始向上帝祈祷，寻求指引。这时，他正好看到一只狼朝他叫，然后跑向锡尔堡的方向；然后看到一只鹰，对他俯冲了数次，接着向东北方向走去。他认为这些迹象都表明，他应该投降。[27]他的人同意了。伊萨泰给在外面捕猎野牛的 30 人留下了一个象形字条，字是写在一块野牛皮上的，野牛皮粘在一根杆子上。1875 年 5 月 6 日，整个队群朝锡尔堡出发。

他们走得慢。因为缺乏食物，并且是在寒冷的冬天，他们的马疲弱，难以跑得快。缓慢的旅行带来了一种恋恋不舍的感觉。他们感觉自己在进行最后的自由的仪式。他们每天打猎。他们捕猎野牛、羚羊和野马，在石头坑里烤食物。他们定时停下来，女人晒肉、装肉，男子赛马，孩子们追逐草原鸡。他们喝白人加糖的咖啡。他们跳过去的舞蹈。斯特姆说："他们将它当作在草原上的最后一场药舞。他们说他们将放弃他们漂泊的生活，学习白人的生活方式。"[28]奇怪的是，斯特姆没有记录痛苦，也没有记录悲伤。也许这只是说明印第安人缺乏想象。他们并不真正知道种豆或牧羊是什么样的，也不知道住在一个固定的地方是什么样的，不知道除了打猎、打仗，科曼奇男人还能做什么去证明自己的价值。

6月2日中午，在离开他们的营帐近一个月后，407名夸哈迪人来到了锡格纳尔车站（Signal Station），在锡尔堡以西数英里的地方，带着1500匹马与武器，向美国军事当局投降。他们得到了优待。不像在他们之前的其他部落与队群，战斗人员没有被拘禁。之前的印第安人被关在没有屋顶的冰室里，地面是石头的，有人看守。马车一天来一次，送来生肉，看守的士兵将肉从墙外扔进去。[29]与此同时，妇女、儿童和老人从他们指定的地方被带走。当时只有50名抵抗者。他们都在保留地安营。

从夸纳到达的那一刻起，麦肯齐上校就对他很感兴趣。尽管因为他们，麦肯齐吃了不少苦头，但他却敬佩夸哈迪人。当他得知他们要来的时候，他给谢里登写信："我认为这个队群比保留地的其他队群都好……我会让其他队群失望的。"他的确如此。他允许夸哈迪人保留他们大量的马，确保夸纳的队群没有人被关在冰室或者锡尔堡的禁闭室。[30]对于他们两人第一次见面时发生了什么、说了什么，历史上没有记录。人们知道的是，在夸纳来到之前，麦肯齐已经通过一名信使知道了他母亲的身份，并向得克萨斯丹尼森（Dennison）的军需官写信，询问辛西娅·安与草原花的下落。信的日期是1875年5月19日。这封信也登在了达拉斯的一家报纸上，同时还刊登了得到的反馈——夸纳的妹妹与母亲都去世了。[31]这时他还没有见到夸纳，但是这封信已经被历史视为一段不平凡的友谊的开端了。

第二十章　向前，失败

保留地的生活经历令人震惊。科曼奇人屈服于白人的意志，不得不温顺地排队领取生活费。这非常糟糕。就像无助的小孩一样，他们不能让自己吃饱穿暖。但是与往常一样——一个噩梦接着一个噩梦——迫切需要的福利大部分并没有发放到位。这个体系既残忍又令人感到羞辱：白人夺走了定义科曼奇人生存的一切，什么也没有给他们提供，只留下了肮脏的东西。从他们来到保留地那一刻起，只有饥饿、绝望与依赖。没有办法走出这样的局面，也没有办法回到过去的生活。[1]

白人提供的慈善有两种形式：口粮与年金。后者每年由价值 3 万美元的商品构成，分配给整个科曼奇部落与基奥瓦部落。分到 3000 名居民头上，意味着每人只有 10 美元。商品包括斧头、煎锅、顶针、铁皮、切肉刀与基本的衣物。大多数物品即便不是一文不值，也是非常破旧的。科曼奇人通常将它们低价卖给白人。牛肉配给量是每人每天 1.5 磅，印第安人主要依靠牛肉生活。但这却成了官僚主义与后勤方面的灾难。分给印第安人的是活牛，政府认为一头牛能够提供其自身重量 50% 的食用肉。在湿润、水草丰盛的季节，这样的想法没有问题。但是在冬天，很多牛变得消瘦，只有牛皮还有价值。保留地内能捕猎的动物几乎都被捕光了，野牛很少来到保留地，口粮中非牛肉的部分（面粉、咖啡、糖与盐）不及士兵配额的一半——前提是印第安人的口粮发放了——很多家庭在挨饿。每周一次的发放至少给个宽慰，尽管分量不多。作为配给的母牛刚被放出围栏，科曼奇战士们就叫喊着追击它们，用弓箭、手枪将它们杀死。[2]

奇怪的是，这样令人沮丧的、被摧残的、灾难性的世界竟成为夸纳·帕克非凡事业的舞台，他是 19 世纪晚期最成功的、最具影响力的印第安人，也是唯一一个拥有科曼奇大头领头衔的人。考虑到他曾是狂热的夸哈迪人中最强悍的抵抗者，是北美部落中唯一一个没有与白人签署和平条约的队群的首领，他在保留地的崛起就更令人称奇了。他投降的时候 27 岁。他是一名勇猛而具有领袖魅力的战士，是一名真正的杀手，很可能是那一代科曼奇人中最强悍的，这不是开玩笑。他在短暂的一生中杀死很多印第安人与白人，具体的数字人们永远不会知道，因为在保留地的岁月里，他总是巧妙地回避谈论这个问题。在他与韦科私奔后，他在野外率领着自己的一队人，并因此而为人所知；与伊萨泰在一起时，他是最杰出的、崛起最快的年轻战斗首领。1875 年 6 月，他向麦肯齐投降，失去了传统上应有的前程。

但这也标志着另一些事情的开端。当他到达锡尔堡时，他对保留地生活的态度完全改变了。[3]他愿意走白人的道路。他愿意将平原自由生活的荣耀抛到脑后，不会往回看。同样重要的是，他将率领反抗的、落后的部落也走上这条道路——这意味着白人的耕种、放牧，白人的学校，白人的商业、政治和语言。残余的科曼奇人中的权力真空对夸纳是极好的机会。他将自己重塑为富裕的、纳税的美利坚合众国的公民，穿羊毛衫，戴斯特森毡帽，参加校董会。他会让其他科曼奇人和他一起做这些事。在 1875 年至 1876 年那个令人沮丧的、绝望的冬天，科曼

290

奇中产公民的概念是荒谬可笑的，没有人想成为这样的人。但是夸纳清楚地看到了未来。在高平原上，他曾是一名激进的战士；现在，他将坚决从石器时代晚期向美国工业文化主流迈进。

与很多来到美国社会的移民一样，夸纳一贫如洗。当他到达锡尔堡的时候，他有两个妻子、一个女儿，在部落中有一定地位，仅此而已。与其他人一样，他也是领口粮的人，生活在印第安人事务机构附近的一个营帐，静静地排队等着食物。有马即富的日子已经一去不复返了。杀死或驱散科曼奇人的马是白人从经济上和军事上毁灭科曼奇部落的一部分。不管是以白人的标准，还是以科曼奇人的标准，他现在都是赤贫状态。

不仅如此，夸纳只是少数几位声称对队群或部落有领导权的首领之一。更年长的首领如马背（诺科尼人）、银河（盆纳台伽人）、握手（科措台伽人）、野马（夸哈迪人），尤其是听到日出（延帕里伽人），他们都比夸纳更具影响力。但是他并未气馁。从他到达保留地起，他就试图令自己崛起，从不畏缩。也许在他与伊萨泰从五个部落招募印第安人去攻打野牛捕猎者时，他就发现了自己真正的特质。那次的行动在平原上是史无前例的，并且让基奥瓦人首领独狼这样的人都听从于他。在土坯墙灾难性的早晨之前，他们都是出奇成功的。那天早晨，伊萨泰的魔力失效，野牛杀手在咆哮。

夸纳知道获得权力的途径是通过白人任命，就像19世纪英国在马来西亚、印度与其他地方的殖民地一样。因此，他培养了与印第安人事务官员霍沃思与军队指挥官麦肯齐的感情。麦肯齐在1875年4月1日至1877年都是易怒而有能力的指挥官。麦肯齐知道夸纳的父母新的情况后感到非常惊讶，并且煞费苦心地打听关于他的母亲与妹妹的情况，5 月 19 日的那封信就是一个开端。在他们早期的一次会见中，麦肯齐告诉了夸纳他所知道的情况，打碎了夸纳与深爱的母亲团聚的梦。

291

尽管如此，夸纳对他白人的家庭非常感兴趣，继续给他们写信，即让别人替他写信，获取信息。（在保留地的岁月里，夸纳的文化水平完全因代人写信而变化；他有时候就像一个说着混杂语言的印第安乡巴佬，有时候就像一名英语教授。）麦肯齐曾替夸纳给辛西娅·安位于沃思堡的 82 岁的叔叔伊萨克·帕克写信。这可以看出夸纳与新朋友麦肯齐的交情。在信中，他向伊萨克解释说，帕克家族明显拒绝承认他是家族成员，这令他苦恼，并争辩称，夸纳"当然不应为上一代科曼奇人所犯下的罪负责，他们应该与他一起做点什么"[4]。伊萨克从没回复过。夸纳与麦肯齐在很多其他场合见过。他们一度住得非常近——夸纳住在营帐里，麦肯齐住在锡尔堡的军官房子里。后来，在查尔斯·古德奈特夸奖夸纳的举止时，夸纳告诉他，是麦肯齐花时间教会了他白人的方式。[5]这表明两人在一起的时间非常长。美国最伟大的打击印第安人的斗士去教科曼奇最后的首领礼仪一定是件有趣的事。

愠怒的、被剥夺的印第安人忧郁地住在锡尔堡附近的河谷和起伏的山上的营帐中，在这样的世界，夸纳却能做到开心，乐于助人，非常合作。这是他的本性。他天生就是爱社交。在公有制社会，建立共识是最重要的政治技能，而他对这项技能运用娴熟。年轻战争首领的地位完全取决于他的招募能力——多少人愿意跟他一起袭击或发动军事行动。夸纳自愿将离开保留地去捕猎野牛的一些科曼奇人领回来。他还将一名被控杀死了一名士兵的印第安人带到了保留地。[6]

他的努力很快获得了回报。当霍沃思为了简化分发流程将部落分成"牛肉队群"时，他指定了每一个队群的头人，1878年，夸纳已经被指定为第三大队群的头人。因此，他掌握食品的分配权，当然就保证了自己的那一份。这是他在新的政治秩序中第一次尝到权力的滋味，它来之不易。一些科曼奇首领鄙视他，鄙视他受白人青睐的地位。在保留地，任何权力的获取都需要他去争夺。

夸纳愿意为他的新朋友麦肯齐执行一项特殊的任务，这对新的囚禁政治同样重要。他的任务是：将保留地外面的一部分科曼奇人与他们的家人找到，并带到保留地来。1877年7月，夸纳带着2名年长的科曼奇老人、三名妇女和几头骡子的补给品出发了。他带着一面白旗，一封语气强硬的信，信是麦肯齐上校写的，部队笺头。信中详细说明了夸纳的任务，并称如果有人干涉将面临严重后果。尽管这样，这仍然是极度危险的任务。锡尔堡以西的土地上，活跃着野牛捕猎者与其他从事皮革生意的目光冷淡的人，他们都要向印第安人尤其是科曼奇人寻仇。6个人的队伍，轻装上阵，且大多数是老人和妇女，这支队伍很容易成为目标。直到投降前，夸纳一直是平原上最傲慢的战士，他的力量也达到了顶峰，现在居然带着妇女参加这样的任务，这是不同寻常的。这表明他的想法变化有多大，或者表明他多么想给新老板留下深刻印象。

夸纳与他的队伍向西出发，穿过起伏的平原，爬上冠岩，冒着夏天的烈日，穿过高平原平坦的草地。在得克萨斯与新墨西哥边界附近，他遇到了白人尼古拉斯·诺兰（Nicholas Nolan）上尉领导的第10骑兵部队的40名黑人士兵。他们正在寻找同一群没有进入保留地的科曼奇人，这些人显然袭击了野牛猎人。这些士兵正期待着抓住他们获得荣耀，因此得知夸纳的任务是让这些罪恶的印第安人自由地回到锡尔堡时，他们非常不高兴。[7]夸纳告诉诺兰，他知道这些印第安人在哪里，他正往东南方向去找他们。这是赤裸裸的谎言，起到了预期的作用。诺兰的部队很快就朝错误的方向去追。他们太匆忙了，在酷热的夏天，却没有为自己准备充足的补给。他们很快就没有水，被迫喝自己与马的尿，往尿里掺糖，以使味道容易忍受一些。他们还杀死了两匹马，喝马的血。他们最终活了下来，[8]但是没有找到任何人。

夸纳没有这样的麻烦，无论是在面对酷热的天气和干旱的土地上，还是在寻找这些印第安人上。他在佩科斯河找到了他们，在四天的时间里，他劝说他们放弃平原上的生活。"夸纳告诉我们，继续战斗下去没有意义，如果继续战斗，白人会将我们都杀了。"赫尔曼·莱曼写道。莱曼是一名科曼奇俘虏，后来成长为一名成熟的、经过战场考验的科曼奇战士，他也在这一群人里面。"如果我们去保留地，位于华盛顿的白人总统会给我们提供食物、家园，我们会变得像白人一样，有很多马与牛，有漂亮的衣物。"这可能听起来不像真的：夸纳也知道保留地的生活是什么样。但是没有理由质疑他的希望或乐观。他的整个生涯就是基于对未来的乐观态度。他总是真诚地相信，一切都会变得更好，只要他能劝说人们改变过去的生活方式。像往常一样，他总是极具说服力，并且因曾经杀过很多白人，他最终说服了这群科曼奇人。夸纳护送他们前往新家，有250英里远。乌鸦在头顶飞，这一路可能非常危险。现在，他们人数更多，更容易被发现。夸纳没有冒险。他选择在夜间行走。他放弃了300匹马。但仍然数次遇到了白人，据莱曼说，他用蹩脚的英语，成功地让他们顺利走了回来。[9]

　　8 月 20 日，夸纳带着 57 名印第安人（能够战斗的男子可能不超过 15 人）与 1 名白人俘虏（莱曼）回到了保留地。[10] 当莱曼第一次看到白人士兵接近的时候，他非常慌张。"我正骑着一匹黑色快马，"他在回忆录中写道，"赶紧掉转马头，往威奇托山跑。"但是他的骑术不及夸纳，夸纳追了 4 英里就赶上了他，并劝说他回去。[11]（莱曼当时 17 岁，与夸纳及他的家人生活了 3 年，将夸纳当作自己的养父。他在 1880 年被送回他母亲身边。[12]）夸纳平安地将每个人都带回了保留地，令麦肯齐印象深刻。他表扬这名年轻首领"在危险行动中的出色表现"。夸纳趁机说服麦肯齐与霍沃思不要将这些科曼奇人送到莱文沃思堡的监狱，他因此也赢得了部落人们的感激。

　　政府拟将基奥瓦－科曼奇机构与威奇托机构合并，他的反对奏效了。合并将意味着一些科曼奇人领口粮需要走 50 英里。他因此在政治上赢得了更多加分。到 1880 年，他已经成为夸哈迪人公认的首领，并且是被机构经常咨询的印第安人首领。[13]

　　尽管他与白人合作，并致力于走上了新的道路，但他并没有做好搁置旧生活的所有梦想的准备。他与其他印第安人努力游说，要求白人允许他们进行捕猎野牛的活动。尚不清楚这是最后一次捕猎野牛活动，还是数次狩猎活动中的第一次。1878 年 3 月，一群科曼奇人与基奥瓦人，包括一些妇女和儿童，终于获准不受监视地出去捕猎野牛。这是令印第安人非常兴奋的一件事。也许就是一种简单的冲动，或者是想要向孩子们展示真实的自己。他们再次骑马来到令白人畏惧的像海洋一样巨大的草原上。他们将杀戮野牛并生吃，用胆囊腌制血淋淋的肝，混着血喝母牛乳房里的热奶。不论多么短暂，这就像往日的岁月。他们从锡尔堡向西骑到高平原上，充满梦想与怀旧。他们知道，野牛剥皮者已经对野牛造成了极大伤害。但是他们从不怀疑还剩野牛可供他们打猎。

但他们的发现令他们震惊。到处都找不到野牛，没有活着的野牛，只有大量发臭的、腐烂的野牛尸体或者被太阳晒得发白的骨头。骑行了 100 英里，却没有看到一头野牛，这样的景象是令人无法想象的。他们投降的时候情况还不是这样的。失望——更准确地说是心碎——夸纳与他的队伍前往得克萨斯狭长地带更深处，当然已经超过了军队与印第安事务机构原先打算让他们去的范围。他带领他们回到夸哈迪的圣地，位于得克萨斯狭长地带北部的帕洛杜罗峡谷，那里曾经到处是野牛。这也是令人百感交集的时刻。大多数人从没指望还能再见到这个地方。

295　　他们也从未想过，一名白人现在拥有西部第二大的峡谷。但是在红河战争结束后的三年里，一名大胆的白人实际上拥有了它。查尔斯·古德奈特现在是帕洛杜罗峡谷唯一的拥有者。他曾经在1860年追踪过佩塔·诺科纳，后来在同样的峡谷追踪过夸纳与他的兄弟。他当时已经是著名的牧场主，一条主要的运输牛的公路就以他的名字命名。他在1866年修建了古德奈特－洛文路（Goodnight-Loving Trail），将牛运往新墨西哥与科罗拉多的市场。

在寒冷的一天，印第安人来到这个峡谷，地上有积雪，他们没有找到野牛，就开始杀古德奈特的牛。古德奈特骑马出来。印第安人心情很差，因为刚刚得知他们神圣的峡谷现在"属于"别人了。他们将古德奈特与翻译围在中间，问他在这里做什么。"我在养牛。"他回答道。然后他们挑衅地问他是否知道这个地方是他们的？他回答道，他"听说他们声称拥有这个地方，但是得克萨斯队长也声称拥有它"。[14]随后，夸纳与他谈判。古德奈特问他的名字，他用蹩脚的英语回答："也许有两个名字——帕克或夸纳先生。"[15]

然后夸纳问古德奈特来自哪里，这个问题试探他是不是令印第安人仇恨的得克萨斯人。科曼奇人总是将得克萨斯人与其他人区别对待。毕竟是得克萨斯人的入侵最终终结了他们的生活。古德奈特撒谎说，他来自科罗拉多。印第安人想试探他是否撒谎，于是询问他科罗拉多每处著名的地标与河流。因为他将牛运往丹佛甚至更远的地方，他能够正确地回答他们所有的问题。夸纳很高兴他不是得克萨斯人，说准备同他达成一笔交易。夸纳说："我们准备谈谈生意。"古德奈特回答："你有什么？我有大量的枪和子弹，还有杰出的战士与枪手，但是我不想打起来，除非你们逼我。你约束你的人，我每隔一天给你们两头牛，直到你们找到野牛在哪。"[16]夸纳同意了，因此这名传奇的科曼奇首领与被他们称作"豹皮男"（Leopard Coat Man）的牧场主达成了一项"条约"（两代人以后，得克萨斯的学生都要学习这个奇怪的条约）。数日后，古德奈特此前召集的一名白人中尉带领 25 名黑人士兵赶到，来解决印第安人的威胁。古德奈特说问题已经解决了，印第安人在那里度过了三周。 296

一件事将夸纳骨子里的战士本能短暂地激发出来了。值得指出的是，在保留地的生活中，从没有其他事件与此相似；他的确将一切都抛诸脑后；失败的野牛捕猎活动似乎只是一个合理的想法，一个姿态，来抚慰失去了一切的印第安人。科曼奇人与基奥瓦人一直对黑人士兵感到不自在，称黑人士兵为"野牛士兵"，因为后者密集弯曲的头发令他们想起了野牛颈部的毛。他们认为黑人是劣药，是他们唯一不愿剥头皮的敌人。在这些士兵与印第安人发生冲突后，古德奈特将夸纳与部队中尉拉到一起来讨论这个问题。中尉对翻译说，如果印第安人不停下来，他将夺走他们的枪。夸纳用西班牙语回答说："你们可以拿走枪。"他指着一些木头杆子说："我们会使用这些对付黑人。"他的意思是，他们不会为"野牛士兵"浪费子弹，不需要别的东西，只需要这些杆子就可以打败黑人士兵。[17] 这是科曼奇人一直以来的傲慢，现在他们只能做出这些没有根据的威胁。在保留地的岁月里，夸纳从来没有这样过。也许这是他最后一次的放纵。他与他的队伍回到了锡尔堡，没有找到一头野牛。任何回到过去生活方式，哪怕只是暂时地回去的想法，现在都被彻底打消了。野牛都死了，白人拥有了神圣的峡谷。

真正改变夸纳在保留地的生活的是牛的生意。这项生意在19世纪70年代晚期改变了整个西部边境。尽管印第安人战争在激烈地进行着，得克萨斯牧牛业却在持续壮大。它源于18世纪中期西班牙人的活动。1830年，得克萨斯约有10万头牛；到1860年，牛的数量在400万头至500万头之间。[18] 尽管南北战争暂时抑制了这个行业的发展，但是到19世纪60年代末，得克萨斯积极地为牛肉寻找市场。大规模向北寻找市场的行动开始于1866年，得克萨斯的牛被铁路运到堪萨斯，随着科曼奇人与基奥瓦人的投降，运送的数量呈几何增长。很多牛通过西部路线穿过格里芬堡，穿过红河，向北来到道奇市。这条线路正好穿过俄克拉荷马科曼奇－基奥瓦人保留地的腹地。

这样的线路不是无心的，不是偶然的。牛仔经常在保留地徘徊，有时徘徊数周，利用属于印第安人的丰茂的水草养肥他们的牛。向保留地提供牛肉的承包商也经常将牛赶到印第安的土地上吃草。这些行为都是非法的，但是没有部队管理这些。红河以南的很多大牧场主，面临着水草的竞争，都觊觎同一片保留地的水草。

印第安人对白人入侵的回应是组织一支护卫队。夸纳是第一个想出应对办法的人。武装的科曼奇人在保留地的南部与西部巡逻。这些人不是完全意义上的战队队群，但也不是非常友好。一位名叫朱利安·冈特（Julian Gunter）的人回忆曾遇到过一大群印第安人，他们慢慢地围着他的牛打转。领头的夸纳对他说：“你们的政府将这片土地给了印第安人，作为狩猎场。但是你们经过这里，将这些动物都吓跑了，你们的牛吃了草，野牛离开了，印第安人跟着挨饿。”意识到他们想要什么之后，冈特让夸纳的人挑了6头肥牛。[19]另一次，一位名叫 G. W. 罗伯逊（G. W. Roberson）的人遇到了类似的情况，被迫给了夸纳一头牛。罗伯逊解释说：“我们必须忍让这些无赖。如果不，他们晚上会来，把你的马放走，或者让牛踩踏。大多数人都宁愿给他们一头牛，避免让他们把自己的牛弄散。”[20]一些人甚至说夸纳向他们收费，每辆车收 1 美元，每一头牛收 10 美分。[21]当然，只要他们付了钱，在穿过保留地的时候就可以得到夸纳的保护。“保护”包括最好的路线建议与水源信息。不合作的人会以其他方式付出代价：有一组人在一次行动中损失了 295 头牛。夸纳也不愿意在保留地执行强硬政策。他高兴地将基奥瓦人夺走经过的牛群并袭击牛仔的事情报告给印第安事务机构，而他自己所做的，实际上就是敲诈，却得到了机构的官方允许。[22]

但是这些只是小事。更大的问题是，印第安人应不应该做其他美国人都在做的事：出租未使用的牧场，也就是租给养牛的白人。考虑到印第安人拥有超过 3000 平方英里的水草丰茂的土地，这是一个意外地有争议的问题。很多印第安人，包括大部分基奥瓦人与一部分科曼奇人，都认为这是个糟糕的主意。他们认为这会鼓励白人来夺走土地，损害印第安人的未来。而且来自"草钱"的不义之财还可能导致年轻人懒惰、赌博。而以夸纳为代表的一些印第安人认为这是他们利用正在发生的事情赚钱的合法方式。这些钱可以用来购置属于他们自己的牛群。土地还有很多：约 200 万英亩的土地可以利用，35 个白人养牛公司正在排队等这份特权。

从 1880 年到 1884 年，印第安人都在激烈地争辩着这一问题。夸纳很快成为支持出租的印第安人的首领。他数次前往华盛顿推动这件事。其中一名听众是内政部部长，他非常鄙视反对出租的印第安人，说："我不知道他们为什么反对，除非他们没有脑子，看不到里面的好处。"他的对手——听到日出、伊萨泰、独狼、白狼与很多基奥瓦人，则谴责夸纳"被牧牛者收买"。

他们至少部分是正确的。一家主要的养牛公司曾每月支付给夸纳 35 美元。那些狂热地支持出租印第安人土地的牧场主们，将夸纳视为他们的代言人。夸纳对这个角色扮演得也很好，因为他相信部落的利益与他们的利益是一致的。白人牧场主很可能帮助夸纳拥有了自己的牛群，并支付了他去华盛顿的费用。他去华盛顿游说，支持出租土地。听到日出与其他反对出租土地的印第安人多次要求剥夺他作为部落首领的权力。[23]

从表面看，夸纳与牧场主的安排可能有腐败之嫌。但是当时所依据的标准边境没有先例。几乎每一个参与出租讨论的人都有利益冲突。反对出租的伊萨泰实际上经营着自己的护卫队，

他所保护的地方有 2000 头牛一直在印度安人的土地上，著名的
科曼奇首领十熊的侄子普曼苏（Permansu）也是这样。[24]印第安
人事务官员、印第安事务机构的工作人员及其他机构人员都从
牧场主那里获得好处或者在其中有利益（印第安人事务官员最
后因为内部交易被解雇了）。另外，还有 4 名科曼奇人也收到了
牧场主的工资，还有保留地上数名与印第安女子结婚的白人男
子。行贿到处存在。这正是夸纳学习生存的世界：他将如何做
生意引入了 19 世纪后期的美国西部。偷工减料是家常便饭，利
益冲突是常态。这样的行为导致印第安人经常被欺骗。但据我
们所知，没有人欺骗夸纳。他对这个游戏太熟悉了，并且总是
比别人快一步，甚至比白人牧场主也快。他根据自己所理解的
规则去玩游戏，并且与多数白人一样擅长这个游戏。他还真正
相信，利用未使用的土地赚钱对他的部落最有利。

　　他是对的。他在 1884 年彻底赢得了这场斗争，保留地的印
第安人投票批准出租。印第安人草场权力给了经过他挑选的牧
场主。当内政部部长问他是否从中得到好处时，夸纳回答：
"他们没有为出租付给我任何东西。"这在技术上很可能是真实
的：在出租土地谈判之前，他就已经在牧场主的工资名单上了。
最终，每英亩土地租金是 6 美分，租期 6 年。后来提高到每英
亩 10 美分。作为协议的一部分，牧场主还同意雇用 54 名印第
安人为牛仔，这也可以被看作资助的一种形式：夸纳在照顾他
的人们。

　　出租土地协议签署以后，夸纳更加努力地将自己打造成科
曼奇大头领，这个头衔以前从来没有过。在部落历史上，印第
安人并不需要政治集权，不需要任何单一的代言人。现在有了。
他被任命为印第安人法院法官，这是一个奇特的机构，它维护

299

正义的尺度介于英国大陆法与科曼奇部落传统之间。夸纳日益扩大的政治权力对于阻止鬼舞（Ghost Dance）邪教传播到科曼奇人与基奥瓦人之间发挥了重要作用——鬼舞邪教导致了1890年南达科他州伤膝河（Wounded Knee）苏人大屠杀——他因此获得了全国媒体的关注。与鬼舞邪教相关的传说认为，死去的印第安人将复活，白人将被消灭或消失。夸纳在土坯墙见识过伊萨泰所宣扬的愿景的毁灭性力量，所以从一开始就反对鬼舞。在写给印第安事务官员的信中，他说："我听说基奥瓦人与夏安人称有来自天堂的印第安人，他们希望我带着我的人去见他们。但是我告诉他们，我希望我的人工作，不理会他们……我们依赖政府，而不是他们。"[25]

同时，他自己的生意兴旺起来了。他通过牧场主的馈赠、购买与选育，扩大了自己的牛群，拥有近500头牛。他的新朋友查尔斯·古德奈特给了他一头用来繁育的达勒姆（Durham）公牛。他成为自己部族的承包商：仅1884年，他就向印第安事务机构提供了40头牛，赚了400美元。他还掌管了一个牧场，面积达44000英亩（69平方英里），这个牧场很快被称为夸纳牧场，他将其中的一部分直接出租给一些牧场主。他拥有一个150英亩的农场（由一名白人照料），有200头猪、3辆马车和1辆轻型马车。

早在1886年，另一些事增加了他的知名度：詹姆斯·德希尔兹（James DeShields）出版了第一本关于他母亲辛西娅·安的书，这本书在西南部广为流传。不了解夸纳身世的人通过这本书所描写的细节知道了他。书中有夸纳的照片，对他的描述既是溢美之词，又是准确的：

夸纳会说英语，文化程度较高，拥有一个牧场，牲畜很多，还有一个小农场；他穿文明人的衣服，遵守文明的习俗——他是高贵的平原的儿子，相貌英俊……他个子高，肌肉发达，身板像箭一样直挺；他的眼神似乎能穿透你，皮肤黝黑，牙齿很好，一头浓密的黑发——他赢得了很多女性的心……他有一辆精美的马车，由两匹灰马拉着。[26]

这正是夸纳努力向世人宣传的形象。尽管他愿意走白人的道路，但在某些方面他从未妥协。他保留着长发，并且编了辫子，从不剪它。他还保留着多名妻子。印第安事务官员曾问他为什么不放弃过多的妻子，夸纳回答：

很久以前，我与野牛自由地生活在平原上，根据我们人民的法律，我可以任意拥有多名妻子。我曾经去得克萨斯与墨西哥发动袭击。你们一直要我停下。但你们当时并没有问："夸纳，你有多少妻子？"现在按照你们的要求，我来了，坐了下来。你们却跟我谈论妻子。要我丢掉哪位妻子？你，小姑娘，你走开，你没有爸爸。你，小家伙，你走开。你来选？"[27]

他最高的荣耀，他最引以为傲的，是他在 1890 年为自己所建的不同寻常的房子。背后的故事完全符合夸纳的个性。尽管他部落里的很多人已经通过获得政府的资金而修建了当时南部最流行的耗资 350 美元的房屋，但夸纳一直满足于住在营帐，夏天的时候待在传统的科曼奇小窝棚里。到 19 世纪 80 年代末，他在部落中的地位如此显赫，需要一些更好的东西。他想的是

301

一栋富丽堂皇的大房子，有十个房间，两层楼，有护墙板。任何一个白人牧场主都希望拥有这样的房子，保留地的印第安人却从未拥有过。

问题是从哪里弄到钱。当然，有牧场主，有他的老朋友，比如伯克·伯内特（Burk Burnett）与丹尼尔·瓦戈纳（Daniel Waggoner），他们可以帮忙。更好的选择是政府，毕竟政府亏欠他。最终还是他自己想出来更好的办法。他让他的白人承租者（也是他的养子）戴维·格兰瑟姆（David Grantham）[28]去告诉印第安事务官员，他需要一笔补贴，如果得不到补贴，"他会去找牧场主，并从他们那里得到钱"。这是一项奇怪的威胁，但却击中要害。印第安事务官员查尔斯·亚当斯（Charles Adams）向印第安事务办公室申请 500 美元，用来帮助夸纳建房子，称"他是一名值得政府帮助的印第安人"。但是申请被 T. J. 摩根（T. J. Morgan）拒绝了，他是一名虔诚的浸信会教友，强烈反对夸纳一夫多妻。

夸纳没有放弃。他与亚当斯向华盛顿施压，写了更多的信，甚至绕过摩根，直接给他的上级内政部部长写信。夸纳让锡尔堡几乎每个级别的人都签名支持他的申请，包括锡尔堡的司令官。他争辩说，其他有多名妻子的印第安人获得了经费；一位地位没有他高的盆纳台伽首领因为建房子也获得了补贴；他受到了不公平的对待。他不会同意抛弃自己的多位妻子，也不会做任何妥协。这就是典型的夸纳：忙碌，要求多，总是在寻找一个角度，总是在谈判，不愿意妥协。摩根从未改变主意。他写道："鼓励或以任何方式容忍一夫多妻制违反了该机构的政策，除非帕克同意以书面形式在妻子之间做出选择，只与选择的那位妻子住在一起，并完全供养其他妻子而不与她们住在一起，否则将不给予任何协助。"[29]夸纳当然拒绝了。

因此，为夸纳的新房提供资金的任务就落到了牧场主的头上，主要落到了伯克·伯内特头上。他们很乐意尽一份力，尽管尚不清楚他们的捐助额。夸纳自己当然拥有大量资源。1890年，夸纳的新房子完工。它的确有十个房间，两层楼，造价超过2000美元。内部有装饰板，天花板高10英尺。有一个正式的、贴墙纸的餐厅，里面有一张长桌子和一个燃着木头的炉子。这栋房子坐落在威奇托山背阴的一片高地上。后来，他添加了宽阔的两层楼高的门廊，并用油漆在房顶上绘制了巨大的白色星星。他的家因此被称为星屋（Star House），今天依然在，不过曾被迁移过两次。它是美国西部瑰宝之一，位于一个已经停业的游乐园的后面，这个游乐园在俄克拉荷马州卡什（Cache）的一个印第安人贸易站后面。

夸纳华丽的新房子里的场景在科曼奇历史上没有先例。它可能只存在于保留地的怪异世界中。没有人见过这样的东西。他总共有8位妻子（其中一位是韦科，他曾与之私奔的女人），在保留地期间他又娶了7位妻子。他们生了24个孩子，其中5个夭折。从19世纪80年代和90年代拍摄的照片可以看出，他的妻子们极具魅力。夸纳喜欢女人，即使他不断地追求新欢，激怒了已有的妻子，但仍然设法没有让她们离开。[30]尽管夸纳提出了相反的论点，但在科曼奇文化中，多个妻子已不再占有一席之地。一夫多妻制主要是为鞣制和野牛加工提供额外劳力的一种方式。那些日子已经一去不复返了。夸纳现在拥有多名妻子只是因为他想要她们并且负担得起。他庞大的家庭很快就有了白人成员：夸纳的两个女儿嫁给了白人男子。他还收养了两个白人男孩，其中一个是他在圣安东尼奥的一个马戏团里找到

303

的，他当场决定收养。[31]他收养赫尔曼·莱曼已经三年了，莱曼非常喜欢他的科曼奇家族，1901 年，他申请正式成为部落成员。[32]一位年轻的白人迪克·班克斯（Dick Banks）出现在星屋，只是因为他想见夸纳；他得到一张床，并被邀请一直住在那里。[33]家庭成员住在房子里或在前院的营帐中，前院被白色的栅栏围着。那个时代的照片显示这里门庭若市。

引人注目的场景不仅仅包括他自己的家人。屋子周围也总是有很多其他的科曼奇人。部分原因是夸纳的慷慨——多年来他供养了许多饥饿的科曼奇人，从未赶走任何人。[34]据了解他的人说，供养他的部落成员是他自己的牧场的主要用途。许多生病的科曼奇人到那里来是为了接受祈祷——通常是与仙人掌仪式（peyote ceremonies）有关（以后会再讲）——或者有时是知道夸纳将负责安排葬礼。多数人都躺在星屋内的床上，这意味着他的家人在营帐里睡觉。[35]他作为医生的名声也吸引了白人，其中至少有一个声称被他治愈了。

他的餐厅里经常有一群白人和印第安人来宾。餐厅是一个正式的地方，装饰着墙纸和护墙板，锡制天花板，有一张可容纳12 人的餐桌。[37]夸纳置办的桌子很好。他雇用白人妇女教他的妻子如何做饭，并雇用了一名白人，即俄罗斯移民安娜·戈麦斯（Anna Gomez），雇用了 10 年。那些年，来宾包括在红河战斗中追踪他的纳尔逊·迈尔斯将军、他的邻居杰罗尼莫、基奥瓦人首领独狼、查尔斯·古德奈特、印第安事务专员 R. G. 瓦伦丁（R. G. Valentine）、英国大使布赖斯（Brice）勋爵、伊萨泰、伯克·伯内特和丹尼尔·瓦戈纳，最后是总统西奥多·罗斯福。尽管夸纳始终拒绝谈论自己作为科曼奇战士的日子，但他喜欢参与部落政治或经常去华盛顿。他喜欢开玩笑。他经常和米勒（Miller）一家人一起吃饭。在一次吃饭时，他说白人把印第安人赶出了土地。当米勒先生问白人是如何做到这一点的时，夸纳让他坐在院子里的绵白杨木上。夸纳在他旁边坐下，说道："挪过去。"米勒挪了一下。夸纳跟着一起挪，再次坐在他跟前。"挪过去。"夸纳重复说。就这样一直持续到米勒从木头上掉下来。夸纳说："就像那样。"[39]

到 1890 年，夸纳的信笺上写着"夸纳·帕克：科曼奇人大头领"，这是印第安事务官员允许他使用的头衔。科曼奇部落历史上从来没有过这样的人，也永远不会有第二个。他仍然有竞争对手，包括千年老二伊萨泰，但是实际上，白人以及大多数科曼奇人都承认他是主要的首领。正如 F. 斯科特·菲茨杰拉德（F. Scott Fitzgerald）在 20 世纪初所说的那样，美国人的生命中没有第二幕，那么夸纳是一个例外。大部分部落成员的生活证明了菲茨杰拉德的论点。那年，大多数科曼奇成年男性仍生活在营帐里，与保留地之前的日子一样，蓄长发，很少或几乎不说英语，比起白人医生，他们更喜欢看自己的药师，他们仍然穿着鹿皮，裹着毯子，并继续谴责妇女下地干农活。

在夸纳春风得意的时候，他的朋友麦肯齐的生活却突然发生悲剧性的转折。变故并不是立即发生的。在红河战役之后的数年中，麦肯齐是美国陆军中最受尊敬的军官之一。在锡尔堡，他更加出类拔萃。作为管理者，他可能易怒，但他也坚定、公正，并赢得了基奥瓦人、阿帕奇人和科曼奇人的尊重。一个特别的故事说明了他严厉而刻意的管理风格。1876 年，一群科曼奇人非法离开了保留地，然后悄悄返回。麦肯齐发现了这件事，并命令首领逮捕罪犯。他们没有服从，而是出现在他的办公室

304

想讨价还价。这是印第安人的典型战术：长时间讨价还价，犹豫不决，然后找到折中方案。麦肯齐耐心地听了半个小时的谈话，同时暗中叫他的手下骑上马准备战斗。然后，他从桌子旁边站起来，平静地说："如果你们在 20 分钟内不把这些人交出来，我将去他们的营帐把他们全部杀死。"然后，他离开了房间。这些人很快就被交出来了。[40]

谢里登非常欣赏麦肯齐。1876 年 6 月，卡斯特在小比格霍恩河被击败之后，他派遣了麦肯齐和他的第 4 骑兵部队北上。在卡斯特死后不到两个月，麦肯齐接手了黑山区（District of Black Hills）和罗宾逊营（Camp Robinson）的指挥权。罗宾逊营是保卫红云苏人（Red Cloud Sioux）的事务机构。当一大群苏人违抗麦肯齐的命令，没有回到保留地时，他迅速带领 18 支小分队在黎明时包围了他们的村庄。239 名男子投降，跟他们一起的还有 729 匹马。

那个冬天，他负责另一场重大战役：针对北夏安人及其首领"钝刀"（Dull Knife）的保德河远征（Powder River Expedition）。这群印第安人曾参加过击败卡斯特部队的战斗。1876 年 11 月 25 日黎明，冒着大雪和零度以下的气温，麦肯齐带着 818 名士兵和 363 名印第安侦察兵袭击了钝刀的村庄。他们击溃了印第安人，杀死了 25 人，受伤的印第安人更多，并抓获了 500 匹马。而他自己仅损失了 6 人。4 月，钝刀听说麦肯齐仍在追他，就投降了。"去年夏天你来这里时，你让我感到害怕。"他告诉麦肯齐。两周后，"疯马"和 889 名苏人在红云机构向麦肯齐投降。针对苏人和夏安人的战争结束了。[41]这次的投降就像是卡斯特和麦肯齐命运的书写，一人注定享有永恒的名声和荣耀，另一人则归于平凡和被遗忘。

麦肯齐成为舍曼和谢里登在西部最喜欢的指挥官，正如他曾经是南北战争中格兰特最喜欢的年轻军官一样。他是他们派来处理困难局势的人。1877 年，他被召到边境打击土匪。在 1879 年和 1881 年，他去了科罗拉多州平定尤特人叛乱，向他们发出了最后通牒，类似于科曼奇人在锡尔堡收到的最后通牒。他都取得了成功。他镇压了新墨西哥州的阿帕奇人叛乱，并成功地与印第安人打交道。因此，州长和州公民游说将他晋升为准将。在前总统格兰特的热情帮助下，他于 1881 年 10 月获得了晋升。

但是到那时，麦肯齐已经出了严重的问题。晋升后不久，他给上司写了一封信，要求将其重新分配至军事法庭或退休委员会。这个要求很奇怪。信中的字迹七扭八歪，令人怀疑执笔人已经中风了。麦肯齐这样坚强的人说，他想承担轻松的工作，因为在过去两年里他承受了任何人都难以想象的困难。[42]这是脑部将发生灾难性变化的征兆。

尽管如此，他还是被分配到了位于圣安东尼奥的得克萨斯州司令部。在那里，43 岁的他开始迅速萎靡不振。尽管他在整个职业生涯中都放弃酗酒，但现在他令人无法理解地开始大量饮酒。他的怪癖，特别是他的急躁和烦躁，明显增加了。第一次，他开始与女士相伴。19 世纪 60 年代后期，他在军事法庭工作时就爱上了 34 岁的佛罗里达·夏普（Florida Sharpe）（她当时嫁给了基地的医生）。1882 年 12 月 9 日，陆军外科医生开始治疗麦肯齐的异常行为。12 月 10 日，军需官说他认为麦肯齐疯了。一周后，麦肯齐将军与夏普夫人订婚。他已经在附近的伯尼镇（Boerne）买了房子，并计划在那里过退休生活。12 月 18 日，他喝了太多酒，与两名当地居民打架。他们不知道他是谁，所以痛打了他，并将他绑在推车上，第二天才被人们发现。几天后，人们以谢里登在华盛顿有重要的事跟他说为借口将他送上火车。12 月 29 日，他在纽约市的布卢明代尔精神病院（Bloomingdale Asylum）登记入住。3 月 5 日，军队退休委员会在他的抗议下宣布他疯了，因此不适合担任任何职务。

他的余生不断陷入疯狂之中。他一直待在精神病院，仍在抗议他被迫退休。直到 6 月，他与他的妹妹才住回新泽西州莫里斯敦（Morristown）童年时居住的家中。他计划重新访问得克萨斯州及其位于伯尼的房子，但他再也没有搬过家。夏普夫人从未提起过他。他的身心健康状况恶化：他变得越来越幼稚，直到别人根本不知道他在说什么。他于 1889 年 1 月 18 日在纽约一家医院去世，享年 48 岁。

是什么引起了麦肯齐的疯狂？有几种说法。多年来，人们一直认为他的病是梅毒造成的。但这不太可能。军队对梅毒非常熟悉，并一直在处理梅毒病例，而且也没有任何关于麦肯齐治疗梅毒的记录。一位历史学家认为，他的病是创伤后应激障碍的结果，这种疾病在当时尚不为人所知。麦肯齐的可怕创伤和在南北战争期间许多战役中的核心作用可能是造成这种情况的原因，而且他的烦躁、火暴脾气和与人建立密切关系的困难是常见的症状。早在 1875 年，他还遭受了一次奇怪的事故。那年秋天，他不知何故从锡尔堡的一辆马车上摔了下来，头伤得很厉害，以至于昏迷了三天。据说在那之后的几天，他变得异乎寻常的暴躁。最后一种解释是，这可能与他小时候中暑有关。我们永远不知道原因到底是什么。他的死亡几乎没有引起注意。当时 40 岁的夸纳在新的文明西部发迹，这离不开麦肯齐。他一定听说了麦肯齐的死，尽管没有任何记录表明他的反应。在麦肯齐逝世的第二天，以下讣告出现在《纽约时报》的讣告页上：

> 麦肯齐——1 月 19 日，美国陆军准将拉纳尔德·斯莱德尔·麦肯齐于史坦顿岛新布莱顿（New Brighton，Staten Island）逝世，享年 48 岁。

讣告如此简洁，缺乏细节，说的似乎只是较小的军事人物——也许是在战争中赢得过一两枚勋章，然后又被安置在新帝国的一些偏僻哨所。《纽约时报》或其他任何报纸都没有关于他生活细节的新闻。对于一般的读者而言，他的死似乎并不比当地一家干货公司的经理过世更重要。

第二十一章　这是真汉子

　　1889 年，美国国会提出了一项新的巧妙计划，以便从印第安人那里窃取土地。国会任命了三人组成的杰尔姆委员会（Jerome Commissi），负责与西经 96 度以西的部落进行谈判。他们的目标是确保"将所有的权力都割让给美国"。这个想法很简单：印第安人将放弃他们的集体部落土地。作为交换，每个印第安人都将被分配一块私有土地，该土地适用于私有财产的法律。印第安事务官员戴维·杰尔姆（David Jerome）告诉印第安人，他们不再需要这些土地，"现在，你们有机会向美国总统出售这些土地，用于建造白人的房子"。1887 年通过的所谓的《道斯法案》（Dawes Act），总统"有权要求印第安人放弃他们在保留地分配的个人土地"。1892 年，在锡尔堡会议上，官员们微笑、友善，并没想到印第安人会提出很多反对意见。毫无疑问，印第安人既无法理解自己将拥有私有财产的想法，也无法理解拟议交易的规模，这将影响到约 20 个部落和 1500 万英亩土地。

　　官员们没有指望夸纳·帕克。他要求知道拟议交易的细节。他坚持说："我想知道一英亩土地将支付多少，条款将是什么，何时付款。"杰尔姆试图拖延，并向夸纳保证他很快会得到答案。但是夸纳没有敷衍了事。"你什么时候能回答这些问题？"他问。杰尔姆再次拒绝回答，而夸纳继续追着不放，并解释说，与其他一些印第安人只想要口袋里的钱不一样，"我希望有一个透彻的了解。跟我说重点"。

第二天，他再次催促。他先与这些官员争论个人能分配到的土地的面积，提醒他们《梅迪辛洛奇协议》明确表明每人将分得 320 英亩土地，而不是他们提出的 160 英亩。在印第安人每人获得了 160 英亩土地后，他想知道政府将为剩下的土地支付多少钱。被一再逼问，专员沃伦·塞尔（Warren Sayre）弱弱地提供了一个数字：200 万美元。他们在会议上的对话如下：

> 夸纳：每英亩多少钱？
>
> 塞尔：我不能告诉你。
>
> 夸纳：如果你不知道，如何得出 200 万美元的数字？
>
> 塞尔：我们只是猜的。
>
> 夸纳：我们想知道每英亩多少钱，因为我们听说有些部落每英亩收到了 1.25 美元，而威奇托人则每英亩收 50 美分，我对此感到不满意。[2]

夸纳很快获胜。第二天，一名恼怒的官员承认，"昨天帕克先生逼着塞尔先生告诉他一英亩多少钱……"，实际上提供了一个数字。他表示政府提出每英亩土地的价格略高于 1 美元。当时他们坚持认为估值低的部分原因是这些多余的土地有很多石头，是山地。但夸纳反驳道："我注意到在这样的地方有煤，铁、银和金也在这样的地方。"后来他补充说："山上似乎都是岩石，而岩石似乎毫无价值，但军人用它们来建造房屋……"就这样，夸纳步步紧逼。他与其他任何印第安首领都不同，后者倾向于啰唆、抱怨，但解决不了重大问题。

但是没有什么能够阻止政府的计划。《道斯法案》意味着白人可以通过法令夺取土地，因此，这部新法律的通过只是在走程序。10月，印第安人签署了《杰尔姆协议》（Jerome Agreement），该协议一经批准，即意味着他们每人将获得160英亩土地，并将剩余的土地以200万美元的价格出售给政府。夸纳在最终协议中的作用尚不清楚。他签了字，即使这样做不符合他的利益。与其他科曼奇人相比，他从中遭受的损失更大，尤其是他占地4.4万英亩的牧场，他每年从中赚取1000美元。

夸纳也了解盲目的抵抗是徒劳的。在名义上同意了《杰尔姆协议》的条款之后，他利用接下来的8年——这是参议院批准该法案所需要的时间——极力游说对条款进行修改。他促成了一项新的交易，使印第安人得以保留所有土地。他最终主张额外拨出48万英亩土地。在东部强大支持者的帮助下，《杰尔姆协议》最终得到修改，纳入这一点——其中最大的一块，占地40万英亩，被称为"大牧场"（Big Pasture），租给了白人牧场主。

该协议于1900年成为法律，又过了13个月保留地才开放。在变化的前夕，大约有5万名"捷足先登者"涌入保留地，侦察自己的土地，而无视印第安人的土地边界。锡尔堡的士兵将这些入侵者赶了出去，但他们总是回来。他们偷走了印第安人的牲畜，并在印第安人土地上扎营。

科曼奇人作为地主的新生活就这样开始了，这是他们从未想要过且从未真正了解过的东西。10年后，这个系统变得异常熟悉。大多数科曼奇人将分得的土地出租给了白人牧场主和农场主，仅靠租金为生，另外还有每人大约100美元的部落资金利息（大牧场最终出售所得资金）以及定期的棉花采摘或谷物收割。他们保留了足够的土地用于修建房屋和花园。几乎没有人有牛，大多数人养一两匹马。按照科曼奇人的标准，这是无目的的生活。[3]

印第安土地划分夺走了夸纳的大部分收入。他再也不会挣到 19 世纪 90 年代的收入了。事实上，他的慷慨大方很快使他变得相对贫穷。但这在他的一生中几乎没有改变。他的权力、影响力和名望达到顶峰时他也变得贫穷。

他家中忙碌而复杂的场面仍在继续。他与越来越多的人分享他的食物和住处。他的名声吸引了一些人，他们只是想见这位著名的战争首领并分享他的故事。但是，来的人大多是当地的印第安人。以下是他的白人养子诺克斯·比尔（Knox Beall）的描述（比尔后来成为锡尔堡印第安人事务机构的翻译）：

> 我父亲供养了很多印第安人。他在 1890 年拥有一大群牛和马，1911 年去世时，他因为慷慨大方而所剩无几。当有人挨饿时，他就去给他们食物。他无法忍受部落中的任何人挨饿。[4]

卡什的一家商店店主罗伯特·托马斯（Robert Thomas）非常了解夸纳，他也提供了类似的说法：

> 到 1910 年，由于他的慷慨和善良，他已经非常贫穷了。他自己大量的食物都给了部落，他家附近总有数百个科曼奇人营帐……他总是非常友好，从不说任何人坏话。[5]

这个曾经在高平原上自由驭风而行的人，也见证了 19 世纪末和 20 世纪初惊人的技术进步。他觉得这一切都非常有趣。他

311

想尝试一切。他是俄克拉荷马州第一批拥有住宅电话的人。他买了一辆汽车，一辆旧救护车，被他的朋友们称为"死马车"，并且有时候显然由他的"保镖"驾驶。保镖是一名科曼奇聋哑人，名叫乔治·华盛顿（George Washington），人们都叫他傻子。[6]一条以他的名字命名的铁路——夸纳 - 阿克米 - 太平洋铁路（Quanah, Acme and Pacific Railroad），起点是得克萨斯州西部的夸纳小镇。夸纳经常坐火车旅行。他喜欢待在大城市的旅馆里，喜欢煤气灯与现代服务带来的便捷。在一次前往沃思堡的旅行中，一盏煤气灯差点要了他的命。他当时和岳父"黄熊"（Yellow Bear）同住一个旅馆房间。睡觉前，黄熊"吹熄了"煤气灯，这是印第安人经常犯的错误。天还没亮，他就死于窒息。夸纳昏迷两天，侥幸活了下来。[7]

1908 年，夸纳 60 岁。那一年发生的事表明自他在草原上

312 出生以来，文明已经广为传播。那年西奥多·罗斯福向世界派出了壮丽的大白舰队，亨利·福特向世人展示了批量生产的汽车，即福特 T 型车。那年，夸纳本人出现在有史以来第一部西部电影中：《银行劫案》（The Bank Robbery）在他位于俄克拉荷马州卡什的家附近拍摄。他的戏份不少。看着夸纳出现在公共马车上，辫子从肩膀上搭下来，或者朝着摄像头跑，这不仅是超现实的，而且很难将这与埃斯塔卡多平原上自由的、野蛮的科曼奇人联系起来。

夸纳与西奥多·罗斯福之间的友谊是奇特而值得注意的。1905 年 3 月，他在罗斯福的就职游行中，乘坐敞篷汽车，穿着鹿皮衣和戴着羽毛头饰，由杰罗尼莫、两名苏人首领和黑脚邦联的首领陪同。（见证这一事件的人之一是罗伯特·G. 卡特，他曾在布兰科峡谷被夸纳伏击，仍然痛恨夸纳，更不明白为什

么一个杀害了这么多白人的人能在这种情况下游行。⁸）这两人在罗斯福举行的部落聚会上相遇。一个月后，罗斯福乘坐火车专列向西行驶，参加了在俄克拉荷马州西南部属于科曼奇人、阿帕奇人和基奥瓦人的土地上广为流传的"猎狼"活动。他的主要接待者是著名的牧场主伯克·伯内特和丹尼尔·瓦戈纳，以及科曼奇首领夸纳·帕克。这不仅仅是娱乐和休闲：狩猎发生在占地 40 万英亩的大牧场上，这个地方是西部竞争最为激烈的一块土地。根据修订的《杰尔姆协议》，印第安人拥有该土地的所有权，并将其租给伯内特和瓦戈纳这些人。但是，在得克萨斯州议员詹姆斯·H. 斯蒂芬斯（James H. Stephens）的支持下，一大批觊觎土地的白人希望政府购买这块土地并开发它们。

当罗斯福的火车抵达俄克拉荷马州的弗雷德里克（Frederick）时，3000 人来欢迎他，然后由骑兵仪仗队（包括夸纳）护送到镇中心的演讲台。（夸纳后来说，他一直担心有人会试图刺杀总统——麦金莱总统在四年前被刺杀——因此当时带着六连发的转轮手枪。这在今天是不可想象的。）罗斯福简短地讲了些话，然后邀请他称为"好公民"的夸纳与他站在一起。两人握手，现场响起掌声，然后夸纳作了简短的演讲。他说了什么，没有任何记录。但后来他告诉他的朋友 R. B. 托马斯（R. B. Thomas）："我得到的欢呼声比罗斯福更多。"¹⁰罗斯福显然喜欢、钦佩夸纳。他在《美国猎人的户外消遣》（*Outdoor Pastimes of the American Hunter*）一书中对猎狼（他们捕猎了 17 匹狼）的描述中写道："这是科曼奇人首领夸纳，年轻的时候曾是白人的仇敌，现在正努力教导他的人民踏上白人的道路。"

猎狼之后，罗斯福北上在星屋拜访了夸纳，这是在俄克拉荷马州卡什小镇的一个真正重要的时刻。夸纳提出要用大酒杯来盛酒（他从未喝过酒），罗斯福曾在白宫以较小的高脚杯招待印第安人。夸纳利用这个机会就印第安问题游说罗斯福，主要是如何处置40万英亩土地的问题，夸纳希望印第安人保留它。（他最终输掉了这场战斗：两年后土地被分配并卖掉了。1900年后出生的科曼奇孩子每人可以获得160英亩的土地，收益流入一个印第安人的信托。）夸纳还抱怨负责土地事务的官员试图向印第安人征税，以及印第安人可怕的失业问题。几天后，罗斯福给印第安事务专员写了一封信，这表明他确实听取了夸纳的意见。"我在这里所见到的，唤起了我的同情。我对这些印第安人的状况以及他们似乎没有希望的未来感到担忧。"[13]猎狼活动和他对夸纳的拜访经常被认为是罗斯福决心创建威奇托山野生动植物保护区的原因，该保护区今天就在夸纳的老房子的北部。

夸纳仍然是一位活跃的领导人，即使到老也是如此。他对印第安人的学校不满意，并发现印第安人的孩子们在白人学校不受欢迎。他戴上宽边的斯特森帽，穿上羊毛西装，游说建立一个新的学区。他捐赠了一块土地，承诺他的部落成员会纳税，成功建立了学区。1908年6月，他成为他所创办的学区的学校董事会负责人。[14]他成为科曼奇部落的主要宗教人物之一，并成为在平原印第安人中建立佩奥特教（Peyote）的推动力量。佩奥特是一种小的、无刺的仙人掌。摄入它会产生视觉和听觉上的幻觉。科曼奇人早在19世纪中叶就开始使用它，而得克萨斯州南部的印第安人早在1716年就使用过它。夸纳重新确立了它的使用，并将其纳入有意义的宗教仪式，印第安人在保留地严

峻的早期开始信仰它。夸纳会主持整晚的仪式，很多仪式与治 314
疗特定的人有关。这个宗教仪式在世纪之交之前从科曼奇人传
到基奥瓦人、威奇托人、波尼人与肖尼人。在 1900 年至 1907
年，这个宗教仪式被彭加人（Ponca）、基卡普人与堪萨斯人采
用，随后传遍整个草原，传到大盆地（Great Basin）与西南部
的沙漠。华莱士与霍贝尔写道：“这可能是科曼奇人对美国其
他印第安人的生活作出的最重要的文化上的贡献。”[15]夸纳因参
与这些仪式而一直受到批评。他曾为自己的宗教辩护说：“白
人去他们的教堂，讨论耶稣，但是印第安人进入他们的营帐，
与耶稣对话。”他们的做法最后变成了美国本土宗教（Native
American Church）。

　　尽管夸纳取得了成功，并最终战胜了对手，但是他的生活
从来都不容易。他不得不努力将迫害者赶走，以保护他的佩奥
特崇拜。随着他年龄的增长，他的婚姻出现了问题：数名妻子
选择离开他，也许是因为他日益严重的财务问题。他一直与部
落中的政治对手斗争，包括老药师伊萨泰，后者从没放弃过要
成为科曼奇大头领的愿望，以及基奥瓦首领独狼，夸纳曾与独
狼因土地边界问题打过一架。[16]独狼领导的基奥瓦人联合伊萨泰
的指控导致联邦政府 1903 年对印第安事务机构的调查。负责调
查的联邦官员弗朗西斯·E. 莱普（Francis E. Leupp）的结论
是，夸纳与印第安事务机构没有做错什么，他还说：

　　　　如果大自然要让一个人做领袖，那么夸纳就是大自然
　　所选择的人。夸纳在任何圈子里，都可能会被命运选择，
　　成为一位领导者或一位州长——这是已经融入了他血液中
　　的。任何人都能看到，他被所有人接受，不接受的人非常

少。即使在他统治下不愿服从他的人，也承认他的主导地位。他完全掌控着他的跟随者，而追随者也将他视作父亲。[17]

他与更著名的邻居杰罗尼莫形成了鲜明对比。杰罗尼莫在1894 年从阿拉巴马搬到锡尔堡。与夸纳不同，他几乎没有拜访者。尽管他擅长自我推销，通过出售签名、弓箭等物品赚了很多钱（据称，他去世时银行账户上有 10000 美元），但是很多印第安人并不喜欢他。休·斯科特（Hugh Scott）是锡尔堡的一名官员，也是印第安人的好朋友，他说杰罗尼莫是"一个不受待见、脾气很坏、小气、自私的老头"。他喜欢喝酒、赌博，因为醉酒骑马被摔伤而死。[18]两人的遗产即使在死后仍然形成鲜明对比。杰罗尼莫安葬在锡尔堡的阿帕奇墓地，正好位于夸纳路437 号。

第二十二章　安息在这里，直到天亮

夸纳从未忘记自己的母亲。他一直保留着罗斯给他的照片，那是 1862 年在沃思堡科宁照相馆拍的，照片中他的母亲正在给草原花喂奶。他一直将这幅照片挂在床头的墙上。在他只有 12 岁的时候，她就被抓走了；在几分钟内，她就彻底消失在了白人的世界。他后来得知她过得并不幸福，并一直试图找到他。与她的儿子一样，她非常出色地适应了异族文化，但是她不能适应两次。1908 年，他在得克萨斯登报求助寻找她的墓。他得到了一位名叫 J. R. 奥奎因（J. R. O'Quinn）的男子的回复。这是他的第一个表弟，是辛西娅·安的妹妹奥莱娜的儿子，奥奎因告诉他去哪里寻找她的墓。这是夸纳与他得克萨斯家族第一次的接触。后来，他收到了另一位表兄弟的来信，邀请夸纳参加在达拉斯西南部得克萨斯阿森斯（Athens）的家庭聚会（他最终被得克萨斯的家庭接纳）。找到她母亲的墓后，他希望通过游说获得资金，将墓从俄克拉荷马迁到得克萨斯。与往常一样，他善于劝说，成功说服议员支持一项法案，拨款 1000 美元，对辛西娅·安的墓进行迁移。这项法案在 1909 年 3 月成为法律。他去了得克萨斯，见了他的一些白人家庭成员，并找到了她的墓。1910 年 12 月 10 日，她被重新安葬在卡什的星毛栎教堂（Post Oak Mission）。在重新安葬仪式上，夸纳用他蹩脚的英语发表了一个简短的演讲。"40 年前，我的母亲去世"，他说，"她被科曼奇人抓走的时候只有 9 岁。她喜欢印第安人与野外的生活，不愿意回到白人中间。上帝说，他们都是一样的人。我爱我的母亲。"

他自己的寿命也只有不到 3 个月了。1910 年秋天，他像往常一样忙碌，10 月去达拉斯出席得克萨斯博览会夸纳路线日的庆祝活动，其目的是宣传夸纳－阿克米－太平洋铁路。这条铁路穿过旧保留地南部得克萨斯夸纳镇。夸纳很少拒绝出现在公开场合的机会，他吸引了很多人。据 1910 年 10 月 25 日《达拉斯晨报》（Dallas Morning News）报道，"活动座无虚席，当然，人们主要是冲着科曼奇大头领夸纳来的。"他与他 12 岁的儿子古西（Gussie）共同出席。两人都戴着羽饰，穿着鹿皮衣服和鹿皮鞋。"他说话声音洪亮，即使坐在后排的观众也能清晰地听到，尽管他的话经常说不全，令人费解。"[1] "女士们，先生们"，他开始说，"我曾经是一个坏人。现在，我是一名美国公民。我和你们一样纳税。我们现在是同样的人了。"他提到了他的母亲，提到了他曾在布兰科峡谷偷走麦肯齐的马。他告诉观众，他去过华盛顿很多次，"为我的印第安人而努力"，并见了罗斯福。他说得生动有趣，这些故事他说过很多次。当然，他没有提到他袭击、杀死白人的经历。按照美国最好的方式，他小心地避开不太令人愉快的过去。他利用这个机会，坚决否认他的父亲佩塔·诺科纳死于皮斯河战役。他在撒谎，但他有一个清楚的、可以原谅的目的：他试图挽救他父亲的名声。然后，他以几句奇怪的话作结语："请再给我一分钟，我再说一点。两名男子一年前曾找我，让我带着家人去纽约，'我给你5000 美元，6 个月，你把家人带到那里'。我说：'不，你这样就相当于让我坐牢。我不是蠢驴。'我的话说完了，先生们。"然后，如报纸所说，"人群向前涌，他与每一个人微笑着握手。"[2]他最后那几句话，也许是想说，不像杰罗尼莫等人，他对于声名与遗产的利用是有限度的。他说，尊严是有限度的。他为什么提出这一点将永远是一个谜。据我们所知，这是他在公开场合所说的最后的话。

1911 年 2 月，夸纳拜访了他的一些夏安人朋友，据称他是在一个佩奥特会议上寻求治疗，然后乘火车回家。他与他的妻子图纳茜（To-nar-cy）一同坐火车，他耷拉着脑袋，嘴唇发抖。图纳茜没有生孩子。当他回到卡什后，他的白人女婿埃米特·考克斯（Emmet Cox）将他送到家中。他于 2 月 23 日在家中去世，死因为风湿病诱发的心脏病。

他的死讯迅速在俄克拉荷马与得克萨斯的白人与印第安人之间传播。到上午，数百人聚集到夸纳的家中，门廊与红色的屋顶上挂着巨大的白色星星。到中午，已有 2000 人前来吊唁。有的人骑着马，有的人骑着驴，有的人坐农场用的篷挂马车，有的人坐轻型马车，还有的人坐汽车。有穿着高档衣服的白人，有穿着鹿皮、披着毯子的印第安人。他们排成长长的队伍，缓慢向教堂走去。教堂只能容纳很小一部分人。外面的人唱歌、祈祷。最后，他们都走过他的灵柩，在灵柩中，夸纳穿着他最喜欢的鹿皮衣服，他标志性的辫子垂到肩膀上。在墓地，吊唁者唱《上帝与你更近》（*Nearer My God to Thee*），然后，灵柩被放到墓穴中，放在辛西娅·安的旁边，灵柩上铺着鲜艳的毯子。

当他的家人整理他的财产时发现所剩无几。他的银行账户里有几百美元。根据俄克拉荷马的法律，他的妻子图纳茜被视为他的遗孀，获得了他 1/3 的土地。他的另一位妻子图佩（To-pay）有两个孩子，一个 2 岁，一个 11 岁，得到了房子。他的长子怀特·帕克（White Parker）得到了珍贵的、著名的辛西

318

娅·安的照片，它一直被挂在夸纳的床头。另外，他还留下一些马、骡子，一辆四轮马车、一辆供出租的马车和一辆轻型马车。其他就没什么了。他尚有欠款350美元，后来用出售骡子所得偿还了。这就是最后的科曼奇首领的所有遗产了。在他死后4个月，内政部部长要求印第安事务官员取消首领办公室，并创建了一个委员会，由部落成员组成。[3]后来，这个委员会有主席，但没有大头领了。

319　　与此同时，南部平原的主人迅速融入美国——这正是土著文化所要做的，如果它们不消失的话。说科曼奇人适应得很好是不准确的；说夸纳是模范，整个部落已准备好了跟随他融入美国，也是不准确的。进入保留地的第一代科曼奇人从来没有真正理解财富或者说私人财产的概念。他们生活的主要部分还是过去，是平原上野外狂喜的、自由的模糊记忆。在那些日子里，科曼奇战士们戴着羽毛头饰，头饰上有黑色的野牛角，从堪萨斯骑到墨西哥北部，不受任何挑战，那是一个没有财产与边界的世界。夸纳拥有部落其他人所没有的品质，那正是最具美国特色的人类的品质：无限的乐观。夸纳从不向后看，对于一个曾经在开阔的平原上无拘无束又经过如此巨大的转变的人来说，这是非常了不起的。在艰难时刻，他坚定地向前看，往更好的方面看。这样的态度也间接体现在他的墓碑上：

> 安息在这里，直到天亮
> 直到阴影投下
> 直到黑暗消失
> 正是夸纳·帕克，科曼奇最后的首领。

　　他受过教育的女儿可能基于《旧约》中的"所罗门的歌"的诗句写了这段话。殖民者带着《旧约》来到了致命的西部，石器时代马背上的野蛮人统治着这片古老的土地。夸纳该为墓志铭感到欣慰。

注　释

第一章　新型战争

1. Robert G. Carter, *On the Border with Mackenzie*, p. 159.

2. Captain George Pettis, *Kit Carson's Fight with the Comanche and Kiowa Indians*, pp. 7ff.

3. 引自 C. C. Rister, ed. , "Documents Relating to General W. T. Sherman's Southern Plains Indian Policy 1871 – 75," *Pandhandle Plains Historical Review* 9, 1936。

4. T. R. Fehrenbach, *Comanches*, p. 494.

5. F. E. , Green, ed. , "Ranald Mackenzie's Official Correspondence Relating to Texas, 1873 – 1879," p. 7; this incident is also known as the Wagon Train Massacre, per Fehrenbach, p. 506 (and occasionally as the Warren Wagon Train Massacre) .

6. Carter, pp. 81 – 82.

7. Ernest Wallace and E. Adamson Hoebel, *The Comanches*, pp. 50 – 55.

8. Ibid.

9. Cited in Herbert Eugene Bolton, *Coronado: Knight of Pueblos and Plains*.

10. Thomas W. Kavanaugh, *The Comanches*, p. 3.

11. Rupert Richardson, *The Comanche Barrier to South Plains Settlement*, p. 156.

12. Carter, p. 149.

13. Ibid. , p. 160.

14. Ibid. , p. 161.

15. Ibid. , p. 176.

第二章 致命天堂

1. Quanah Parker interview with Charles Goodnight undated manuscript, Goodnight Papers, Panhandle-Plains Historical Museum, Canyon. Texas.

2. Marshall DeBruhl, *Sam Houston*: *Sword of San Jacinto*, p. 305.

3. Deed of indenture, November 1, 1835, signed by Juan Basquis for sale of half a league of land to Silas Parker; document in Taulman Archive, Center for American History, University of Texas.

4. Joseph Taulman and Araminta Taulman, "The Fort Parker Massacre and Its Aftermath," unpublished manuscript, Cynthia Ann Parker vertical files, Center for American History, University of Texas, Austin, TX. p. 2.

5. Ibid. , p. 247.

6. Bill Yenne, *Siting Bull*, p. 35.

7. 丹尼尔·帕克被认为是第一个正式提出建议组建骑兵部队保护定居者的人。他的建议被 1835 年磋商会议所接受。该委员会指导得克萨斯革命事务，帕克参与其中。参阅 Margaret Schmidt Hacker, *Cynthia Ann Parker*: *The Life and Legend*, p. 7; 也可参阅 Mike Cox, *The Texas Rangers*: *Wearing the Cinco Peso 1821 - 1900*, p. 42。

8. Hacker, p. 6.

9. James Parker, *Narrative of the Perilous Adventures*, p. 9.

10. Ibid.

11. Thomas W. Kavanaugh, *The Comanches*: *A History 1706 - 1875*, p. 250; 参阅 Cox, p. 49, and Noah Smithwick's account in *Evolution of State*。他是游骑兵之一。

12. Taulman and Taulman, "The Fort Parker Massacre, " pp. 2 - 3.

13. Rachel Plummer, *Rachel Plummer's Narrative of twenty-one Months Servitude as a Prisoner among the Comanche Indians*, p. 7. 参阅雷切尔·普卢默的其他叙述（她写了两份叙述），*Narrative of the Capture and Subsequent Sufferings of Rachel Plummer*。这些叙述，加上詹姆斯·帕克的叙述（*James Parker's Narrative of the Perilous Adventures*）构成了绝大部分大屠杀记录的基础。还有一份由丹尼尔·帕克与家庭其他成员在大屠杀后不久整理的宣誓书（Center for American History, University of Texas, Austin），以及家

人其他的叙述，包括夸纳的孙子鲍德温·帕克以家庭为基础的叙述（Center for American History archive）。不过另一份叙述是由约瑟夫与阿拉明塔·陶曼收集整理的，是奥斯汀得克萨斯大学庞大文献的一部分。还有一份艾布拉姆·安格林的记录（in Dewitt Baker, ed. , *A Texas Scrap Book*: *Made up of the History*, *Biography and Miscellany of Texas and Its people*, New York: A. S. Barnes, 1875, reprint 1991 Texas State Historical Assn. ）。另外，还有很多报纸的叙述，基于对帕克直系亲属与后人的采访，包括"Story of the White Squaw," *McKinney Democrat Gazette*, September 22, 1927; "Early Times in Texas and the History of the Parker Family," by Ben J. Parker of Elkhart, Texas（manuscript at Center for American History）; J. Marvin Nichols, "White Woman Was the Mother of Great Chief," *San Antonio Daily Express*, July 25 1909; Ben J. Parker, "Ben Parker Give Events of Pioneering," *Palestine Herald*, February 15, 1935; 就间接信源而言，可参阅 *Frontier Blood* by Jo Ella Powell Exley。

14. Fehrenbach, *Lone Star*, p. 291.

15. 这及其他建筑细节在得克萨斯格罗斯贝克（Groesbeck）旧帕克堡得到完整再现，它在原址重建。

16. Plummer, *Rachel Plummer's Narrative*, p. 93.

17. Ibid. , p. 93.

18. Daniel Parker, notes dated June 18, 1836, Parker Documents, Center for American History, University of Texas, Austin; 参阅 Hacker, p. 8。

19. Plummer, *Rachel Plummer's Narrative*, p. 95.

20. Exley, p. 44.

21. Ibid. , p. 94.

22. Plummer, *Rachel Plummer's Narrative*, p. 9.

23. Parker, *Narrative of the Perilous Adventures*, p. 1.

24. John Graves, *Hard Scrabble*, p. 15.

25. Plummer, *Rachel Plummer' Narrative*.

26. Rachel Plummer, *Narrative of the Capture*（1838）, p. 7ff.

27. Ibid.

第三章 冲突的世界

1. Ernest Wallace and E. Adamson Hoebel, *The Comanches*, p. 12.

2. Alfred Thomas, ed., *Forgotten Frontiers: A Study of the Spanish Indian Policy of Don Juan Bautista de Anza, Governor of New Mexico, 1777 – 1787, From the Original Documents in the Archives of Spain, Mexico, and New Mexico*, pp. 11

3. Ibid., p. 8; Rupert Richardson, *The Comanche Barrier*, p. 5.

4. T. R. Fehrenbach, *The Comanches*, p. 133.

5. Dorman H. Winfrey and James M. Day, eds., *The Indian Papers of the Southwest*, vol. 1, p. 24.

6. M. Lewis, *The Lewis and Clark Expedition*, p. 30；在托马斯·卡瓦诺（Thomas Kavanaugh）的书 *The Comanches: A History 1706 – 1875* 中，他指出部落名"帕多卡"可以指生活在平原上的阿帕奇人（p. 66）。需要指出的是，在很多部落都为人所知并被识别的土地上，当时科曼奇部落却并不为人所知。

7. George Bird Grinnell, "*Who Were the Padouca?*", *American Anthropologist* 22 (1920): 248.

8. Kavanaugh, *The Comanches*, pp. 218 – 19.

9. Ibid., p. 235.

10. George Catlin, *Manners, Customs, and Condition of the North American Indians*, p. 47.

11. W. S. Nye. *Carbine and Lance: The Story of Old Fort Sill*, p. 8.

12. Catlin, pp. 48ff；参阅 Colonel Richard Irving Dodge, *Our Wild Indians, 33 year personal experience among the redmen of the great west*.

13. Randolph B. Marcy, *Adventure on Red River: A Report on the Exploration of the Red River by Captain Randolph Marcy and Captin G. B. McClellan*, p. 5

14. Fehrenbach, *The Comanches*, pp. 30 – 31.

15. David La Vere, *Contrary Neighbors*, p. 8.

16. Clark Wissler, *The American Indian*, pp. 220ff.

17. Fehrenbach, *The Comanches*, p. 33.

18. Walter Prescott Webb 首先在他的书 *The Great Plains*（p. 53）中提出这一观点；随后被其他人所重复。

19. J. Frank Dobie, *The Mustangs*, pp. 23ff.

20. Wallace and Hoebel, p. 41.

21. Ibid., p. 24.

22. Fehrenbach, *Lone Star*, p. 31.

23. Dobie, p. 25.

24. Fehrenbach, *The Comanches*, p. 86.

25. Wallace and Hoebel, pp. 35 ff.

26. Wissler, p. 220.

27. Fehrenbach, *The Comanches*, p. 126.

28. Wallace and Hoebel, p. 39.

29. Ibid. , p. 35；Dobie, p. 69.

30. Athanase de mezieres. Report by de Mezieres of the Expedition to Cadadachos. Oct. 29, 1770, in Herbert E. Bolron ed. , *Athanase de Mizieres and the Lousiana-Texas Frontier, 1768 – 1780*, vol. 1, p. 218.

31. Catlin, pp. 65 ff; 参阅 Colonel Richard L. Dodge, *Our Wild Indians*。

32. Dobie, p. 65.

33. Dodge, *The Plains of the Great West*, pp. 401 ff.

34. Dobie, p. 48. 他在援引伦道夫·马西上校的叙述。

35. General Thomas James, *Three Years Among the Indians and Mexicans*, St. Louis, 1916, 引自 Dobie, p. 83。

36. Wallace and Hoebel, p. 46.

37. Richard I. Dodge, *The Plains of the Great West*, pp. 329 – 30.

38. Ralph E. Twitchell, *The Spanish Archives of New Mexico*, p. 269.

39. Kavanaugh, *The Comanches*, p. 63.

40. Marvin Opler, "The Origins of Comanche and Ute," *American Anthropologist* 45 (1943)：156.

第四章　极度孤独

1. Rachel Plummer, *The Narrative of the Capture and Subsequent Sufferings of Mrs. Rachel Plummer*, 1839.

2. T. R. Fehrenbach, *The Comanches*, p. 97.

3. Jo Ella Powell Exley, *Frontier Blood*, p. 133.

4. Plummer, p. 96.

5. Ibid. , p. 97.

6. Walter P. Webb, *The Great Plains*, p. 9.

7. Plummer, p. 97.

8. Noah Smithwick, *Evolution of a State or Recollections of Old Texas Days*, p. 113.

9. David La Vere, *Contrary Neighbors*, p. 122.

10. Plummer, p. 97.

11. Ibid. , p. 98.

12. Ibid. , p. 107.

13. Ibid. , p. 108.

14. Herman Lehmann, *Nine Years Among the Comanches*, 1870 – 1879, p. 155.

15. The scant historical information about Crazy Horse is discussed in some detail in Larry McMurtry's brief but excellent study *Crazy Horse*.

16. 参阅第七章中对这一重要现象更完整的解释。

17. Fehrenbach, *The Comanches*, pp. 77 ff.

18. Sharon Block, *Rape and Sexual Power in Early America*, pp. 222 ff.

19. Ernest Wallace and E. Adamson Hoebel, *The Comanches*, p. 194.

20. Ibid.

21. Ramon Jimanez, *Caesar Against the Celts*, pp. 27 ff.

22. Ibid. , p. 36.

23. Colonel Richard Irving Dodge, *Our Wild Indians*, p. 59.

24. Ibid.

25. Ibid.

26. Scott Zesch, *Captured*, p127.

27. John S. Ford, *Rip Ford' Texas*, p. 231.

28. Clinton Smith, op. cit. , pp. 69 ff.

29. Zesch, p. 79.

30. Clinton Smith, p. 69.

31. Wallace and Hoebel, p. 22.

32. Ibid. , p. 25.

33. 唯一的例外是，在针对夸哈迪人最后的战斗中，这些盆纳台伽人在得克萨斯狭长地带作为侦察兵加入美国军队。他从来都不是战斗人员。

34. W. S. Nye, *Carbine and Lance, the Story of old Fort Sill*, p. 7.

35. Rupert N. Richardson, *The Comanche Barrier to South Plains Settlement*, p. 10.

36. Wallace and Hoebel, p. 23.

37. Plummer, p. 113.

第五章 狼嚎

1. T. R. Fehrenbach, *The Comanches*, p. 160.

2. Alfred Thomas, ed., *Forgotten Frontiers：A Study of the Spanish Indian Policy of Don Juan Bautista de Anza, from the Original Documents*, p. 58；"早在 1706 年，伊里韦利（Iribarri）报告了部落之间令人悲痛的细节，表明该省东北部的阿帕奇文明已经崩溃。"

3. Ibid., p. 58.

4. Herbert E. Bolton, ed., *Athanase de mezieres and the Louisiana-Texas Frontier, 1768 – 1780*, vol. 1, p. 34.

5. David La Vere, *Contrary Neighbors*, p. 10.

6. Ernest Wallace and E. Adamson Hoebel. *The Comanches*, p. 12.

7. Hubert. Bancroft, *History of Arizona and New Mexico*（1889）, p. 239.

8. 多个地方提到过这场战斗。一是落款日期为 1784 年 9 月 30 日由当时的西班牙驻得克萨斯总督多明戈·卡韦略·伊·罗夫莱斯（Domingo Cabello y Robles）所做的报告。二是由赫伯特·博尔顿（Herbert Bolton）1914 年整理完成的一名 18 世纪印第安官员所写的材料 *Athanase de Mezieres.* p. 25。

9. Fehrenbach, *The Comanches*, p. 138.

10. Richard I. Dodge, *Plains of the Great West*, p. 414. 这份叙述来自"墨西哥科曼奇人"战士佩德罗·埃斯皮诺萨（Pedro Espinosa）。

11. La Vere, pp. 30 – 31.

12. 关于科曼奇人与西班牙人的关系，我们所知道的几乎全部来自当时的西班牙文件。其中有两个来源提供的信息尤其完整：堂胡安·包蒂斯塔·德·安萨的报告，由阿尔弗雷德·托马斯翻译整理，写成 *Forgotten Frontiers*，另一个是西班牙印第安事务官员阿塔纳斯·德·梅齐埃（Athanase de Mézières）的杰出报告，在 1914 年由赫伯特·博尔顿整理成的 *Athanase de Mezieres and the Lousiana-Texas Frontier 1768 – 1780*。另一个有帮助同时也很有趣的是拉尔夫·特威切尔（Ralph Twitchell）编辑的多卷本 *Spanish Archives of New Mexico*。

13. Pedro de Rivera Villalon, *Diario y derrotero de lo camionado*, *visto y observado en la visita que lo hizo a los presidios de la Nueva Espana septentrional*. Edited by Vito Allesio Robles, *Mexico* (D. F. , Secretaria de la Defensa Nacional, 1946), pp. 78 – 79 (参阅 Kavanaugh, *The Comanches*, p. 67)。

14. Rupert N. Richardson, *The Comanche Barrier to South Plains Settlement*, p. 23.

15. Thomas, p. 58.

16. Ibid. , p. 59.

17. Charles Wilson Hackett, ed. , *Pichardo's Treatise on th 科曼奇人 e Limitations of Texas and Louisiana* (Austin: University of Texas Press, 1946), vol. 3, p. 323.

18. 关于塞尔纳 1716 年针对科曼奇人成功行动的精彩描述出现在 Ralph Twitchell, *Spanish Archives of New Mexico*, vol. 2, p. 301。

19. Kavanaugh, *The Comanches*, pp. 66ff.

20. James T. DeShields, *Border Wars of Texas*, p. 16

21. William Edward Dunn, "The Apache Mission on the San Saba River: Its Founding and Failure," *Southwestern Historical Quarterly* 17 (1914): 380 – 81.

22. Ibid. , p. 382.

23. Frank Dobie offers an interesting look at the rumors of San Saba gold in his book Coronado's Children.

24. Dunn, p. 387.

25. Ibid. , p. 389.

26. Ibid. , p. 381.

27. Parrilla to the viceroy, *Historia* 95 (June 30, 1757), p. 146.

28. Fathers Banos and Ximenes to the Guardian July 5, 1757, 引自 Dunn, p. 401。

29. Fehrenbach, *The Comanches*, p. 201.

30. Thomas, *Forgotten Frontier*, p. 66.

31. Ibid.

32. 对这次传奇的行动最好的描述来自安萨自己，他向墨西哥城提交的报告清楚、全面。这些原始的文件由阿尔弗雷德·托马斯翻译整理。托马斯是 *Forgotten Frontier* 的编辑，参阅 pp. 119 – 42。安萨的报告是关于西班牙人与科曼奇人关系的最主要的史料来源。我对此的描述主要来自这些报告。

33. 安萨的日记，来自 Thomas, *Forgotten Frontier*, p. 136。

34. 这一估计来自萨姆·休斯敦负责印第安事务的官员乔治·V. 邦内尔（George V. Bonnell）的一篇文章，刊登在 1838 年的 *Houston Telegraph* 与 *Texas Register*。他显然是从科曼奇人那里得到的这个数字，这的确令人怀疑。不过，这仍然是当时唯一的估计，后来的数字，即霍乱与天花后的数字，似乎证实了这一估计。

第六章　血与烟

1. 需要指出的是，卡斯特将军也写诗，尽管拉马尔写得比他好。

2. Noah Smithwick, *Evolution of a State*, p. 138.

3. James Parker, *Narrative of the Perilous Adventures*, p. 14.

4. Robert M. Utley, Lone Star Justice: The First Century of the Texas Rangers, p. 23.

5. Jo Ella Powell Exley, *Frontier Blood*, p. 106（援引国会记录）。

6. Utley, p. 24.

7. "Messages of the President, Submitted to both Houses," December 12, 1838, Lamar Papers, Doc. , 948, p. 11.

8. T. R. Fehrenbach, *The Comanches*, p. 310.

9. David La Vere, *Contrary Neighbors*, p. 55.

10. Ibid. , p, 310.

11. Donaly E. Brice, *The Great Comanche Raid*, pp. 17 – 18.

12. La Vere, p. 64.

13. Ibid. , p. 20.

14. Mike Cox, *The Texas Rangers: Wearing the Cinco Peso, 1821 – 1900*, p. 43.

15. 其他的记录给的数字不一样，这很常见。约翰·亨利·布朗（John Henry Brown）写的是有 55 名白人、42 名科潘奇人，12 名通卡瓦人。因为史密斯威克实际在那里，他的记录似乎更可信。

16. Smithwick, p. 135.

17. Ibid.

18. Cox, p. 69.

19. Ibid.

20. J. W. Wilbarger, *Indian Depredations in Texas*, p. 145.

21. John Henry Brown, *Indian Wars and Pioneers of Texas*, p. 75.

22. Ibid. 参阅 John Holmes Jenkins, ed. , *Recollections of Early Texas: Memoirs of Jhon Holland Jenkins*, 与 Noah Smithwick 的 *Evolution of a State*。约翰·穆尔上校给上级的关于这次行动的报告可参阅 *Journals of the Fourth Congress of the Republic of Texas*, vol. 3, pp. 108ff。

23. Cox, p. 75；受伤部位的细节来自 Charles A. Gulick, Jrl, ed. , *The Papers of Mirabeau Buonaparte Lamar*, vol. 4, p. 232.

24. Shelby Foote, *The Civil War*, vol. 1, pp. 336ff.

25. Dorman Winfrey and James M. Day, eds. , *The Indian Papers of Texas and the Southwest*, vol. 1, p. 105.

26. Mary Maverick, *Memoirs of Mary Maverick*, p. 31.

27. Ibid.

28. Fehrenbach, *The Comanches*, p. 326.

29. Ibid.

30. 参阅 Smithwick's account of his three months with Spirit Talker in *Evolution of a State*, pp. 107ff。

31. Ibid. , p. 134.

32. William Preston Johnston, *Life General Albert Sidney Johnston*, 117.

33. Maverick, p. 35.

34. Brice, p. 24.

35. Maverick, p. 32.

36. Fehrenbach, *The Comanches*, p. 328.

37. Maverick, p. 36.

38. 该描述来自 Captain George Howard 给 Colonel Fisher 的报告，落款日期为 1840 年 4 月 6 日；骑兵 John Salmon "Rip" Ford 的回忆录也提到该描述。

39. Rupert N. Richardson, *The Comanche Barrier to South Plains Settlement*, p. 51.

40. Ibid. ; 参阅 Jodye Lynne Dickson Schilz and Thomas F. Schilz, *Buffalo Hump and the Penateka Comanches*（El Paso: University of Texas at EI Paso Press, 1989）, p. 18。

41. Thomas Kavanaugh, *The Comanches*, p. 264.

42. Ibid.

第七章　幻想与毁灭

1. David La Vere, *Contrary Neighbors*, p. 36.

2. Scott Zesch, *The Captured*, p. 34.

3. *Houston Telegraph and Texas Register*, May 30, 1838.

4. La Vere, p. 28.

5. Jodye Lynne Dickson Schilz and Thomas F. Schilz, *Buffalo Hump and the Penateka Comanches*, p. 5.

6. Ibid., p. 20.

7. Ibid., p. 9.

8. Ibid.

9. Ibid., endnotes, p. 51.

10. 印第安人的数字取决于讲述者是谁。维多利亚的一位公民约翰·林（John Linn）见证了这次袭击，估计袭击者有 600 人。骑兵本·麦卡洛克估计有 1000 名印第安人。我认为这两人的估计可信，即实际有 600 名战斗人员，其余的是女人、儿童与老人。麦卡洛克是最厉害的跟踪者，他跟踪他们的路线，他估计的马与骑马者的数量应该是准确的。

11. John Holmes Jenkins III. ed., *Recollections of Early Texas: The Memoirs of John Hol-land Jenkins* (Austin, University of Texas Press, 1958), p. 62.

12. John J. Linn, *Reminiscences of Fifty Years in Texas*, p. 340.

13. Donaly E. Brice, *Great Comanche Raid*, p. 30.

14. John Henry Brown, *Indian Wars and Pioneers of Texas*, p. 80.

15. Jenkins, p. 68.

16. Ibid., p. 80.

17. Linn, pp. 341 – 42.

18. Mike Cox, *The Texas Rangers*, p. 76.

19. Jenkins, p. 64.

20. Brown, p. 81.

21. Mary Maverick, *Memoirs of Mary Maverick*, p. 29.

22. Linn, p. 347.

23. Victor M. Rose, *The Life and Services of General Ben McCulloch*, p. 64（引自

John Henry Brown）。

24. Walter Prescott Webb, *The Texas Rangers*: *A Century of Frontier Defense*, p. 62.

25. Jenkins, p. 68.

26. Linn, p. 343.

27. Schilz and Schilz, p. 23.

28. Brazos, *Life of Robert Hall*, pp. 52 – 53.

29. Schilz and Schilz, p. 24.

30. J. W. Wilbarger, *Indian Depredations in Texas*, p. 185.

第八章　白人印第安女子

1. Eugene E. White, *Experiences of a Special Indian Agent*, p. 262.

2. James T. DeShields, *Cynthia Ann Parker*: *The Story of Her Capture*, pp. 23 – 24。

3. *Clarksville Northern Standard*, May 25, 1846.

4. Daniel J. Gielo and Scott Zesch, eds. , "Every day Seemed to Be a Holiday: The captivity of Bianca Babb," *Southwestern Historical Quarterly* 107 （July 2003）: 36. C.

5. T. A. Babb, *In the Bosom of the Comanches*, p. 34.

6. Scott Zesch, *The Captured*, p. 45.

7. Babb, p. 22.

8. Gielo and Zesch, p. 56.

9. Ibid.

10. Ibid. , p. 57.

11. Zesch, p. 75.

12. Ibid.

13. Ibid. , p. 81.

14. Ibid.

15. Ibid. , p. 85.

16. Babb, p. 58.

17. Rupert N. Richardson, *The Comanche barrier to South Plains Settlement*, p. 61; and Thomas Kavanaugh, *The Comanches*, p. 296. 野牛背、小狼与圣安纳都是强大的首领，一些人认为他们比老鹰或帕哈·尤科更强大。我的

研究表明，假定华莱士 - 霍贝尔社会组织模型是正确的，那么他们更适合被归为"战争首领"这一类。

18. Kavanaugh，p. 266.

19. Ibid. ，p. 297.

20. *Clarksville Northern Standard*，May 25，1846.

21. Ibid.

22. Letter：P. M. Butler and M. G. Lewis to the Hon. W. Medill，Commissioner of Indian Affairs，August 8，1848，House Executive Documents No. 1，30th Congress，Second Session，p. 578.

23. DeShields，*The Story of Her Capture*，p. 30.

24. Butler，and Lewis，p. 578.

25. Joyde Lynne Dickson Schilz and Thomas F. Schilz，*Buffalo Hump and the Penateka Comanches*，p. 24，and Dorman H. Winfrey and James M. Day，eds. ，*Indian Papers of Texas and the Southwest*，*1816 - 1925*，vol. 1，p. 266.

26. Richardson，*The Comanche Barrier to South Plains Settlement*，p. 57.

27. Ibid. ，p. 72

28. DeShields，p. 28.

29. T. R. Fehrenbach，*The Comanches*，p. 349

30. David La Vere，*Contrary Neighbors*，p. 120

31. Ernest Wallace and E. Adamson Hoebel，*The Comanches*，pp. 169 - 70.

32. Ramon Powers and James N. Leiker，"Cholera Among the Plains Indians，" *Western Historical Quarterly* 29（Fall 1998）：319.

33. Ibid. ，p. 321.

34. Ibid. ，pp. 322 - 23.

35. Richardson，*The Comanche Barrier to South Plains Settlement*，p. 78.

36. Letter：Horace Capron to Robert Howard，Commissioner of Indian Affairs，September 30，1852，letters received，M234，Roll 858，Texas Agency（cited in Schilz and Schilz，p. 38）.

37. Richardson，*The Comanche Barrier to South Plains Settlement*，p. 60.

38. Letter：Robert S. Neighbors to the Hon. W. Medill，Commissioner of Indian Affairs，November 18，1847，30th Congress，First Session，Senate Committee Report 171.

39. Kavanaugh, p. 265.

40. Chief Baldwin Parker, *The Life of Quanah Parker, Comanche Chief*, through J. Evetts Haley, August 29, 1930, manuscript, Center for American History, University of Texas, p. 9.

41. Jo Ella Powell Exley, *Frontier Blood*, p. 291 （note）.

42. Ibid. , p. 139.

43. Ibid. , p. 138.

44. DeShields, p. 32.

45. Bill Neeley, *The Last Comanche Chief: The Life and Times of Quanah Parker*, p. 52；另外，辛西娅·安后来又有了一个昵称"Preloch"。印第安人有多个名字很平常。

46. Randolph Marcy, *Exploration of the Red River of Louisiana in the Year 1852*, p. 37.

第九章　追风

1. James W. Parker, *Defence of James W. Parker Against Slanderous Accusations*, p. 4.

2. Ibid. , p. 5.

3. James W. Parker, *The Rachel Plummer Narrative*, entire.

4. W. S. Nye, *Carbine and Lance: The Story of Old Fort Sill*, pp. 35 – 36.

5. T. R. Fehrenbach, *The Comanches*, p. 224.

6. J. Evetts Haley, "The Comanchero Trade," *Southwestern Historical Quarterly* 38 （January 1935）: 38.

7. David La Vere, *Contrary Neighbors*, p. 117.

8. Ibid. , p. 123.

9. Jo Ella Powell Exley, *Frontier Blood*, p. 84.

10. Ibid. , p. 87.

11. Rachel Plummer, *Narrative of the Capture and Subsequent Sufferings of Rachel Plummer*, pp. 116 – 17.

12. James Parker, *The Rachel Plummer Narrative*, p. 27.

13. Letter: James Parker to M. B. Lamar, March 17, 1839, in Charles Gulick, ed. , *The Papers of Mirabeau Buonaparte Lamar*, vol. 2, p. 494.

14. Ibid.

15. Exley, p. 104. 注意埃克斯利（Exley）是第三个孩子唯一的消息源，援引的是 L. T. M. 普卢默写给 "Dear Nephews" 的一封信，来自私人收藏。

16. Randolph B. Marcy, *Adventure on Red River*, p. 169.

17. Amelia W. Williams and Eugene C. Barker, *The Writings of Sam Houston*, *1813 – 1863*, vol. 4, pp. 180 – 81.

18. Exley, p. 177（援引南方邦联的记录）。

第十章　死亡的无辜面孔

1. Walter Prescott Webb, *The Texas Rangers*, p. 78.

2. 这个观点在韦布的 *The Texas Rangers* 被提及，但是似乎最先出现在 J. W. Wilbarger 的 *Indian Depredations in Texas* 一书中，1889 年首次出版。

3. Walter Prescott Webb, *The Great Plains*, p. 167.

4. Ibid.

5. Colonel Richard Irving Dodge, *Our Wild Indians*, pp. 418 – 20.

6. Ibid.

7. Evan Connell, *Son of the Morning Star*, p. 57.

8. Colonel Dodge, *Our Wild Indians*, p. 421.

9. Panhandle Plains Historical Museum exhibit.

10. Colonel Dodge, *Our Wild Indians*, p. 421

11. David La Vere, *Contrary Neighbors*, p. 35.

12. Ibid.

13. T. R. Fehrenbach, *The Comanches*, p. 298.

14. Ernest Wallace and E. Adamson Hoebel, *The Comanches*, p. 257.

15. Fehrenbach, *The Comanches*, p. 146.

16. Herman Lehmann, *Nine Years Among the Indians*, pp. 47 – 50.

17. Clinton L. Smith, *The Boy Captives*, pp. 52 – 53.

18. Mike Cox, *The Texas Rangers: Wearing the Cinco Peso, 1821 – 1900*, p. 42.

19. Jo Ella Powell Exley, *Frontier Blood*, p. 46.

20. Fehrenbach, *The Comanches*, p. 300.

21. Z. N. Morrell, *Flowers and Fruits in the Wilderness*, p. 86.

22. Mary Maverick, *Memoirs of Mary Maverick*, p. 29.

23. Major John Caperton, *Sketch of Colonel John C. Hays*, *The Texas Rangers*, *Incidents in Mexico*, p. 11.

24. Ibid. , p. 32

25. Wallace and Hoebel, p. 258.

26. Captain Nathan Brookshire, Report in *Journals of the Fourth Congress of the Republic of Texas*, vol. 3, pp. 110 – 11.

27. J. W. Wilbarger, *Indian Depredations in Texas*, pp. 368 ff.

28. Colonel Dodge, *Our Wild Indians*, p. 522.

29. James Kimmins Greer, *Colonel Jack Hays: Frontier Leader and California Builder*, p. 35.

30. Wilbarger, p. 74.

31. The photo referred to is in Greer's biography of Hays.

32. Webb, *The Texas Rangers*, p. 67.

33. Caperton, p. 5.

34. Colonel John S. Ford, *John C. Hays In Texas*, p. 5.

35. Caperton, p. 13.

36. Greer, p. 26.

37. Cox, p. 78.

38. Victor Rose, *The Life and Services of Ben McCulloch*, p. 42.

39. Caperton, p. 9.

40. Ibid. , p. 10.

41. Webb. *The Texas Rangers*, p. 81.

42. Ibid. , p. 84.

43. Rose, p. 84.

44. Cox, p. 87 ［援引 James Nichols Wilson, *Now Your Hear My Horn: Journal of James wilson Nichols* (Austin: University of Texas Press, 1967), pp. 122 – 23］。

45. Ibid.

46. Wilbarger, p. 73.

47. Caperton, pp. 18 – 19.

48. Charles Adams Gulick, ed. , *The Papers of Mirabeau Buonaparte Lamar*, vol. 4, pp. 234 – 35.

49. Wilbarger, p. 72.

50. Cox, pp. 82 – 83；参阅 Gulick, p. 232。

51. Webb, *The Texas Rangers*, p. 71.

52. Ibid. , p. 120.

53. Gulick, p. 234.

54. John E. Parsons, *Sam Colt's Own Record of Transactions with Captain Walker and El Whimey Jr, in 1847*, p. 8.

55. Ibid. , p. 9.

56. Cox, p. 93；参阅 Robert M. Utley, *Lone Star Justice：The First Century of the Texas Rangers*, p. 10。

57. Ford, pp. 18ff. 这份描述来自海斯本人。他将这份描述交给 *Houston Star*, 1844 年 6 月 23 日，后来被其他报纸报道，包括 *Clarksville Northern Standard*。

58. Ford, p. 20.

59. Ibid. , p. 21.

60. Parsons, p. 10.

61. Ibid. , p 8.

62. Ibid. , p. 10.

63. Ibid. , p. 16.

64. Ibid. , p. 46.

65. Fehrenbach, *The Comanches*, p. 303.

66. Cox, p. 113.

第十一章　白刃战

1. A. B. Mason, "The White Captive," *Civilian and Gazette*, 1860（reprint of story in *The White Man*）.

2. Jonathan Hamilton Baker, *Diary of Jonathan Hamilton Baker of Palo Pinto County Texas*, *Part 1*, 1858 – 1860, p. 210.

3. Jo Ella Powell Exley, *Frontier Blood*, p. 158.

4. G. A. Holland, *The History of Parker County and the Double Log Cabin*（Weatherford, Tex. : The Herald Publishing Company, 1937）, pp. 18, 46.

5. Ibid. , p. 46.

6. Hilory G. Bedford, *Texas Indian Troubles*, pp. 70 – 71.

7. Ibid.

8. Judith Ann Benner, *Sul Ross: Soldier, Statesman, Educator*, p. 38.

9. Ibid. , pp. 38 ff.

10. J. P. Earle, *A History of Clay County and Northwest Texas*, Written by J. P Earle, *one of the first pioneers*, p. 76.

11. Mike Cox, *The Texas Rangers*, p. 164.

12. *The White Man*, September 13, 1860.

13. Cox, p. 162.

14. J. Evetts Haley, *Charles Goodnight: Cowman and plainsman*, p. 49.

15. Charles Goodnight, *Indian Recollections*, pp. 15 ff.

16. Marshall Doyle, *A Cry Unheard: The Story of Indian Attacks in and Around Parker County, Texas, 1858 – 1872*, pp. 18 – 19.

17. Ibid. , p. 33.

18. Ernest Wallace, *Texas in Turmoil, 1849 – 1875*, p. 17.

19. Ibid. , p. 13.

20. Ibid.

21. Exley, p. 169.

22. Ibid.

23. Walter Prescott Webb, *The Texas Rangers*, p. 142.

24. Ibid. , p147.

25. T. R. Fehrenbach, *The Comanches*, p. 400.

26. Ibid. , p. 401.

27. John S. Ford, *Rip Ford's Texas*, p. 222

28. Wallace, *Texas in Turmoil*, p 18.

29. Fehrenbach, *The Comanches*, p. 402.

30. Ernest Wallace, and E. Adamson Hoebel, *The Comanches*, p. 296.

31. Larry McMurtry, *Crazy Horse*, p. 77, citing Alex Shoumatoff.

32. Wallace and Hoebel, p. 297.

33. Ibid. , p. 299.

34. Randolph Marcy, *The Prairie Traveler*, p. 218.

35. Wallace, *Texas in Turmoil*, p. 25.

36. Webb, *The Texas Rangers*, p. 169; Wallace, *Texas in Turmoil*, p. 24.

37. Cox, *The Texas Rangers*, p. 144.

38. Ford, p. 224.

39. Ibid. , pp. 223ff.

40. Ibid. , pp. 231 – 32.

41. Cox, p. 146.

42. Ford, p. 233.

43. James DeShields, *Cynthia Ann Parker, the Story of Her Capture*, p. 40.

44. Ford, p. 233.

45. Cox, p. 147.

46. Ford, p. 233.

47. Ibid. , p. 235.

48. Cited from Cox, p. 145.

49. W. S. Nye, *Carbine and Lance: The Story of Old Fort Sill*, p. 19.

50. Benner, pp. 29ff.

51. Ibid. , p. 32.

52. Ibid.

53. Wallace, *Texas in Turmoil*, p. 24.

第十二章　科曼奇人中的白人女王

1. Jonathan Hamilton Baker, *Diary of Jonathan Hamilton Baker*, pp. 191 – 92.

2. J. Evetts Haley, *Charles Goodnight: Cowman and Plainsman*, p. 52.

3. Ibid. , pp. 50 – 51.

4. Ibid. , pp. 51 – 52.

5. Cited in Jo Ella Powell Exley, *Frontier Blood*, p. 148.

6. Baker, pp. 202ff.

7. B. Gholson, Recollections of B. F. Gholson, p. 24.

8. Marshall Doyle, *A Cry Unheard*, p. 35; 参阅 Haley, p. 53。

9. Judith Ann Benner, *Sul Ross: Soldier, Statesman, Educator*, p. 52.

10. Charles Goodnight, *Charles Goodnight's Indian Recollections*, p. 22.

11. Gholson, p. 28.

12. YA-A-H-HOO: *Warwhoop of the Comanches*, narrative in Elizabeth Ross Clarke archives, Center for American History, University of Texas in

Austin, p. 66.

13. Hilory G. Bedford, *Texas Indian Troubles*, p. 73 ; the account also appears in J. W. Wilbarger, *Indian Depredations in Texas*.

14. Ibid. , p. 58.

15. Gholson, p. 30.

16. Ibid. , p. 34.

17. Baker, p. 204.

18. *The Galveston Civilian*, February 5, 1861.

19. Ibid.

20. Gholson, p. 40.

21. Ibid. , p. 44.

22. Amelia W. Williams and Eugene C. Barker, *The Writings of Sam Houston, 1813 - 1863*, vol. 4, pp. 60 - 61.

23. Lawrence T. Jones, "Cynthia Ann Parker and Pease Ross, The Forgotten Photographs," *Southwestern Historical Quarterly*, January 1991, p. 379.

24. Bedford, p. 75.

25. Eugene E. White, *Experiences of a Special Indian Agent*, p. 271 ; letter written by Sul Ross while governor.

26. H. B. Rogers, *The Recollections of H. B. Rogers*, as told to J. A. Rickard (appended to Gholson manuscript), p. 66.

27. Jo Ella Powell Exley, *Frontier Blood*, p. 175.

28. Lawrence T. Jones, "Cynthia Ann Parker and Pease Ross," p. 379.

29. Exley, pp. 170 - 71, citing an account by Medora Robinson Turner.

30. *Clarksville Northern Standard*, April 6, 1861.

31. Letter: K. J. Pearson, to John D. Floyd, February 3, 1861, Fort Sill Archives.

32. Margaret Schmidt Hacker, *Cynthia Ann Parker: The Life and Legend*, p. 32.

33. Stephen. B. Oates, "Texas Under the Secessionists," *Southwestern Historical Quarterly* 167 (October 1963): 167.

34. Ibid. , p. 168.

35. James T. DeShields, *The Capture of Cynthia Ann Parker*, p. 71.

36. *Clarksville Northern Standard*, April 6, 1861.

37. Jones, "Cynthia Ann Parker and Pease Ross," p. 380.

38. Exley, p. 175.

39. Coho Smith, *Cohographs*, p. 69. 与史密斯·帕克会见有关的材料都来自史密斯本人的叙述。

40. Jan Isbelle Fortune, "The Recapture and Return of Cynthia Ann Parker," *Groesbeck Journal*, May 15, 1936, p. 1.

41. Exley, p. 176, citing an article written by Parker family member Tom Champion.

42. Jones, "Cynthia Ann Parker and Pease Ross," p. 190.

43. Ibid.

44. Ibid.

45. Hacker, p. 35.

46. Ibid.

47. Exley, p. 178, citing Champion account.

48. Letter: T. J. Cates to the Edgewood *Enterprise*, June 1918.

49. Exley, p. 179.

50. Disinterment Permit, Texas State Department of Health, Bureau of Vital Statistics dated August 25, 1865

51. Paul Wellman, "Cynthia Ann Parker," *Chronicles of Oklahoma* 12, no. 2. (1934): 163.

第十三章　夸纳的崛起

1. 这是辛西娅·安自己的叙述。参阅 Judith Ann Benner, *Sul Ross: Soldier, Statesman, Educator*, p. 56。

2. Robert H. Williams, "The Case for Peta Nocona," In *Texana*, Vol. 10, 1972, p. 55. 威廉斯称这是非常明显的，即夸纳后来坚称他与父亲在袭击发生时外出打猎显然不是真实的。夸纳这么做是为了维护他父亲的声誉，甚至到 1898 年，事情过去近 40 年后，他还是坚持这么做。1910 年，在他著名的演讲中，即在他死前几个月，他还是这么做的。威廉斯还指出，那两名骑马者只能是夸纳与他的弟弟。

3. J. Evetts Haley, ed., *Charles Goodnight's Indian Recollections*, pp. 25 – 26.

4. Ibid.

5. Ibid.

6. Jo Ella Powell Exley, *Frontier Blood*, pp 183 – 84; citing untitled manuscript of J. Dickson.

7. Ibid. , p. 186.

8. Ibid. , pp. 199ff.

9. Ernest Wallace and E. Adamson Hoebel, *The Comanches*, p. 81.

10. Charles Goodnight, *The Making of a Scout*, manuscript in Panhandle Plains Historical Museum Archives.

11. Wallace and Hoebel, pp. 178ff.

12. Ibid. , p. 183.

13. "Quanah Parker in Adobe Walls Battle, *Borger News Herald*, date unknown, Panhandle Plains Historical Museum Archives, based on interview with J. A. Dickson.

14. Elizabeth Ross Clarke, *YA-A-H-HOO Warwhoop of the Comanches*, manuscript at Center for American History, University of Texas, Austin, p. 73.

15. Exley, p. 184, citing untitled Dickson ms. 16. Chief Baldwin Parker, *Life of Quanah Parker, Comanche Chief* through J. Evetts Haley, August 29, 1930, manuscript at Center for American History, University of Texas, Austin.

17. Exley, Dickson ms.

18. Randolph Marcy, *Adventure on Red River: A Report on the Exploration of the Red River by Captain Randolph Marcy and Captain G. B. McClellan*, p. 159.

19. Scott Zesch, *The Captured*, pp. 68 – 76.

20. Thomas W. Kavanaugh, *The Comanches*, p. 372; Zoe A. Tilghman, *Quanah, Eagle of the Comanches*, pp. 68ff.

21. Kavanaugh, *The Comanches*, p. 481.

22. Tilghman, pp. 68ff.

23. Exley, p. 204, citing untitled Dickson ms.

24. Kavanaugh, *The Comanches*, p. 473.

25. Olive King Dixon, *Fearless and Effective Foe: He Spared Women and Children, Always*, manuscript, Center for American History, University of Texas, Austin.

26. Eugene E. White, *Experiences of a Special Indian Agent*, pp. 276ff. White's account is taken from his conversations with Quanah in later years.

27. 这个故事最终的来源是夸纳，但是他的叙述通过三个不同的来源传递给我们——尤金·怀特（Eugene White）、奥利芙·金·狄克逊（Olive King Dixon）（通过古德奈特与鲍德温·帕克）与埃拉·考克斯·卢茨（Ella Cox Lutz，夸纳的孙女）。它们在重要的方面都是一致的。

28. Wallace and Hoebel, pp. 136 – 37.

29. White, p. 284.

30. Ibid., p. 286

31. Dixon, manuscript.

第十四章　野蛮的战争

1. Ernest Wallace, *Texas in Turmoil*, p. 238.

2. David La Vere, *Contrary Neighbors*, p. 169.

3. Ibid., p. 178.

4. Ibid.

5. Ibid., p. 171.

6. T. R. Fehrenbach, *The Comanches*, p. 450.

7. Angie Debo, *The Road to Disappearance: A History of the Creek Indians*, pp. 150ff.

8. Fehrenbach, *The Comanches*, p. 449.

9. Debo, p. 152; also La Vere, p. 171.

10. Fehrenbach, *The Comanches*, p. 459.

11. Wallace, p. 244; R. N. Richardson, *The Comanche Barrier to South Plains Settlement*, p. 142.

12. W. S. Nye, *Carbine and Lance: The Story of Old Fort Sill*, p. 35.

13. Hampton Sides, *Blood and Thunder*, p. 308.

14. Thelma S. Guild and Harvey L. Carter, *Kit Carson: A Pattern for Heroes*, pp. 231ff.

15. Sides, p. 368.

16. Thomas Kavanagh, *The Comanches*, p. 398.

17. Letter to commanding officer, Fort Bascom, September 27, 1864; Official Records of the War of Rebellion, series 1, vol. 41, pt. 3, pp. 429 – 30.

18. Captain George Pettis, *Kit Carson's Fight with the Comanche and Kiowa Indians* (Providence Press Company, Sidney S. Rider [copyright], 1878), p. 3.

19. Mildred Mayhall, *The Kiowas*, p. 161.

20. Pettis, p. 5.

21. David A. Norris, "Confederate Gunners Affectionately Called Their Hard Work-ing Little Mountain Howitzers 'Bull Pups'," *America's Civil War*, September 1995, pp. 10, 12, 14, 16, 20, and 90.

22. Pettis, p. 9.

23. Ibid.

24. Kavanagh, *The Comanches*, p. 395.

25. Ibid. , p. 16.

26. Ibid.

27. 39th U. S. Congress; Second Session, Senate report 156, pp. 53, 74.

28. Dee Brown, *Bury My Heart at Wounded Knee*, p. 86.

29. 39th U. S. Congress; Second Session, Senate report 156, pp. 73, 96.

30. Sides, p. 379.

31. Ibid.

32. Fehrenbach, *The Comanches*, p. 461.

第十五章　和平与其他恐惧

1. Rupert N. Richardson, *The Comanche Barrier to South Plains Settlement*, p. 157.

2. Ibid.

3. T. R. Fehrenbach, *The Comanches*, p. 484.

4. Abstracted from the Army Nary Journal 15, no. 52 (August 31, 1878); cited in Charles M. Robinson, *Bad Hand: A Biography of General Ranald S. Mackrnzie*, p. 57.

5. Thomas Kavanagh, *The Comanches*, p. 411.

6. Richardson, p. 151.

7. Kavanagh, *The Comanches*, p. 412.

8. Alfred A. Taylor, account in Chronicles of Oklahoma, II, pp. 102 – 103.

9. Charles J. Kappler, ed. , *Indian Affairs Laws and Treaties* (Washington, D. C. , 1903), vol. II, pp. 977ff.

10. Henry M. Stanley, "A British Journalist Reports the Medicine Lodge Councils of 1867," Kansas Historical Quarterly 33 (Spring 1967): 282.

11. Ibid. ,

12. Douglas Jones, The Treaty at Medicine Lodge, pp. 101ff.

13. Stanley, pp. 249 – 320.

14. Kappler, pp. 977ff.

15. Ibid. , p. 982.

16. Richardson, p. 237, note 25.

17. Quanah Parker to Captain Hugh Lenox Scott, 1898, H. L. Scott Material, W. S. Nye Collection, Fort Sill Archives.

18. David La Vere, *Contrary Neighbors*, pp. 183 – 84.

19. Leavenworth to Commissioner of Indian Affairs, April 23, 1868, 40th Congress, Second Session, Sen. Ex. Doc. No. 60: 2.

20. Richardson, p. 161.

21. Lawrence Schmeckebier, *The Office of Indian Affairs*, *Its History*, *Activities and Organization*, p. 48; Richardson, p. 164.

22. Fehrenbach, *The Comanches*, p. 485.

第十六章　与卡斯特的较量

1. Charles M. Robinson III, *Bad Hand*: *A Biography of General Ranald S. Mackenzie*, p. 10, citing Morris Schaff, *Old West Point*, pp. 42 – 43.

2. Evan S. Connell, *Son of the Morning Star*, p. 108.

3. Captain Joseph Dorst, "Ranald Slidell Mackenzie," Twentieth Annual Reunion of the Association Gradates of the United States Military Academy at West Point, June 12, 1889, p. 7.

4. F. E. Green, ed. , "Ranald S. Mackenzie's Official Correspondence Relating to Texas 1873 – 79," *Museum Journal* 10 (1966): 13ff.

5. U. S. Grant, *Personal Memoirs* (New York: Charles A. Webster and Co. , 1885), p. 541.

6. Ernest Wallace, *Ranald S. Mackenzie on the Texas Frontier*, p. 9.

7. Dorst, p. 7.

8. Connell, pp. 128 – 29.

9. W. S. Nye, *Carbine and Lance*, pp. 63ff.

10. Ibid. , p. 67.

11. Ibid. , p. 69

12. Jo Ella Powell Exley, *Frontier Blood*, p. 196, citing untitled Dickson manuscript, p. 37.

13. Tatum's second annual report, August 12, 1870, 41st Congress, Third Session, House Ex. Doc. no. 1, vol, 1, 724 – 729, cited in Rupert N. Richardson, *The Comanche Barrier to South Plains Settlement*, p. 171.

14. Letter: Ranald S. Mackenzie to William T. Sherman, June 15, 1871.

15. Robert G. Carter, *On the Border with Mackenzie*, p. 167.

16. Charles H. Sommer. *Quanah Parker, Last Chief of the Comanches*, p. 43.

17. 历史学家对此有分歧。杰出的科曼奇历史学家欧内斯特·华莱士认为，这是由夸纳指挥的，夸纳的传记作者比尔·尼利（Bill Neeley）也这么认为。反面的证据主要来自多年后对科曼奇战士 Cohayyah 的采访，并且在乔·埃拉·鲍威尔·埃克斯利（Jo Ella Powell Exley）的 *Frontier Blood* 中被引用。Cohayyah 说是牛熊指挥的。对于夸纳领导那天晚上的袭击或者对于海尔与卡特的袭击，历史学家之间没有分歧。

18. Carter, *On the Border with Mackenzie*, p. 170.

19. Ibid. , p. 173.

20. Ibid. , p. 175. 卡特说科曼奇人"武器很破，配备的是前膛装填的步枪、手枪与弓箭"。

21. Ibid.

22. Colonel Richard Dodge, *Our Wild Indians*, p. 489.

23. Handbook of Texas Online, Texas State Historical Society.

24. Carter, op. cit. , p. 187.

25. Ibid. , p. 187.

26. Ibid. , p. 188.

27. Arthur Ferguson Journal, Utah State Historical Society; cited in Stephen E. Ambrose, *Nothing Like It in the World: The Men Who Built the*

Transcontinental Rail-road, *1863 – 1869*, p. 143.

28. Ibid. , p. 189.

29. Wallace, *Ranald S. Mackenzie*, p. 54.

30. Carter, *On the Border with Mackenzie*, p. 194.

第十七章　不受束缚的麦肯齐

1. Letter: Charles Howard to President Grant, cited in T. R. Fehrenbach, *The Comanches*, p. 515.

2. Robert G. Carter, *On the Border with Mackenzie*, p. 219.

3. Ernest Wallace, *Texas in Turmoil*, pp. 252 – 53.

4. Ernest Wallace, *Ranald S. Mackenzie on the Texas Frontier*, p. 74.

5. W. A. Thompson, "Scouting with Mackenzie," *Journal of the United States Cavalry Association* 10 （1897）: 431.

6. Clinton Smith, *The Boy Captives*, p. 134.

7. David La Vere, *Contrary Neighbors*, p. 194: Scott Zesch, *The Captured*, p. 159.

8. Mackenzie's Official Report, October 12, 1872, "1872. Sept. 29, Attack on Comanche Village," To The Assistant Adjutant General, Department of Texas.

9. Ibid.

10. Herman Lehmann, *Nine Years Among the Indians*, pp. 185 – 86; Lehmann also notes that Batsena had been using a Spencer carbine, which suggests that the Comanches were finally beginning to trade for some of these weapons. By 1874 they would have many more of them.

11. R. G. Carter, *The Old Sergeant's Story*, p. 84.

12. Mackenzie's Official Report, October 12, 1872.

13. Carter, *Old Sergeant's Story*, p. 84.

14. Smith, *The Boy Captives*, p. 13. 7.

15. Carter, *On the Border with Mackenzie*, pp. 419ff.

第十八章　剥皮者与救世主

1. Thomas W. Kavanagh, *The Comanches*, pp. 474ff。

2. Rupert N. Richardson, "The Comanche Indians and the Fight at Adobe Walls," *Panhandle Plains Historical Review* (Canyon, Texas) (1931): 25.

3. 夸纳的羽毛头饰在得克萨斯狭长地带的平原历史博物馆展出。

4. Ernest Wallace and E. Adamson Hoebel, *The Comanches*, p. 150.

5. T. Lindsay Baker and Billy R. Harrison, *Adobe Wall: The History and Archaeology ofthe Trading Post*, p. 3.

6. Colonel William F. Cody, *The Adventures of Buffalo Bill Cody*, p. viii.

7. Baker and Harrison, p. 29; T. R. Fehrenbach, *The Comanches*, p. 523.

8. Baker and Harrison, p. 4.

9. James L. Haley, *The Buffalo War*, p. 22.

10. Ibid. , p. 26.

11. Ibid. , p. 8.

12. Francis Parkman, *The California and Oregon Trails*, p. 251.

13. Baker and Harrison, p. 25.

14. Ibid. , p. 41.

15. Fehrenbach, *The Comanches*, p. 523.

16. W. S. Nye, *Carbine and Lance*, p. 188.

17. Thomas Battey, *Life and Adventures of a Quaker among the Indians*, p. 239 and Baker and Harrison, p. 39.

18. Haley, *The Buffalo War*, p. 51.

19. Ernest Wallace, *Ranald Mackenzie on the Texas Frontier*, p. 119.

20. Kavanagh, *The Comanches*, p. 445; Haley, *The Buffalo War*, note on p. 232.

21. Letter: Agent J. M. Haworth to Enoch Hoag, May 5, 1874.

22. Battey, p. 302.

23. This was Coggia's Comet.

24. Zoe Tilghman, *Quanah Parker, Eagle of the Comanches*, pp. 82 – 84.

25. Battey, p. 303.

26. Baker and Harrison, p. 44.

27. Quanah interview with Captain Hugh Lennox Scott, 1897, Fort Sill Archives.

28. Wallace and Hoebel, p. 320.

29. Haley, *The Buffalo War*, p. 57.

30. Letter：Agent J. M. Haworth to Enoch Hoag, June 8, 1874.

31. Quanah interview with Scott.

32. W. S. Nye Collection, "Iseeo Account," pp. 58 – 60. Fort Sill Archives.

33. Quanah interview with Scott.

34. Olive King Dixon, *Life of Billy Dixon*, p. 167.

35. "Quanah Parker in Adobe Walls Battle," *Borger News Herald*, date unknown. Pan handle Plains Historical Museum Archives.

36. Haley, *The Buffalo War*, p. 73.

37. Baker and Harrison, pp. 75ff.

38. Dixon, *Life of Billy Dixon*, p. 186.

39. Baker and Harrison, p. 66.

40. Ibid. , pp. 64 – 66; Dixon, *Life of Billy Dixon*, pp. 162ff.

41. Dixon, *Life of Billy Dixon*, p. 181.

42. Robert G. Carter, *The Old Sergeant's Story*, p. 98.

43. Quanah interview with Scott.

44. Rupert N. Richardson, *The Comanche Barrier to South Plains Settlement*, p. 194.

45. Ernest Wallace, *Texas in Turmoil*, pp. 256 – 57.

第十九章　红河战役

1. Thomas Kavanagh, *The Comanches*, pp. 472 – 74. 这些是大致的估计。科曼奇人具体数字不详，主要是因为在历史上无法通过分发的口粮来辨别哪些印第安人在保留地内，哪些在保留地外。估计的数字是 2643 人，是印第安事务官员霍沃思在 1874 年估计的。显然，很多这样的科曼奇人后来又回到了野外。卡瓦纳分析了 1869 年 11 月、1870 年 12 月与 1874 年 3 月人口统计中印第安人的大致数据。我们知道在夸纳、黑胡子与握手的队群约有 650 名科曼奇人，这不包括在帕洛杜罗峡谷战役后投降的未知人数。

2. 当南部平原所有部落投降的时候，成年男子的数量为 700 多，这是我根据在投降的部落中战斗男子与总人口的比例估算的；参阅 Rupert N. Richardson, *The Comanche Barrier to South Plains Settlement*, p. 200。

3. Letter：C. C. Augur to Mackenzie, August 28, 1874, in F. E. Green, ed. ,

"Ranald S. Mackenzie's Official Correspondence Relating to Texas, 1873 –
79, " *Museum Journal*, West Texas Museum Association (Lubbock, Texas),
10 (1966): 80ff.

4. Ernest Wallace, *Ranald S. Mackenzie on the Texas Frontier*, p. 124.

5. Nelson Miles to AAG, Dept. of Missouri, September 1, 1874; Mackenzie's
Official Correspondence, p. 87.

6. James L. Haley, *The Buffalo War*, p. 193.

7. J. T. Marshall, *The Miles Expedition of 1874 – 5*, p. 39.

8. Wallace, *Ranald S. Mackenzie on the Texas Frontier*, pp. 125 – 26.

9. Ibid. , p. 131.

10. Augur to Mackenzie, August 28, 1874; Mackenzie Official Correspondence, p. 81.

11. Robert Carter, *On the Border with Mackenzie*, p. 484.

12. "Mackenzie's Expedition through the Battle of Palo Duro Canyon as
Described by a Special Correspondent of the New York Herald," October
16, 1874, *Museum Journal* 10 (1966): 114.

13. Carter, *On the Border with Mackenzie*, p. 485.

14. Wallace, *Ranald S. Mackenzie on the Texas Frontier*, p. 136.

15. Carter, *On the Border with Mackenzie*, p. 488.

16. John Charlton's account in Captain Robert G. Carter, The Sergeant's Story,
p. 39.

17. Charlton in Carter, *The Old Sergeant's Story*, p. 107, and Wallace, *Ranald
S. Mackenzie on the Texas Frontier*, p. 140.

18. Charlton in Carter, *The Old Sergeants Story*, p. 108.

19. Ibid.

20. Ibid. , p. 109.

21. Wallace, *Ranald S. Mackenzie on the Texas Frontier*, p. 139.

22. "Journal of Ranald S. Mackenzie's Messenger to the Quahada Comanches,"
Red River Valley Historical Review 3, no. 2 (Spring 1978): 227.

23. Ibid. , p. 229.

24. Jo Ella Powell Exley, *Frontier Blood*, p. 255, citing untitled Dickson
manuscript.

25. "Journal of Mackenzie's Messenger," p. 237.

26. Ibid. , p. 237.

27. Wayne Parker, *Quanah Parker, Last Chief of the Kwahadi Obeys the Great Spirit*, manuscript.

28. Ibid. , p. 239.

29. W. S. Nye, *Carbine and Lance*, p. 229.

30. William T Hagan, *Quanah Parker, Comanche Chief*, p. 15.

31. Ibid.

第二十章　向前，失败

1. Charles M. Robinson Ill, *Bad Hand: A Biography of General Ranald S. Mackenzie*, pp. 186 – 88.

2. William T Hagan, *Quanah Parker, Comanche Chief*, pp. 20 – 21, Mackenzie to Pope, letter, September 5, 1875.

3. Bill Neeley, *The Last Comanche Chief: The Life and Times of Quanah Parker*, p. 144.

4. Letter: Ranald S. Mackenzie to Isaac Parker, September 5, 1877 (Fort Sill Letter Book).

5. Charles Goodnight, "Pioneer Outlines Sketch of Quanah Parker's Life," *Amarillo Sunday News and Globe*, August 6, 1928.

6. 两次行动的记载来自 1877 年 8 月 26 日霍沃思给尼克尔森的信，Kiowa Agency Microform, National Archive; and Colonel J. W. Davidson to Asst. Adjutant General, October 29, 1878, House Executive Document, 45th Congress, Third Session, p. 555.

7. John R. Cook, *The Border and the Buffalo*, pp. 249 ff.

8. Neeley, p 153.

9. Herman Lehmann, *Nine Years Among the Indians*, pp 186 – 87.

10. Scott Zesch, *The Captured*, pp. 220 – 21, citing Haworth and Mackenzie correspondence.

11. Lehmann, pp. 187 – 88.

12. Ibid. , p. 232.

13. Hagan, *Quanah Parker, Comanche Chief*, p. 26.

14. Wellington Brink, "Quanah and the Leopard Coat Man," *Farm and Ranch*,

April 17, 1926.

15. Harley True Burton, "History of the JA Ranch," *Southwestern Historical Quarterly* 31, no. 2 (October 1927).

16. Brink.

17. Burton.

18. Walter Prescott Webb, *The Great Plains*, p. 212.

19. Lilian Gunter, "Sketch of the Life of Julian Gunter," manuscript made for Panhandle Plains Historical Association, 1923, Panhandle Plains Historical Museum archive.

20. G. W. Roberson to J. Evetts Haley, June 30, 1926, manuscript in Panhandle Plains Historical Museum archives.

21. Haley, *Charles Goodnight: Cowman and Plainsman*, p. 30.

22. Hagan, *Quanah Parker, Comanche Chief*, p. 31.

23. Council meeting of May 23, 1884, Kiowas, 17: 46, Oklahoma Historical Society.

24. H. P. Jones to Philemon Hunt, interview, June 21, 1883, Kiowa Agency files, Oklahoma Historical Society; George Fox to Philemon Hunt, October 13, 1884, Kiowa Agency files.

25. Quanah Parker to Charles Adams, interview, May 13, 1890, Kiowa Agency files, Oklahoma Historical Center.

26. James T. DeShields, *Cynthia Ann Parker: The Story of Her Capture*, pp. 78–79.

27. Hugh Lennox Scott, *Some Memories of a Soldier*, p. 151.

28. *Hobart Democrat-Chief* (Oklahoma), August 4, 1925, interview with Knox Beall who said that Grantham was adopted and also Quanah's business adviser.

29. Commissioner T. J. Morgan to Agent Adams, interview, December 18, 1890, Kiowa Agency files, Oklahoma Historical Society.

30. Profile of Charlie Hart by Evelyn Fleming manuscript, Quanah Parker papers, Panhandle Plains Historical Museum.

31. Knox Beall to R. B. Thomas, interview, November 5, 1937, Indian Pioneer History Project for Oklahoma, Western History Collections, University of Oklahoma; Beall to Bessie Thomas, April 15, 1938.

32. Lehmann, pp. 233 – 34.

33. Dick Banks to Bessie Smith, interview, Indian Pioneer History Project for Oklahoma.

34. Robert B. Thomas, undated manuscript Indian Pioneer History Project for Oklahoma, Western History Collections, University of Oklahoma; also Beall to Thomas, November 5, 1937.

35. Anna Gomez to Ophelia D. Vestal interview, December 13, 1937, Indian Pioneer History Project for Oklahoma, Western History Collections, University of Oklahoma.

36. Letter: Bob Linger to Quanah, March 9, 1909, in Neelcy Archive at Panhandle Plains Historical Museum, Canyon, Texas.

37. 星屋仍然存在，已经破败了，位于俄克拉荷马卡什。我参观了它的起居室，与20世纪早期的照片相比，它仍然与照片上的一样。唯一找到它的方式是询问卡什旧贸易站的位置。

38. Gomez to Vestal, interview, December 13, 1937.

39. Memoirs of Mrs. Cora Miller Kirkpatrick, in Mrs. J. W. Pierce manuscript, Quanah Parker collection, Panhandle Plains Historical Museum, Canyon, Texas.

40. Ernest Wallace, *Ranald S. Mackenzie on the Texas Frontier*, p. 170.

41. Ibid. , p. 172.

42. Ibid. , p. 190.

第二十一章　这是真汉子

1. William T. Hagan, *Quanah Parker, Comanche Chief*, p. 65.

2. September 26, 1892, Hearing at Fort Sill, Comanches, Apaches, Kiowas, Quanah Parker Collection, Panhandle Plains Historical Museum, Canyon, Texas.

3. William T. Hagan, *United States-Comanche Relations*, p. 287.

4. Knox Beall to R. B. Thomas, interview, November 5, 1937, Indian Pioneer History Project for Oklahoma, Western History Collections, University of Oklahoma.

5. Robert Thomas, document in Indian Pioneer History Project for Oklahoma,

University of Oklahoma.

6. Mrs. J. L. Dupree to Jasper Mead, interview, March 17, 1938; Indian Pioneer History Project for Oklahoma, Western History Collections, University of Oklahoma.

7. George W. Briggs to Eunice M. Mayer, interview, June 17, 1937, Indian Pioneer History Project for Oklahoma, Western History Collections, University of Oklahoma.

8. Robert G. Carter, *Tragedies of Canon Blanco*, pp. 79 – 80.

9. "Quanah Route Day Draws Large Crowds," *Dallas Morning News*, October 25, 1910.

10. Robert Thomas document, in Indian Pioneer History Project for Oklahoma.

11. T. R. Roosevelt, *Outdoor Pastimes of the American Hunter*, p. 100.

12. Bill Neeley, *The Last Comanche Chief*, p. 220, citing 1985 Neeley interview with Anona Birdsong Dean.

13. Letter: T. R. Roosevelt to Francis Leupp, April 14, 1905, Indian Office Letters Rec'd.

14. Unidentified newspaper story about the school board in Quanah Parker Collection, Panhandle Plains Historical Museum, Canyon, Texas.

15. Ernest Wallace and E. Adamson Hoebel, *The Comanches*, pp. 332ff.

16. *Hobart Democrat-Chief* (Oklahoma), August 4, 1925.

17. Hagan, *Quanah Parker, Comanche Chief*, p. 113.

18. Frank Cummins Lockwood, *The Apaches*, p. 326; Hagan, *Quanah Parker, Comanche Chief*, p. 129.

第二十二章　安息在这里，直到天亮

1. "Quanah Route Day Draws Large Crowd," *Dallas Morning News*, October 25, 1910.

2. Ibid.

3. William T. Hagan, *Quanah Parker, Comanche Chief*, p. 124.

参考文献

参考文献说明

我希望告诉读者的是，本书使用了大量当时的第一手资料。当透视 300 年历史的时候，二手资料作为指引与总结，当然有用，但是最宝贵的资源总是原始的。我非常幸运，就住在得克萨斯州奥斯汀，能够接触到得克萨斯大学图书馆的大量文献，尤其是多尔夫·布里斯科美国历史中心（Dolph Briscoe Center for American History），那里对于探索科曼奇历史是一个起点。我还利用了位于得克萨斯狭长地带的平原历史博物馆的大量档案资料、俄克拉荷马大学西部历史收藏馆的资料。后者包括印第安先驱历史项目，是 20 世纪 30 年代的一系列采访，采访对象讲述了早至 19 世纪的故事。我在关于夸纳的最后的章节中大量使用了这部分资料，对他生命中最后几十年的了解都来源于这部分采访。俄克拉荷马历史学会/俄克拉荷马历史中心的资料也非常有用，有很多关于夸纳在保留地期间的细节描述。很遗憾，锡尔堡博物馆的档案向学者是无限期地关闭的。这需要我花费大量时间从别处寻找这些关于科曼奇的资料，包括 1897 年休·伦诺克斯·斯科特（Hugh Lenox Scott）对夸纳的宝贵的采访，以及 W. S. 奈（W. S. Nye）收藏的其他资料（很多是在尼利的档案中）。本书写作的大部分时间是在布里斯科中心度过的，那里有一些罕见的书籍、记录、落满灰尘的档案、手写的与打印的手稿。（最有意思的是，我在翻阅这些手稿时竟翻到了南方邦联发行的数百美元，这些钱看起来几乎是全新的。）

这些档案让我能够从权威的、一手的资料中重构历史上的主要事件。这包括帕克堡的事件及其家庭成员随后被俘事件；杰克·海斯与里普·福特等得克萨斯游骑兵的崛起（来自诺亚·史密斯威克、里普·福特、约翰·卡珀顿少校、B. F. 戈尔森（B. F. Gholson）、查尔斯·古德奈特与其他人的第一手资料）、辛西娅·安·帕克的拯救、市政厅大屠杀、林维尔袭击、梅溪战役、土坯墙战役与红河战役。布兰科峡谷战役的翔实记录来自与麦肯齐同行的人（罗伯特·G. 卡特中尉的《与麦肯齐在边境》是关于美国西部最重要的文献之一）。红河战役的描述也是基于同时代的资料，并得到西得克萨斯博物馆的帮助：《拉纳尔德·S. 麦肯齐与得克萨斯有关的官方信件》两卷本，涵盖 1871 年至 1879 年。乔治·佩蒂斯中尉留下了基特·卡森 1860 年与科曼奇人作战的记录。其他的一些原始资料也被用来描写科曼奇人早期的历史，包括西班牙官员阿塔纳斯·德·梅齐埃所写的材料，以及西班牙政府的报告。梅齐埃自 1769 年担任西班牙官员，是执行力最强的一名印第安事务官员。

对 19 世纪早期与中期的得克萨斯最好的记载材料主要来自：伦道夫·马西（他是一名出色的、值得信赖的记者）、理查德·欧文·道奇上校，以及艺术家乔治·卡特林。他们都描述了原始的印第安前线的面貌，其描述是未经修饰的、第一手的资料。保留地时期科曼奇队群内部的生活来自一些俘虏的回忆录，包括多特·巴布、赫尔曼·莱曼、克林顿·史密斯与尼尔森·李。（尽管后者显然编造了一些故事，当然其他的材料非常有用。）另一些当代编年史，如保留地的教师托马斯·巴蒂 1875 年的书《贵格会教徒在印第安人中的生活与冒险》（*Life and Adventures of a Quaker Among the Indians*），也非常有用。玛丽·马弗里克关于旧圣安东尼奥的回忆录，包括市政厅大屠杀与杰克。海斯及骑兵的崛起，则是不可或缺的资料。

二手资料方面，欧内斯特·华莱士与亚当森·霍贝尔权威的民族志无人能及，它基于 20 世纪 30 年代大量的民族学研究：《科曼奇人——南部平原的霸主》（*Comanches: Lords of the South Plains*）、威尔伯·奈（Wilbur Nye）的《卡宾枪与长矛：老锡尔堡的故事》（*Wilbur Nye's Carbine and Lance: The Story of Old Fort Sill*）以及鲁珀特·理查森（Rupert Richardson）的《南部平原定居点的科曼奇障碍》（*Comanche Barrier to South Plains Settlement*）是关于科曼奇历史的开创性著作。两部现存的完整的关于麦肯齐的传记——华莱士的《在得克萨斯边境的拉纳尔德·S. 麦肯齐》（*Ranald S. Mackenzie on the Texas Frontier*）与查尔斯·M. 鲁滨逊三世（Charles M. Robinson III）的《坏手》（*Bad Hand*），研究充分，对本书也有帮助。沃尔特·普雷斯科特·韦布 1931 年的杰作《大平原》关于科曼奇的部分最先令我对这个主题感兴趣，他对得克萨斯骑兵的研究仍然是权威的。T. R. 费伦巴赫（T. R. Fehrenbach）的《科曼奇：一个被毁灭的族群》（*The Comanches: Destruction of a People*）写得很好，仍然是这个领域的现代经典之作。我还想再提两部当代作品，威廉·T. 黑根（William T. Hagan）关于夸纳的传记，主要描写他在保留地的岁月，还有乔·埃拉·鲍威尔·埃克斯利（Jo Ella Powell Exley）的《边境之血》（*Frontier Blood*），是关于帕克大家庭的一份扎实的研究。

我其余的研究是通过开着车实地走访完成的：来回穿梭于

科曼奇利亚的平原，造访位于得克萨斯格罗斯贝克重建的帕克堡，以及理查森堡、孔乔堡与锡尔堡，在土坯墙几乎被困在冰里，并爬上了威奇托山，参观了皮斯河及其他地方的数个战场旧址。最值得一提的是，我找到了夸纳的星屋，位于俄克拉荷马卡什的一个废弃的游乐园。它已经处在破败状态，但一切设施仍然还在那里，包括接待过罗斯福与杰罗尼莫晚餐的餐厅。我在得克萨斯生活了 15 年，对得克萨斯的地理，尤其是西得克萨斯平原的地理非常熟悉，这对我写这本书帮助很大。

书籍

Atkinson, M. J. *The Texas Indians.* San Antonio, Tex. : Naylor Co. , 1935.

——. *Indians of the Southwest.* San Antonio, Tex. : Naylor Co. , 1963.

Baab, T. A. *In the Bosom of the Comanches.* Dallas: Hargreaves Printing Co. , 1923 (second edition of 1912 original) .

Baker, T. Lindsay, and Harrison, Billy R. *Adobe Walls, the History and Archaeology of the 1874 Trading Post.* College Station: Texas A&M University Press, 1986.

Bancroft, Hubert H. *History of Arizona and New Mexico.* San Francisco: The History Company, 1889. Battey, Thomas. *Life and Adventures of a Quaker Among the Indians.* Boston: Lee and Shepard, 1875. Bedford, Hilory G. *Texas Indian Troubles.* Pasadena, Tex. : Abbotsford Publishing Company, 1966 (facsimile of 1905 original by Hargreaves Printing Co. of Dallas) .

Benner, Judith Ann. *Sul Ross: Soldier, Statesman, Educator.* College Station: Texas A&M University Press, 1983.

Bolton, Herbert Eugene. *Coronado: Knight of Pueblos and Plains.* New York: Whittlesey House; Albuquerque: University of New Mexico Press, 1949. ——. *Athanase de Mézières and the Lousiana-Texas Frontier*, 1768 – 1780. Cleveland, Ohio: Arthur H. Clark Co. , 1914.

Bourke, John G. *Mackenzie's Last Fight with the Cheyennes*. New York: Argonaut Press, 1966 (originally published 1890).

Brazos (pseudonym). *The Life of Robert Hall*. Austin: Ben C. Jones and Co., 1898.

Brice, Donaly E. *Great Comanche Raid*. Austin: Eakin Press, 1987.

Brown, Dee. *Bury My Heart at Wounded Knee*. New York: Henry Holt, 1970.

Brown, John Henry. *Indian Wars and Pioneers of Texas*. Austin: State House Press, 1988 (originally published 1890).

——. *The Comanche Raid of 1840*. Houston: Union National Bank, 1933.

Canonge, Elliott. *Comanche Texts*. Norman: University of Oklahoma Institute of Linguistics, 1958.

Carter, Robert G. *On the Border with Mackenzie*. Austin: Texas State Historical Association, 2007 (originally published 1935).

Carter, Captain Robert G. *The Old Sergeant's Story: Winning the West from the Indians and Bad Men in 1870 to 1876*. New York: Frederick H. Hitchcock, 1926.

——. *Tragedies of Blanco Canyon*. Washington, D. C.: Gibson Bros., 1919.

Catlin, George. *Manners, Customs, and Condition of the North American Indians, With Letters and Notes*. London: Henry G. Bohn, 1857, 2 volumes, 9th edition.

Clark, Mary Whatley. *The Palo Pinto Story*. Fort Worth: Manney Co., 1956.

Clark, Randolph. *Reminiscences*. Fort Worth: Texas Christian University Press, 1986 (originally published 1919).

Clark, William P. *The Indian Sign Language*. Philadelphia: L. R. Hamersly, 1885.

Cody, Colonel William F. *The Adventures of Buffalo Bill Cody*. New York and London: Harper & Brothers, 1904.

Connell, Evan S. *Son of the Morning Star*. New York: North Point Press, 1997.

Cook, John R. *The Border and the Buffalo*. Topeka, Kans. : Crane and Co. , 1907.

Cox, Mike. *The Texas Rangers: Wearing the Cinco Peso*, 1821 – 1900. New York: Forge Books, 2008.

Curtis, Edward S. *The North American Indian*, *Selections*. Santa Fe, NM, Classic Gravure, 1980 (from 1930 original) .

Debo, Angie. *The Road to Disappearance*, *A History of the Creek Indians*. Norman: University of Oklahoma Press, 1941.

DeBruhl, Marshall. *Sword of San Jacinto: A Life of Sam Houston*. New York: Random House, 1931.

DeShields, James T. *Border Wars of Texas*. Tioga, Tex. : 1912.

———. *Cynthia Ann Parker: the Story of Her Capture*. St. Louis, privately printed, 1886.

Dixon, Billy. *The Life and Adventures of Billy Dixon of Adobe Walls*. Guthrie, Okla. : Cooperative Publishing Co. , 1914.

———. *The Fight at Adobe Walls*. Houston: Union National Bank, 1935.

Dixon, Olive King. *Life of Billy Dixon*. Austin, Tex. : State House Press, 1987 (originally published 1927) .

Dobie, J. Frank. *The Mustangs*. Austin: University of Texas Press, 1934.

Dodge, Richard Irving. *The Hunting Grounds of the Great West*. London: Chatto and Windus, 1878, 2nd edition.

———. *The Plains of the Great West and Their Inhabitants*. New York: G. P. Putnam's, 1877. Dodge, Colonel Richard Irving. *Our Wild Indians*, *33 years' Personal Experience Among The Redmen of the Great West*. New York:

Archer House, 1883.

——. *The Indian Territory Journals of Colonel Richard Irving Dodge.* Norman: University of Oklahoma Press, 2000.

Dorst, Captain Joseph. *Twentieth Annual Reunion of the Association of Graduates of the United States Military Academy at West Point.* June 12, 1889.

Dunlay, Tom. *Kit Carson and the Indians.* Lincoln: University of Nebraska Press, 2000.

Edmunds, R. David, ed. *American Indian Leaders: Studies in Diversity.* Lincoln: University of Nebraska Press, 1980.

Exley, Jo Ella Powell. *Frontier Blood: The Saga of the Parker Family.* College Station: Texas A&M Press, 2001.

Fallwell, Gene. *The Comanche Trail of Thunder and the Massacre at Parker's Fort, May 19, 1836.* Dallas: Highlands Historical Press, 1965.

Faludi, Susan. *The Terror Dream.* New York: Metropolitan Books (Henry Holt), 2007.

Farnham, J. T. *Travels in the Great Western Prairies, The Anahuac and Rocky Mountains and in the Oregon Territory.* Poughkeepsie, N.Y. : Killey and Lossing Printers, 1841.

Fehrenbach, T. R. *Lone Star: AHistory of Texas and the Texans.* Boulder, Colo. : Da Capo Press Edition, 2000 (originally published 1968) .

——. *The Comanches: Destruction of a People.* New York: Alfred A. Knopf, 1974.

Foote, Shelby. *The Civil War.* New York: Random House, 1858, vol. 1.

Ford, John Salmon. *Rip Ford's Texas.* Austin: University of Texas Press, 1963 (editor: Stephen B. Oates) .

Frazier, Ian. *The Great Plains.* New York: Penguin, 1989.

Gillett, James B. *Six Years with the Texas Rangers.* New Haven: Yale University Press, 1925.

Glisan, Rodney. *Journal of Army Life.* San Francisco: A. L. Bancroft and Co. , 1874.

Goodnight, Charles Charles Goodnight's Indian Recollections. Amarillo, Tex. : Russell and Cockrell, 1928.

Grant, U. S. *Personal Memoirs of U. S. Grant.* New York: Charles A. Webster & Co. , 1886.

Graves, John. *Goodbye to a River.* Houston: Gulf Publishing Company, 1995.

——. *Hard Scrabble: Observations on a Patch of Land.* Dallas: SMU Press, 2002.

Greer, James Kimmins. *Colonel Jack Hays: Frontier Leader and California Builder:* College Station: Texas A&M University Press, 1987.

Grinnell, George Bird. *The Fighting Cheyennes.* Norman: University of Oklahoma Press, 1956 (originally published 1915) .

Guild, Thelma S. , and Harvey L. Carter. *Kit Carson: A Pattern for Heroes.* Lincoln: University of Nebraska Press, 1984.

Hacker, Margaret Schmidt. *Cynthia Ann Parker: The Life and Legend.* El Paso: Texas Western Press, 1990.

Hackett, Charles Wilson, ed. *Pichardo's Treatise on the Limits of Louisiana and Texas.* Austin: University of Texas Press, 1934.

Hagan, William T. *Quanah Parker, Comanche Chief.* Norman: University of Oklahoma Press, 1993.

——. *United States—Comanche Relations.* New Haven: Yale University Press, 1976.

Haley, J. Evetts. *Charles Goodnight's Indian Recollections.* Amarillo, Tex. : Russell and Cockrell, 1928 (reprinted from Panhandle Plains Historical Review, 1928) .

——. *Charles Goodnight: Cowman and Plainsman.* Norman: University of

Oklahoma Press, 1936.

Haley, James L. *The Buffalo War: The History of the Red River Indian Uprising of 1874.* Garden City, N. Y. : Doubleday, 1976.

Hamilton, Allen Lee. *Military History of Fort Richardson, Texas,* master's thesis. Lubbock: Texas Tech, 1973.

Hatcher, Mattie Austin. "The Opening of Texas to Foreign Settlement 1801 – 1821," University of Texas Bulletin, 1927, pp. 53 – 54.

Hodge, Frederick. *Handbook of American Indians North of Mexico.* New York: Rowman and Littlefield, 1971 (originally published in two volumes in 1907 and 1912) .

Holland, G. A. *The History of Parker County and the Double Log Cabin.* Weatherford, Tex. : The Herald Publishing Company, 1937.

Holmes, Floyd J. *Indian Fights on the Texas Frontier.* Fort Worth: Pioneer Publishing, 1927.

House, E. , ed. *A Narrative of the Captivity of Mrs. Horn and Her Two Children with That of Mrs. Harris by the Comanche Indians.* St. Louis: C. Keemle Printer, 1939.

Hyde, George E. *Rangers and Regulars,* Columbus, Ohio: Long's College Book Co. , 1952.

Jackson, Clyde. *Quanah Parker, Last Chief of the Comanches, a Study in Southwestern Frontier History.* New York: Exposition Press, 1963.

James, General Thomas. *Three Years Among the Indians and Mexicans.* St. Louis: Missouri Historical Society, 1916.

Jenkins, John Holmes, ed. *Recollections of Early Texas: The Memoirs of John Holland Jenkins.* Austin, University of Texas Press, 1958.

Jimanez, Ramon. *Caesar Against the Celts.* Staplehurst, Kent: Spellmount, 1996.

Johnston, William Preston. *The Life of General Albert Sidney Johnston:*

Embracing His Services in the Armies of the United States, the Republic of Texas, and the Confederate States. New York: Appleton and Co. , 1879.

Jones, Douglas C. *The Treaty at Medicine Lodge.* Norman: University of Oklahoma Press, 1966.

Jones, Jonathan H. *A Condensed History of the Apache and Comanche Indians.* New York: Garland Publishing, 1976 (originally published in 1899).

Josephy, Alvin M. , Jr. *The Indian Heritage of America.* New York: Bantam Books, 1969.

Kavanagh, Thomas W. *The Comanches: A History, 1706 – 1875.* Lincoln: University of Nebraska Press, 1996.

——. *Comanche Ethnography: Field Notes of E. Adamson Hoebel, Waldo R. Wedel, Gustav G. Carlson, and Robert Lowie.* Lincoln: University of Nebraska Press in cooperation with the American Indian Studies Research Institute at Indiana University, 2008 (from original 1933 study).

Keim, De Benneville Randolph. *Sheridan's Troopers on the Border: A Winter Campaign on the Plains.* Freeport, N. Y. : Books for Librairies Press, 1970 (originally published 1885).

Kenney, M. M. "The History of the Indian Tribes of Texas," *A Comprehensive History of Texas 1685 – 1897.* Edited by Dudley G. Wooten. Dallas: W. G. Scarff, 1898.

La Vere, David. *Contrary Neighbors, The Southern Plains and Removed Indians in Indian Territory.* Norman: University of Oklahoma Press, 2000.

Lee, Nelson. *Three Years Among the Comanches.* Santa Barbara, Calif. : The Narrative Press, 2001 (originally published 1859).

Lehmann, Herman. *Nine Years Among the Indians (1870 – 79).* Albuquerque: University of New Mexico Press, 2004 (originally published 1927).

LeMay, Alan. *The Searchers.* New York: Ace Publishers, 1980 (originally published 1954).

Lewis, M. *The Lewis and Clark Expedition.* Philadelphia: J. B. Lippincott Company, 1814 edition, unabridged, vol. 1 (reprinted 1961).

Limerick, Patricia Nelson. *The Legacy of Conquest.* New York: Norton and Co. , 1988.

Linn, John J. *Reminiscences of Fifty Years in Texas.* Austin, Tex. : The Steck Company, 1935 (originally published 1883).

Lockwood, Frank Cummins. The Apaches. Lincoln: University of Nebraska Press, 1897.

Marcy, Randolph B. *Adventure on Red River: A Report on the Exploration of the Red River by Captain Randolph Marcy and Captain G. B. McClellan.* Norman: University of Oklahoma Press, 1937 (originally published 1853).

——. *The Prairie Traveler: A Handbook for Overland Expeditions.* New York: Harper's, 1859 (1981 reprint by Time-Life Books, New York). ——. *Thirty Years of Army Life on the Border.* NewYork: Harper and Brothers, 1866.

Marshall, Doyle. *A Cry Unheard: The Story of Indian Attacks in and Around Parker County, Texas, 1858 – 1872.* Annetta Valley Farm Press, 1990.

Marshall, J. T. *The Miles Expedition of 1874 – 5: An Eyewitness Account of the River War.* Austin, Tex. : The Encino Press, 1971.

Maverick, Mary. *Memoirs of Mary A. Maverick.* San Antonio: Alamo Printing Co. , 1921.

Mayhall, Mildred P. *The Kiowas.* Norman: University of Oklahoma Press, 1962.

——. *Indian Wars of Texas.* Waco, Tex. : Texian Press, 1965.

McMurtry, Larry. *Crazy Horse.* New York: Lipper/Viking, 1999.

Moore, Ben, Sr. *Seven years with the Wild Indians.* O'Donnell, Tex. : Ben Moore Sr. , 1945.

Moore, John H. *The Cheyenne.* Malden, Mass. : Blackwell Publishers Inc. , 1996.

Morrell, Z. N. *Flowers and Fruits in the Wilderness*. St. Louis: Commercial Printing Co. , 1882, 3rd edition (originally published 1872) .

Neeley, Bill. *The Last Comanche Chief: The Life and Times of Quanah Parker*. New York: John Wiley and Sons, 1995.

Neighbours, Kenneth F. *Robert Simpson Neighbors and the Texas Frontier*. Waco, Tex. : Texian Press, 1975.

Neighbours, Robert S. *The Nauni or Comanches of Texas (in Information Respecting the History, Conditions, and Prospects of the Indian Tribes of the United States, Office of Indian Affairs)* . Philadelphia, 1853.

Neihardt, John G. *Black Elk Speaks*. Lincoln: University of Nebraska Press, 1979 (originally published 1932) .

Newcomb, W. W. , Jr. *The Indians of Texas*. Austin: University of Texas Press, 1961.

Nye, W. S. *Carbine and Lance: The Story of Old Fort Sill*. Norman: University of Oklahoma Press, 1969 (originally published 1937) .

Parker, James, *W. Defence of James W. Parker Against Slanderous Accusations Preferred Against Him*. Houston: Telegraph Power Press, 1839.

——. *Narrative of the Perilous Adventures*. Houston, 1844, self-published.

——. *The Old Army Memories*, Philadelphia: Dorrance and Co. , 1929.

——. *The Rachel Plummer Narrative*. Houston: 1839, self published.

Parkman, Francis. *The California and Oregon Trails: Sketches of Prairie and Rocky Mountain Life*. Chicago: Scott and Foresman, 1911 (originally published 1849) .

Parsons, John E. , ed. *Sam Colt's Own Record of Transactions with Captain Walker and Eli Whitney Jr. in 1847*. Hartford: Connecticut Historical Society, 1949.

Pettis, Captain George. *Kit Carson's Fight with the Comanche and Kiowa Indians*. Santa Fe: Historical Society of New Mexico, 1908.

Plummer, Rachel. *Rachel Plummer's Narrative of Twenty-one Months of Servitude as a Prisoner Among the Comanche Indians.*

Quaife, Milo Milton. *Kit Carson's Autobiography.* Lincoln: University of Nebrasaka Press (originally published by Bison Books in 1935).

Richardson, Rupert N. *The Comanche Barrier to South Plains Settlement.* Austin, Tex. : Eakin Press, 1996 (originally published 1933).

——. *The Frontier of Northwest Texas 1846 – 1876.* Glendale, Calif. : A. H. Clark Co. , 1963.

Rister, Carl Coke. *Border Captives.* Norman: University of Oklahoma Press, 1955.

——. *The Southwestern Frontier, 1865 – 1881.* New York: Russell and Russell, 1966 (originally published 1928).

Rivera, Pedro De. *Diario y Derrotero de lo camion ado, visto y observado en la visita que lo hizo a los presidios de la Nueva Espana septentrional.* Edited by Visto Allesio Robles. Mexico D. F. : Secreteria de la Defensa Nacional, 1946.

Robinson, Charles M. , III. *Bad Hand: A Biography of General Ranald S. Mackenzie.* Austin, Tex. : State House Press, 1993.

Roe, Frank G. *The Indian and the Horse.* Norman: University of Oklahoma Press, 1962 (originally published 1955).

Roosevelt, T. R. *Outdoor Pastimes of an American Hunter.* New York: Charles Scribner and Sons, 1905.

Rose, Victor M. *The Life and Services of General Ben McCulloch.* Austin, Tex. : The Steck Co. , 1958 (originally published 1888).

Ruxton, George F. *Adventures in Mexico and the Rocky Mountains.* London: J. Murray, 1861.

Schaff, Morris. *The Spirit of Old West Point: 1858 – 1862.* Boston: Houghton Mifflin Company, 1907.

Schilz, Jodye Lynne Dickson, and Thomas F. Schilz. *Buffalo Hump and the Penateka Comanches.* El Paso: University of Texas at El Paso Press, 1989.

Schmeckebier, *Lawrence. The Office of Indian Affairs, Its History, Activities and Organization.* New York: AMS Press, 1972.

Scott, Hugh Lenox. *Some Memories of a Soldier.* New York: The Century Co. , 1928.

Sides, Hampton. *Blood and Thunder: An Epic of the American West.* New York: Doubleday, 2006.

Smith, Clinton. *The Boy Captives; Being the True Story of the Experiences and Hardships of Clinton L. and Jeff D. Smith.* San Antonio, Tex. : Cenveo, 2005 (originally published 1927) .

Smith, Coho. *Cohographs.* Edited by Iva Roe Logan. Fort Worth: Branch-Smith Inc. , 1976.

Smith, F. Todd *From Dominance to Disappearance: Indians of Texas and the Near Southwest, 1786 – 1859.* Lincoln: University of Nebraska Press, 2005.

Smithwick, Noah. *Evolution of a State or Recollections of Old Texas Days.* Compiled by Nanna Smithwick Donaldson, Gammel Book Company, 1900; reprint, Austin, W. Thomas Taylor, 1995.

Sommer, Charles H. *Quanah Parker, the Last Chief of the Comanches.* St. Louis: 1945, self-published.

Stiff, Colonel Edward. *The Texan Emigrant.* Cincinnati: George Conclin, 1840.

Tatum, Lawrie. *Our Red Brothers and the Peace Policy of President Ulysses S. Grant.* Lincoln: University of Nebraska Press, 1970 (originally published 1889) .

Thomas, Alfred B. *Forgotten Frontiers: a Study of the Spanish Indian Policy of Don Juan Batista de Anza, Governor of New Mexico, 1777 – 87.* Norman: University of Oklahoma, 1932.

——. *A Study of the Spanish Indian Policy of Don Juan Batista De Anza,*

1777 - 78. Norman: University of Oklahoma Press, 1969 (originally published 1932).

Thompson, R. A. *Crossing the Border with the Fourth Cavalry.* Waco, Tex. : Texian Press, 1986.

Tilghman, Zoe A. *Quanah: Eagle of the Comanches.* Oklahoma City: Harlow Publishing, 1938; Norman: Oklahoma Press, 1940.

Tolbert, Frank X. *An Informal History of Texas.* New York: Harper and Brothers, 1951.

Toole, K. Ross. *Probing the American West.* Santa Fe: Museum of New Mexico Press, 1962.

Utley, Robert M. *Lone Star Justice, The First Century of the Texas Rangers.* New York: Berkeley Books, 2002.

Vestal, Stanley. *Kit Carson: The Happy Warrior of the Old West.* New York: Houghton Mifflin Co. , 1928.

Wallace, Ernest. "Final Champion of Comanche Glory," *The Great Chiefs.* Alexandria, Va. : Time-Life Books 1975.

———. *Ranald S. Mackenzie on the Texas Frontier.* College Station: Texas A&M Press, 1993.

———. *Texas in Turmoil.* Austin, Tex. : Steck-Vaughn Co. , 1965.

Wallace, Ernest, and E. Adamson Hoebel. *The Comanches: Lords of the South Plains.* Norman: University of Oklahoma Press, 1952.

Webb, Walter P. *The Texas Rangers, a Century of Frontier Defense.* Austin, Tex. : University of Texas Press, 2003 (originally published 1935).

———. *The Great Plains.* Lincoln: University of Nebraska Press, Bison Books, 1981 (originally published 1931).

Weems, John Edward. *Death Song: The Last of the Indian Wars.* Garden City, N. Y. : Doubleday and Co. , 1976.

West, G. Derek. *The Battles of Adobe Walls and Lyman's Wagon Train,*

1874. Canyon, Tex. : Panhandle Plains Historical Society, 1964.

White, E. E. *Experiences of a Special Indian Agent.* Norman: University of Oklahoma Press, 1965 (originally published 1893).

Wilbarger, J. W. *Indian Depredations in Texas.* Austin: Pemberton Press, 1967 (originally published 1889).

Williams, Amelia W. , and Eugene C. Barker. The Writings of Sam Houston, 1813 – 1863, 8 volumes. Austin: University of Texas Press, 1938 – 1943, vol. 4.

Winfrey, Dorman H. , and James M. Day, eds. *The Indian Papers of the Southwest*, 5 volumes. Austin, Tex. : Pemberton Press, 1959 – 1966.

Winship, George Parker. *The Coronado Expedition 1540 – 42.* New York: A. S. Barnes and Co. , 1904. Wissler, Clark. *The American Indian.* New York: Oxford University Press, 1922.

——. *Man and Culture.* New York: Thos. Crowell, 1923.

——. *North American Indians of the Plains.* New York: American Museum of Natural History, 1927.

Yenne, Bill. *Sitting Bull.* Yardley, Pa. : Westholme Publishing, 2008.

Zesch, Scott. *Captured: The True Story of Abduction by Indians on the Texas Frontier.* New York: St. Martin's Press, 2004.

文章

Anderson, Adrian N. "The Last Phase of Colonel Ranald S. Mackenzie's 1874 Campaign Against the Comanches. " *West Texas Historical Association Yearbook* 40 (1964): 74 – 81.

Brink, Wellington. "Chief Quanah and the Leopard Coat Man. " In *Farm and Ranch*, April 17, 1926.

Burton, Harley True. "History of the JA Ranch. " In *Southwestern Historical Quarterly* 31 (October 1927): 93.

Clarksville Northern Standard, April 6, 1861. *Clarksville Northern Standard*, May 25, 1846. Dodge, T. A. "Some American Riders." *Harpers New Monthly Magazine*, May 1891, p. 862.

Dunn, William E. "The Apache Mission on the San Saba River, Its Founding and Its Failure." *Southwestern Historical Quarterly* 17 (1914): 379 – 414.

Fortune, Jan Isbelle. "The Recapture and Return of Cynthia Ann Parker." *Groesbeck Journal*, May 15, 1936, p. 1.

Gielo, Daniel J., and Scott Zesch, eds. "Every Day Seemed to Be a Holiday": The Captivity of Bianca Babb. *Southwestern Historical Quarterly* 47 (July 2003): 36.

Gilles, Albert S., Sr. "A House for Quanah Parker." *Frontier Times*, May 1966, p. 34.

Green, F. E., ed. "Ranald S. Mackenzie's Official Correspondence Relating to Texas, 1873 – 79." *Museum Journal* (Lubbock, West Texas Museum Association), 10 (1966).

Grinnell, G. B. "Who Were the Padoucas?" *American Anthropologist* 23 (1920): 260.

Haley, J. Evetts. "The Comanchero Trade." *Southwestern Historical Quarterly* 38, no. 3 (January 1935).

Haynes, Francis. "The Northward Spread of Horses Among the Plains Indians." *American Anthropologist* 40 (1938): 428 – 37.

——. "Where Did the Plains Indians Get Their Horses?" *American Anthropologist* 40 (1938): 112 – 17.

Hobart Democrat-Chief (Oklahoma), August 4, 1925, Panhandle Plains Museum Archives.

Hunta, J. W. "Nine Years with the Apaches and Comanches," *Frontier Times* 31 (July-September 1954): 251 – 77.

Jones, Lawrence T. "Cynthia Ann Parker and Pease Ross: The Forgotten Photographs." *Southwestern Historical Quarterly*, June 1990, p. 379.

Mason, A. B. "The White Captive." *Civilian and Gazette*, 1860 (reprint of story in *The White Man*). Mooney, James. "The Aboriginal Population of America North of Mexico." *Smithsonian Miscellaneous Collections* 80, no. 7 (1928).

——. "Calendar History of the Kiowa Indians." *Seventeenth Annual Report*. Washington, D. C. : Bureau of Ethnology, 1898.

Neighbors, Kenneth. "Battle of Walker's Creek." *West Texas Historical Association Yearbook*, 1965.

Nielsen, Soren. "Ranald S. Mackenzie: The Man and His Battle." *West Texas Historical Assn. Yearbook* 64, p. 140.

Norris, David A. "Confederate Gunners Affectionately Called Their Hard Working Little Mountain Howitzers ' Bull Pups. ' " *American's Civil War*, September 1995, pp. 10, 12, 14, 16, 20, and 90.

Oates, Stephen B. "Texas Under the Secessionists." *Southwestern Historical Quarterly* 67 (October 1963): 167.

Opler, Marvin. "The Origins of Comanche and Ute." *American Anthropologist* 45 (1943).

Pate, J' Nell. "The Battles of Adobe Walls." *Great Plains Journal* 46 (Fall 1976): 3.

Pettis, Captain George. "Kit Carson's Fight with the Comanche and Kiowa Indians." *Historical Society of New Mexico* (1908), p. 7.

"Quanah Parker in Adobe Walls Battle." *Borger News Herald*, date unknown, Panhandle Plains Historical Museum Archives, based on interview with J. A. Dickson. Richardson, Rupert N. "The Comanche Indians and the Fight at Adobe Walls." *Panhandle Plains Historical Review* 9 (1936).

——. "The Comanche Indians and the Fight at Adobe Walls." *Panhandle*

*Plains Historical Review*4 （1931）.

Rister, C. C. , ed. "Documents Relating to General W. T. Sherman's Southern Plains Indian Policy 1871 – 75." *Panhandle Plains Historical Review*9 （1936）.

Roe, F. G. "From Dogs to Horses Among the Western Indian Tribes." *Royal Society of Canada*, Ottawa, 1939, Third Series, Section II.

Stanley, Henry M. "A British Journalist Reports the Medicine Lodge Councils of 1867." *Kansas Historical Quarterly* 33 （1967）.

Taylor, Alfred A. "Medicine Lodge Peace Council." *Chronicles of Oklahoma* 2, no. 2 （June 1924）.

Thompson, W. A. "Scouting with Mackenzie." *Journal of the United States Cavalry Association* 10 （1897）.

Tingley, Donald F. "The Illinois Days of Daniel Parker, Texas Colonizer." *Journal of the Illinois State Historical Society*, no. 51 （1958）.

Wallace, Ernest. "David G. Burnet's Letters Describing the Comanche Indians." *West Texas Historical Assoc. Yearbook* 30 （1954）.

——. "The Comanche Eagle Dance." *Texas Archaeological and Paleontological Society Bulletin* 18 （1947）.

——. "The Comanches on the White Man's Road." *West Texas Historical Assoc. Yearbook* 29 （October 1953）.

——. "The Journal of Ranald S. Mackenzie's Messenger to the Kwahadi Comanches." *Red River Valley Historical Review*3, no. 2 （Spring 1978）: 229 – 46.

——. "Prompt in the Saddle, The Military Career of Ranald S. Mackenzie." *Military History of Texas and the Southwest* 9, no. 3 （1971）: 161 – 67.

Wedel, Waldo R. "An Introduction to Pawnee Archeology." *Bureau of American Ethnography Bulletin*, no. 112, p. 4, map 4.

Wellman, Paul. "Cynthia Ann Parker." *Chronicles of Oklahoma* 12, no. 2 (1934): 163.

West, G. Derek. "The Battle of Adobe Walls (1874). " *Battles of Adobe Walls and Lyman's Wagon Train*, 1874. Canyon, Tex. : Panhandle Plains Historical Society, 1964.

Whisenhunt, Donald W. " Fort Richardson. " *West Texas Historical Association Yearbook* 39 (1963): 23 – 24.

White, Lonnie. "Indian Battles in the Texas Panhandle. " *Journal of the West* 6 (April 1967): 283 – 87.

———. "Kansas Newspaper Items Relating to the Red River War of 1874 – 1975. " *Battles of Adobe Walls and Lyman's Wagon Train 1874*. Canyon, Tex. : Panhandle Plains Historical Society, 1964, pp. 77 – 78.

Williams, Robert H. "The Case for Peta Nocona. " *Texana* 10, no. 1 (1972): 55.

Winn, Mamie Folsom. " History Centers About Cynthia Ann Parker's Home. " *In Women Tell the Story of the Southwest* by Maddie L. Wooten. San Antonio, Tex. : The Naylor Company, 1940.

Wissler, Clark. "The Influence of the Horse in the Development of Plains Culture. " *American Anthropologist* 16, no. 1 (1914): 1 – 25.

Worcester, D. E. " Spanish Horses Among the Plains Tribes. " *Pacific Historical Review* 14 (December 1945): 409 – 17.

———. "The Spread of Spanish Horses in the Southwest. " *New Mexico Historical Review* 19 (July 1944): 225 – 32.

Newspaper accounts of Pease River:

Galveston Daily Citizen, December 13, 1860, "Indian News. "

Galveston Daily Citizen, January 15, 1861, "Indian News. "

Materials pertaining to the Indian attacks leading up to the Pease River Fight:

The White Man, September 13, 1860.

文章、信件与官方文件

Brown, Marion. Marion T. Brown: *Letters from Fort Sill*, 1886 – 1887. Austin: The Encino Press, 1970. Commissioner of Indian Affairs, Annual Reports 1830 – 1875.

Council Meeting of May 23, 1884, Kiowas, 17: 46, Oklahoma Historical Society.

Gulick, Charles Adams, Jr. *The Papers of Mirabeau Buonaparte Lamar*, vols. 2 and 4. Austin: Von Boeckmann-Jones Co., 1924.

Hackett, Charles, ed. *Historical Documents Relating to New Mexico*, *Nueva Vizcaya*, *and approaches thereto to 1773* (from TRF).

House of Representatives Executive Documents, 30th Congress.

Jerome, David. Hearing at Fort Sill with Comanches, Kiowas, and Apaches, September 26, 1892, Panhandle Plains Museum Archives.

Kappler, Charles J., ed. *Indian Affairs Laws and Treaties*, Washington, Government Printing Office, vol. 2, 1903.

Linger, Bob, to Quanah Parker, March 9, 1909, Neeley Archive at Panhandle Plains Historical Museum, Canyon, Texas.

Mackenzie's Official Report, Oct. 12, 1872: "1872, Sept. 29, Attack on Comanche Village," Addressed to the Asst. Adjutant General, Department of Texas.

"Messages of the President, Submitted to Both Houses," December 21, 1838, Lamar Papers, Doc. 948.

Morgan, Commissioner T. J., to Agent Adams, December 18, 1890, Kiowa Agency files, Oklahoma Historical Society.

Parker, Quanah, to Charles Adams, May 13, 1890, Kiowa Agency files, Oklahoma History Center.

Smither, Harriet, ed. *Journals of the Fourth Congress of the Republic of*

Texas, vols. 1 and 3. Ten Bears' Speech at Medicine Lodge Peace Council, 1867. Record Copy of Proceedings of the Indian Peace Commission appointed Under Act of Congress Approved July 20, 1867. Records of the Secretary of the Interior, National Archives, vol. I, pp. 104 – 106.

Twitchell, Ralph E. *Spanish Archives of New Mexico*, 2 vols. Cedar Rapids, Iowa, 1914.

Wallace, Ernest, ed. *Ranald S. Mackenzie's Official Correspondence Relating to Texas*, 1871 – 73. Lubbock: West Texas Museum Association, 1967.

Winfrey, Dorman H. , and James M. Day, eds. *The Indian Papers of Texas and the Southwest*, 5 vols. Austin: Pemberton Press, 1959 – 1966.

个人信件

Augur, C. C. , to Mackenzie, August 28, 1874, Mackenzie's Official Correspondence Relating to Texas, Museum Journal, vol. 10, 1966 (see books) .

Butler, P. M. , and M. G. Lewis to the Hon. W. Medill, Commissioner of Indian Affairs, August 8, 1848, House Executive Documents No. 1, 30th Congress, Second Session, p. 578.

Davidson, Colonel J. W. , to Asst. Adjutant General, October 29, 1878, House Executive Document, 45th Congress, Third Session, p. 555.

Haworth, J. M. , to William Nicholson, August 26, 1877, Kiowa Agency Microform, National Archives.

Jones, H. P. , to Philemon Hunt, June 21, 1883, Kiowa Agency files, Oklahoma Historical Society; George Fox to Philemon Hunt, October 13, 1884, Kiowa Agency files.

Leavenworth, J. H. , to Commissioner of Indian Affairs, April 23, 1868, 40th Congress, Second Session, Senate Executive Document No. 60: 2.

Linger, Bob, to Quanah Parker, letter, March 8, 1909, postmark Cantonment Oklay, regarding peyote.

Mackenzie, Ranald, to W. T. Sherman, June 15, 1871, W. T. Sherman Papers, Library of Congress, Washington, D. C.

Neighbours, Robert S. , to the Hon. W. Medill, Commissioner of Indian Affairs, November 18, 1847, 30th Congress, First Session, Committee Report 171.

Parker, James, to Mirabeau Lamar, February 3, 1844, Papers of M. B. Lamar. Parrilla, Don Diego Ortiz de, to the Viceroy, June 30, 1757 (Historia, vol. 95) .

Pearson, K. J. , to John D. Floyd, February 3, 1861, Fort Sill archives.

To Commanding Officer, Fort Bascom, September 27, 1864, *Official Records of the War of Rebellion*, series 1, vol. 41, part 3.

手稿与档案材料

Anonymous. *Biography of Daniel Parker.* Handwritten manuscript, Center for American History.

Baker, Jonathan Hamilton. *Diary of Jonathan Hamilton Baker of Palo Pinto County, Texas,* Part I, 1858 – 60. Secured from his daughter Elizabeth Baker, Seattle, Washington, 1932, through Judge E. B. Ritchie, Mineral Wells. By J. Evetts Haley.

Beall, Knox, to R. B. Thomas, November 5, 1937, Indian Pioneer History Project for Oklahoma, Western History Collections, University of Oklahoma.

Beall, Knox, to Bessie Thomas, April 15, 1938.

Caperton, Major John. *Sketch of Colonel John C. Hays, The Texas Rangers, Incidents in Mexico, etc.* From materials furnished by Col. Hays and Major John Caperton, MS Center for American History, University of Texas at

Austin.

Clarke, Elizabeth Ross. YA-A-H-HOO: *Warwhoop of the Comanches.* Elizabeth Ross Clarke Collection; Narrative, Center For American History, University of Texas.

Dixon, Olive King. *Fearless and Effective Foe, He Spared Women and Children Always.* Manuscript, Olive King Dixon Papers, Research Center, Panhandle Plains Historical Museum, Canyon, Texas.

Dupree, Mrs. J. L. , to Jasper Mead, March 17, 1938, Indian Pioneer History Project for Oklahoma, Western History Collections, University of Oklahoma.

Earle, J. P. *A History of Clay County and Northwest Texas. Written by J. P. Earle, one of the first pioneers, Henrietta, Texas,* November 15, 1900 (J. P. Earle Collection, Center for American History), manuscript.

Fleming, Evelyn. Profile of Charlie Hart. Manuscript, Quanah Parker papers, Panhandle Plains Historical Museum.

Ford, Colonel John S. (late adjutant of Col. Hays) . *John C. Hays in Texas.* Manuscript, John Salmon Ford Papers, Center for American History, University of Texas at Austin.

Gholson, B. F. Recollections of B. F. Gholson; Services of A. G. Gholson (father) 1835 – 1860; and B. F. Gholson, Ranger, 1858 – 1860, told to J. A. Rickard. Typed manuscript at Center for American History.

Gomez, Anna, to Ophelia D. Vestal, December 13, 1937, Indian Pioneer History Project for Oklahoma, Western History Collections, University of Oklahoma.

Goodnight, Charles. "The Making of a Scout. " Manuscript, Panhandle Plains Historical Museum.

——. *My recollections and memories of the capture of Cynthia Ann Parker.* Manuscript, Charles Goodnight Papers, Research Center, Panhandle Plaines

Historical Museum, Canyon, Texas.

———. *Quanah Parker Interview with Charles Goodnight*, undated. Charles Goodnight Papers, Research Center, Panhandle Plains Historical Museum, Canyon, Texas.

Gunter, Lillian. "Sketch of the Life of Julian Gunter." Manuscript made for Panhandle Plains Historical Association, 1923, Panhandle Plains Historical Museum archives.

Hatfield, Charles A. P. *The Comanche, Kiowa, and Cheyenne Campaign in Northwest Texas and Mackenzie's Fight in the Palo Duro Canyon, Sept. 26, 1874.* Typescript, Panhandle Plains Historical Society, Canyon, Texas.

Indian Pioneer History Project for Oklahoma. Western History Collections, University of Oklahoma (interviews from the 1930s).

Kirkpatrick, Mrs. Cora Miller. Memoirs, in Mrs. J. W. Pierce manuscript, Quanah Parker collection, Panhandle Plains Historical Museum.

Nohl, Lessing. "Bad Hand: The Military Career of Ranald Slidell Mackenzie, 1871 – 1889." Ph. D. diss. University of New Mexico.

Parker, Chief Baldwin. T*he Life of Quanah Parker, Comanche Chief*, through J. Evetts Haley, August 29, 1930. Manuscript at Center for American History, University of Texas, Austin.

Parker, Wayne. *Quanah Parker, Last Chief of the Kwahadi Obeys the Great Spirit.* Manuscript, Quanah Parker Collection, Panhandle Plains Historical Museum, Canyon, Texas.

Roberson, G. W., to J. Evetts Haley, June 30, 1926. Manuscript in Panhandle Plains Historical Museum archives.

Rogers, H. B. *The Recollections of H. B. Rogers, as told to J. A. Rickard* (appended to Gholson manuscript). Scott, Captain Hugh. Interview with Capt. Hugh Scott, 1897. Hugh Scott Collection, Fort Sill Archives, Lawton, Oklahoma, also partly available through Neeley Archive at Panhandle Plains

Historical Museum, Canyon, Texas.

Thomas, Robert B. Undated manuscript, Indian Pioneer History Project for Oklahoma, Western History Collections, University of Oklahoma; also Knox Beall, op. cit. November 5, 1937.

Unidentified newspaper story about the school board in Quanah Parker Collection; Panhandle Plains Historical Museum.

Wallace, Ernest, Papers. "The Habitat and Range of the Comanche, Kiowa, and Kiowa-Apache Indians." Manuscript, Southwest Collection, Texas Tech, Lubbock.

Zimmerman, Jean Louise. "Ranald Slidell Mackenzie." M. A. thesis. University of Oklahoma, 1965. Western History Collections, University of Oklahoma.

索 引

（索引页码为原书页码，即本书边码）

图书在版编目（CIP）数据

夏月帝国：夸纳·帕克与科曼奇印第安部落的兴衰/
（美）S.C. 格温（S. C. Gwynne）著；卢树群译. -- 北
京：社会科学文献出版社，2022.2
书名原文：Empire of the Summer Moon：Quanah
Parker and the Rise and Fall of the Comanches, the
Most Powerful Indian Tribe in American History
ISBN 978 - 7 - 5201 - 9043 - 5

Ⅰ.①夏… Ⅱ.①S… ②卢… Ⅲ.①美洲印第安人 -
民族历史 - 通俗读物　Ⅳ.①K708 - 49

中国版本图书馆 CIP 数据核字（2021）第 194784 号

地图审图号：GS（2021）8538 号（书中地图系原文插附地图）

夏月帝国：夸纳·帕克与科曼奇印第安部落的兴衰

著　　者 / ［美］S.C. 格温（S. C. Gwynne）
译　　者 / 卢树群

出 版 人 / 王利民
责任编辑 / 刘　娟
责任印制 / 王京美

出　　版 / 社会科学文献出版社·甲骨文工作室（分社）（010）59366527
　　　　　　地址：北京市北三环中路甲 29 号院华龙大厦　邮编：100029
　　　　　　网址：www. ssap. com. cn
发　　行 / 社会科学文献出版社（010）59367028
印　　装 / 南京爱德印刷有限公司

规　　格 / 开　本：787mm × 1092mm　1/16
　　　　　　印　张：14.875　插　页：0.375　字　数：340 千字
版　　次 / 2022 年 2 月第 1 版　2022 年 2 月第 1 次印刷
书　　号 / ISBN 978 - 7 - 5201 - 9043 - 5
著作权合同
登 记 号 / 图字 01 - 2016 - 6490 号
定　　价 / 88.00 元

读者服务电话：4008918866